suhrkam
wisse

Der Begriff der demokratischen Freiheit meint nicht nur diejenige Freiheit, die sich in politischen Institutionen und Verfahren verwirklicht. Vielmehr kann demokratische Freiheit in einem politischen Sinn nur dann angemessen verstanden werden, wenn sie als Ausdruck einer Kultur der Freiheit begriffen wird, die die Lebensführung im ganzen betrifft. In einer systematisch angelegten Theoriegeschichte zeigt Juliane Rebentisch, dass sich für das Verständnis der demokratischen Freiheitskultur besonders viel von ihren philosophischen Kritikern lernen lässt. Von Platon bis Carl Schmitt artikuliert sich die Kritik an der demokratischen Kultur als eine Kritik an deren »Ästhetisierung«. Die demokratische Kultur der Freiheit zu verteidigen heißt daher, ihre Ästhetisierung zu rechtfertigen.

Juliane Rebentisch ist Professorin für Philosophie/Ästhetik an der Hochschule für Gestaltung in Offenbach am Main. Letzte Veröffentlichung im Suhrkamp Verlag: *Ästhetik der Installation* (es 2318).

Juliane Rebentisch

Die Kunst der Freiheit

Zur Dialektik demokratischer Existenz

Suhrkamp

Bibliografische Information der Deutschen Nationalbibliothek
Die Deutsche Nationalbibliothek verzeichnet diese Publikation
in der Deutschen Nationalbibliografie; detaillierte bibliografische Daten
sind im Internet über http://dnb.d-nb.de abrufbar.

suhrkamp taschenbuch wissenschaft 2013
Erste Auflage 2012

Umschlag nach Entwürfen
von Willy Fleckhaus und Rolf Staudt
Druck: Druckhaus Nomos, Sinzheim
Printed in Germany
ISBN 978-3-518-29613-4

1 2 3 4 5 6 – 17 16 15 14 13 12

Inhalt

Ästhetisierung – eine Apologie. Einleitung

Aus der Perspektive der praktischen Philosophie verheißt Ästhetisierung gewöhnlich nichts Gutes. Der Begriff steht vielmehr für die Diagnose einer Krise, von der unsere Lebenswelt insgesamt betroffen sein soll. Denn Ästhetisierung meint hier keineswegs bloß ein Phänomen der Oberfläche. Im Gegenteil – der so bezeichnete Prozess, und dies erst qualifiziert ihn als Krisenphänomen, soll in die Tiefenstruktur unserer ethischen Selbstverständnisse wie unserer politischen Kultur hineinreichen: An die Stelle der Ethik tritt eine individualistische Ästhetik der Existenz; an die Stelle der Politik tritt deren spektakuläre Inszenierung. Der Begriff der Ästhetisierung bezeichnet mithin eine tiefgreifende Transformation von Ethik und Politik; und zwar eine Transformation, durch die Ethik und Politik sich selbst fremd, nämlich ästhetisch werden. Denn Ästhetisierung bedeutet »grundsätzlich, daß Nichtästhetisches ästhetisch gemacht oder als ästhetisch begriffen wird«.[1] Dies legt zunächst eine Differenzthese nahe: Sofern der Prozess der Ästhetisierung als eine entstellende Transformation von Ethik und Politik gedeutet wird, setzt dies voraus, dass die mit dem Ästhetischen identifizierte Dimension dem eigentlichen Wesen von Ethik und Politik äußerlich ist. Zugleich aber deutet der Umstand, dass Ethik und Politik überhaupt ästhetisiert werden können, auf einen internen Zusammenhang dieser Sphären mit jener Dimension hin. Deshalb beinhaltet die Ästhetisierungskritik nicht nur eine Differenz-, sondern auch eine Zusammenhangsthese: Das Ästhetische erscheint hier nicht als Bedrohung von außen, sondern als eine Form der Entstellung, die Ethik und Politik von innen her zersetzt, weil in ihrer normativen Substanz aushöhlt. Für die Ästhetisierungskritik dreht sich folglich alles um die Ab- und Ausgrenzung des Ästhetischen, aber die entsprechende Auseinandersetzung findet auf dem Gebiet des Nichtästhetischen statt. Die Ästhetisierungskritik, könnte man auch sagen, dokumentiert den Eintritt (oder das *re-entry*) der Unterscheidung ästhetisch-nichtästhetisch ins Nichtästhetische. Sie

1 Wolfgang Welsch, »Ästhetisierungsprozesse – Phänomene, Unterscheidungen, Perspektiven«, in: ders., *Grenzgänge der Ästhetik*, Stuttgart 1996, S. 9-61, hier S. 20 f.

thematisiert das Ästhetische nicht als einen Gegenstandsbereich, der dem Nichtästhetischen äußerlich gegenübersteht, sondern als eine innerhalb des Nichtästhetischen wirksame Dimension, die, einmal anerkannt, alles verändert.

Im Folgenden soll der Frage nachgegangen werden, was mit der ethisch-politischen Zurückweisung des Ästhetischen genau auf dem Spiel steht. Dabei ist dem Umstand Rechnung zu tragen, dass »das Ästhetische« im Diskurs der Ästhetisierungskritik keineswegs ein einheitliches Phänomen bezeichnet, sondern als Oberbegriff für eine ganze Reihe von Phänomenen firmiert, darunter so Unterschiedliches wie Genuss, Geschmack, Ironie, Distanz, Veränderlichkeit, kulturelle Vielfalt oder »Buntheit«, Inszenierung, Rhetorik und Schein. Ziel dieser Untersuchung ist es nicht, all dem einen konsistenten Begriff des Ästhetischen abzulesen. Ein solcher Versuch müsste nicht nur deswegen vorab als zweifelhaft erscheinen, weil aufgrund des ethisch-politischen Interesses der Ästhetisierungskritik nicht auszuschließen ist, dass die Kennzeichnung »ästhetisch« von ihr zuweilen auch als rhetorisches Mittel eingesetzt wird, um Elemente aus Ethik und Politik auszuschließen, die gar nicht originär ästhetisch sind. Darüber hinaus erwiese sich eine einseitige Auseinandersetzung mit dem von der Ästhetisierungskritik Abgewehrten für eine Theorie des Ästhetischen, bei aller Vielfalt der Gegenstände, noch als zu wenig inklusiv. Denn auf den zweiten Blick zeigt sich, dass die Ästhetisierungskritik keineswegs alle ästhetischen Praktiken verdammt. Gerade dort, wo sie sich gegen ganz handgreiflich ästhetische Phänomene wie beispielsweise das Theater wendet, verteidigt sie zugleich andere Formen ästhetischer Praxis, die mit den jeweils vertretenen Vorstellungen von Ethik und Politik übereinstimmen. Wir haben es bei der Ästhetisierungskritik also offenbar mit einer sehr spezifischen Verschlingung von ethischen, politischen und ästhetischen Motiven zu tun. Um diesen Knoten analytisch auseinanderzulegen bedarf es nicht, zumindest nicht in erster Linie, der Auseinandersetzung mit all den vorderhand ästhetischen Phänomenen, an denen sich die Ästhetisierungskritik aufrichtet. Vielmehr ist eine Diskussion der ethisch-politischen Probleme erforderlich, die diese Kritik motivieren und den systematischen Zusammenhang ihrer vielfältigen Motive verständlich machen. Das Feld der folgenden Untersuchung ist daher nicht primär das der ästhetischen Theorie, sondern das der praktischen

Philosophie. Ihre Absicht ist es, Skepsis an der einseitig negativen Bestimmung der unter dem Titel der Ästhetisierung diskutierten Transformation von Ethik und Politik zu wecken, um stattdessen deren produktive Bedeutung für das Verständnis dieser beiden Sphären zu erkunden.[2] In diesem Sinn versteht sich das Folgende als Apologie der Ästhetisierung: als eine Apologie des ethisch-politischen Rechts, das der »ästhetisierenden« Transformation von Ethik und Politik selbst zukommt.

Eine systematische Auseinandersetzung mit dem Problem der Ästhetisierung scheint heute nicht zuletzt auch angesichts der Aktualität und Strahlkraft geboten, die der Begriff im Zusammenhang mit jüngeren Diskussionen um die sogenannte Postmoderne gewonnen hat. »Ästhetisierung der Lebenswelt« ist eine der prominentesten Formeln, mit denen man in den letzten zwei bis drei Dekaden versucht hat, die für das gegenwärtige Gesicht westlicher Gesellschaften entscheidenden Züge auf einen handhabbaren Begriff zu bringen. Die entsprechende Diagnose verbindet sich mit der These, dass das typische Mitglied solcher Gesellschaften als ein *homo aestheticus* verstanden werden muss, für dessen Lebensvollzug im weitesten Sinne ästhetische Kriterien wie Geschmack, Genuss, Gestaltbarkeit so bestimmend geworden sind, dass sich dies in nahezu allen Bereichen des Lebens niederschlägt. Dieser Befund schien schon vor mehr als zwanzig Jahren so unmittelbar evident zu sein, dass man innerhalb der Philosophie bereits eine Diskussion darüber begann, wie der so beschriebene Umbruch zu bewerten sei. Während die eine Seite eine Herrschaft des Scheins aufkommen sah, durch die Inhalte zu Bildern, Handlungen zu Performances und Selbstverständnisse zu Posen entleert werden,[3] verteidigte die andere ein generalisiert konstruktivistisches Selbst- und Weltverhältnis, das sich in der freien Gestaltung immer weiterer Bezirke des Lebens ausdrückt.[4] Allerdings musste der philosophi-

2 Eine ähnliche Diskussion ließe sich auch für das Gebiet der theoretischen Philosophie führen, wo »das Ästhetische« als entstellender Einfluss auf die Funktionsweise von Begriff und Erkenntnis kritisiert wird. Der Fokus dieser Untersuchung liegt aber auf der Frage nach der Bedeutung dieses Problemkomplexes für die praktische Philosophie.

3 Für diese Position vgl. Rüdiger Bubner, »Ästhetisierung der Lebenswelt«, in: ders., *Ästhetische Erfahrung*, Frankfurt/M. 1989, S. 143-156, hier bes. S. 150.

4 Für diese Position vgl. Welsch, »Ästhetisierungsprozesse«, bes. S. 55.

sche Streit um die Bewertung einer als evident vorausgesetzten Gegenwartsdiagnose in dem Maße in der Luft hängen bleiben, wie diese hinsichtlich ihrer Reichweite empirisch in Zweifel gezogen werden konnte.[5] So standen denn auch gerade Versuche, die These von der Ästhetisierung der Lebenswelt empirisch zu fundieren, wie etwa Gerhard Schulzes These einer durch Überfluss hervorgebrachten »Erlebnisgesellschaft«,[6] schnell in der Kritik. Ihr wurde vorgeworfen, von einer privilegierten Schicht auf das Ganze der Gesellschaft zu schließen.[7] Heute scheinen sich die Parameter der sozialwissenschaftlichen Diskussion indes verschoben zu haben: Es gewinnen zunehmend Studien an Einfluss, aus denen hervorgeht, dass ästhetische Motive wie Kreativität, Spontaneität, Originalität nicht mehr einen privilegierten Bereich der Freiheit jenseits reproduktiver Zwänge anzeigen, sondern selbst zu einer derart wichtigen Produktivkraft des kapitalistischen Wirtschaftssystems geworden sind, dass sie sich in entscheidende gesellschaftliche Forderungen verkehrt haben, die für den Einzelnen eher ein Mehr an Zwang denn an Freiheit bedeuten.[8] In jedem Fall scheint inzwischen die Soziologie der zentrale Ort für die ernsthafte Auseinandersetzung um die angemessene Beschreibung, Erklärung und Bewertung des für die westlichen Demokratien nach wie vor auffällig hohen Stellenwerts zu sein, den ästhetisch konnotierte Kriterien im Leben der Einzelnen wie für die Organisation der Gesellschaft einnehmen.

Doch so relevant die sozialwissenschaftlichen Debatten zweifelsohne sind – ich werde auf ihren neuesten Stand verschiedentlich[9] zurückkommen –, ich bin der Meinung, dass sich die Philosophie in den letzten Jahren zu Unrecht aus der Diskussion zurückgezogen hat. Denn die Ästhetisierungsdiagnose impliziert eine Annahme über das eigentliche, das unverstellte Wesen von Ethik und Politik;

5 So der berechtigte Einwand von Axel Honneth gegen die damalige Diskussion: Axel Honneth, »Ästhetisierung der Lebenswelt«, in: ders., *Desintegration. Bruchstücke einer soziologischen Zeitdiagnose*, Frankfurt/M. 1994, S. 29-38, hier bes. S. 29 f.

6 Vgl. Gerhard Schulze, *Die Erlebnisgesellschaft. Kultursoziologie der Gegenwart*, Frankfurt/M., New York 1992.

7 Für die Kritik an Schulze vgl. zusammenfassend Honneth, »Ästhetisierung der Lebenswelt«, bes. S. 37 f.

8 Für die jüngere Tendenz vgl. vor allem Luc Boltanski, Ève Chiapello, *Der neue Geist des Kapitalismus*, Konstanz 2003.

9 In Kap. II, Abschn. 7, sowie Kap. VI, Abschn. 9.

und das ist eine systematische, keine bloß empirische Frage. Der spezifische Einsatz der Philosophie im Kontext zeitgenössischer Ästhetisierungsdiagnosen kann jedoch erst dann im vollen Umfang deutlich werden, wenn man sich vom Geschäft der Gegenwartsdiagnose ab- und, wie ich das im Folgenden tun will, der Geschichte der Philosophie zuwendet. So setzt sich der Begriff der Ästhetisierung schon in der ersten Hälfte des 20. Jahrhunderts durch; er ist also bereits für die Theorie der Moderne und nicht erst für die der Postmoderne relevant. Entscheidender aber ist, dass die heute unter diesem Begriff geführte Diskussion eine noch viel weiter zurückreichende Geschichte hat. Ästhetisierung ist mithin ein keineswegs so neues Problem, wie es in den jüngeren Debatten den Anschein haben mag; und es hat traditionell viel mehr mit Philosophie zu tun, als man im Blick auf den weitgehend (kultur-)soziologischen Zuschnitt des aktuellen Ästhetisierungsdiskurses meinen könnte. Tatsächlich hat die Auseinandersetzung mit der Herausforderung, die bestimmte ästhetische Motive für das Verständnis von Ethik und Politik stellen, eine sehr lange, de facto auf antike Diskussionen zurückgehende philosophische Tradition. Die Geschichte der praktischen Philosophie ist eine Geschichte auch von Krisendiagnosen, die das Vordringen des Ästhetischen in den Bereich von Ethik und Politik als deren Zersetzung bekämpft haben – wenn auch nicht alle Etappen dieser Geschichte *expressis verbis* unter dem heute geläufigen Begriff der Ästhetisierung standen.

Nun ist der Umstand, dass die ethisch-politische Kritik an einigen Figuren des Ästhetischen an äußerst signifikanten Stellen in der Geschichte der praktischen Philosophie vorkommt, zunächst im Blick auf diese selbst bemerkenswert. Er zeigt, dass das Problem der Ästhetisierung für sie kein Randproblem ist, das gemäß der heute üblichen Unterteilung der Philosophie in einen abgegrenzten Bereich namens Ästhetik abgeschoben werden könnte. Vielmehr taucht die Ästhetisierungsproblematik an Stellen auf, an denen zentrale Begriffe der praktischen Philosophie selbst auf dem Spiel stehen. Die signifikante Stellung, welche die entsprechenden Diskussionen hier traditionell einnehmen, verweist aber umgekehrt erneut auch auf das systematische Gewicht, das der aktuelle Ästhetisierungsdiskurs zu tragen hat – zumindest dann, wenn er sich selbst ernst nimmt. Ohne eine Reflexion der langen Geschichte dieses Diskurses wird man diesem Gewicht jedoch kaum gerecht werden können. Ohne deren Berücksichtigung wird nicht nur die Behauptung fragwürdig bleiben müssen, dass wir es bei der diagnostizierten »Ästhetisierung der Lebenswelt« mit einem derart neuen Phänomen zu tun haben, dass von einem Epochenumbruch die Rede sein kann. Ohne eine eingehende Diskussion der Probleme, die »dem Ästhetischen« von der praktischen Philosophie historisch zugeschrieben worden sind, wird man überdies bei der Beurteilung der diagnostizierten Entwicklung Gefahr laufen, entweder – etwa als Kritiker einer als neuartig behaupteten »Herrschaft des Scheins« – lediglich alte Vorurteile auf die Gegenwart zu übertragen oder aber – etwa als Parteigänger eines als neuartig gefeierten konstruktivistischen Selbst- und Weltverhältnisses – sich zum Teil eines alten Problems anstatt zum Teil seiner Lösung zu machen. Insofern hingen die philosophischen Debatten, die sich im Kontext der Postmoderne-Diskussion an die suggestive Formel von der »Ästhetisierung der Lebenswelt« anschlossen, auch aus philosophischer Perspektive in der Luft. Zur Aufklärung der philosophischen Hintergrundannahmen, welche die aktuellen Debatten mindestens indirekt beeinflussen, bedarf es der historisch-systematischen Auseinandersetzung mit der Geschichte der philosophischen Ästhetisierungskritik.

Diese Geschichte, ich habe es eben bereits angedeutet, beginnt in der Antike, genauer: mit Platons Kritik an der demokratischen Kultur, wie er sie in der *Politeia* formuliert. So misstraut Platon dem »bunten« Nebeneinander von Lebensformen in der Demokratie ebenso wie den »schillernden« Demokraten, die von den (Theater-)Dichtern gelernt haben, dass sich im Leben mehr als nur eine Rolle annehmen lässt. Der schöne Schein der demokratischen Kultur und der von ihr begünstigten Lebensform gilt ihm sogar als ein massives Problem. Denn die Logik des Scheins ist nach seiner Diagnose nichts anderes als das Wesen der Demokratie selbst: die ethische Orientierung am Guten wird durch eine ästhetische Stilisierung der Existenz ersetzt, und an die Stelle der guten (das heißt am Guten orientierten) Regierung tritt das regellose Spektakel der Volksverführung – und so sei es ein kleiner, gefährlich unmerklicher Schritt von der Demokratie in die Tyrannei. Nun ist an dieser antiken Krisendiagnose zunächst erstaunlich, wie vertraut sie uns in ihren zentralen Motiven heute noch ist. Tatsächlich sind diese Motive vom philosophischen Diskurs der beginnenden Moderne

(»um 1800«) aufgenommen und bis ins 20. Jahrhundert hinein und über es hinaus fortgeschrieben worden. Mit der wachsenden politischen Bedeutung der Demokratien nimmt auch der Einfluss der von Platon etablierten ästhetisierungskritischen Perspektive auf die demokratische Kultur zu, und zwar unabhängig davon, ob die Reflexion der entsprechenden Zusammenhänge in der Folge von einer die Demokratie prinzipiell ablehnenden oder im Gegenteil von einer um die Demokratie besorgten Position aus erfolgt. Warum aber erweist sich ausgerechnet Platon als entscheidende Quelle, wenn es darum geht, die Probleme der modernen Demokratie und/oder die Probleme der sich mit ihr durchsetzenden ästhetisierten Kultur zu benennen? Schließlich haben wir es hier mit einem doch ziemlich beeindruckenden, um nicht zu sagen: enormen zeitlichen Abstand zu tun. Das Modell der antiken Demokratie ist auf die moderne Demokratie bekanntermaßen ebenso wenig übertragbar wie die von Platon wegen ihres subversiven Einflusses auf die Sitten kritisierten Künste der Antike einfach mit denen der Moderne kurzgeschlossen werden können. Dennoch geschieht der moderne Rückgriff auf Platon nicht aus kontingenten Gründen.

Platon erfindet einen Typus der Kritik, der in der Moderne so interessant wird, dass man trotz offenkundiger Differenzen einige begriffliche Anstrengungen unternimmt, um an ihn anzuknüpfen. Er verbindet nämlich seine Analyse unterschiedlicher Regierungsformen mit der Untersuchung von – man möchte es bereits modern ausdrücken: Subjektivierungsformen. Es ist der Zusammenhang von Regierung und Selbstregierung, der in der Moderne an Bedeutung gewinnt, auch wenn dieser Zusammenhang nun kaum noch als ein Verhältnis der Spiegelung von Staat und Seele gedacht wird, wie dies an einigen Stellen der *Politeia* nahegelegt wird. Allerdings ist die Konstellation von Regierung und Selbstregierung bereits bei Platon, blickt man näher hin, interessanter und komplexer gedacht, als es in der üblichen Spiegelungslesart vorgestellt wird. Denn sie verläuft über ein Drittes. Regierung und Selbstregierung stehen nicht bloß in einem Verhältnis der Ähnlichkeit zueinander; vielmehr bilden sie durch ihren je eigenen Bezug auf einen für beide zentralen Wert eine analogische Einheit. Im Fall der demokratischen Kultur ist dies der Wert der Freiheit. Anders als die Spiegelungsthese ist diese These zum Zusammenhang von Ethik und Politik für die moderne Ästhetisierungskritik bestimmend geblieben: Der Schlüssel auch zur modernen Ästhetisierungsdebatte ist das Problem der Freiheit. Ist die demokratische Kultur der Gegenstandsbereich, auf den sich die Ästhetisierungsdiagnose seit ihren Anfängen mal mehr, mal weniger explizit bezieht, so ist die Freiheit, die diese Kultur bestimmt, das systematische Problem, das sie sowohl in ethischer wie in politischer Hinsicht umtreibt. Der Begriff der demokratischen Freiheit meint hier folglich nicht nur diejenige Freiheit, die sich in politischen Institutionen und Verfahren verwirklicht. Vielmehr wird die demokratische Freiheit in diesem politischen Sinn im Kontext der Ästhetisierungskritik als Ausdruck einer Kultur der Freiheit begriffen, welche die Lebensführung im ganzen betrifft. Infrage steht, wie ein freies Subjekt theoretisch zu fassen ist und in welcher Gesellschaftsform diese Freiheit realisiert werden kann. Im Rahmen der Freiheitsproblematik bilden die Themen von Subjekt und Staat, von Selbstregierung und Regierung, Ethik und Politik einen engen Zusammenhang.

Schon der Umstand, dass ein historisch überaus wirkmächtiger philosophischer Diskurs sich der kritischen Diagnose einer Ästhetisierung der demokratischen Freiheitskultur widmet, kann vermuten lassen, dass sich aus einer Auseinandersetzung mit ihm Einsichten in die Verfassung und die Spannungen der demokratischen Freiheit gewinnen lassen, die von ihren üblicherweise ästhetikblinden Rechtfertigungen ebenso übersehen oder nivelliert werden wie von jenem in der Linie Friedrich Schillers argumentierenden Strang republikanischen Denkens, der das Ästhetische in ethischer und politischer Hinsicht als Einheits- und Versöhnungsfigur feiert.[10] Gerade in ihrer Ablehnung oder Skepsis gegenüber der Nähe, welche die demokratische Kultur der Freiheit zum Problem ihrer Ästhetisierung unterhält, bekunden die Ästhetisierungskritiker, wie dieses Buch zeigen wird, ein sehr genaues Gespür für das Risiko und die Herausforderung einer solchen Kultur, das sich aus der Perspektive ihrer Apologie begrifflich fruchtbar machen lässt. Mit anderen Worten: die Ästhetisierungskritik erweist sich gerade für das Projekt einer Neubestimmung der Bedeutung der Ästhetisierung für das ethisch-politische Verständnis der demokratischen Freiheitskultur als eine besonders reichhaltige Vorlage. An ihr wird sich jedes Projekt einer positiven Auszeichnung der Veränderun-

10 Vgl. hierzu Terry Eagleton, *The Ideology of the Aesthetic*, Oxford, Cambridge 1990, bes. S. 102-119.

gen im Verständnis von Ethik und Politik zu messen haben, die unter dem Begriff der Ästhetisierung zur Debatte stehen. Sofern sich im Rahmen der Freiheitsproblematik ein ethisch-politisches Recht der »ästhetisierenden« Transformation von Ethik und Politik verteidigen lässt, wird dies deshalb durch eine Kritik der (Ästhetisierungs-)Kritik zu zeigen sein, und zwar durch eine Überprüfung ihrer kritischen Operationsweise wie ihrer Voraussetzungen: Was wird jeweils als Ästhetisierung des Freiheitsverständnisses aus ethischen und politischen Gründen verworfen, und ist diese Verwerfung plausibel? Welches Freiheitsverständnis wird dagegen jeweils ethisch und politisch verteidigt, und ist es selbst vor Kritik gefeit?

Gleichgültig, ob die Kritik der Ästhetisierung aus einer Perspektive vorgetragen wird, die das Problem einer »ästhetisierten Kultur« der Demokratie selbst zuschreibt und dieser deshalb prinzipiell ablehnend gegenübersteht, oder aus einer solchen, die es als eine Gefahr für die Demokratie deutet, gegen die diese sich immunisieren sollte – Stein des Anstoßes ist in beiden Fällen ein Freiheitsverständnis, das mit ästhetischen Motiven in Verbindung gebracht wird. Mit dem Ästhetischen wird hier gemeinhin eine Gestalt von Freiheit assoziiert, die sich gegenüber der sozialen Praxis, ihren normativen Ordnungen wie gegenüber den diesen entsprechenden Identitätsangeboten oder Rollenvorgaben geltend macht – und zwar dadurch, dass private Motive (Stimmungen, Genuss, Geschmack) ein solches Gewicht gegenüber Orientierungen gewinnen, die mit einer gegebenen sozialen Ordnung übereinstimmen, dass sie zu den für die Gestaltung des eigenen Lebens maßgeblichen werden. Das Freiheitsverständnis, um das die Ästhetisierungsdebatte kreist, stellt die Behauptung eines konstitutiven Zusammenhangs zwischen dem sozialen und dem individuellen Guten, die Behauptung, dass es Letzteres nur in der und durch die Teilhabe an Ersterem gibt, infrage. Sofern sich ein an privaten Motiven orientiertes Modell von Freiheit gesellschaftlich durchsetzt, so die Befürchtung der Ästhetisierungskritik, wird dies desintegrierende Wirkungen auch auf der Ebene des politischen Gemeinwesens zeitigen: An die Stelle echter sozialer Bindungen treten dann ebenfalls »ästhetische« Relationen. Wo sozial nichts mehr wirklich bindet, wird die Inszenierung des Gemeinwesens zur politisch entscheidenden Kraft. Die Inszenierung von Gemeinschaft aber, so das weitere Argument der Ästhetisierungskritik, schafft noch keine, im Gegenteil: Nicht nur vermag eine solche Inszenierung nur dürftig zu verdecken, dass sie erst durch die Infragestellung des Kollektivs von innen heraus, nämlich von den ästhetisierten Selbstverständnissen ihrer (Nicht-) Mitglieder her, nötig geworden ist; auch vermag sie Gemeinschaft nur in dem Maße herzustellen, wie sie zugleich eine Spaltung etabliert zwischen denjenigen, die sie produzieren, und denjenigen, die sie – wiederum im Modus von Stimmungen, Genuss und Geschmack – rezipieren. Die politische Gemeinschaft zerfällt in Spektakel und Publikum.

Aufgrund der Diagnose ihrer desintegrierenden Wirkungen hat die Ästhetisierungskritik die (im genannten Sinne) ästhetische Gestalt der Freiheit als eine »entartete Freiheit« (Platon) oder als »Willkürfreiheit« (Hegel) denunziert. Um die Gefahr zu bannen, die von einer solchen Freiheit für das politische Gemeinwesen ausgeht, ist es für die Ästhetisierungskritik entscheidend, dieser ein Selbstmissverständnis nachzuweisen. Die »ästhetische« Freiheit soll »entartete« Freiheit nicht nur aus der Perspektive des politischen Gemeinwesens sein, das vor ihren Effekten bewahrt werden muss. Um wirklich getroffen werden zu können, muss sich das entsprechende Freiheitsverständnis zunächst und vor allem dort als defizitär erweisen, wo man nach seinen Effekten aufs Gemeinwesen noch nicht unbedingt fragt: im Leben der Einzelnen. Bereits auf dieser Ebene soll sich die Freiheit, die der Einzelne gegenüber der sozialen Ordnung in Anspruch nimmt, in Unfreiheit verkehren. Der Beweis muss folglich gerade an den schillernden Typen, den ausgesprochenen Lebenskünstlern, geführt werden. Wenn nachgewiesen werden kann, dass die Inkongruenz von individuellem und sozialem Guten, die an den ästhetischen Existenzen sichtbar wird, in Unfreiheit führt, ist zugleich begründet, warum auch die weiteren Auswirkungen dieser Lebensform auf das Gemeinwesen bekämpft werden müssen: Es geht dann nicht primär um die Ordnung des Gemeinwesens um der Ordnung, sondern um der Freiheit seiner Mitglieder willen.

Dieser Nachweis wird in der Geschichte der philosophischen Ästhetisierungskritik freilich mit sehr unterschiedlichen begrifflichen Voraussetzungen geführt; und hier wird auch der Abstand der Moderne zur Antike besonders deutlich. Während Platon diesen Beweis im Namen einer metaphysischen Konzeption des Guten führt, führt man ihn seit Hegel durch den Hinweis auf die konstitutive Rolle der sozialen Praxis für die Entfaltung individueller Freiheit. So formuliert Platon diese Kritik im Namen einer ebenso problematischen wie metaphysischen Konzeption des Guten, der zufolge das, was für den Einzelnen wie für die Gemeinschaft gut ist, objektiv feststehen soll, so dass jedes Zuwiderhandeln als eine Form der Entfremdung vom Guten kritisiert werden muss. Seit Hegels Einwand gegen den romantischen Ironiker formuliert sich diese Kritik jedoch durch den Hinweis auf die konstitutive Rolle der sozialen Praxis für die Entfaltung individueller Freiheit. Fraglos besitzt dieser letzte Hinweis auch heute noch einige Berechtigung. Er vermag verschärft konstruktivistische Positionen, die die Möglichkeit zur Gestaltung des eigenen Lebens individualethisch reduzieren,[11] ebenso zu treffen wie all jene, die meinen, Foucaults Forderung, »nicht dermaßen regiert zu werden«,[12] auf das Ganze des Lebens beziehen zu können – ganz so, als wäre ein Leben jenseits aller sozialen Bestimmung wünschenswert oder überhaupt möglich. Nicht nur ist jeder immer schon Teilnehmer an einer sozialen Praxis, auch bedarf jeder Entwurf des eigenen Selbst zu seiner Verwirklichung der sozialen Anerkennung.[13] Als Einwand gegen die schillernden Figuren, die im Zentrum der Ästhetisierungskritik stehen, kann dieser Hinweis gleichwohl nur dann gelten, wenn deren Lebensvollzug notwendig mit einer Verdrängung der konstitutiven Rolle einherginge, die der sozialen Welt für das Selbstverständnis des Einzelnen zukommt. Das aber kann bestritten werden.

Indem die Kritik die »ästhetische« Freiheit mit einer Freiheit vom Sozialen *im ganzen* assoziiert, verdeckt sie, wie im Folgenden genauer ausgeführt werden soll, eine andere, produktivere Deutung derselben: Die Distanz zum Sozialen, wie sie an den häufig gegen die Erwartungen ihres sozialen Umfelds gerichteten Selbsttransformationen einschlägiger Lebenskünstler besonders anschaulich wird, geht nicht notwendigerweise mit einer ebenso abstrakten wie letztlich imaginären Distanz gegenüber aller sozialen Bestimmtheit

11 Zur berechtigten Kritik an der Reduktion des Lebens zum »verfügbaren Material eines autonomiestolzen Individuums« vgl. die Diskussion in Wolfgang Kersting, Claus Langbehn (Hg.), *Kritik der Lebenskunst,* Frankfurt/M. 2007, hier S. 8.

12 Vgl. Michel Foucault, *Was ist Kritik?*, Berlin 1992, S. 12.

13 Vgl. Axel Honneth, »Diagnose der Postmoderne«, in: ders., *Desintegration*, S. 11-19, hier S. 18 f.

einher. Eine solche Distanz lässt sich vielmehr auch anders verstehen: nicht als *Modell* für den, sondern als produktives *Moment* im praktischen Lebensvollzug des Subjekts. Es ist nicht die abstrakte Freiheit vom Sozialen, sondern dessen Veränderbarkeit, die sich an den ästhetischen Existenzen, den schillernden Lebensformen, zeigt und verteidigen lässt. Die Ästhetisierung des Freiheitsverständnisses steht dann nicht mehr für das Missverständnis einer Freiheit *vom* Sozialen überhaupt, die der Freiheit *im* Sozialen undialektisch gegenübersteht, vielmehr bringt sie eine Spannung zum Ausdruck, die das Leben jedes Einzelnen durchzieht. Wer im Missverständnis solipsistischer Selbsthervorbringung lebt, ist ebenso wenig frei wie einer, dem die Erfahrung einer Distanz von sich, von seinen sozialen Rollen und den mit ihnen einhergehenden Erwartungshorizonten gänzlich fremd ist. Beide Seiten dieser Spannung sind vermittelbar nur als Momente in einem Prozess, in dem wir uns und die soziale Praxis, deren Teil wir sind, ändern können. Wie noch genauer zu zeigen sein wird, erfordert diese Vermittlung eine Kunst der Freiheit, die über ein Handwerk[14] – und damit über das zunächst zu erlernende, dann souveräne Vermögen zur Bestimmung des eigenen Lebens[15] – hinausreicht. Denn das Subjekt einer solchen Kunst muss sich in diesem Prozess immer wieder selbst zur Disposition stellen. Die Veränderung des eigenen Selbst vollzieht sich hier nicht von der Position eines seiner eigenen sozialen Identität gegenüber überlegenen Metasubjekts aus. Vielmehr wurzelt sie in der unwillkürlichen Erfahrung einer Selbstdifferenz, die das Subjekt dazu anhält, sich und sein Selbstverständnis, den Sinn seiner Subjektivität, aus einer Distanz zu sich neu zu ergreifen.

Die dialektische Bestimmung von Freiheit im Sinne eines im Herzen des Begriffs wirksamen Antagonismus, der das Vermögen zur subjektiven Selbstbestimmung mit einem Moment zusammenspannt, das »noch nicht von der zentralisierenden Bewußtseinsin-

14 So der Titel des einschlägigen Buchs von Peter Bieri, *Das Handwerk der Freiheit. Über die Entdeckung des eigenen Willens*, Frankfurt/M. 2003.

15 Der hier gemeinte Sinn einer »Kunst der Freiheit« widerspricht damit auch der Kantischen Rede von einer »göttlichen Kunst«, nach der wir »im Stande wären, das, was uns die Vernunft vorschreibt, vermittelst ihrer auch völlig auszuführen und die Idee davon ins Werk zu richten«. Immanuel Kant, *Die Metaphysik der Sitten*, in: ders., *Werkausgabe*, Bd. VIII, Frankfurt/M. 1977, AB 13.

stanz gelenkt wird«,[16] impliziert jedoch keineswegs eine Abkehr von der Normativität, die Ethik und Politik notwendig auszeichnet. Im Gegenteil, nur weil die Einzelnen im lebendigen Austausch mit der Welt in eine Differenz zu sich selbst, und das heißt immer auch: zu ihrer jeweiligen Rolle als Teilnehmer an einer sozialen Praxis geraten können, kann sich die normative Frage nach dem individuell wie sozial Guten überhaupt als Frage stellen. Die Erfahrung einer solchen Differenz ist mit anderen Worten eine Bedingung der Möglichkeit für die selbstbestimmte Aneignung oder Veränderung der sozialen Praxis, die uns immer schon bestimmt. Die Möglichkeit solchen Fragens und damit auch die Möglichkeit der Veränderung jeweiliger Bestimmungen des Guten selbst als ein Gutes anzuerkennen heißt, dieser Möglichkeit einen Vorrang vor jeder inhaltlichen Bestimmung des Guten einzuräumen.

Die Regierungsform aber, welche die Möglichkeit der Infragestellung seiner jeweiligen Bestimmungen in ihren Begriff des Guten mit aufgenommen hat, ist, bereits Platon hat das klar gesehen, die Demokratie: Sie ist die einzige Regierungsform, in der es erlaubt ist, alles öffentlich zu kritisieren, alles öffentlich infrage zu stellen – einschließlich der jeweiligen Ausgestaltungen der Demokratie selbst. Weil sie sich bei allem Risiko, das damit einhergeht, für Neubestimmungen des Guten, für die Möglichkeit einer gerechteren Ordnung also, offen hält, bleibt sie, nach einer berühmt gewordenen Formulierung von Jacques Derrida, »im Kommen«.[17] Dies ist freilich nicht, wie man Derrida oft missverstanden hat, als ewiger Aufschub, als eine Vertröstung auf einen kommenden Messias der Demokratie zu verstehen, im Gegenteil: Unsere Bestimmungen des Guten sind alles, was wir haben, um unsere Freiheit hier und jetzt zu verwirklichen. Entsprechend zielt die demokratische Ereignisoffenheit auch nicht auf das Offene um des Offenen willen; es geht nicht um eine Fundamentalkritik an normativen Bestimmungen überhaupt, sondern um die Möglichkeit von deren historischer Korrektur. Eben dadurch erweist sich die Demokratie, mit einer Formulierung des französischen Demokratietheoretikers

16 Vgl. Theodor W. Adorno, *Zur Lehre von der Geschichte und von der Freiheit*, Frankfurt/M. 2001, S. 295.

17 Vgl. hierzu die kompakte Bestimmung der »démocratie à venir« in: Jacques Derrida, *Schurken. Zwei Essays über die Vernunft*, Frankfurt/M. 2003, S. 123 f.

Claude Lefort, als die »*geschichtliche Gesellschaft* schlechthin«.[18] Die demokratische Kultur der Freiheit, so kann man auch sagen, wird in ethischer und politischer Hinsicht von jener Dialektik bewegt, die den Begriff der Freiheit in dem hier verteidigten Verständnis wesentlich ausmacht. Worum es in der Verteidigung der freiheitstheoretischen Motive geht, die von der Ästhetisierungskritik voreilig verworfen oder vorab verdrängt werden, ist mithin nicht bloß eine »ästhetische Kultur«, die für die Demokratien irgendwie wünschbar wären, als handelte es sich hier um einen Zusatz – worum es vielmehr geht, ist das Verständnis der ethisch-politischen Strukturbedingungen von Freiheit überhaupt.

Aufgrund ihrer Einsicht in die Historizität des Guten steht die Demokratie allerdings in einem internen Verhältnis auch zu dem, was als »Ästhetisierung des Politischen« kritisiert wurde. Wenn sich plausibilisieren lässt, dass Teilnehmer einer sozialen Praxis potentiell immer auch Nichtteilnehmer und also Mitglieder der Gesellschaft potentiell immer auch Nichtmitglieder sind, so dass der Sinn von Teilnahme und Mitgliedschaft, ja der Sinn der sozialen Praxis selbst jederzeit in Zweifel gezogen werden kann, dann ergibt sich daraus unmittelbar eine Kritik an vorpolitischen Vorstellungen von Ordnung und Einheit des politischen Kollektivs. Weder Ordnung noch Einheit eines Gemeinwesens können als schlicht gegeben vorausgesetzt werden; stattdessen enthüllt sich nun ihr Charakter als politische Setzung. Das heißt weiter: Mit der Ordnung, in der sie sich erfassen soll, wird auch die Einheit des Gemeinwesens immer erst politisch hergestellt, produziert, inszeniert. Dadurch, dass die Demokratie weder Ordnung noch Einheit jenseits der politischen Repräsentation kennt, steht sie jedoch nicht nur in einem klaren Gegensatz zu Platons antidemokratischer Vorstellung einer natürlichen politischen Ordnung, wie er sie für seinen Idealstaat imaginiert. Vielmehr betrifft dieser Punkt auch noch die für das moderne Demokratieverständnis zentrale Idee der kollektiven Selbstregierung – mit weitreichenden Konsequenzen. Sofern richtig ist, dass das Selbst der kollektiven Selbstregierung nicht einfach als Einheit vorausgesetzt werden kann, sondern allererst in der politischen Repräsentation hervorgebracht werden muss, bedeutet dies nichts anderes, als dass es den *demos* der Demokratie niemals jenseits der

18 Claude Lefort, »Die Frage der Demokratie«, in: Ulrich Rödel (Hg.), *Autonome Gesellschaft und libertäre Demokratie*, Frankfurt/M. 1990, S. 281-297, hier S. 291.

damit zugleich etablierten Trennung zwischen Repräsentanten und Repräsentierten, Produzierenden und Rezipierenden, Regierenden und Regierten gibt. Es gibt ihn folglich niemals jenseits von Macht- und Herrschaftsverhältnissen; es gibt ihn nie als solchen. Eben dadurch aber erhält das kollektive Selbst der Demokratie, erhält die Demokratie selbst zugleich ihre Zukunftsoffenheit. Denn die demokratische Antwort auf das Problem souveräner Macht besteht nicht darin, es zu verdecken, sondern auszustellen und so auf die Frage der Legitimität zu öffnen. Darin besteht die Pointe einer demokratisch verstandenen »Ästhetisierung des Politischen«. Auf der demokratischen Bühne der Politik müssen sich die jeweiligen Repräsentanten des *demos* immer wieder vor denjenigen rechtfertigen, deren Willen sie repräsentieren wollen, vor einem heterogenen Publikum also, von dem nie auszuschließen ist, dass seine Mitglieder alternative Vorstellungen vom demokratischen Gemeinwillen haben oder entwickeln und diese womöglich am Ende gegen die jeweils herrschende zu öffentlicher Geltung und (Gegen-)Macht bringen werden.

Nun muss sich eine solche Verteidigung der ästhetischen – oder in diesem Zusammenhang spezifischer: theatralen – Dimensionen demokratischer Politik natürlich besonders von Positionen herausgefordert sehen, die sie aus der Perspektive einer dezidierten Verteidigung der Demokratie kritisiert haben. Tatsächlich ist die Thematisierung dieses Zusammenhangs historisch von sehr unterschiedlichen demokratietheoretischen Intuitionen begleitet worden; und hier ist ein weiterer Unterschied zwischen antikem und modernem Diskurs unübersehbar. Während für Platon Demokratisierung und Ästhetisierung beziehungsweise Theatralisierung der Kultur ein und denselben Prozess bezeichnen, ist die moderne Demokratietheorie, sofern sie sich in die Nachfolge Jean-Jacques Rousseaus stellt, von der gegenteiligen Intuition getragen: Für sie bedeutet Ästhetisierung oder Theatralisierung eine Perversion der demokratischen Kultur – und daher eine Gefahr, vor der man die Demokratie schützen muss, will man ihren Verfall verhindern. Die überraschende Nähe, die sich im Blick auf die ästhetisierungskritischen Motive zwischen Rousseaus Verteidigung und Platons Kritik der Demokratie ergibt, ist dabei freilich höchst aufschlussreich. Sie führt auf die Fährte antidemokratischer Züge in Rousseaus Bild des demokratischen Gemeinwesens und spielt dadurch einer Argumentation zu, welche die in der Linie Rousseaus kritisierten Dimensionen des Ästhetischen – mit und gegen Platon – als konstitutive Bestandteile des Lebens (in) der Demokratie zu verteidigen sucht.

Wenn sich die Ästhetisierung der demokratischen Freiheitskultur in ethischer wie in politischer Hinsicht verteidigen lässt, so kann dies indes nicht dadurch geschehen, dass diese Verteidigung von außen an den ästhetisierungskritischen Diskurs herangetragen wird; vielmehr muss sie in ihren Implikationen aus der Kritik der Ästhetisierungskritik entfaltet werden. Die Auseinandersetzung mit der Ästhetisierungskritik ist hier nämlich nicht nur deshalb besonders einschlägig, weil sie auf einen Zusammenhang von ethischen, politischen und ästhetischen Motiven für die Diskussion um das Verständnis der demokratischen Freiheit aufmerksam macht, sondern auch deshalb, weil sie eine ganze Reihe interessanter (und zum Teil miteinander verschränkter) Probleme anspricht: die Willensschwäche, das Böse, die Indifferenz, die Selbstvergessenheit, die Verdinglichung (der Anderen und der Welt), den Opportunismus, die charismatische Herrschaft – Probleme also, denen sich eine Apologie der Ästhetisierung zu stellen hat, will sie nicht zu einem weiteren Symptom des von der Ästhetisierungskritik diagnostizierten ethisch-politischen Problemzusammenhangs werden. Ein entsprechender Begriff von Freiheit gewinnt aus der Auseinandersetzung mit der Ästhetisierungskritik aber nicht nur Tiefe und Kontur; er wird überhaupt erst durch sie motiviert. Denn die Abwehr der Ästhetisierung weist, wie ich an ausgewählten historischen Beispielen der ästhetisierungskritischen Tradition zeigen will, selbst Defizite auf, die sich allein durch einen dialektisch zu denkenden Begriff von Freiheit beheben lassen.

Damit ist der Fahrplan für die folgenden Kapitel bereits grob angegeben. In einem ersten Teil werde ich diejenigen Motive der Platonschen Ästhetisierungs- und Demokratiekritik rekonstruieren und kritisch diskutieren, die sich den Rückgriffen durch die moderne Ästhetisierungskritik angeboten haben. Die folgenden Teile wenden sich den Weisen zu, wie der moderne Diskurs auf Platon beziehungsweise auf die platonische Problemstellung geantwortet hat. Aus der Rekonstruktion des Zusammenhangs von ethischen und politischen Argumenten im ersten Teil ergibt sich die Entscheidung, die modernen Antworten nicht in historischer Chronologie vorzustellen. Vielmehr reflektiert der Aufbau in gewisser

Weise die platonische Systematik, indem er die Diskussion um die Frage, was es heißt, ein Leben in Freiheit zu führen, vor die – auf dieses ethische Problem wesentlich bezogene – Diskussion um den Begriff der Demokratie setzt. Dieser Zusammenhang ist auch für die moderne Ästhetisierungskritik bestimmend geblieben, wurde aber unterschiedlich, mal eher subjekttheoretisch, mal eher demokratietheoretisch, akzentuiert. Aus dem genannten Grund werde ich – im zweiten Teil – zunächst ästhetisierungskritische Positionen der Moderne diskutieren, die ihren Ausgang bei dem Problem subjektiver Freiheit nehmen. Besonders einschlägig dafür ist die Kritik an der Romantik. Motive aus der platonischen Kritik der ästhetisierten Lebensform und des ihr unterliegenden Freiheitsverständnisses kehren verwandelt in der Kritik am romantischen Ironiker wieder. Bereits hier – in der Diskussion des Verhältnisses von Ironie und Sittlichkeit (Hegel) sowie von Ironie und individueller (Kierkegaard) oder politischer (Carl Schmitt) Souveränität – ergeben sich vielfältige Bezüge auf das Thema der Demokratie und ihrer politischen Kultur, das dann im dritten Teil – freilich nicht ohne Bezug auf dessen freiheitstheoretische Dimension – im Zentrum stehen wird. Dabei wird es auch darum gehen, das hier verteidigte »ästhetisierte« Verständnis der demokratischen Kultur in repräsentationspolitischer Hinsicht genauer zu bestimmen und gegen andere Konstellationen von Ästhetik, Ethik und Politik abzugrenzen. Es wird Rousseaus positive Vision eines republikanischen Fests, das er der Theatralisierung oder Ästhetisierung des Politischen entgegenhält, ebenso zu diskutieren sein wie das Verhältnis, das Walter Benjamins berühmte Kritik an der »Ästhetisierung des Politischen, welche der Faschismus betreibt«, zur generellen Linie der ästhetisierungskritischen Tradition unterhält.

Der enge Verweisungszusammenhang, der sich in allen drei Teilen zwischen ethischen und politischen Motiven ergibt, zeigt allerdings an, dass der gewählte Aufbau im Kontext der vorliegenden Untersuchung, anders als bei Platon, allein heuristische Gründe hat. Denn die Verteidigung der »ästhetisierenden« Transformation von Ethik und Politik betrifft nicht zuletzt deren Verhältnis. Während Platon der Ethik ein Primat vor der Politik einräumt – aus dem Wissen um das, was jedem Einzelnen gemäß ist, folgt die Einrichtung der politischen Ordnung, die das gute Leben aller realisieren soll –, tritt die Ordnung der Gründe nun in eine andere Konstellation. Worum es hier geht, ist nicht einfach deren Umkehrung – es wird jetzt nicht die Politik vor die Ethik gesetzt –, sondern die Auflösung der Hierarchie von Ethik und Politik aus der Perspektive einer beide Bereiche gleichermaßen, wenn auch auf je eigene Weise, durchdringenden Dialektik der Freiheit.

Erster Teil:
Eine antike Krisendiagnose

I. Die provozierende Schönheit der Demokratie: Platon

»Politeia« bezeichnet bei Platon, wie bei den Klassikern überhaupt, weniger die Verfassung als die Lebensweise einer Gemeinschaft. Diese soll jedoch von dem abhängen, was in ihr als höchstes Gut gilt.[1] Das verbindet im klassischen Verständnis die unterschiedlichen Perspektiven von Ethik und Politik. In der Demokratie und der ihr korrespondierenden Lebensweise oder Kultur, wie man heute wohl eher sagen würde, trägt dieses wichtigste Gut Platon zufolge den Namen »Freiheit«. Deshalb ist der eigentliche Gegenstand der Überlegungen zur Demokratie, die Platon seine Figur des Sokrates[2] im achten Buch der *Politeia*[3] anstellen lässt, das für die demokratische Kultur konstitutive Freiheitsverständnis. Nun ist bekannt, dass Platon kein Freund der Demokratie war. Sie mag bei manchen, wie er Sokrates distanziert feststellen lässt, aufgrund der Vielfalt der Sitten und der Freiheit der Lebensweisen als besonders bunt, ja sogar als die schönste aller Regierungsformen gelten (vgl. Rep. 557c); bei ihm rangiert sie nichtsdestotrotz an vorletzter Stelle – unter ihr steht nur noch die Tyrannei. Der schöne Schein der Demokratie ist für Platon ein falscher Schein. Nach seiner Diagnose führt der demokratische »Durst nach Freiheit« (vgl. Rep. 562c) nämlich notwendig in die Unfreiheit: Er begünstigt die Begierden, schwächt so die Kraft des vernünftigen Urteils, destabilisiert den Willen und bringt einen entsprechend schwachen, in jeder – auch der politischen – Hinsicht haltlosen Menschen hervor. Die »demokratisch gesonnenen« (Rep. 558c) Lebenskünstler schillern, so Platons vernichtendes Urteil, aus Schwäche, weshalb die Buntheit

1 Vgl. Leo Strauss, *Naturrecht und Geschichte*, Frankfurt/M. 1977, S. 140 f.

2 Die *Politeia* ist paradigmatisch für die Fiktionalisierung, die der historische Sokrates besonders in Platons späten Dialogen erfährt: die Figur des Sokrates verliert hier gegenüber ihrem Autor an Eigen- und Widerständigkeit und verschmilzt nahezu vollständig mit dessen System. Während daher Sokrates in diesem vornehmlich einer Lektüre der *Politeia* gewidmeten Kapitel keine besondere Rolle spielen wird, werde ich im Kapitel II eigens auf Sokrates (und seine besondere Ironie) eingehen.

3 Platon, *Politeia*, in: ders., *Sämtliche Werke in zehn Bänden*, Bd. V, Frankfurt/M., Leipzig 1991. Im Folgenden im Text zitiert als Rep.

der demokratischen Kultur das sichere Zeichen ihres Niedergangs ist. Die demokratische Ästhetisierung ist der Vorbote der Tyrannei.

Man wird dieser Diagnose nicht ohne weiteres zustimmen wollen. Allerdings besteht auch aus der Perspektive einer Apologie der Demokratie und ihrer Schönheit nicht die schlechteste Methode, um die Reichweite eines Begriffs – hier den der demokratischen Freiheit – zu ermessen, darin, ihn ins kontrastreiche Licht einer Position zu rücken, die ihn aufs Schärfste bekämpft hat. Denn für die Implikationen eines Begriffs haben oftmals gerade jene ein besonderes Sensorium, die ihn aus dem praktischen und theoretischen Bewusstsein zu verbannen suchen.

1. Freiheit und Unbestimmtheit

Bereits der Umstand, dass Platon nicht die Gleichheit, sondern die Freiheit ins Zentrum seiner demokratietheoretischen Untersuchung stellt, ist bemerkenswert, wird von ihm jedoch nicht weiter begründet. Vielmehr lässt er Sokrates lediglich zitieren, was das Selbstverständnis der Demokraten ausmacht: die verbreitete Meinung, dass die Freiheit das höchste Gut der Demokratie ist (vgl. Rep. 557b und Rep. 562b). Ausgangspunkt der Überlegungen ist damit eine empirische, gewissermaßen diskursanalytische Feststellung über das Selbstverständnis der zu untersuchenden Kultur. Tatsächlich ist der demokratische Gleichheitsgrundsatz Platon zufolge nichts anderes als eine Implikation der *exousia*, der demokratisch gewährten Freiheit, nach der jeder »Erlaubnis hat [...] zu tun was er will« (Rep. 557b). Denn diese Erlaubnis richtet sich auf alle gleichermaßen, ohne Ansehen von Stand oder Herkunft. Sie verteilt sich »gleichmäßig« auf »Gleiche wie Ungleiche« (Rep. 558c). Die demokratische Gleichheit ist keine substantielle, auf Ähnlichkeitsverhältnissen beruhende Gleichheit, sondern eine formale: eine Gleichheit Beliebiger in Freiheit. Das aber heißt auch, und schon hier ergibt sich für Platon ein erstes Problem, dass jeder Beliebige sich auf die Demokratie berufen kann, um in ihrem Namen zu sprechen. Schließlich beinhaltet *exousia* auch die Erlaubnis zu freier Rede, und zwar für jeden und auch für jene, die sich auf die Überredung der Massen verstehen.[4] Damit ist zwangsläufig Raum

4 Vgl. zu diesem Zusammenhang Platons *Gorgias*, z. B. 461e; 462b-467c (in: Platon, *Sämtliche Werke in zehn Bänden*, Bd. II, Frankfurt/M., Leipzig 1991, S. 175-417).

für charismatische Typen aller Art geschaffen, die bereit sind, ihren eigenen Willen mit dem des demokratischen Gemeinwesens zu identifizieren und sich eine Souveränität anzumaßen, die sich gegen die zuvor etablierte richten kann. Denn in der Demokratie, so lässt es Platon Sokrates darstellen, ist nichts verbindlich. So wie es aufgrund des in ihr herrschenden Freiheitsverständnisses für die Einzelnen keine Notwendigkeit gibt zu regieren, wenn sie nicht regieren wollen, so gibt es für sie umgekehrt auch keinen Zwang, regiert zu werden, wenn sie nicht regiert werden wollen. Die Einzelnen müssen weder Krieg führen noch Frieden halten, nur weil die anderen Mitglieder des Gemeinwesens Krieg führen oder Frieden halten; und sie brauchen sich auch nicht verbieten zu lassen, ein Amt zu bekleiden oder Urteile zu fällen (vgl. Rep. 557e). Sogar Todesurteil und Verbannung können in der Demokratie wieder aufgehoben werden (vgl. Rep. 558a). All dies läuft darauf hinaus, dass sich in einer Demokratie jeder, der sich anschickt, einen Staat zu gründen, wie in einer »Trödelbude« (*pantopolion*) einfach diejenige Verfassung aussuchen kann, die ihm passt (vgl. Rep. 557d). Vermöge der in ihr gewährten Freiheit (*exousia*) schließt die Demokratie »alle Arten von Verfassungen in sich« (ebd.).

Es ist frappierend, welche Aktualität dieser antiken Diagnose heute noch – oder sogar: gerade heute – zukommt.[5] Tatsächlich gibt es derzeit kaum einen Staat mehr, der nicht von sich behaupten würde, demokratisch zu sein. Die Moderne hat nicht nur konstitutionelle Monarchien sowie parlamentarische, präsidiale, liberale und sozialstaatliche Demokratien erlebt, sondern auch die Volksdemokratien der Sowjetunion und Chinas sowie verschiedene Militärdiktaturen, die sich mit dem Titel der Demokratie schmückten. Man denke beispielsweise an die sogenannte organische Demokratie Francos in Spanien oder an die »Neo-Demokratie« Trujillos in der Dominikanischen Republik. »Demokratie« ist offenbar weder der Begriff für eine bestimmte Regierungsform noch die Bezeichnung einer bestimmten Verfassung. Vielmehr zeichnet sich der Begriff durch eine Unbestimmtheit aus, die keine Folge eines theoretischen Unvermögens ist. Daher gilt es, diese Unbestimmtheit selbst begrifflich einzuholen. Denn ihre Unbestimmtheit, das heißt auch: ihre Angewiesenheit auf performative, formgebende Akte, ist

5 Vgl. dazu und zum folgenden Absatz Jacques Derrida, *Schurken. Zwei Essays über die Vernunft*, Frankfurt/M. 2003, bes. S. 47 f.

ein Wesenszug der Demokratie; und diesen Zug zu denken stellt seit ihren Anfängen eine der zentralen Herausforderungen an die Demokratietheorie dar.

Nun gründet die Unbestimmtheit der Demokratie nach Platon ursprünglich in der *exousia*: der demokratisch gewährten Freiheit, das zu tun, was immer einem beliebt. Der auf den unpersönlichen Ausdruck *exesti* (»es ist möglich«, »es steht einem offen«) zurückgehende Begriff der *exousia* koppelt Freiheit an Möglichkeiten beziehungsweise Handlungsspielräume. In dieser Bedeutung kommt er dem liberalen Verständnis negativer Freiheit unserer Zeit erstaunlich nahe, wiewohl der Begriff der *exousia* das moderne Konzept subjektiver Rechte nicht kennt, das den liberalen Begriff negativer Freiheit mit der Idee eines Schutzes der individuellen Lebensgestaltung vor einer Beeinträchtigung durch die Einmischung Dritter verbindet.[6] Jenseits dieser Differenz teilt der politische Diskurs der Antike jedoch zunächst mit dem liberalen Konzept negativer Freiheit die schwierige Frage nach der Reichweite eines auf der Gewährung von Handlungsspielräumen fundierten Freiheitsbegriffs.[7] Denn bereits die neutrale Bedeutung von *exousia* impliziert die Möglichkeit des Missbrauchs: In ihrem begrifflichen Horizont kann die *hybris*, können Zügellosigkeit, Übermut und Anmaßung, können also Grenzüberschreitungen nicht ausgeschlossen werden. Ihre Möglichkeit ist der *exousia* vielmehr immanent. Eben dadurch ergeben sich Platon zufolge nicht nur für das Gemeinwesen insgesamt gesehen, sondern auch für das Leben der Einzelnen in ihm höchst problematische Konsequenzen.

Nicht nur führe die »übertriebene Freiheit« (vgl. Rep. 564a) der demokratischen *exousia* auf der Ebene des Gemeinwesens, eben weil dieses sich auf ihrer Basis nicht gegen den Typus des machthungrigen Schurken abzusichern vermag, mit einer gewissen Notwendigkeit früher oder später in die »strengste und wildeste Knechtschaft« – in die Tyrannei (Rep. 564a). Überdies, und das ist für unseren

6 So lautet Isaiah Berlins Definition negativer Freiheit, dass sie einen Bereich bezeichnet, »in dem sich ein Mensch ungehindert durch andere betätigen kann«. Isaiah Berlin, »Zwei Freiheitsbegriffe«, in: ders., *Freiheit. Vier Versuche*, Frankfurt/M. 1995, S. 197-256, hier S. 201.

7 Vgl. zu den Differenzen und Ähnlichkeiten zwischen *exousia* und negativer Freiheit (im Sinne Berlins) auch J.H.M. Solomon, »Exousia in Plato«, in: *Platon* 37/38 (1967), S. 189-197, hier S. 189 f., 194.

Zusammenhang natürlich von besonderem Interesse, tut man Platon zufolge auch gut daran, bereits dem schönen Schein der von diesem Schicksal noch nicht eingeholten demokratischen Kultur zu misstrauen. Wie ein Mantel (*himation*), in den vielerlei Farben und Muster eingewirkt wurden, so »könnte«, lässt er Sokrates sagen, auch die demokratische Kultur, »in welche allerlei Sitten verwebt sind, als die schönste erscheinen. Und vielleicht [...] werden auch wohl Viele, die wie Kinder und Weiber auf das bunte sehen, diese für die schönste erklären« (Rep. 557c). Anders als die Kinder und die Weiber gibt sich der Philosoph natürlich nicht damit zufrieden, sich am bunten Treiben einer Kultur zu erfreuen, in der jeder sich sein Leben so einrichtet, wie es ihm gefällt. Seine Aufgabe ist es vielmehr, den schönen Schein des demokratischen *patchwork* zu durchschauen. Allerdings gibt es unter seiner Oberfläche auch für ihn nichts zu entdecken, und ebendiese Substanzlosigkeit der Demokratie gilt ihm als schwerer Makel: Nicht nur ist die Demokratie auf der Ebene ihrer Verfassung(en) nichts als ein (Deck-) Mantel, den sich jeder nach eigenem Belieben zurechtschneidern kann. Auch die in ihr privilegierte Lebensweise ist Platon zufolge wesentlich substanzlos. Wie die Regierungsform kann auch die demokratische Lebensweise die unterschiedlichsten Erscheinungsformen annehmen. Am vollkommensten wird das demokratische Freiheitsverständnis auf der Ebene der von ihr geprägten Kultur daher von einem Typus verkörpert, der mühelos die verschiedensten Identitäten annimmt. Der »demokratische Mann« ist »ein gar mannigfaltiger, die meisten Sitten und Gemütsstimmungen in sich vereinigend, und schier eben so schön und bunt als jener Staat, so daß ihn auch viele Männer und Frauen seiner Lebensweise wegen beneiden, als der auch die Muster der meisten Verfassungen und Denkungsarten in sich trägt« (Rep. 561e).

Auch in dieser Hinsicht erscheint Platons Diagnose heute erstaunlich aktuell. Denn die Präsenz von Lebenskünstlern und -künstlerinnen sowie die allgemeine Anerkennung, die diesen gerade für ihren experimentellen Lebenswandel zuteil wird, gelten als Signum moderner westlicher Demokratien.[8] Wie bei der demokratischen Regierung sieht Platon das zentrale Problem der demokratischen Selbstregierung jedoch in der von ihren jeweiligen

8 Eine in diesem Sinne paradigmatische Figur wäre etwa Bob Dylan, wie er in Todd Haynes Film *I'm Not There* porträtiert wird.

Erscheinungsformen bloß dürftig bemäntelten Unbestimmtheit. Als Quelle dieses Problems gilt ihm hier wie dort ein übertriebenes Freiheitsverständnis; es beherrscht Regierung wie Selbstregierung gleichermaßen und schließt so die Dimensionen von Ethik und Politik in der Einheit der demokratischen Lebensform zusammen. Konsequenterweise rollt Platon seine Kritik der Demokratie von diesem Freiheitsverständnis her auf.

Dem Blick auf das ethische Problem der Selbstregierung kommt dabei allerdings eine besondere Bedeutung zu. Wenn nämlich das Wesen einer Gesellschaft von dem abhängt, was in ihr als höchstes Gut gilt, so wird in ihr diejenige Lebensweise zur maßgeblichen, die dies Gut am vollkommensten verkörpert. Um die Demokratie kritisieren zu können, muss der von ihr privilegierten Lebensform nachgewiesen werden, dass sie das Ideal eines wahrhaft guten Lebens nicht erfüllt; dass sie, mit anderen Worten, gar nicht ermöglicht, was sie zu ermöglichen vorgibt: ein Leben in Freiheit. Die demokratische Freiheit soll sich gerade im Blick auf jene Lebenskünstler, die sie am vollkommensten verkörpern, als defizitär erweisen. Eine Verteidigung der Demokratie, ihres Freiheitsverständnisses sowie ihrer bunten Kultur, muss daher ebenfalls bei diesem Argumentationszusammenhang ansetzen. Es geht also hier nicht bloß darum, auf der Ebene von Mentalitäten die Experimentierfreudigkeit und das Innovationsinteresse des Demokraten gegen die konservative Einstellung des Traditionalisten zu verteidigen, wie dies so oft geschieht. Es geht hier vielmehr um das richtige Verständnis von Freiheit überhaupt.

2. Die Unfreiheit des Tyrannen

Die kritische Richtung von Platons komplexer Argumentation gegen die demokratische Lebensform kann in einem ersten, vorbereitenden Schritt dort am deutlichsten abgelesen werden, wo er ihr einen internen Zusammenhang mit ihrem unfreien Gegenteil, der Tyrannei, nachzuweisen sucht. Wie die Tyrannei für die Ebene der Regierung, so stellt die Figur des Tyrannen für die Ebene der Selbstregierung das Paradigma der drohenden Unfreiheit dar, in welche die demokratische Freiheit, als Konsequenz aus ihrer eigenen Zügellosigkeit, früher oder später umschlagen muss. Denn wiewohl der Tyrann sich keinerlei Beschränkung auferlegt und also ein extremes Beispiel für jemanden abgibt, der tut, was er will, kann er nach Platon nicht »frei« genannt werden. Durch seine Maß- und Zügellosigkeit wird der Tyrann vielmehr zum Knecht: zum Knecht seiner eigenen Begierden. Denn ein ausschließlich von Begierden bestimmtes Leben steht in Abhängigkeit von Dingen, auf deren Dasein und deren Reize es bloß passiv reagiert. Es ist damit immer nur auf jeweils Einzelnes bezogen, und nicht auf ein die jeweiligen Einzeleindrücke transzendierendes Prinzip, und deswegen notwendig instabil. Ein solches Leben folgt allenfalls den wechselnden Plänen, die kurzfristig und in Abhängigkeit der von zufälligen Reizen in der Welt hervorgerufenen Begierden gefasst werden. Jemand, der in dieser Weise bloß seinen Augenblicksbegierden folgt, ist nicht »Herr seiner selbst« – er unterscheidet sich in seiner Schwäche nicht wesentlich, wie Platon Sokrates in gewohnt abfälliger Manier sagen lässt, von »Weibern und Gesinde« (vgl. Rep. 431b, c).

Weil die Begierde sehr unterschiedliche Gestalten annehmen kann, verliert aber derjenige, der sich von diesem »vielgestaltigen Tier« (Rep. 590a) treiben lässt, nicht nur die Herrschaft über sich, sondern schließlich überhaupt sich selbst – sofern nämlich die Rede vom Selbst eine gewisse Kontinuität der Orientierungen voraussetzt und damit ein Wollen, das als für das jeweilige Selbstverständnis essentielles und als solches überlegtes Wollen über das situative Wollen hinausreicht, das sich auf die Befriedigung von Augenblicksbegierden richtet.[9] Weil er Freiheit mit der Befriedigung von Augenblicksbegierden verwechselt, existiert der Tyrann nur in der »flachen Gegenwart«[10] unmittelbaren Strebens, in der er sich zugleich distanzlos an die ihn bestimmenden Einflüsse ausliefert. Zwar steht für Platon außer Zweifel, dass auch der Tyrann imstande ist, vernünftige Überlegungen anzustellen, aber diese sollen sich ausschließlich auf die strategische Frage richten, wie er die Begierden befriedigen kann, die in ihm geweckt wurden; niemals,

9 Vgl. hierzu die Unterscheidung zwischen bloßem, überlegtem und entschiedenem (für die jeweilige Person essentiellem) Wollen bei Harry Frankfurt, »The Importance of What We Care About«, in: ders., *The Importance of What We Care About. Philosophical Essays*, Cambridge 1988, S. 80-94, hier S. 83.

10 Vgl. das Porträt des »Getriebenen« und seiner Zeiterfahrung bei Peter Bieri, *Das Handwerk der Freiheit. Über die Entdeckung des eigenen Willens*, Frankfurt/M. 2003, S. 84-90, 127-132, hier S. 130.

so stellt es Platon dar, richten sie sich auf die existentielle Frage, ob die jeweiligen Begierden selbst eigentlich wünschbar sind. Dem Tyrannen fehlt es nach Platons einflussreicher Charakterisierung an der elementaren Fähigkeit, sich zu seinen eigenen Strebungen beurteilend, sei es affirmativ-unterstützend oder kritisch-unterdrückend, zu verhalten, um seinem Wollen eine bestimmte Richtung zu geben und sich so zum Subjekt seines Willens zu machen. Nur dann aber könnte von Willensfreiheit gesprochen werden. Der Tyrann erweist sich demnach als unfrei gerade dort, wo er sich selbst auf dem Gipfel der Freiheit wähnt. Tatsächlich wäre, darin stimmen einige zeitgenössische Theorien zur Willensfreiheit mit Platon überein, ein Leben ohne jeglichen Rückhalt in begründeten Überzeugungen, die einen Maßstab auch zur Beurteilung der eigenen Strebungen bereitstellen, eine Form der Selbstvergessenheit: ein bloßes Getriebensein durch das, was in einem durch die vielfältigen, gewissermaßen ungefiltert einströmenden Eindrücke ausgelöst wird.[11] Subjekt eines solchen Lebens wäre man allenfalls im Sinne des Untertans: als Knecht seiner unkontrollierten und zufällig sich einstellenden Bestrebungen. Eine einzig an der Befriedigung von Augenblicksbegierden ausgerichtete Selbstsucht wäre in der Tat etwas anderes als Selbstbestimmung.

11 So weist nicht nur Peter Bieris Figur des »Getriebenen«, sondern auch Harry Frankfurts Figur des *wanton* (des Zügellosen) Züge des Platonschen Tyrannen auf: Die Figur des *wanton* soll, eben weil sie sich zu ihren Begierden nicht urteilend zu verhalten versteht, nie an den Status einer Person heranreichen, womit sie nach Frankfurt zugleich die Bedingung der Möglichkeit gelebter Willensfreiheit verfehlt (vgl. Harry Frankfurt, »Freedom of the Will and the Concept of a Person«, in: ders., *The Importance of What We Care About*, S. 11-25, hier bes. S. 16-19). Allerdings kommt mir diese Figur, wie auch Platons Tyrann und Bieris »Getriebener«, in dem Maße konstruiert vor, wie sie die Idee einer praktischen Rationalität vorauszusetzen scheint, der zufolge jemand in der Lage sein soll, eine Antwort auf die Frage zu geben, wie im Hinblick auf einen konkreten Sachverhalt strategisch zu handeln sei, ohne dabei zugleich seine Wünsche zu evaluieren, und das heißt: sich reflektiert zu sich zu verhalten. Entsprechend fragwürdig erscheint mir Frankfurts Auszeichnung des Personseins gegenüber »bloß« rationalen Wesen. (Eine ausführliche Kritik an Frankfurt in diesem Punkt bietet Anna Kusser, *Dimensionen der Kritik von Wünschen*, Frankfurt/M. 1989, S. 139-154.) Gleichwohl handelt es sich hier offensichtlich um Konstruktionen, die den eben genannten freiheitstheoretischen Punkt (über-)akzentuieren sollen: Ein Leben ohne Rückhalt in Überzeugungen, von denen aus wir unsere jeweils in Reaktion auf die Welt auftretenden Bestrebungen beurteilen könnten, wäre kein freies Leben.

Zwar ist Platon darin zuzustimmen, dass ein Leben (sofern es überhaupt und nicht nur im Gedankenexperiment vorstellbar ist), das sich einzig an der Partikularität zufälliger Reize ausrichtet und jeglichen Bezug auf ein die jeweiligen Einzeleindrücke transzendierendes Allgemeines vermissen lässt, die Bedingung der Möglichkeit von Willensfreiheit verfehlte. Es stellt sich dann aber die Frage, wie dieser Bezug aufs Allgemeine näher verstanden werden soll. Ginge es nach Platon, so sollte die Kontinuität der Orientierungen, die einer Person Kontur zu geben vermag, auf einem objektiven Wissen beruhen und daher letztlich immun sein gegenüber situativen Versuchungen und der mit ihnen gegebenen Möglichkeit, den einmal gefassten Überzeugungen untreu zu werden. Konsequenterweise wird die Maßlosigkeit des tyrannischen Charakters in der *Politeia* vornehmlich damit begründet, dass diesem eine schlechte Erziehung zuteil wurde. Die Maßlosigkeit des Tyrannen wurzelt Platon zufolge vor allem in Zuchtlosigkeit. Er weiß nicht um das (für ihn) eigentlich Gute, und er bemüht sich aufgrund seines Temperaments auch nicht weiter um eine entsprechende Erziehung. Wer hingegen Wissen vom wahrhaft Guten erlangt, kann nach Platons Überzeugung in seinen Orientierungen von nichts und niemandem mehr wirklich erschüttert werden. Entsprechend wird Selbstbestimmung bei Platon an die wie auch immer selbständig gewonnene Einsicht in das objektiv Gute gebunden. Deshalb vertritt bei ihm die Vernunft das Prinzip der Autonomie gegenüber der Heteronomie der Begierde – und damit zugleich das Prinzip einer mit Souveränität gleichgesetzten Freiheit.

Doch muss man die in der platonischen Konzeption von Selbstbestimmung wirksame Opposition von Freiheit und Abhängigkeit ebenso infrage stellen wie die mit ihr einhergehende Identifikation von Freiheit mit einer unerschütterlichen Stabilität des Wollens. Denn dadurch wird ausgeschlossen, dass auch unsere wohlabgewogenen Überzeugungen grundsätzlich durch den Einfluss von Anderen und Anderem irritierbar sind, und zwar zuweilen so sehr, dass wir sie anschließend revidieren. Tatsächlich ist ein Begriff von Freiheit, welcher der produktiven Rolle Rechnung trägt, die Momente des auch unverhofften Bestimmtwerdens im Leben spielen, mit Platon unvereinbar. Was in seiner Konzeption ausgeblendet wird, ist die Möglichkeit, dass wir das, was (für uns) das Beste ist, gelegentlich erst in Momenten vermeintlicher Schwäche erkennen, das heißt in Momenten, in denen wir von unseren bisherigen Überzeugungen abfallen und uns für eine Erfahrung öffnen, die der Beginn eines anderen Selbstverständnisses und -verhältnisses ist.[12] Mit Platon ist undenkbar, dass es Situationen geben kann, in denen sich unsere Schwächen als Stärken erweisen und umgekehrt. Aus der Perspektive dessen, der um das wahrhaft Gute weiß, kommt keine Revision des Selbstverständnisses und -verhältnisses mehr infrage. Ihm muss der Vollzug derart grundlegender Veränderungen daher notwendig als Schwäche erscheinen.

3. Der unstete Demokrat

Diese Perspektive bestimmt Platons Einschätzung des Demokraten. Die Möglichkeit, sich beeinflussen zu lassen und sich im Lichte neuer Einflüsse gegebenenfalls auch neu zu verstehen, ist für Platon der Kern der demokratischen Lebensweise. Entsprechend kritisiert er die demokratische *exousia*, anders als die tyrannische, nicht einfach als eine selbstvergessene Zügellosigkeit, sondern als eine – ihm freilich ebenfalls höchst suspekte – Beliebigkeit der Selbstauslegung. Denn wie die Demokratie nicht schon die Tyrannei ist (sondern diese in den Bereich des Möglichen rückt), so ist auch der Demokrat nicht schon mit dem Tyrannen identisch. Anders als der maßlose Tyrann kennt der Demokrat nämlich die Mäßigung, jedoch ist sie für ihn nicht mehr allein bestimmend. Der Demokrat ist nach Platon von einer gewissen Lässigkeit gegenüber seinem Wissen um das für ihn eigentlich Gute. Sein Problem ist nicht das einer gegenüber einem solchen Wissen prinzipiell bornierten Maßlosigkeit, sondern das einer Inkonsequenz ihm gegenüber. Das Problem, das Platon am Demokraten zu diagnostizieren scheint, wäre dann das der Willensschwäche, der *akrasia*. Das aber hieße zugleich, dass Platon in der *Politeia* nun ein Phänomen anerkennt, das er im *Protagoras* noch geleugnet hatte. Hier hatte er ausgeschlossen, dass jemand, der um das für ihn Beste weiß, dennoch ein Motiv haben kann, etwas anderes zu tun als eben das Gute. »[Z]u schwach sein gegen sich selbst«, heißt es hier, »ist nichts anderes

12 Zu einer solchen alternativen Konzeption von Willensfreiheit vgl. Martin Seel, »Ein Lob der Willensschwäche«, in: ders., *Sich bestimmen lassen. Studien zur theoretischen und praktischen Philosophie*, Frankfurt/M. 2002, S. 227-245, hier S. 238.

als Unverstand, und das sich selbst beherrschen nichts anderes als Weisheit«.[13] Was auf den ersten Blick wie ein werkinterner Widerspruch aussehen mag, erweist sich auf den zweiten jedoch als konsistent. Während die Argumentation im *Protagoras* nämlich unter der Voraussetzung steht, dass die Vernunft zur vollen Entfaltung und folglich auch an die Macht gelangt ist, setzt die Argumentation im Erziehungsbuch, als das man die *Politeia* lesen kann, bei einem Szenario ein, in dem diese Voraussetzung nicht gegeben ist.

So lässt Platon keinen Zweifel daran, dass die Erziehung zur Sparsamkeit, wenn nicht zur »Knickerei« (Rep. 572c), die der künftige Demokrat von seinem oligarchisch gesonnenen Vater mitbekommt, kaum mehr als ein Abglanz der aristokratischen Erziehung zu Vernunft und Wahrheitsorientierung ist. Daher widerspricht Platon auch in der *Politeia* nicht der These aus dem *Protagoras*, dass, wer das wahrhaft Gute kennt, nichts anderes mehr wollen kann. Unter der Voraussetzung jedoch, dass die Erziehung zur Vernunft beim Demokraten nur auf einer Schwundstufe stattfindet, vermag Platon nun einem Phänomen Rechnung zu tragen, dem er im *Protagoras* keine Beachtung geschenkt hatte: dass jemand freiwillig etwas tun kann, was seinen vernünftigen Überzeugungen widerspricht. Entsprechend wird das Problem der Willensschwäche jetzt nicht mehr allein als eines von mangelndem Wissen gedeutet und damit wegerklärt, sondern als das Problem eines Konflikts zwischen Vernunft und Begierde präsentiert: Falls die Erziehung nicht den Einklang – und das heißt: die unter der Herrschaft der Vernunft organisierte Hierarchie – zwischen den verschiedenen Seelenteilen herzustellen vermag, kämpfen diese Teile miteinander; verliert die Vernunft den Kampf, kommt es zum Handeln wider besseres Wissen.[14]

Genau das ist nach Platon das Problem des Demokraten. So hat dieser zwar eine an Mäßigung und Sparsamkeit orientierte Er-

13 Platon, *Protagoras*, in: ders., *Sämtliche Werke in zehn Bänden*, Bd. I, Frankfurt/M., Leipzig 1991, S. 61-195, hier 358c.

14 Die Seele tut dann nicht, was die Vernunft, unterstützt von dem zweiten Seelenteil, dem Eifernden oder Ehrliebenden, will, sondern das, wohin die Begierde treibt. Zu dieser Deutung des *Akrasia*-Problems bei Platon vgl. auch Anton Hügli, »Willensschwäche«, in: Joachim Ritter, Karlfried Gründer, Gottfried Gabriel (Hg.), *Historisches Wörterbuch der Philosophie*, Bd. XII, Basel 2004, Sp. 800-809, hier Sp. 801.

ziehung bekommen, gerät dann aber unter den Einfluss von verschwenderischen, schurkischen, mit anderen Worten: potentiell tyrannischen Typen – Platon nennt sie polemisch »Drohnen« –, die in der Oligarchie ihren Besitz verprassen, ohne noch eine Funktion im Staat zu erfüllen. Diese beiden Einflüsse machen sich fürderhin in der Seele des Demokraten geltend: In ihr treten die antagonistischen Prinzipien – das der (durch die Erziehung zur Sparsamkeit bloß kümmerlich ausgebildeten) Vernunft und das der Begierde – gewissermaßen auf Augenhöhe miteinander in Konflikt; und mal gewinnt das eine, mal das andere die Oberhand (vgl. Rep. 559d-560b). Entsprechend wird der Demokrat charakterisiert als jemand, der das gleichgültige Gleichheitsprinzip der Demokratie auch in seinem Seelenhaushalt vertritt. Die Vernunftschlüsse haben für ihn das gleiche Gewicht wie die der Begierde. Das impliziert, dass Vernunft und Leidenschaft hier nicht strikt voneinander geschieden und einander abstrakt entgegengesetzt werden können. Auch die Handlung, die der Begierde folgt, vermag sich auf Gründe zu stützen, nur sind dies eben situationsbezogene Gründe, die mit der über die Unmittelbarkeit der Situation hinausgehenden Abwägung von Gründen konfligieren, wie sie im Hintergrund unserer – in diesem Sinne: vernünftigen – Überzeugungen steht. Der Demokrat jedenfalls lässt in bestimmten Situationen zu, dass die situationsbezogenen Gründe (der Begierde) die umfassenderen (der Vernunft) ausstechen. Er ist weder ein wirklich besonnener noch aber ein durch und durch zügelloser Charakter, vielmehr bleibt der Demokrat »in der Mitte zwischen beiden Lebensweisen stehen« (Rep. 572c).

Das macht aus ihm für Platon jedoch keineswegs einen ausgeglichenen Charakter, vielmehr zeichnet er den Demokraten als eine ausgesprochen unstete Figur, die mal der einen, mal der anderen Lebensform nachgeht, und zwar, darin ähnlich dem Tyrannen, abhängig von den Situationen, in denen er sich jeweils vorfindet. Anders als die bloß von ihren Augenblicksbegierden getriebene Figur des Tyrannen verfügt die des Demokraten jedoch über die Dimension situationsübergreifender Überzeugungen, in deren Licht sie ihre Bestrebungen zu beurteilen vermag. Allerdings impliziert ihre Affizierbarkeit auch durch solche Reize, die mit den entsprechenden Überzeugungen konfligieren, offenkundig eine Bereitschaft, diese zu relativieren, wenn nicht gar zu revidieren. Anders als der Tyrann, der sich gar keine Rechenschaft über sein haltloses Treiben ablegt, ist der platonische Demokrat hinsichtlich seines unsteten Tuns auf die Dimension der Selbstdeutung verwiesen: Aufgrund der spezifischen Konstellation, in der bei ihm Begierde und Vernunft stehen, muss er sich situativ nicht nur mit wechselnden Prinzipien, sondern damit zugleich auch mit immer neuen Auslegungen seiner selbst versorgen. Daraus ergibt sich das Bild des Demokraten als eines ebenso bunten wie wankelmütigen Charakters. Seine Verführungskraft liegt denn auch nicht, wie Jacques Derrida in seiner Lektüre der *Politeia* nahegelegt hat,[15] in jener charismatischen Virilität, die für die von ihren Begierden getriebenen schurkischen oder tyrannischen Typen kennzeichnend ist. Die Verführungskraft des demokratischen Charakters liegt vielmehr in einer Wandlungsfähigkeit, welche die Vielgestaltigkeit der Begierde, von der sich der impulsive tyrannische Charakter hin- und herwerfen lässt, bei weitem übertrifft. Denn ihm steht, anders als jenem, eine ungleich breitere Palette von Handlungsmöglichkeiten offen: der Exzess ebenso wie die Askese, die Faulheit ebenso wie der Ehrgeiz, die Verschwendung ebenso wie die Sparsamkeit:

> Also [...] verlebt er für sich seine Tage immer der eben aufgeregten Begierde gefällig, bald im Rausch und übermütig, dann wieder trinkt er Wasser und hält magre Kost, bald emsig in Leibesübungen, manchmal auch träge und sich um nichts kümmernd, bald wieder als vertiefe er sich ganz in die Wissenschaft. Oft auch treibt er die öffentlichen Angelegenheiten, und wenn er aufspringt redet und handelt er, wie es sich grade trifft. Wird er einmal eifersüchtig auf Kriegsmänner, so wendet er sich dahin, und wenn auf Geldmänner, dann auf diese Seite. So daß irgend eine Ordnung und Notwendigkeit gar nicht über sein Leben schaltet, sondern ein solches Leben nennt er anmutig und frei und selig und hält sich überall danach. (Rep. 561c, d)

4. Klarsichtige, prozessuale und totalisierte Willensschwäche

An Platons Bild des Demokraten ist zunächst bemerkenswert, dass die Zerknirschung fehlt, die der Handlung aus Willensschwäche, der Handlung wider besseres Wissen normalerweise auf dem Fuße

15 Vgl. Derrida, *Schurken*, S. 39-40, S. 46f.

folgt. Der Demokrat scheint die Reue nicht zu kennen, mit welcher der Willensschwache nach den Momenten der Unbeherrschtheit zu den ihn eigentlich leitenden Orientierungen zurückkehrt. Während sich der Willensschwache situativ von der Begierde (und den Gründen, die jetzt gerade für ihre Erfüllung sprechen) überwältigen lässt, ohne deshalb seine generellen Überzeugungen aufzugeben, scheinen diese beim Demokraten nicht nur situativ zurückzutreten, sondern ihren Status als leitende Überzeugung zu verlieren; er scheint von ihnen nichts mehr wissen zu wollen. Was hier geschieht, ist nicht nur ein temporärer Abfall von dem Selbstverständnis, das ihn eigentlich leitet, sondern dessen stillschweigende Umdeutung im Licht der gerade dominierenden Begierde. Martin Seel hat für das Phänomen einer Willensschwäche, die sich weniger im unbeherrschten Handeln, denn im unbeständigen Wollen äußert, den Begriff der »prozessualen *akrasia*« vorgeschlagen: »Der Konflikt, der zur willensschwachen Handlung führt, besteht hier nicht zwischen dem, was ich *eigentlich*, und dem, was ich *jetzt* will, sondern dazwischen, wie ich mich innerhalb und außerhalb der Situation des Abfalls vom ursprünglichen Vorsatz verstehe. Er besteht zwischen einander widerstreitenden *Verständnissen* meiner selbst.«[16]

Von Willensschwäche kann aber auch im zweiten Fall nur dann die Rede sein, wenn ich mich zwar vorübergehend anders entwerfe, als es meinem sonstigen Selbstverständnis entspricht, von dieser Episode aber dennoch nicht wirklich in meinen Grundüberzeugungen erschüttert werde. Vielmehr täusche ich mich in den Momenten der Willensschwäche gewissermaßen (über mich) selbst: Ich lege mir ein der Situation der Versuchung angepasstes, neues Verständnis meiner selbst zurecht, aber indem ich dies tue, täusche ich mich über mein eigentliches Wollen; ich täusche mich darüber, was ich eigentlich will, und somit darüber, wer ich eigentlich bin.[17] Deshalb bin ich mir im Moment der Handlung auch keiner Schwäche bewusst – das unterscheidet die prozessuale *akrasia* von der klarsichtigen, bei der ich mir im Moment der Handlung selbst darüber im Klaren bin, dass sie eigentlich nicht gut für mich ist –

16 Vgl. Seel, »Ein Lob der Willensschwäche«, S. 237; eine ähnliche Unterscheidung trifft auch Harry Frankfurt, »Identification and Wholeheartedness«, in: ders., *The Importance of What We Care About*, S. 159-176, hier S. 165.

17 Vgl. Seel, »Ein Lob der Willensschwäche«, S. 232.

wie beispielsweise beim Griff zur vierzigsten Zigarette des Tages. Aber auch im Fall der prozessualen *akrasia* gibt es das Moment der Reue, und zwar hinterher, wenn mir klar wird, dass ich schwach geworden bin und dass ich mir dabei auch noch selbst etwas vorgemacht habe, um diesen Umstand zu vernebeln. Das hedonistische Selbstbild von gestern Abend mag sich am nächsten Morgen schon als sehr unpassend erweisen, wenn ich auf die Verantwortung zurückgestoßen werde, die zu übernehmen ich Anderen, aber vor allem auch mir selbst doch eigentlich versprochen habe. Während das Subjekt im Fall der klarsichtigen *akrasia* im Moment seiner Schwäche in einen offenen Konflikt mit sich gerät, wird dieser Konflikt im Fall der prozessualen *akrasia* zeitlich entzerrt und damit zugleich in gewisser Weise entdramatisiert: Am Morgen danach bin ich schon nicht mehr die, die ich gestern war.

Trotz dieser Differenz sollte man aber die Gemeinsamkeiten zwischen beiden Formen von Willensschwäche nicht aus den Augen verlieren. Erstens berührt nämlich auch der Konflikt der klarsichtigen *akrasia* die Dimension konkurrierender Selbstverhältnisse. In der unbeherrschten Handlung, mit der ich mich jetzt gerade offen inkonsistent gegenüber den Prinzipien verhalte, die mich eigentlich leiten, manifestiert sich eine Seite meiner selbst, die aus der Perspektive meiner sonstigen Überzeugungen nicht integrierbar ist. Es manifestiert sich mit anderen Worten bereits in der klarsichtigen *akrasia* eine, wie auch immer minimale, Spaltung meiner selbst. Zweitens verweist auch der Fall der prozessualen *akrasia* auf einen Konflikt desjenigen Typs, der in der klarsichtigen auftritt. Tatsächlich wird der akratische Konflikt – Handeln wider besseres Wissen – in der Selbsttäuschung nur vorübergehend ins Theoretische verschoben. Denn Selbsttäuschung kann diejenige Operation heißen, mit der ich mich im Blick auf meine eigene Überzeugung blind mache und an einer dieser widersprechenden festhalte.[18] Solange ich dies tue, ergibt sich zwischen der akratischen Handlung und meinen eigentlichen Überzeugungen natürlich kein Konflikt – den sehe ich erst in dem Moment, in dem sich die Selbsttäuschung auflöst. Klarsichtige und prozessuale *akrasia*

18 Zum Verhältnis von Willensschwäche und Selbsttäuschung vgl. Donald Davidson, »Täuschung und Teilung«, in: ders., *Probleme der Rationalität*, Frankfurt/M. 2006, S. 332-353, hier S. 334f.

sind nicht von grundsätzlich anderer Art;[19] vielmehr handelt es sich hier um zwei Manifestationsformen eines Konflikts, der auf eine, wie auch immer minimale, Spaltung im Selbst verweist. Während im Fall der klarsichtigen *akrasia* die Konflikthaftigkeit des Konflikts stärker hervortreten mag, unterstreicht der Fall der prozessualen *akrasia* das, worum es in diesem Konflikt in mal mehr, mal weniger dramatischer Form geht: die Konkurrenz inkompatibler Selbstverständnisse.

Nun scheint Platons Demokrat, im Blick auf dessen wechselnde Selbstauslegungen ich eben den Begriff der prozessualen *akrasia* in Anschlag gebracht habe, von Konflikten überhaupt eigentümlich unberührt zu sein. So ist er bezeichnenderweise auch von der nachträglichen Reue frei, die im Fall der prozessualen *akrasia* am Ende den im Modus der Selbsttäuschung zuvor latent gehaltenen Konflikt zwischen eigentlichem und akratischem Selbstbild zum Vorschein kommen lässt. Dem Rausch folgt zwar auch bei ihm die Askese, aber offenbar nicht deshalb, weil das asketische Selbstbild das dominierende und der Rausch der Ausrutscher wäre. Die wechselnden Selbstauslegungen des Demokraten sind nicht bloß solche, die im Licht des dominierenden Selbstbilds zurückgenommen werden. Der Demokrat existiert vielmehr lediglich in seinen wechselnden Selbstauslegungen; er ist in stetem Wandel begriffen: ein Chamäleon. Sofern man hier überhaupt noch von prozessualer *akrasia* sprechen wollte, müsste man sogleich konzedieren, dass der Demokrat diese in einer Weise totalisiert, dass fraglich wird, ob sein Handeln überhaupt noch akratisch genannt werden kann. Der Begriff der Willensschwäche scheint den Demokraten nicht wirklich zu beschreiben, was vielleicht ein Grund dafür ist, dass das Problem der Willensschwäche im Zusammenhang mit der demokratischen Kultur kaum diskutiert wird. In dem Maße, wie die flexible Anpassung an rasch wechselnde Umstände in den entwickelten westlichen Gesellschaften zur Norm geworden ist, vermag die Abweichung von einmal gefassten Überzeugungen, vermögen Selbstrevision und Selbstveränderung als solche kaum als Zeichen von Schwäche zu erscheinen. So diagnostiziert man gemeinhin auch nicht die Willensschwäche als charakteristische Pathologie demokratischer Gesellschaften, sondern Phänomene wie Opportu-

19 So hingegen die These von Seel, »Ein Lob der Willensschwäche«, S. 235-238.

nismus oder Apathie. Und zwischen diesen und der Willensschwäche besteht ein signifikanter Unterschied: Während das Problem der Willensschwäche einen Willen voraussetzt, der situativ schwach werden kann, handelt es sich bei Opportunismus und Apathie um Probleme auf der Ebene der Willensbildung selbst.[20]

Bereits Platon scheint das Problem des Demokraten auf ebendieser Ebene anzusiedeln. Denn sein Demokrat scheint über keinen entschiedenen Willen zu verfügen, der situativ schwach werden könnte; an keiner Überzeugung scheint ihm so zu liegen, dass er auch gegen Widerstände und andere Bestrebungen an ihr festhalten würde – genau darin erwiese sich Willensstärke. Jede Einstellung zu sich und zur Welt hat für den platonischen Demokraten offenbar den gleichen Status und kann daher bei der nächsten Gelegenheit ebenso gut auch wieder suspendiert werden. Deshalb kennt er weder Selbsttäuschung noch Reue. Der platonische Demokrat hat nicht nur, wie der Akrates, ein schwaches Rückgrat; er scheint vielmehr als Charakter gar nicht greifbar, weil er für nichts steht, noch nicht einmal, wie der Tyrann, für Maßlosigkeit. Mit keiner seiner Bestrebungen identifiziert er sich in einem für sein Selbstverständnis und -verhältnis fundamentalen Sinn; hinter keiner steht er je voll. Er wechselt seine Orientierungen wie seine Hemden – und hält dies für Freiheit.

Vom platonischen Standpunkt aus betrachtet ist dies natürlich ein mindestens ebenso großes Selbstmissverständnis wie das des Tyrannen. Wie der von seinen Begierden getriebene Tyrann verfehlt nach Platon auch der unstete Demokrat sich selbst und damit die Freiheit, die er für sich in Anspruch nimmt. Wiederum trifft sich Platon in dieser Diagnose mit Freiheitstheoretikern aus der heutigen Zeit. So ist Peter Bieri wie Harry Frankfurt davon überzeugt, dass ein Leben, in dem man sich mit keiner seiner Bestrebungen je identifiziert, in dem man sich daher auch nie auf etwas festlegt, dazu verdammt ist, hinter der Erfahrung von Freiheit zurückzubleiben. Nur wenn man in, wie Bieri sagt, »substantiellen Entscheidungen« festzulegen versteht, was man eigentlich will und damit zugleich: wer man eigentlich ist, kann man seinem Wollen eine be-

20 Man sollte daher Letztere auch nicht einfach mit der *akrasia* zusammenziehen, wie Amélie Rorty suggeriert. Vgl. dies., »Die gesellschaftlichen Quellen des akratischen Konflikts«, in: Thomas Spitzley (Hg.), *Willensschwäche*, Paderborn 2005, S. 191-216, hier S. 211.

stimmte Richtung geben und sich damit zum Subjekt seines Willens machen – und nur in dem Maße, wie einem das gelingt, kann von einer Freiheit des eigenen Willens die Rede sein.[21] Nun steht in solchen Entscheidungen, anders als es Bieris Formulierung suggeriert, nicht notwendigerweise immer gleich das Ganze einer Person auf dem Spiel. Vielmehr stellt sich die entsprechende Frage in den meisten Fällen, wie Martin Löw-Beer zu Recht betont hat, als die Frage, was (beziehungsweise wer) man in dieser oder jener Hinsicht (sein) will.[22] Auch dann noch aber bedeutet das Freiheitsverständnis des platonischen Demokraten eine Provokation für jede Theorie, welche die Idee der Freiheit – darin latent platonisch – einseitig an das Moment entschiedener Identifikation bindet.

Denn anders als der Tyrann trifft ja der Demokrat Entscheidungen darüber, was er in dieser oder jener Hinsicht tun, wer er in dieser oder jener Hinsicht sein will. So verhält er sich, anders als der Tyrann, durchaus zu seinen Bestrebungen, die er mal affirmiert, mal unterdrückt. Was ihm fehlt, ist nicht die Fähigkeit, einen Willen auszubilden, sondern sich mit diesem voll – »mit ganzem Herzen«, wie Frankfurt sagen würde[23] – zu identifizieren. Weil der Demokrat sich mit keiner der in den entsprechenden Entscheidungen zur Geltung gebrachten Überzeugungen je nachhaltig identifiziert, hat keine davon einen signifikant über den Augenblick der Entscheidung hinausgehenden Bestand. Deshalb konvergieren bei Platon die tyrannische Maßlosigkeit und der demokratische Wankelmut: Jemand, der sich nur für einen sehr kurzen Moment mit einer Orientierung assoziiert, um sie im nächsten für eine ganz andere fallen zu lassen, ist von jemandem, der sich bloß von seinen Impulsen treiben lässt, nahezu ununterscheidbar.[24]

Nun ist ein Leben ohne jede auf die Zukunft ausgreifende Verbindlichkeit, und das heißt: ein Leben ohne jede Vorstellung von dem, was es heißt, etwas nachhaltig zu wollen, ein Leben in völliger Indifferenz also, in Reinform fast ebenso schwer vorstell-

21 Vgl. hierzu Bieri, *Das Handwerk der Freiheit*, S. 54, 61-65.

22 Vgl. Martin Löw-Beer, »Sind wir einzigartig? Zum Verhältnis von Selbstbewußtsein und Individualität«, in: *Deutsche Zeitschrift für Philosophie*, 42/1 (1994), S. 121-139, hier S. 132.

23 Dies gehört nach Frankfurt zum entschiedenen Wollen hinzu, vgl. Frankfurt, »Identification and Wholeheartedness«, bes. S. 175 f.

24 Vgl. dazu auch Frankfurt, »The Importance of What We Care About«, S. 84.

bar wie eines, das nur der Befriedigung von Augenblicksbegierden hinterherjagt. Es handelt sich im einen so gut wie im anderen Fall um eine Zuspitzung, mit der Platon die *exousia* als ein falsches, letztlich in die Unfreiheit führendes Freiheitsverständnis zurückzuweisen versucht. Wie der zügellose Tyrann soll auch der wankelmütige Demokrat offenkundig ein plastisches Gegenbild zu Platons problematisch theoretizistischer Vorstellung abgeben, dass Freiheit im Wissen um das wahrhaft Gute gründet. Denn wer im Besitz des Wissens um das wahrhaft Gute ist, steht nicht nur über den situativen Anfechtungen, in deren Abhängigkeit der Tyrann sein von Begierden getriebenes Leben fristen soll. Weil dies Wissen durch nichts und niemanden anfechtbar ist, ist für den wahrhaft Wissenden – das ist bei Platon der wahrhaft Freie – auch der Wankelmut ausgeschlossen, der den Demokraten ausmachen soll. Ausgeschlossen ist damit aber zugleich jede Möglichkeit einer Revision einmal gewonnener Überzeugungen.

5. Willensschwäche oder die Freiheit von sich selbst

Es drängt sich jedoch der Verdacht auf, dass in der Karikatur, die Platon vom Demokraten zeichnet, wichtige Aspekte menschlicher Freiheit vorschnell zur Unfreiheit verzeichnet werden. Denn Platon ist aufgrund der Weise, wie er den für den Begriff von Willensfreiheit notwendigen Bezug aufs Allgemeine situationsübergreifender Überzeugungen denkt, nicht imstande, der Veränderbarkeit solcher Überzeugungen Rechnung zu tragen. Was nämlich für die Willensstärke zweifellos zutrifft – willensstark sind wir, wenn wir unseren Prinzipien auch gegen äußere und innere Widerstände treu bleiben –, ist noch lange keine hinreichende Erläuterung von Willensfreiheit. Denn zu ihr gehört die Möglichkeit, so oder so zu wollen, also ein Freiraum, in dem wir entscheiden können, was wir eigentlich wollen.[25]

Darüber hinaus zeigt das Phänomen der Willensschwäche, dass wir offenbar zuweilen auch so *und* so wollen, und zwar durchaus auch dann, wenn sich die jeweiligen Optionen gegenseitig ausschließen. An solchen Fällen kommt allerdings lediglich die mal

25 Vgl. dazu auch Seel, »Ein Lob der Willensschwäche«, S. 241.

mehr, mal weniger latente Dramatik identitätsstiftender Entscheidung überhaupt heraus. Derartige Fälle verweisen auf das, was man mit Jacques Derrida den »Wahnsinn« der Entscheidung nennen könnte.[26] Ein »Wahnsinn« sind identitätsstiftende Entscheidungen allerdings nicht deshalb, weil wir es hier mit der harten Unentscheidbarkeit zwischen zwei einander widersprechenden und für uns im gleichen Maße überzeugenden Alternativen zu tun hätten. Der Fall einer solchen harten Unentscheidbarkeit kann kaum zum Standardfall praktischer Entscheidungen erklärt werden. Und er entspricht auch nicht der Situation der Willensschwäche, denn der Akrates ist ja von einer Alternative überzeugt, tut aber die andere; das heißt: was er gleichzeitig will, liegt auf unterschiedlichen Ebenen. Ein »Wahnsinn« sind identitätsstiftende Entscheidungen vielmehr in einem anderen, viel alltäglicheren Sinn auch und gerade dort, wo wir uns mit guten Gründen für eine Alternative entscheiden; und zwar deshalb, weil solche Entscheidungen, so überlegt sie auch getroffen sein mögen, strukturell endlich sind. Im Augenblick der Entscheidung gibt es daher immer ein Moment der Überstürzung. Verantwortung und Entscheidung lassen sich, wie Derrida betont hat, niemals vollständig in Wissen fundieren; stets besteht ein Sprung, eine Diskontinuität zwischen beiden Bereichen – dem des Wissens auf der einen und dem der Entscheidung oder Verantwortung auf der anderen Seite.[27] Ebendiese Diskontinuität tritt in Situationen der Willensschwäche hervor: Die Gewissheit über die eigenen Prinzipien muss sich hier auf etwas öffnen, das jenseits des mit diesen Prinzipien verbundenen Kalküls liegt. In solchen Situationen nämlich werden wir mit der Insistenz oder Wucht einer Bestrebung konfrontiert, die demjenigen Selbstbild, für das wir uns mit Gründen entschieden haben, extern ist, ja, die aus dieser Perspektive als Handlungsgrund sogar dezidiert abgewählt sein mag. So erscheint mein Drang zu rauchen aus der Perspektive meiner Identität als Nichtraucherin nicht als Handlungsgrund; sie hat aus dieser Perspektive lediglich den Status einer bloßen Kraft. Darin besteht denn auch die tatsächliche Irrationalität der willensschwachen Handlung.

Mit Donald Davidson wäre allerdings zu betonen, dass ebendiese

26 Vgl. Jacques Derrida, *Gesetzeskraft. Der »mystische Grund der Autorität«*, Frankfurt/M. 1991, S. 54.

27 Vgl. Derrida, *Schurken*, S. 194.

Struktur auch jener »Form von Selbstkritik und Selbsterneuerung« unterliegt, »von der man sogar gemeint hat, sie sei das eigentliche Wesen der Rationalität und der Ursprung der Freiheit«.[28] Denn auch in solchen Fällen, so Davidson, hat der Akteur zwar »Gründe für die Veränderung der eigenen Gewohnheiten und des eigenen Charakters, doch diese Gründe entstammen einem Wertbereich, der notwendig ein anderer ist als der des Inhalts der Anschauungen und Werte, die der Veränderung unterzogen werden sollen. Die Ursache der Veränderung kann deshalb, sofern diese eintritt, kein Grund für das sein, was sie bewirkt.«[29] Das sollte man nicht so verstehen, dass sich die Veränderung, die ich an mir vornehme, insgesamt auf bloße Kausalität reduzieren lässt. Aber die Bewegung der Reflexion, die für eine Revision meiner selbst zweifelsohne notwendig ist, wird durch das Ereignis einer Kraft in Gang gebracht, deren Insistenz oder Wucht meine bislang leitenden Prinzipien kontingent setzen und mich dazu bewegen kann, deren Geltung erneut zu überprüfen. »Eine Theorie, die außerstande wäre, Irrationalität zu erklären«, so schließt Davidson seinen Aufsatz über die »Paradoxien der Irrationalität«, »wäre daher eine Theorie, die auch nicht dazu in der Lage wäre, unsere heilsamen Bemühungen um Selbstkritik und Selbstvervollkommnung und die dabei gelegentlich erzielten Erfolge zu erklären«.[30]

Weil sich in der Situation der Willensschwäche ein Abstand manifestiert, in dem ich zu den mich leitenden Überzeugungen stehe, kann die vermeintliche Schwäche der erste Anstoß sein, der mir klarmacht, dass das, was ich bislang für das (für mich) Beste gehalten habe, gar nicht das Beste (für mich) ist. Wenn ich mich beispielsweise in einer Situation als besonders glücklich erfahre, die aus der Perspektive meines bisherigen, von einem überzogenen Begriff der Disziplin beherrschten Selbstverständnisses entgleist zu nennen wäre, so kann dies ein erster Schritt in die richtige Richtung eines anderen, von inneren und äußeren Zwängen gelösteren Selbstverständnisses sein. In diesem Sinne könnte auch die Umdeutung meiner selbst, die ich stillschweigend in der entsprechenden Situation vornehme, der Kern eines umfassenden neuen

28 Donald Davidson, »Paradoxien der Irrationalität«, in: ders., *Probleme der Rationalität*, S. 285-315, hier S. 314.

29 Ebd., S. 314 f.

30 Ebd., S. 315.

Selbstverständnisses sein, das sich, unterstützt durch neue, andere Überlegungen, auch langfristig gegen meine bisherigen Orientierungen durchsetzt. In diesem Fall hätte sich die Schwäche *ex post* als eine Stärke erwiesen.

Auch dann aber, wenn wir die stillschweigende Umdeutung unserer Selbst im Nachhinein als Selbsttäuschung und unser Handeln als eine Schwäche erkennen, ist dem Umstand Rechnung zu tragen, dass sich im Phänomen der *akrasia* eine Instabilität unserer praktischen Selbstverständnisse und -verhältnisse bekundet, die zugleich ein Anzeichen für die Freiheit ist, die wir gegenüber uns selbst, gegenüber dem jeweils aktuellen Entwurf unseres Selbst, haben. In solchen Momenten zeigt sich, dass wir mit uns nicht eins sind. Aber das sind wir nie abschließend, und es wäre auch gar nicht wünschenswert. Denn könnten wir nie in einen Abstand zu uns selbst treten, um uns dadurch für andere mögliche Bilder unserer selbst zu öffnen, wüssten wir gar nicht, was Freiheit ist. Ein entsprechender Spielraum wäre daher auch dann noch zu verteidigen, wenn wir nach den Situationen, die uns dazu verführen, eine Andere zu sein, reumütig wieder zu jenen Orientierungen zurückkehren, die wir bislang mit guten Gründen privilegiert hatten. »Die grundsätzliche Instabilität unserer praktischen Selbstverständnisse und Selbstverhältnisse«, schreibt Seel, »ist nicht nur ein Mangel unserer Orientierungen; sie ist auch eine Offenheit für Orientierungen, die wir noch nicht gewonnen haben; sie ist darüber hinaus eine Freiheit der Orientierung, die sich nicht im Haben bestimmter Orientierungen erfüllt.«[31]

Das zu sagen bedeutet einen Bruch mit der platonischen Idee, das (für uns) Gute sei etwas, das wir uns im Modus objektiven Wissens aneignen können, und Freiheit folglich etwas, das sich im Besitz der diesem Wissen entsprechenden Orientierungen erfüllt. Uns ist das Gute und damit unsere Freiheit vielmehr nur im Horizont der sich – im Lichte veränderter Gegebenheiten und zufälliger Gelegenheiten – immer wieder erneuernden Aufgabe einer Entscheidung darüber zugänglich, was (wer) wir eigentlich (sein) wollen. Sofern das Wollen, anders als das Wünschen, an die prinzipielle Realisierbarkeit des Gewollten geknüpft ist, impliziert die Situation der Entscheidung nicht nur, dass gefragt wird, wer wir eigentlich

31 Seel, »Ein Lob der Willensschwäche«, S. 242.

wirklich sind, sondern auch, was uns innerhalb einer bestimmten Situation möglich wäre, sowie schließlich, was, unter den gegebenen Möglichkeiten, das für uns Beste ist. In diesem dreifachen Sinne die, wie Ernst Tugendhat formuliert hat, »Wahrheitsfrage«[32] stellen zu können, sich zu sich in der Weise eines »reflektierten Selbstverhältnisses« verhalten zu können, ist eine Bedingung von Freiheit. In dem Maße, wie Platon zu wissen glaubte, was das wahrhaft Gute ist, hat er verkannt, dass die Möglichkeit der Frage nach dem wahrhaft Guten selbst zu ihm gehören muss, und zwar in einer gegenüber allen inhaltlichen Bestimmungen des Guten vorrangigen Weise.[33] Denn anders als es die metaphysische Idee eines objektiv Guten will, können wir niemals ganz sicher sein, ob sich das, was wir heute nach bestem Wissen und Gewissen für das (für uns) Beste halten, nicht unter veränderten Bedingungen als die letztlich schlechtere Option herausstellen würde.

Könnten wir, wie uns Platon glauben machen will, eigentlich, das heißt, wenn mit unserer Erziehung alles gut läuft, nur einen einzigen Weg verfolgen, so fehlte uns nicht nur der durch die »Wahrheitsfrage« eröffnete Spielraum der Entscheidung, der zur Erfahrung unserer Freiheit dazugehört; es fehlte uns damit zugleich die Erfahrung, uns in und durch Entscheidungen zum Subjekt unseres Willens und unseres Lebens machen zu können: die Erfahrung der Freiheit selbst. Als ein Leben, das nicht von Göttern, sondern von endlichen Wesen geführt wird, ist dies ein Leben, das notwendig Veränderungen ausgesetzt ist. In ihm bedeutet Freiheit nicht primär, sich gegenüber veränderten Bedingungen oder unerwartet auftauchenden Reizen immun zu machen, um an den einmal gefassten Orientierungen festzuhalten. Vielmehr ist auch diese Haltung der Willensstärke nur dann frei im Sinne der Übernahme von Autorschaft und Verantwortung für das eigene Leben, wenn diese Orientierungen der Überprüfung im Lichte von veränderten Gegebenheiten und zufälligen Gelegenheiten standhalten. Weil sich die Bedingungen unserer Existenz ändern können und wir uns mit ihnen, bleibt Selbstbestimmung eine Aufgabe, von der kein Wissen je abschließend entlasten kann. Zu einem nachmetaphysischen Begriff von Freiheit gehört das Bewusstsein einer prinzipiel-

32 Vgl. Ernst Tugendhat, *Selbstbewußtsein und Selbstbestimmung. Sprachanalytische Interpretationen*, Frankfurt/M. 1979, S. 296.

33 Vgl. ebd., S. 356 f.

len Veränderlichkeit unserer Auffassung vom Guten, und das heißt zugleich: das Bewusstsein von dessen Geschichtlichkeit, konstitutiv hinzu. Dieses Bewusstsein, das hat Platon richtig gesehen, ist in der Tat ein wesentlicher Bestandteil der demokratischen Kultur der Freiheit. Gegen das Bild des schieren Wankelmuts, als das er es karikiert, wäre dieses Bewusstsein allerdings zu verteidigen, und zwar, so möchte man sagen, entschieden. Denn was hier auf dem Spiel steht, ist nichts weniger als die Ontologie des Guten selbst.

6. Die Unfreiheit des Opportunisten

Platons Demokratiekritik ist aber für meine Überlegungen nicht nur deshalb interessant, weil seine metaphysische Konzeption des Guten den Vorteil besitzt, eine deutliche Negativfolie für eine Apologie des demokratischen Freiheitsbegriffs abzugeben, sondern auch, weil diese Kritik – wenn auch aus falschen Gründen – auf Probleme aufmerksam macht, die eine solche Apologie nicht übersehen darf. So birgt die platonische Karikatur des wankelmütigen Demokraten bis heute politische Brisanz, denn in ihr kommt der demokratisch gesinnte Charakter tendenziell mit dem Opportunisten zur Deckung. Tatsächlich erscheint der Opportunist auf den ersten Blick geradezu wie der Inbegriff des Demokraten: Wie dieser ist jener nicht nur durch eine Offenheit gegenüber Veränderungen in der ihn umgebenden Welt gekennzeichnet, sondern auch durch die dieser Offenheit korrespondierende Bereitschaft zur Revision der eigenen Orientierungen. Die mit Verve vertretenen Überzeugungen von gestern kümmern den Opportunisten heute, da sich der Wind der Verhältnisse gedreht hat, nicht mehr. Schon tummelt er sich auf der Party der zuvor erklärten Feinde. Dass das Bild des Demokraten dergestalt vom Schatten des Opportunisten begleitet wird, stellt aus der Perspektive einer Apologie des demokratischen Freiheitsverständnisses natürlich ein Problem dar. Es besteht indes nicht darin, dass der Opportunist seine Meinung unter gewandelten Bedingungen ändert. Wie wir gesehen haben, steht die Möglichkeit kontextsensibler Selbstrevisionen im Zentrum der demokratischen Freiheitskonzeption. Das Problem, das der Opportunismus für die Demokratie stellt, ist daher von anderer Art. Es besteht darin, dass der Opportunist nichts entscheidet. Er lässt sich seine Überzeugungen lediglich vom, mit Martin Heidegger gesprochen, »Man« des jeweiligen Zeitgeists vorgeben; er hängt sein Fähnchen nach dem Wind. Er ist ein Mitläufer, einer, der die Verantwortung für die Ausrichtung seines Lebens an die jeweils dominierenden Anderen abgibt. Was er für seine eigenen Überzeugungen hält, verdankt sich bloß deren Einfluss; er lässt sie einfach ungeprüft in sich eingehen. Nie baut er zu ihnen die Distanz auf, die es bräuchte, um sich die Überzeugungen der Anderen tatsächlich, das heißt in der Dimension des Urteils, anzueignen.[34] Weil er damit zugleich die Entscheidung über seine Überzeugungen an Andere abgetreten hat, gewinnt auch keine für ihn je wirklich Gewicht. Was er denkt und glaubt, ja, wer er ist, hängt nicht eigentlich von ihm ab. Er versäumt es damit, sich zum Subjekt seines Willens zu machen; er versäumt es, ein freier Mensch zu sein.

Dennoch sollte man die Schwierigkeit, zwischen Opportunisten und guten Demokraten zu unterscheiden, nicht allzu rasch für erledigt halten. Zum einen läuft das Pathos der kritischen Distanz, das den wahrhaft freien Demokraten vom unfreien Opportunisten abheben soll, Gefahr, zu idealistisch zu klingen. Niemand ist seinen Meinungen gegenüber permanent wach und kritisch.[35] Von eingefahrenen Selbstbildern kommt man, das ist eine der Lehren der Psychoanalyse, nicht leicht weg; ebenso wenig wie vom Einfluss Anderer. Nicht selten ist es so, dass wir Überzeugungen ungeprüft übernehmen und sich die damit einhergehenden Veränderungen in unserem Selbstverständnis und -verhältnis gleichsam hinter unserem Rücken vollziehen. Der Einfluss von veränderten Gegebenheiten und zufälligen Gelegenheiten ist nur dann eine Chance zur (Neu-)Bestimmung unserer selbst, wenn er uns in eine Distanz zu uns selbst bringt, so dass wir uns zum Problem werden und die »Wahrheitsfrage« stellen können. In eine solche Distanz treten wir nicht andauernd, und sie einzunehmen ist auch nicht einfach eine Frage subjektiver Entschlossenheit. Die Unfreiheit des seinen eigenen Überzeugungen gegenüber weitgehend unkritischen Opportunisten demonstriert aber, dass es Freiheit ohne solche Momente der Distanz, ohne Augenblicke, in denen wir von unseren eigenen

34 Vgl. dazu auch Bieris Porträt des »gedanklichen Mitläufers« in: *Das Handwerk der Freiheit*, S. 93-96.

35 Ebd., S. 95 f.

Überzeugungen zurücktreten, um diesen neu – und, wie man nicht zufällig sagt: frei – gegenüberzutreten, nicht geben kann.

Zum anderen aber ergibt sich ein Problem im Blick auf das Pathos der Entscheidung, mit dem der Demokrat vom Opportunisten unterschieden werden soll. Auch die prinzipiell indifferente Haltung des Opportunisten lässt sich keineswegs problemlos von der des für Veränderungen offenen Demokraten unterscheiden. Denn jede Distanznahme von sich impliziert eine gewisse Entidentifizierung hinsichtlich der eigenen Überzeugungen, und das heißt: eine gewisse Indifferenz ihnen gegenüber; ebenso bedingt jede ernsthafte Erwägung unterschiedlicher Optionen, nicht bereits schon für eine (vor-)entschieden zu sein. Dennoch wird an der Figur des Opportunisten deutlich, dass die Haltung der Indifferenz dann zum Problem wird, wenn sie sich totalisiert. Blieben wir ewig in der Position des wie auch immer kritischen Beobachters unserer selbst und unserer Möglichkeiten, verharrten wir immer nur bei der »Wahrheitsfrage«, ohne je eine Antwort zu wagen, so verblieben wir, ähnlich dem unkritischen Opportunisten, ebenfalls in einer Sphäre jenseits von Freiheit. Denn ohne eine Entscheidung über und für das, was das (für uns individuell und gesellschaftlich) Beste ist, kann es, das zeigt das Problem des Opportunismus wie das der Apathie, keine Freiheit geben. Dieser Umstand wird durch die Einsicht in die grundsätzliche Fallibilität unserer Entscheidungen – und den »Wahnsinn« der damit einhergeht, dennoch, zumal zuweilen durchaus »mit ganzem Herzen« welche zu treffen – nicht relativiert. Das demokratische Bewusstsein von der prinzipiellen Fallibilität aller inhaltlichen Bestimmungen des (individuellen und gesellschaftlichen) Guten kann nicht von der Aufgabe entbinden, jeweils nach bestem Wissen und Gewissen zu bestimmen, was das Gute ist – es sei denn um den Preis der Freiheit. Das demokratische Fallibilitätsbewusstsein, welches das Leben (in) der Demokratie für die Möglichkeit seiner Veränderung offenhält, zielt nicht auf ein Jenseits der Entscheidung, sondern auf die Möglichkeit von deren Korrektur. Die Haltung einer totalisierten Indifferenz ist also, anders als es uns Platon weismachen will, keine notwendige Konsequenz aus diesem Bewusstsein, auch wenn dies eine Möglichkeit ist, die das demokratische Freiheitsverständnis nicht ausschließen kann.

Für ein in individueller wie gesellschaftlicher Hinsicht freies, ein selbstbestimmtes Leben sind also Momente der Dezision ebenso unumgehbar wie solche der Distanznahme von bereits getroffenen Entscheidungen. Aufgrund dieses Doppelcharakters von Freiheit möchte ich für die Idee gelebter Freiheit im Folgenden den Begriff der Selbstbestimmung verwenden und nicht den der Selbstverwirklichung. Denn »Selbstbestimmung« verweist auf den Umstand, dass es – gerade aufgrund der grundsätzlichen Instabilität unserer praktischen Orientierungen – immer wieder neu etwas zu entscheiden gibt, während der häufig im Zusammenhang mit dem Individualismus westlicher Demokratien verwendete Begriff der Selbstverwirklichung sich heute, zumindest im gewöhnlichen Verständnis, mit der ideologischen Vorstellung verbunden hat, dass es etwas wie den Kern eines Selbst gibt, der gewissermaßen objektiv festzustellen und dann entsprechend zu entfalten, also zu realisieren ist. An die Stelle von Verantwortung für das eigene Leben tritt hier die Feststellung vermeintlicher Fakten: »Ich bin ein Mensch, der…« Zwar ist Selbstverwirklichung in dieser jüngeren Bedeutung als eine radikal individuelle gedacht, die Unabhängigkeit von vorgegebenen Rollen für sich beansprucht und deshalb auch im Zweifel gegen den entsprechenden sozialen Erwartungsdruck gewendet werden kann. Es ist allerdings kein Zufall, dass Selbstverwirklichung im tendenziell depolitisierten Milieu der siebziger und achtziger Jahre des 20. Jahrhunderts zur zentralen Kategorie werden konnte. Denn auf die Herausforderung, die nach 1968 durch die gesellschaftliche Erweiterung von Möglichkeitsspielräumen für die individuelle Lebensführung gegeben war, folgte hier der Rückzug auf die Ideologie individueller (Vor-)Bestimmtheit; sie kompensierte den Verlust gesellschaftlicher Orientierungen.[36] Zwar hat zweifellos auch der Begriff der Selbstbestimmung aufgrund seiner Verwendungsgeschichte Probleme. Allerdings enthält der Begriff dann einen von seinem subjektmetaphysischen Ballast befreiten Verweis auf das stets prekäre Subjekt der Selbstbestimmung sowie auf seine sich ständig erneuernde Aufgabe der Übernahme von Verantwortung für das eigene Leben, wenn man die für die Selbstbestimmung grundlegende Frage mit Tugendhat nicht mehr als die Frage danach versteht, was das Ich will, sondern als die Frage, wer (beziehungsweise wie) ich sein will.[37]

36 Vgl. hierzu Gerhard Schulzes kritische Beschreibung der in den siebziger Jahren boomenden »Selbstverwirklichungsmilieus«: Gerhard Schulze, *Die Erlebnisgesellschaft. Kultursoziologie der Gegenwart*, Frankfurt/M., New York 1992, bes. S. 313 f.

37 Vgl. Tugendhat, *Selbstbewußtsein und Selbstbestimmung*, S. 219.

7. Viel- und Fremdtuerei

Mit der Entscheidung für den so verstandenen Begriff der Selbstbestimmung soll jedoch keinem Voluntarismus der Selbstverfügung im unbeschränkten Selbstentwurf das Wort geredet werden. Es geht vielmehr darum, die Idee einer Freiheit *zu* sich selbst, die für den Begriff individueller Selbstverwirklichung ebenso zentral ist wie für die platonische Freiheitsvorstellung, neu zu bestimmen – jenseits objektivistischer Annahmen über die dabei zu verwirklichende individuelle Natur. Bei Platon ist die Idee einer Freiheit zu sich allerdings, anders als in den »Selbstverwirklichungsmilieus« unserer Zeit, an die Vorstellung einer umstandslosen Konvertierbarkeit von individueller Natur in eine mit der gesellschaftlichen Ordnung konforme soziale Identität gebunden. Daran zeigt sich erneut, dass Freiheit bei Platon geradezu das Gegenteil von dem meint, was wir, das heißt wir Demokraten, unter diesem Begriff heute normalerweise verstehen. Der Einzelne soll sich im platonischen Staat darin frei fühlen, dass er das ihm vermeintlich eindeutig Vorgegebene affirmiert und entsprechend klaglos die sich daraus scheinbar naturwüchsig ergebende Rolle im Gemeinwesen erfüllt. Platons Vorstellung von Gerechtigkeit liegt ein Identitätsprinzip zugrunde, dem zufolge im Staat jeder, »wie er Einer ist, auch nur das seinige [tun] und sich nicht in vielerlei [mischen]« soll (vgl. Rep. 432d). Und zwar im eigenen Interesse und in dem des Gemeinwohls. Durch dieses Identitätsprinzip soll das individuelle Gute immer schon so mit dem sozialen Guten vernäht sein, dass es das Erstere nur im Modus des Letzteren – und also nicht als solches – geben kann (vgl. Rep. 443c-e). Ein gutes und gerechtes Leben führt demnach derjenige, der seine *eine* natürliche Bestimmung angeleitet von der richtigen Erziehung vollkommen verwirklicht und so zugleich auf ausgezeichnete Weise seine Funktion im arbeitsteilig organisierten Staat erfüllt. Arbogast Schmitt hat zu Recht darauf hingewiesen, dass es Platon nicht darum geht, dass jeder Einzelne sein Streben nach seinem individuellen Glück einschränkt und dem Wohl des Ganzen einfach unterordnet; vielmehr soll der Einzelne lernen, seinen wahren Vorteil zu verfolgen, eben: sich zu verwirklichen. Und zwar durch die optimale Ausbildung seiner »seelischen Vermögen«, die in ihrer jeweiligen Kompetenz und ihren Begrenztheiten erkannt und in ein harmonisches Zusammenspiel mit den jeweils anderen gebracht werden sollen.[38] Damit Platon jedoch das Modell eines arbeitsteiligen Zusammenspiels der Kompetenzen von der Seele auf den Staat übertragen kann, ohne in den Widerspruch zu geraten, dass die optimale Ausbildung der »seelischen Vermögen« aller dem Ziel einer auf unterschiedlichen Kompetenzen basierenden Arbeitsteilung entgegenwirkt, stellt er die Idee einer solchen Ausbildung strikt in den Bereich natürlicher Veranlagung zurück. Deren faktische Ungleichheit soll Richtung und Reichweite der Ausbildung vorgeben. Gerechtigkeit heißt nach Platon, dass jeder das ihm Gemäße tut – was dies aber sein soll, liegt »von Natur« (*physei*) fest. So zeige es sich als »heilsam«, sagt sein Sokrates im vierten Buch der *Politeia*, »daß der von Natur schusterhafte auch Recht tue nur Schuhe zu machen und nicht anderes zu verrichten, und der zimmermännische nur zu zimmern und die andern eben so« (Rep. 443c). In der Tat, so sollte man meinen, ein »Schattenbild von Gerechtigkeit« (ebd.).[39]

Das Problem liegt hier allerdings nicht schon darin, dass Platon den Umstand betont, dass wir durch unsere Natur immer schon bestimmt sind; es liegt vielmehr darin, wie er diesen Umstand versteht. Denn Platon geht davon aus, dass es in jedem Menschen so etwas wie *eine* natürliche Bestimmung gibt, die als dessen Wahrheit aufgefunden und festgestellt werden kann, um sodann in einer sozialen Identität zur Geltung gebracht zu werden. Einer solchen Prädestinationslehre widersprechen die Identitätswechsel des schillernden Demokraten natürlich aufs Schärfste. Den in diesem Kontext entscheidenden Vorwurf formuliert Platon in den Begriffen der *polypragmosyne*[40] (Rep. 434b) und der *allotriopragmosyne* (Rep. 444b), nach Schleiermachers Übersetzung: der »Vieltuerei« und der »Fremdtuerei«. Gemessen an der Vorstellung einer natürlichen Bestimmung tut der experimentierfreudige Demokrat nämlich viel

38 Vgl. Arbogast Schmitt, *Der Einzelne und die Gemeinschaft in der Dichtung Homers und in der Staatstheorie bei Platon. Zur Ableitung der Staatstheorie aus der Psychologie*, Stuttgart 2000.

39 Denn dieses »Schattenbild« ist der Idee einer Ausbildung der »seelischen Vermögen« keineswegs bloß äußerlich, wie Arbogast Schmitt meint (vgl. ebd. S. 49 f.); vielmehr soll es zu dieser in einem Entsprechungsverhältnis von »äußerer Handlung« und »innerer Tätigkeit« stehen (Rep. 443c).

40 Jacques Rancière hat auf die zentrale Rolle aufmerksam gemacht, die das Argument gegen die *polypragmosyne* in der *Politeia* spielt. Vgl. Jacques Rancière, *Das Unvernehmen, Politik und Philosophie*, Frankfurt/M. 2002, S. 31.

zu viel und damit notwendigerweise immer auch Beliebiges und Fremdes. So lässt er sich von Dingen affizieren, die weit über die Befriedigung seiner unmittelbaren Bedürfnisse hinausgehen: Der Demokrat verwendet »Geld, Zeit und Mühe um nichts mehr auf die notwendigen als auf die nicht notwendigen [Begierden]« (Rep. 561a). In diesem Zusammenhang steht, dass die *exousia* häufig mit materiellem Reichtum und Überfluss in Verbindung gebracht wird.[41] Auch aufgrund seiner materiellen Möglichkeiten ist das Ziel der Selbsterhaltung für den Demokraten offenkundig nicht das allein maßgebliche: Die nicht notwendigen Begierden gewinnen an Bedeutung und treten gleichberechtigt neben die notwendigen Begierden, das heißt die natürlichen Bedürfnisse. Damit löst er die Frage nach dem individuellen Guten von der Selbsterhaltung ab. In dem Moment aber, in dem er das tut, in dem also die Suche nach Glück sich vom Streben nach Selbsterhaltung emanzipiert, wird nicht nur notwendig unklar, worin das individuelle Gute bestehen soll, wenn nicht mehr in der Befriedigung von Bedürfnissen, sondern auch, was eigentlich die eigene Existenz ausmachen, was sie bestimmen soll, wenn nicht mehr die Natur. In dem Maße, wie er die Ordnung des Naturnotwendigen überschreitet, weist der Demokrat die Idee einer natürlichen Bestimmung und damit zugleich die Geschlossenheit des dieser Idee korrespondierenden Selbstverhältnisses zurück. Der Demokrat nimmt Natur nicht als letzte Wahrheit (über sich) hin und unterstellt stattdessen das, was er tut, bewusst äußeren Einflüssen. Damit muss er sich jedoch, wie Platon meint, unweigerlich von sich selbst entfremden.

Auch hinsichtlich der Idee einer unmittelbaren Übereinstimmung von innerer Natur und sozialer Identität, die in Platons Vorstellung vom gerechten Idealstaat als Kitt zwischen Individuum und Gesellschaft fungieren soll, stellt sich aber die Frage, ob Platons Kritik den Demokraten tatsächlich zu treffen vermag oder ob er nicht vorschnell als Entfremdung deutet, was doch im Gegenteil als eine Bedingung guten Lebens zu verteidigen wäre. Denn indem

41 Vgl. Solomon, »Exousia in Plato«, S. 193, 195. Auch Thukydides spricht in seiner *Geschichte des Peloponnesischen Krieges* von »ploutos kai exousia« (I 23). Demgegenüber meint der bei Platon positiv konnotierte Gegenbegriff der *eleutheria* nicht nur die Freiheit von äußerer Unfreiheit, sondern auch die Freiheit von Begierden, weshalb er häufig in der Kombination mit *eirene*, (innerem) Frieden, auftaucht. Vgl. etwa Rep. 329c.

der Demokrat die Idee einer natürlichen Bestimmung zurückweist, negiert er keineswegs das Bestimmtsein durch Natur überhaupt, vielmehr versteht – und lebt – er dies Bestimmtsein anders. Von seiner Natur bestimmt wird der Demokrat nämlich nicht in Form eines inneren Programms, das es zu entziffern und entsprechend umzusetzen gilt, sondern in Form von vielfältigen Begierden, von zum Teil widerstreitenden Bestrebungen, auf die er mit seinen Willensbildungen flexibel reagiert: Mal gibt er ihnen nach und versetzt sie damit in den Stand eines Willens, mal unterdrückt er sie im Namen übergeordneter, das heißt situationsübergreifend abgewogener Gründe. Diese Bestrebungen sind ihm jedoch nie als solche zugänglich, sondern nur in Abhängigkeit von Situationen, in denen sie sich melden. So »treten« die Begierden beim Demokraten »jedes Mal ein, als ob das Los sie getroffen hätte« (*te parapiptouse aei hosper lachouse*) (Rep. 561b). Sie widerfahren ihm. Der Demokrat vermag sie zu registrieren und sich zu ihnen zu verhalten, aber das Faktum ihres Auftretens selbst ist von ihm nicht steuerbar. Zwar gibt es auch Begierden, die sich erst als Konsequenz einer Willensbildung entwickeln. Platons Porträt des Demokraten dagegen zielt offenkundig auf den anderen Fall, in dem das Auftreten der Bestrebungen selbst nicht schon unter der Kontrolle des Subjekts steht.

Es ist aber gerade dieser Fall, in dem die Bestrebungen unwillentlich auftreten, der, wie ich meine, als eine Manifestation von etwas wie »innerer Natur« interpretiert werden kann, wenn diese Rede überhaupt Sinn ergeben soll. Denn hier macht sich etwas im Subjekt geltend, das nicht aus seiner jeweiligen sozialen Identität abgeleitet werden kann. Es verweist vielmehr auf eine Dimension, die dem Subjekt unverfügbar gegeben, die ihm in diesem Sinne vorgängig ist. Das wird durch den Begriff der Natur festgehalten.[42] Zugleich aber ist, was sich hier geltend macht, nicht bloß Natur. Innere Natur ist nicht einfach das Andere der Kultur. Ihre Erscheinung untersteht denn auch nicht dem Gesetz des Naturnotwendigen; es handelt sich bei den entsprechenden Bestrebungen vielmehr um »nicht notwendige Begierden«. Nicht nur sind diese selbst vielfach kulturell vermittelt, auch machen sie sich nur in der Kultur, nämlich am sozialisierten Subjekt, geltend. Aber sie tun dies ne-

42 Vgl. hierzu auch Christoph Menke, »Innere Natur und soziale Normativität«, in: Hans Joas, Klaus Wiegandt (Hg.), *Die kulturellen Werte Europas*, Frankfurt/M. 2005, S. 304-352, hier S. 337f.

gativ: als Störung oder Unterbrechung seines Selbstverständnisses. Ebenso wenig wie auf einen biologischen Zweck sind sie mithin auf die Willensbildung eines an Normen orientierten Subjekts zurückzuführen. Sie ereignen sich. Und zwar deshalb, weil sie überhaupt nicht durch den Bezug auf ein Allgemeines (einen Zweck oder eine Norm) bestimmt sind. Vielmehr generieren sich die inneren Vorgänge aus dem Bezug auf das Besondere einer jeweiligen Situation. Die Kraft solcher Bestrebungen ist darum auch nicht als substantielle Größe zu verstehen, die der Einheit des Subjekts (oder seinem somatischen Kern) zugerechnet werden könnte. Vielmehr entfaltet sie sich konstellativ, aus dem mimetischen Bezug des Subjekts auf ein Außen. Ebendeshalb, aufgrund ihres konstellativen Charakters, liegt die Kraft solcher Bestrebungen auch nicht allein beim Subjekt.

Die Begierden ereignen sich, wie Platon am Demokraten beobachtet, nicht nur in dem Sinn, dass ihr Auftreten nicht in der Regie des Subjekts steht; überdies kann das Auftreten einer Begierde zuweilen auch ereignishaft in jenem vollen Sinn sein, dass die Person, die sie an sich wahrnimmt, diese Seite an sich noch nicht kannte, dass ihre Bestrebung sie selbst überrascht. Weil in solchen Momenten etwas Unvorhergesehenes passiert, etwas, das nicht durch das bisherige Selbstverständnis gedeckt ist, muss das Ereignis der entsprechenden inneren Vorgänge etwas wie einen Riss im Selbstbild erzeugen.[43] In dem Maße aber, wie die inneren Vorgänge im Moment ihres Geschehens nicht sofort in bekannte Muster eingeordnet werden können, verweisen sie zugleich auf ein Potential des Subjekts, das in seinem bisherigen Selbstverständnis noch nicht ausgeschöpft wurde.

8. Das Ereignis der inneren Natur oder die Freiheit zu sich selbst

»Innere Natur« ist in diesem Verständnis kein Programm, das sich in Kultur, genauer: die Kultur einer sozialen Identität, umschreiben lässt, im Gegenteil: Sie macht sich als deren jeweilige Krise bemerk-

43 Ereignisse »erzeugen Risse in der ›gedeuteten Welt‹«, schreibt Seel in seiner kleinen Phänomenologie des Ereignisses: Martin Seel, »Von Ereignissen«, in: ders., *Paradoxien der Erfüllung. Philosophische Essays*, Frankfurt/M. 2006, S. 11-26, hier S. 18.

bar. Tatsächlich sind die Kräfte, Bestrebungen oder Energien unserer Natur, wie George Herbert Mead unterstrichen hat, Möglichkeiten unseres Selbst, die jenseits seiner jeweiligen sozialen »Präsentation« liegen. »Wir wissen einfach nicht, was sie sind«, schreibt Mead.[44] Anders als es uns die platonische Prädestinationslehre glauben machen will, der zufolge sich die innere Natur eindeutig entziffern und entsprechend nahtlos in eine soziale Identität übersetzen lassen soll, ist uns unsere innere Natur nie als solche transparent. Zwar können wir uns zu ihren jeweiligen Erscheinungen verhalten, indem wir diesen mit unseren Willensbildungen eine Richtung geben (oder zu geben versuchen), aber wir können sie uns niemals als solche aneignen; unsere innere Natur ist uns zugänglich nur im Modus des Ereignisses – im eben erläuterten Sinn. Entsprechend ist sie auch nicht im Sinne einer statischen Immanenz zu verstehen, die zu erschließen womöglich Situationen weltabgewandter Selbstgenügsamkeit besonders geeignet wären; vielmehr ist sie uns zugänglich allein durch das Verhältnis, in dem wir immer schon zu unserer Umwelt stehen. Eben weil sie nicht für sich objektiviert werden kann, sondern nur in Abhängigkeit von einer sich verändernden Welt in Erscheinung tritt, kann unsere innere Natur für unsere gerade aktuellen Selbstdeutungen als Herausforderung und Korrektiv fungieren. Das Auftreten von Bestrebungen, die ich noch nicht kannte, oder das verstärkte Auftreten von Bestrebungen, die ich bislang weitgehend unterdrückt hatte, können mich unter Umständen dazu bewegen, meine Überzeugungen und damit: mein Leben zu ändern. In diesem Sinn können die diskontinuierlichen Ereignisse der inneren Natur für mich Ursprung sein, in keinem absoluten Sinn freilich (nicht als Rückkehr in einen anfänglichen Zustand vor aller Kultur), aber im Sinne einer (Selbst-)Erfahrung, die sich retrospektiv als Anfang einer Entwicklung, als Ursprung einer Veränderung angeben lässt.[45]

Den Entscheidungen darüber, wer ich bin und was ich will, den Akten meiner Selbstbestimmung also, ist demnach immer eine

44 George H. Mead, *Mind, Self, and Society. From the Standpoint of a Social Behaviorist*, Chicago 1934, S. 204, Übers. JR.

45 Vgl. hierzu auch die Auseinandersetzung mit Herders genealogisch verwendetem Naturbegriff in Menke, »Innere Natur und soziale Normativität«, S. 340 f., sowie Christoph Menke, *Kraft. Ein Grundbegriff ästhetischer Anthropologie*, Frankfurt/M. 2008, bes. S. 68.

Ambivalenz eingeschrieben: Sie sind, insofern ich mich als jemand erkenne, der diese oder jene Bestrebung hat, stets eine Entdeckung meiner selbst sowie, insofern ich mich zu dieser Entdeckung deutend und bewertend verhalten kann, eine Entscheidung über mich selbst.[46] Ebendiese Ambivalenz ist eine Begleiterscheinung dessen, was Helmuth Plessner die »exzentrische Positionalität des Menschen« genannt hat: einer »fundamentalen Spaltung« zwischen »geschehender Existenz« und »vollziehender Existenz«, die »das Selbstsein des Menschen« in einer Weise durchzieht, »daß niemand von sich selber weiß, ob er es noch ist, der weint und lacht, denkt und Entschlüsse faßt, oder dieses von ihm schon abgespaltene Selbst, der Andere in ihm, sein Gegenbild und vielleicht sein Gegenpol«.[47] Aufgrund dieser Spaltung, dieser, nach Plessner, »Zerfallenheit mit sich selbst, aus der es keinen Ausweg, für die es keinen Ausgleich gibt«,[48] ist das Zugleich von konstativer und performativer Struktur jedem Akt der Selbstbestimmung eigentümlich. Das bedeutet wiederum: Der Akt der Selbstbestimmung erfolgt stets im Namen eines Selbst, das es vor dem Akt der Selbstbestimmung nicht gibt, jedenfalls nicht als solches.[49] Erst durch den Akt der Selbstbestimmung bringt sich das Subjekt in dieser oder jener Bestimmung hervor, um sich dann retroaktiv mit ihr zu identifizieren. Daher ist die Subjektivierung, die sich durch diesen Akt vollzieht, streng genommen auch kein subjektiver Prozess, sondern ebenfalls Ereignis. Es gibt hier keinen sicheren Ort, von dem aus sich ein einheitliches Subjekt souverän zu seinen Bestrebungen verhalten könnte.[50] Vielmehr hat die Diskussion um das Problem der Willensschwäche

46 Vgl. Jan Bransen, »Identification and the Idea of an Alternative of Oneself«, in: *European Journal of Philosophy* 4/1 (1996), S. 1-12, hier S. 12.

47 Vgl. Helmuth Plessner, *Die Stufen des Organischen und der Mensch*, Berlin, New York 1975, bes. S. 298 f.

48 Ebd., S. 299.

49 In dieser Struktur ähneln die Akte der Selbstbestimmung jenen der Staatsgründung. Vgl. Jacques Derrida, »Unabhängigkeitserklärungen«, in: Uwe Wirth (Hg.), *Performanz. Zwischen Sprachphilosophie und Kulturwissenschaften*, Frankfurt/M. 2002, S. 121-128, hier S. 124.

50 Ebendies suggeriert Harry Frankfurts hierarchische Unterscheidung zwischen »first order desires« und »second order volitions«, wobei Letztere auf einer zweiten Stufe der Reflexion angesiedelt sein sollen, von der aus sich das Subjekt souverän urteilend zu seinen Bestrebungen erster Stufe verhalten können soll. Vgl. Frankfurt, »Freedom of the Will and the Concept of a Person«.

gezeigt, dass die Ebene der Reflexion gerade auch in den Fällen der Selbstrevision, die uns hier besonders interessieren, nicht von der Kraft der Bestrebungen unberührt bleiben kann. Denn was den Anstoß zur Revision der eigenen Überzeugungen, zur neuen Entscheidung über das eigene Selbstverständnis gibt, zählt aus der Perspektive der zu revidierenden Überzeugungen zunächst nicht als Grund. Es handelt sich hier um einen von seinem Status als Grund »entblößten Grund«[51] – um eine bloße Kraft, die durch ihre Insistenz oder Wucht in den Bereich der Reflexion hineinragt und diese schließlich in Bewegung setzt. Hinsichtlich der Idee autonomer Subjektivität, die man mit dem Begriff der Selbstbestimmung in Verbindung bringt, wäre daher festzuhalten, dass die potentielle Autonomie des Subjekts nicht in einer von aller Heteronomie gereinigten Sphäre der Reflexion zu verorten ist, sondern sich immer wieder neu nur durch die Heteronomie (der inneren Natur) hindurch herzustellen vermag.

Aus diesem Grund ist der platonische Demokrat nicht einfach schlechthin frei *von* sich, auch wenn dies zwar in Bezug auf die Möglichkeit zur Abstandnahme von seinen jeweils aktuellen Selbstverständnissen gilt. Er ist jedoch auch nicht frei von sich im Sinne einer Freiheit von seiner Natur. Der Demokrat erschafft sich nicht im starken Sinne selber; er erfindet sich nicht einfach *ex nihilo*; entsprechend taugt er auch nicht als das Paradigma verschärft konstruktivistischer Vorstellungen, denen zufolge das, was jemand ist, lediglich eine Frage voluntaristischer Dezision sein soll. Ohne Gebundenheit an seine innere Natur könnte sich die Freiheit des Demokraten gar nicht als *seine* Freiheit ansprechen lassen.[52] Daher aber ist auch der Demokrat in einem wichtigen Sinn frei *zu* sich, indem er nämlich die jeweils sich einstellenden Bestrebungen zum Prüfstand seines jeweiligen Selbstverständnisses macht und sich gegebenenfalls entsprechend revidiert. In der Tat beziehen wir uns in allen Fällen der Entscheidung über das, was wir eigentlich wollen (wer wir eigentlich sind), deutend auf unsere Bestrebungen; und in diesem Sinne können wir nichts werden oder wollen, was wir nicht unserer inneren Natur nach bereits potentiell sind. Sofern diese uns aber nie als solche verfügbar ist, muss sie gegenüber allen unseren

51 Vgl. Dirk Setton, *Unvermögen. Irrationalität und der Begriff der rationalen Fähigkeit*, Berlin 2011, bes. Kap. VI, Abschn. 1 u. 2.

52 Vgl. Bieri, *Das Handwerk der Freiheit*, S. 49-53.

Versuchen, sie in unserem Leben zu verwirklichen, überschüssig bleiben.

Weil uns unsere innere Natur nicht transparent ist, weil sie uns nicht als solche zugänglich ist, besteht natürlich stets auch die Möglichkeit, dass wir mit unseren Selbstdeutungen fehlgehen. Das zeigt sich dann an einer Krise des Selbstbezugs, in der sich unsere bisherige Selbstdeutung angesichts überhandnehmender anderweitiger Bestrebungen als unangemessen, als falsch, ja, als uns letztlich fremd erweist – so wie sich umgekehrt der gelingende Selbstbezug an einem Gefühl innerer Stimmigkeit zeigt, das, wie Dieter Thomä herausgestellt hat, nichts anderes ist als die Weise, wie sich Freiheit psychologisch manifestiert.[53] Somit ist aber die Möglichkeit einer Fehldeutung unserer Natur eine notwendige Begleiterscheinung unserer Freiheit zur Selbstbestimmung. Was man über sich, über »seine eigene Natur« weiß, ist offenkundig ebenso fallibel wie das, was man für das (für sich) Beste hält. Nur weil, was die »eigene Natur« ist, prinzipiell fraglich bleibt, stellt sich auch die Frage nach dem eigenen Besten immer wieder neu.

Mit dem Hinweis auf die, noch einmal mit Plessner gesprochen, »exzentrische Positionalität des Menschen« ist die Möglichkeit einer vollständigen beziehungsweise abschließenden Entsprechung zwischen dem natürlichen (Un-)Grund und der sozialen Gestalt des Subjekts bestritten. Mehr noch: Die Unergründlichkeit des Subjekts ist eine nie versiegende Quelle der Veränderung und der Innovation.[54] Vor diesem Hintergrund lässt sich nun auch ein anderes Licht auf Platons im engeren Sinn ästhetisierungskritische Argumente gegen die demokratische Lebensweise werfen. Nicht nur nämlich beschreibt Platon den Demokraten aufgrund seiner

53 Vgl. Dieter Thomä, *Erzähle dich selbst. Lebensgeschichte als philosophisches Problem*, Frankfurt/M. 2007, S. 254.

54 Entsprechend sollte die Erfahrung einer Spaltung zwischen natürlichem Grund und sozialer Gestalt, oder mit Mead gesprochen: zwischen ›I‹ und ›me‹, nicht als eine krisenhaft erlebte Zwischenstufe auf dem Weg zu einer *wahren* »Ich-Identität« verstanden werden, in der beide Seiten dereinst vollständig integriert wären, wie Habermas suggeriert. Vgl. Jürgen Habermas, »Individuierung durch Vergesellschaftung. Zu G.H. Meads Theorie der Subjektivität«, in: ders., *Nachmetaphysisches Denken. Philosophische Aufsätze*, Frankfurt/M. 1988, S. 187-241, hier S. 221 f. Vielmehr handelt es sich hier um eine fundamentale Spaltung in dem Sinne, dass sie als Quelle möglicher Veränderung auch dann noch latent bestehen bleibt, wenn wir uns mit uns eins fühlen.

Wandlungsfähigkeit in ästhetisch konnotierten Begriffen; vielmehr verkörpert der »mannigfaltige« Demokrat zugleich jenen Typus, den hervorzubringen Platon im dritten Buch der *Politeia* dem Theater vorgeworfen hatte.

9. Von Demokraten und Theatermännern

In der Figur des Demokraten überschneiden sich zwei Argumentationsstränge: diejenigen, die sich gegen das demokratische Freiheitsverständnis richten, und diejenigen, die darauf abzielen, das Theater und seine Dichter aus dem Idealstaat auszuweisen. Das Theater wird nicht zuletzt deshalb von Platon in einem Atemzug mit der Demokratie verworfen, weil es sich als eine Agentur der Viel- und Fremdtuerei erweist. Das Theater nämlich verführt sein Publikum, so lautet der in diesem Zusammenhang entscheidende Vorwurf, nicht nur zur spektakulären Schaulust; als Schauplatz gekonnter Nachahmung verführt es sein Publikum auch selbst zur Nachahmung. Damit tritt es in Konkurrenz zur Erziehung, deren Programm die *Politeia* entwirft. Denn Nachahmung, das zentrale Mittel des theatralen Spiels, ist zugleich, wie Platon hervorhebt, ein unumgängliches Moment in jeder Erziehungspraxis. Ebendeshalb muss sie, müssen ihre Inhalte und Formen kontrolliert werden. Nachgeahmt werden darf der platonischen Identitätslogik gemäß nämlich nur, was der angeblich von Natur vorbestimmten Identität günstig zuwächst. So dürfen die jungen Wächter, um deren ideale Ausbildung ein großer Teil der Diskussionen in der *Politeia* kreist, nur ihrer Bestimmung entsprechende Vorbilder nachahmen, also »tapfere Männer, besonnene fromme edelmütige und anderes der Art« (Rep. 395c). Auf keinen Fall dürfen die, die einmal »tüchtige Männer« werden sollen, »ein Weib darstellen« (vgl. Rep. 395d). Denn Nachahmungen können, so weiß Platon, »wenn man es von Jugend an stark damit treibt, in Gewöhnungen und Natur übergehen« (Rep. 395c, d). Aus diesem Grund lobt Platon die epische Erzählung als eine Darstellung, deren Form, anders als die theatrale, die Identität der Vortragenden zu bewahren und deren Inhalt die Tugend der für sie bestimmten Zuhörer zu bilden vermag (vgl. Rep. 396e-398b). Das Epos ist die untheatralische Form, die der Ausbildung der wesentlich unspektakulären Tugenden dient. Entsprechend verweist Platon durchaus nicht alle Dichter des Staates; die »strengen« Epiker dürfen bleiben (vgl. Rep. 398a, b).

Fortgeschickt werden aber sollen die Theaterdichter. Denn die Gefahr, die das Theater für das platonische Erziehungsprogramm birgt, ist immens. So bringt es schon seiner Form nach das Rollenspiel in die Welt und mit ihm eine Verdoppelung – die von Person und Rolle –, welche die Selbstidentität der gesellschaftlichen Glieder aufzulösen droht. An diesem Zusammenhang betont Platon jedoch weniger die durch die Maske symbolisierte Möglichkeit eines Abgrunds zwischen eigentlichem Selbstverständnis und öffentlicher Erscheinung (beziehungsweise das damit auftauchende Problem der Intransparenz der Mitglieder einer Gemeinschaft füreinander, das für Rousseau wichtig werden wird – vgl. unten, Kap. V). Vielmehr geht es ihm um das umgekehrte Problem, dass die Person in ihren Rollen verschwinden, dass sich das Selbst in seinen Masken auflösen kann, weil die scheinhafte Mimesis der Schauspieler die Möglichkeit der echten mit sich führt. Es droht die Gefahr, sich dem Anderen, das nachgemacht wird, nicht nur dem Schein nach, sondern tatsächlich gleichzumachen. Von den Rollen kann etwas hängenbleiben. Weil es über die Vermittlung einer Lust an der Mimesis bei seinem Publikum eine Disposition für das hervorbringt, was es darstellt, erweist sich das Theater aber nicht nur hinsichtlich seiner Form, sondern auch hinsichtlich seines Inhalts als Problem. Schon weil das Theater auf Unterhaltung zielt, privilegieren seine Dichter nämlich offensichtlich spektakuläre Stoffe: das Böse, die Leidenschaften, das Fantastische. Nach dem Vorbild der Schauspieler muss sich die Nachahmung daher auch auf das ausdehnen, was aus platonischer Perspektive als pädagogisch wertlos oder gar als gemeingefährlich gilt. Nichts ist der Nachahmung durch den Schauspieler oder dem von der Schauspielerei Angesteckten unwürdig – nicht die von Leidenschaften gebeutelten männlichen Charaktere der Tragödien, nicht Kranke, nicht Frauen, am Ende selbst Hunde oder Schafe nicht (vgl. Rep. 397a). Vor allem durch diese Implikation wird das Theater für Platon zu einer Staatsangelegenheit: Nicht nur wird es so zum Feind der ästhetisch uninteressanten Tugend; auch – und das ist noch entscheidender, weil fundamentaler – entfremdet es die Einzelnen durch die Verführung zur Anverwandlung an Beliebiges von sich selbst wie von ihrer Aufgabe im Gemeinwesen. Das ansteckende

Talent des Theaterdichters, sich »künstlicherweise vielgestaltig zu zeigen« und »alle Dinge nachzuahmen« (Rep. 397e, 398a), bedeutet für die auf der Selbstidentität seiner Glieder beruhende »natürliche Ordnung« des platonischen Staats deshalb eine außerordentliche Bedrohung, weil sich das Prinzip der theatralen Mimesis nicht in den Grenzen des Theaters halten lässt, weil es ernst werden kann. Die Dichter mögen sich noch »künstlicherweise vielgestaltig zeigen«; das vom Theater erzogene Publikum wird es, so Platons Befürchtung, tatsächlich.

An der auf Beliebiges hin entgrenzten theatralen Mimesis – nicht zuletzt deshalb ist sie für Platon so bedrohlich – tritt allerdings nur die Logik aller Mimesis rein hervor: Das Subjekt der Nachahmung ist niemals Subjekt; es handelt sich hier um ein subjektloses Subjekt oder um ein Nichtsubjekt. Das »Paradox der Schauspieler«, nach dem die Schauspieler deshalb *alles* sein können, weil sie im Kern *nichts* sind, führt modellhaft vor Augen, dass sich das, was das Subjekt der Nachahmung ist, erst in der und durch die Nachahmung bildet.[55] Genau dies aber stellt Platons Prädestinationslehre infrage. Was das Subjekt ist und sein kann, steht nie hinreichend fest, sondern vermag sich nur über den Umweg des mimetischen Bezugs auf Andere und Anderes zu kristallisieren. Während sich Platon deshalb darum bemüht, diesen Austausch identitätslogisch zu kontrollieren, erweist sich die Demokratie aufgrund des mit ihr assoziierten Freiheitsverständnisses als ausgesprochen theaterfreundlich und der Demokrat als ein Mann des Theaters, als ein *polypraktor*. Aufgrund seiner Vieltuerei, die aus Platons Perspektive immer zugleich Fremdtuerei ist, nimmt sein Leben im Vergleich zu den selbstidentischen Mitgliedern des platonischen Idealstaats einen Facettenreichtum an, der sich mit der Vielgestaltigkeit messen kann, die der Theaterdichter »künstlicherweise« zeigt. Statt sich an der Idee der einen natürlichen Bestimmung zu orientieren, entfaltet er sein Selbst in Abhängigkeit von äußeren Umständen – und das heißt immer auch unter dem diskontinuierlichen Einfluss von sich verändernden Gegebenheiten und zufälligen Gelegenheiten, von denen er sich nicht nur affizieren lässt, sondern an die er sich unter Umständen auch adaptiert.

55 Vgl. hierzu Philippe Lacoue-Labarthes Überlegungen zur Logik der Mimesis in: »Diderot: Paradox and Mimesis«, in: ders., *Typography. Mimesis, Philosophy, Politics*, Stanford 1998, S. 248-266, hier bes. S. 258-261.

Aus Platons Perspektive verliert der Demokrat damit freilich nicht nur die Substanz seines Seins aus den Augen; er muss sein Leben deshalb auch notwendig in der Dimension des Scheins vollziehen. Sobald er »sich selbst« verloren hat, bleibt ihm nichts als die Nachahmung: Der Demokrat ist verdammt zu einem Leben im Modus des Als ob. So erweckt er nach Platon beispielsweise immer nur den Anschein, »als vertiefe er sich ganz in die Wissenschaft« (Rep. 561d). Vor dem Hintergrund des bisher Gesagten aber zeigt sich, dass der Demokrat die Differenz von Sein und Schein in diesem Sinne aushebelt. Es gibt hier kein eigentliches Sein vor aller Nachahmung, vielmehr verläuft der Weg zum eigenen Selbst offenbar immer wieder neu nur über den mimetischen Bezug auf Andere und Anderes. Damit hebelt der Demokrat die Differenz von Sein und Schein allerdings nicht als solche aus, sondern weist ihr eine andere Stelle zu. Was dem Subjekt äußerlich ist und was authentisch zu ihm gehört, erweist sich immer wieder neu nur im Lebensvollzug der Einzelnen: im Horizont lebendiger Erfahrung, in dem sich zeigt, ob wir uns nachhaltig mit einem bestimmten Selbstverständnis identifizieren können oder dieses ablegen müssen, weil es uns so fremd geworden ist, dass es uns äußerlich vorkommt – und wir uns fühlen wie Darsteller unserer selbst.

Wenn dies aber richtig ist und uns unsere innere Natur überhaupt nur im Austausch mit einer sich verändernden Welt zugänglich ist, so muss sich der Kitt, mit dessen Hilfe Platon das individuelle Gute bis zur Ununterscheidbarkeit mit dem sozialen Guten amalgamieren wollte, von innen her zersetzen. Wenn die Einzelnen sich nie vollständig selbst transparent sein können, so kann ihnen auch ihre Rolle im Gemeinwesen niemals so vollends evident werden, wie Platon hoffte, dass sie ihnen bei entsprechender Erziehung evident werden müsste. Die platonische Erziehung erweist sich vielmehr nun umgekehrt als unerbittliche Disziplinierung, und die Wächter erscheinen als Gefangene einer Ideologie, die Soziales als Naturgegebenheit hypostasiert. Wenn dagegen, was die Natur der Einzelnen ist, nicht ein für allemal entziffert und in eine soziale Identität übersetzt werden kann, wenn also, was den Einzelnen »gemäß« ist, sich immer nur im lebendigen Austausch mit der Welt erweisen kann, zieht notwendig Kontingenz in die gesellschaftliche Ordnung ein. Platon hat das in gewisser Hinsicht klar gesehen: Es kommt, lässt er Sokrates lakonisch berichten, in der Demokratie, wozu es unter dem Einfluss des ihr entsprechenden Freiheitsverständnisses früher oder später kommen muss: Keine der vormals geltenden Hierarchien bleibt intakt; die Söhne rebellieren gegen die Väter, die Schüler gegen die Lehrer, die Untergebenen gegen die Obrigkeiten. Es geschieht sogar dies »Äußerste«, dass die Sklaven sich den Herren und die Frauen sich den Männern gleichstellen (vgl. Rep. 562d-563b). Das Identitätsprinzip, dem gemäß jeder Bürger »zu dem Einen Geschäft, wozu er geeignet ist« erzogen werden soll, »damit jeglicher des Einen ihm eigentümlichen sich befleißigend nicht Viele sondern Einer werde, und so auch die gesamte Stadt [...] zu Einer erwachse und nicht zu vielen« (Rep. 423d), löst sich von den Selbstverhältnissen her auf: Weil die Einzelnen sich nicht auf eine ihnen vorbestimmte Rolle festlegen lassen, verliert die natürliche Ordnung des Staates ihre Grundlage und wird als prinzipiell veränderliche Herrschaftsstruktur sichtbar.

Wenn aber die demokratische Selbstregierung gegen Platon verteidigt werden kann, so steht damit zugleich seine Kritik an der demokratischen Regierung erneut zur Verhandlung. Ich möchte daher nun auf Platons Kritik der demokratischen Regierung zurückkommen, und zwar wiederum unter besonderer Berücksichtigung seiner Ästhetisierungskritik. Denn so viel ist jetzt schon klar: Zur Entfaltung des Selbst im eben skizzierten dynamischen Sinn bedarf es einer Gesellschaft, welche die Möglichkeit, die »Wahrheitsfrage« im Blick auf das individuelle wie gesellschaftliche Leben stellen zu können, in einer gegenüber allen inhaltlichen Bestimmungen des individuell oder gesellschaftlich Guten vorrangigen Weise schützt. Mit anderen Worten: Es bedarf der Demokratie.

10. Theatrokratie: Die furchtlos urteilende Multitude

Die Demokratie entsteht nach der Geschichte, die Sokrates in der *Politeia* erzählt, aus der revolutionären Entmachtung der Oligarchen. Die »verweichlichten Reichen« werden von den »hageren von der Sonne verbrannten Armen« als ein Nichts erkannt und niedergeworfen (vgl. Rep. 556d, e). »Die Demokratie [entsteht], wenn die Armen den Sieg davon tragen, dann von dem andern Teil Einige hinrichten, Andere vertreiben, den Übrigen aber den gleichen Teil geben am Bürgerrecht und an der Verwaltung, so daß die

Obrigkeiten im Staat großenteils durchs Los bestimmt werden.« (Rep. 557a) Jedem, und das heißt nach dem formalen Gleichheitsgrundsatz, der sich aus dem demokratischen Freiheitsverständnis (der demokratischen *exousia*) ergibt: jedem Beliebigen steht nun das Recht zu, zu regieren. Platons Bedenken hinsichtlich dieses Zusammenhangs sind bereits bekannt: »Diese treffliche und jugendliche Regierungsweise [...] ist es nun eben, aus welcher [...] die Tyrannei hervorwächst.« (Rep. 563e) Die »äußerste Freiheit wird sich wohl dem Einzelnen und dem Staat in nichts anderes umwandeln als in die äußerste Knechtschaft« (Rep. 564a). Bereits auf der Ebene der individuellen Lebensführung muss die Freiheit der Demokraten, so haben wir gesehen, nach Platon als eine Form der Unfreiheit verstanden werden; die wechselnden Erscheinungsbilder des Demokraten sind ihm bloß Symptome einer Schwäche, einer tiefen Haltlosigkeit. Weil die Demokraten nach Platons Karikatur für nichts (ein-)stehen, schon gar nicht für eine stabile soziale Ordnung, setzen sich im Gemeinwesen am Ende einfach die Stärksten durch. Schon sieht Platon deshalb die schurkische Gattung der Drohnen die Gewalt im Staate an sich reißen. »[I]n der Demokratie [...] hat diese mit wenigen Ausnahmen überall den Vorsitz. Und die hitzigsten darunter reden und handeln, die Anderen setzen sich um die Gerichtsstellen her und summen« (Rep. 564d). Die Macht müssen die »tyrannisch gesonnenen Drohnen« früher oder später deshalb erhalten, weil das demokratische Volk, wie Platon Sokrates sagen lässt, »unwissend« ist (vgl. Rep. 565b). Genauer: Es weiß nicht um das wahrhaft Gute, nämlich die natürliche Ordnung des Staates unter der Herrschaft der Besten. Im Gegenteil. In der Demokratie hat das entsprechende Unwissen sogar Methode. Weil frei zu sein für den Demokraten unter anderem heißt, sich nicht auf eine von Natur vorgegebene Rolle im Leben zu beschränken, fragt in der Demokratie auch niemand nach der wahren Natur derer, die sich um das Amt der Regierung bewerben. In der Demokratie fragt niemand, »von was für Bestrebungen und Geschäften einer herkomme, der an die Staatsgeschäfte geht, sondern [hält] ihn schon in Ehren [...], wenn er nur versichert, er meine es gut mit dem Volk« (Rep. 558b). Was also zählt, ist der Eindruck, den jemand macht. Für Platon heißt dies: Das demokratische Volk lässt sich von jedem Beliebigen, der sich selbst zum Politiker erklärt, verführen, überreden, blenden. Das Problem der

Demokratie ist mit anderen Worten eines der Ästhetisierung ihrer politischen Kultur.

Durch die Unwissenheit des Volkes zerfällt die natürliche Ordnung des Gemeinwesens nach Platons Diagnose notwendig in Politikdarsteller auf der einen Seite und Publikum auf der anderen Seite. Denn die Macht der Regierung muss, so die zunächst richtige Beobachtung, wenn sie nicht naturgegeben ist, hergestellt werden. In der Demokratie müssen sich die Anwärter auf ein politisches Amt buchstäblich vor einem Publikum produzieren, um von diesem den Regierungsauftrag erteilt zu bekommen. Nichts anderes als dessen Zustimmung legitimiert die politische Macht. Nicht zufällig haben daher, wie Platon bemerkt, die Dichter eine Hand im Spiel, sind Vorbilder ebenso wie Unterstützer, wenn es darum geht, »die Volksmengen« um sich zu versammeln und »durch die schönen starken und einschmeichelnden Stimmen« zu den unterschiedlichsten politischen Programmen »hinüberzulocken« (vgl. Rep. 568c). Entscheidend für den Niedergang der Demokratie ist nach Platons Diagnose aber letztlich, dass das Volk im Blick auf solche politischen Inszenierungen über keine anderen Kriterien verfügen soll als seine spontane Lust oder Unlust. Weil die Demokratie auf dem spontanen Geschmacksurteil des unwissenden Volks beruht, ist sie dem Untergang geweiht. Es siegen die Drohnen, die »feurigen und gewitzigten Unholde [...], welche mannigfaltige und die größten Abwechslungen darbietende Vergnügungen aller Art zu verschaffen wissen« (Rep. 559d). Das Schicksal der Demokratie scheint damit besiegelt: Sie wird sich früher oder später in Tyrannei verwandeln.

Einmal mehr stellt sich jedoch die Frage, ob Platon seine Schlüsse hier nicht vorschnell zieht, genauer: ob sich das Urteil des demokratischen Volkes gegen seine Karikatur verteidigen lässt. Ausgearbeitet hat Platon selbst das Thema des urteilenden *demos* jedoch nicht in der *Politeia*, sondern in den späteren *Nomoi*,[56] und zwar zunächst interessanterweise im Kontext einer Kritik an der Entgrenzung der Künste. Tatsächlich wird hier eine Entwicklung in den Künsten ursächlich für den Niedergang Athens verantwortlich gemacht. Die Entgrenzung der Künste bringt nach Platon nämlich bei seinem Publikum erst jene zügellose Freiheit hervor, die

56 Platon, *Nomoi*, in: ders., *Sämtliche Werke in zehn Bänden*, Bd. IX, Frankfurt/M., Leipzig 1991. Im Folgenden im Text zitiert als Leg.

zunächst die demokratische Revolution möglich, dann jedoch den Niedergang der Demokratie unausweichlich macht.

Das Unheil Athens begann, wie Platon den Athener in den *Nomoi* berichten lässt, mit Künstlern, die zwar begabt, aber »ohne Kenntnis des Rechten und Gesetzmäßigen in den Musenkünsten waren« und sich deshalb vom »Taumel der Begeisterung hinreißen ließen und über Gebühr daran hingen (ihren Zuhörern) Genuß zu bereiten« (Leg. 700d). Damit wurden allerdings nicht nur die Regeln der Kunst außer Kraft gesetzt. Indem sie »Threnen [Klagelieder] mit Hymnen« vermischten oder »Flötenweisen im Zitherspiel nachahmten« (ebd.), setzten diese Künstler einen dann auch aufs Politische ausgreifenden Prozess in Gang, der an die Stelle eines Gesetzes in der Sache das Gesetz der Wirkung setzt. Schwerwiegender als der künstlerische Regelverstoß ist dabei der Umstand, dass durch den sachlichen »Unverstand« (Leg. 700e) der Künstler das Publikum zur maßgebenden Instanz gemacht wird. Indem sie sich von ihren, wie Platon natürlich annimmt, ewigen Gesetzen entfremdet, ihre Gattungen entgrenzt und ihre Medien hybridisiert, ermuntert die neue regellose Kunst ein ungebildetes Publikum, auch ohne Kenntnis der alten Regeln und allein auf der Basis von Lust oder Unlust über sie zu urteilen. Sofern hier von einem Geschmacksurteil die Rede sein kann, ist es ein Geschmack, der sich gerade dadurch auszeichnet, dass er sich um die tradierten Regeln nicht schert. Es handelt sich um einen Geschmack, der mit dem kultivierten Geschmack der Gebildeten nichts zu tun hat – aus deren Perspektive handelt es sich denn auch um nichts anderes als um »Gesetz- und Geschmacklosigkeit« (ebd.).

An die Stelle der Autorität des sogenannten guten Geschmacks mit seinen Regeln, von denen nicht die unwichtigste die der Ruhe im Publikum ist, die, wie der Athener nostalgisch berichtet, bei der »große[n] Masse des Volkes« früher zur Not auch »mittelst des Polizeistabes« durchgesetzt werden konnte, tritt nun die spontane Äußerung ebendieser Masse: »Zischen«, »rohe[s] Geschrei«, »Beifallsklatschen« (Leg. 700c). Aus dem schweigenden Publikum ist ein »lärmendes« geworden, »gerade als verstände es sich darauf was in den musischen Künsten schön ist und was nicht«. Auf diese Weise entstand im Kontext der Künste »aus einer Herrschaft der Besten [der Aristokratie] eine schlimme Massenherrschaft des Publikums [eine Theatrokratie]«. »Hätte sich nämlich«, fährt der Athener fort, in ihnen auch eine Volksherrschaft gebildet, so wäre es, falls dieselbe nur aus (wahrhaft) freien und eines freien Mannes würdig denkenden Männern beständen hätte, noch gar so schlimm nicht gewesen; so aber hat bei uns die allgemeine Einbildung, ein Jeder verstehe sich auf Alles und die Verachtung der Gesetze von der musischen Kunst her ihren Ursprung genommen, und an sie schloß sich (erst) die (allgemeine und zügellose) Freiheit. Denn im Vertrauen auf jene seine vermeintliche Einsicht verlor das Volk alle Furcht, und diese Furchtlosigkeit erzeugte Unverschämtheit; denn aus dreister Zuversicht vor dem Urteil der Besseren keine Scheu und Ehrfurcht zu haben, das ist bereits die schmähliche Unverschämtheit welche die gewöhnliche Folge einer sich allzu viel herausnehmenden Freiheit ist. (Leg. 701a, b)

Platon kennt die Folgen: Diese unverschämte, furchtlose, exzessive Freiheit wird von den Künsten ausgehend eine neue Kultur der Freiheit begründen: die der Demokratie. Demokratie ist nach Platon folglich bereits in ihrem Ursprung nichts anderes als Theatrokratie – in ihr herrscht ein Zustand, der sich durch eine Missachtung überlieferter Gesetze ebenso auszeichnet wie durch eine generelle Tendenz zur Ästhetisierung. Weil die Demokraten kein Gesetz mehr als unhintergehbar akzeptieren, noch nicht einmal das der »eigenen Natur«, wird in der Demokratie, wie es scheint, in ethischer ebenso wie in politischer Hinsicht eine höchst unzuverlässige Instanz zur entscheidenden: die spontane Lust oder Unlust. Allerdings haben wir in der Auseinandersetzung mit Platons Kritik der demokratischen Selbstregierung gesehen, dass sich die Demokraten, anders als die Tyrannen, sehr wohl zu ihren im Austausch mit der Umwelt sich regenden Bestrebungen zu verhalten wissen. Die Dimension des reflektierten Sich-zu-sich-Verhaltens ist nun freilich auch für eine Apologie des politischen Urteils in der theatrokratischen Demokratie entscheidend.

Noch einmal also: »Das beste für einen jeden [ist] das ihm eigentümliche«, sagt Sokrates in der *Politeia* (Rep. 586e). Was das aber ist, so habe ich in den letzten Abschnitten gegen Platon argumentiert, lässt sich nicht ein für allemal – etwa im Kindesalter – feststellen, um dann – bei entsprechender Erziehung – in einer sozialen Identität (in einer bestimmten Position im Gemeinwesen) zur vollen Geltung gebracht zu werden. Vielmehr zeigt sich, was dem Menschen eigentümlich ist, nur im Austausch mit einer sich verändernden Welt; im mal mehr, mal weniger wechselvollen Vollzug eines Lebens. Nur in der und durch seine Durchlässigkeit für die Impulse von Anderen und Anderem kommt das Subjekt in Kontakt mit dem ihm Eigentümlichen, mit seiner inneren Natur. Nur in der Überschreitung des Subjekts auf Andere und Anderes hin findet es sich (immer wieder) selbst. Ereignishaft sind die Äußerungen der inneren Natur deshalb zu nennen, weil sie durch keinen Bezug auf ein Allgemeines (Zweck oder Norm) (vor-)bestimmt sind, sondern in dem und durch den Bezug auf das Besondere einer Situation auftauchen. In dieser Hinsicht ist nun aber in der Tat die entgrenzte Kunst, von der in den *Nomoi* die Rede ist, ein extremer, ein dadurch paradigmatischer Gegenstand. Denn die leidenschaftliche Reaktion der Lust oder Unlust wird hier von etwas erregt, für das es (noch) keinen Begriff und für dessen Beurteilung es daher auch (noch) keine Regeln gibt.

Die Beurteilung der entgrenzten Kunst ist damit notwendig subjektiv; sie geschieht ohne Rückhalt in der Autorität der Tradition. Jedoch ist die Erfahrung der Lust oder Unlust noch nicht unmittelbar identisch mit dem kunstkritischen Urteil, welches das Neue ins Verhältnis zum Tradierten setzt und daraufhin als Fortschritt annimmt oder als Regression verwirft. Auch im gewöhnlichen (nicht auf Gegenstände der Kunst bezogenen) Fall behält ja nicht jede spontane Äußerung der eigenen Bestrebungen Recht – dass dem durchaus nicht immer so ist, zeigt ja das Phänomen der Willensschwäche im Normalfall. Aber solche Ereignisse – Äußerungen von Energien und Kräften, die sich im Subjekt durch dessen Entäußerung an ein Anderes geltend machen – sind ausgezeichnete Anlässe, die »Wahrheitsfrage«, die Frage nach dem Guten, »furchtlos« neu zu stellen und daraus möglicherweise die Konsequenz zu ziehen, die zuvor bestimmenden Prinzipien durch andere zu ersetzen; seien es solche der Kunstkritik, der politischen Überzeugung oder des eigenen Selbstverständnisses. Die nicht unter einer Norm stehende Offenheit des Subjekts für Andere und Anderes ist demnach die Bedingung der Möglichkeit für die Autonomie des urteilenden Subjekts. Das demokratische Subjekt ist keineswegs ohne Regeln – es handelt sich hier durchaus um ein sozialisiertes, ein, wie Platon sagt, »erzogenes« Subjekt –, aber es vermag die Regeln unter Umständen – aufgrund der Erfahrung, die es im Austausch mit Fremdem, Neuem, je Besonderem macht – zu ändern. Hierin, so ließ sich gegen Platon argumentieren, besteht seine Freiheit.

Für Platon hingegen liegt das Problem, wie wir gesehen haben, darin, dass der Demokrat nicht die richtigen Regeln kennt, dass er zwar aufgrund seiner Erziehung um das Bessere, aber nicht um das eigentliche und wahrhaft Gute weiß (denn dann wäre er durch keine äußeren Einflüsse irritierbar, könnte er nicht auf die Idee der Veränderung kommen). Wer in diesem Sinne unwissend bleibt, ist nach Platon zwangsläufig dem Gift der Ästhetisierung ausgeliefert, ist affizierbar von den Oberflächen der Welt, ihren Impulsen und Effekten – und damit verdammt zu einem Leben im Bann des Scheins. In diesem Sinne unwissend aber sind nachmetaphysisch alle gewöhnlichen Sterblichen, und so stellen sich im Horizont der Endlichkeit die Dinge denn auch anders dar: Unter diesen Bedingungen muss, wie wir gesehen haben, ein Begriff des Guten verteidigt werden, der die Möglichkeit der Frage nach dem Guten und damit auch der Infragestellung bestehender Bestimmungen des Guten als Gehalt in sich aufgenommen hat. Das beseitigt, hatten wir gesagt, die Differenz von Sein und Schein nicht, sondern weist sie als geschichtlich dynamisch aus. Das, was mir gestern als das Beste erschienen ist, kann sich heute – im Lichte veränderter Verhältnisse – als schlecht erweisen. Die Endlichkeit unseres Handlungswissens erläutert damit noch einmal, dass uns das Gute nachmetaphysisch allein als ein Geschichtliches gegeben sein kann. Dass das Urteil, auch das politische Urteil, prinzipiell fallibel ist, entwertet aber nicht das Urteilen überhaupt, im Gegenteil: Seine prinzipielle Fallibilität steht in einem direkten Zusammenhang mit seiner Freiheit. Nur weil wir durch neue Ideen und fremde Impulse zu beeindrucken sind, weil wir von unseren (anerzogenen) Prinzipien durch entsprechende Erfahrungen abrücken können, kann es ein freies Urteil geben.

Wenn also erstens das Urteil des Theaterpublikums über die regellose Kunst nicht in spontanen Regungen von Lust oder Unlust aufgeht, sondern vielmehr als ein paradigmatischer Fall dafür verstanden werden kann, dass vorhandene Urteilskritierien im Lichte neuer Einflüsse, fremder Impulse und anderer Perspektiven zur Disposition gestellt werden können, und wenn zweitens ebendieser Umstand im Sinne einer nachmetaphysischen Ontologie des Guten verteidigt werden muss, so ergeben sich damit auch Konsequenzen für den Begriff des Urteilens selbst. Das ist die eigentliche Revolution der Theatrokratie: Nicht nur haben wir es hier mit einer Situation zu tun, in der sich die von den Autoritäten zur Schweigsamkeit bestimmte Multitude ein Urteil über öffentliche Dinge, über Kunst oder Politik, anmaßt – eine Menge, die, wohlgemerkt, nicht nur aus »freien Männern« besteht, sondern auch »all diejenigen« umfasst, »die weder Funktionsträger noch auch nur Bürger sind«.[57] Grundlegender noch als der Umstand, dass die Kompetenz fürs Urteilen in der Theatrokratie auf alle übergeht, ist indes, dass sich in der theatrokratischen Demokratie der Begriff des Urteilens selbst wandelt. Denn das Urteil gründet jetzt nicht mehr in der problematisch theoretizistischen Vorstellung, das Gute sei etwas, das wir uns, jedenfalls die Besten unter uns, im Modus objektiven Wissens aneignen können und von aller individuellen Erfahrung unabhängig gültig. Vielmehr öffnet sich das Urteil über das Gute jetzt auf die Dimension historisch wandelbarer Erfahrung. Was gut ist, kann sich nie anders als in der Praxis als ein solches erweisen, das heißt: im lebendigen Austausch mit den Impulsen, die wir aus einer veränderlichen Welt empfangen. Für die selbsterklärten Geistesaristokraten im Gefolge Platons bedeutet dies freilich zugleich, dass ihre ebenfalls notwendig endlichen Bestimmungen des Guten nun den furchtlosen Urteilen Anderer ausgesetzt sind, vor denen sie sich jetzt rechtfertigen müssen.

Wenn aus demokratietheoretischer Perspektive mithin der Verlust an »Scheu und Ehrfurcht« vor der fraglosen Autorität traditioneller Bestimmungen des Guten verteidigt werden kann, so geschieht dies im Hinblick auf ein Bild der Volksmasse als einer Multitude von urteilenden Einzelnen. Diesem optimistischen Bild steht nun aber ein ganz anderes entgegen: das des agitierten Mobs, der die Kakophonie der Einzelurteile in grölender Einstimmigkeit untergehen lässt. Dieses negative Massenphänomen, das die platonische Beschreibung der Theatrokratie ebenfalls aufruft, stellt zweifellos auch für überzeugte Demokraten ein Problem dar. Jedoch geht es hierbei um etwas ganz anderes als um die von den Aristokraten gefürchtete Furchtlosigkeit der nunmehr selbst urteilenden Multitude.

57 Diesen Aspekt betont Ludger Schwarte in seiner Lektüre der *Nomoi*, vgl. ders.: *Philosophie der Architektur*, München 2009, S. 152.

Wie das Bild des wankelmütigen Opportunisten, als den Platon den Demokraten karikiert, enthält auch das Bild des lärmenden Mobs, als den er das demokratische Volk zeichnet, eine ernst zu nehmende Herausforderung: die des Konformismus der Massenmitglieder. In der Masse vermag eine Versammlung von einander unbekannten Einzelnen unterschiedlichster Herkunft zu einer Einheit zusammenzuschießen, deren deindividualisierende Effekte eine Homogenität erzeugen, die alles übertrifft, was sich an Angleichungen innerhalb sozialer Gruppen herstellen mag. Weil sie sich nicht auf bestehende Ordnungen stützt, ist das Phänomen der Masse in der Tat eine Begleiterscheinung demokratischer Gesellschaften.[58] Aus der Perspektive der Demokratie ist der kritische Punkt demnach auch nicht schon mit der sozialen Voraussetzungslosigkeit der Masse gegeben. Er besteht vielmehr darin, dass die heterogenen Einzelnen samt ihrer Urteilsfähigkeit in der Masse untergehen. Wie hinsichtlich des Opportunisten haben wir es auch hinsichtlich des Phänomens der Masse mit einem Problem des suspendierten Urteils zu tun.

Denn die Masse urteilt nicht; sie erregt sich. Die Masse isoliert und übersteigert das Moment der mimetischen Entäußerung des Subjekts, indem es dieses Moment an die anderen Mitglieder koppelt, so dass sich die Mitglieder einer Masse wechselseitig mit ihrer Affektivität anstecken. Wie der Soziologe Gabriel Tarde im Blick auf die modernen Massen herausgearbeitet hat,[59] ist es die Kraft der massenhaften affektiven Rückkoppelung, die den Einzelnen derart in den Bann zieht, dass sie seine Individualität schließlich überschwemmt. Die Erregung der Masse verselbständigt sich durch diesen Prozess tendenziell gegenüber ihrem ursprünglichen Anlass. Was stattdessen in den Vordergrund tritt, ist der Genuss

58 Sie ist, formuliert Urs Stäheli, »das typische Phänomen einer poststratifikatorischen Gesellschaft«. Vgl. Urs Stäheli, »Übersteigerte Nachahmung – Tardes Massentheorie«, in: Christian Borch, Urs Stäheli (Hg.), *Soziologie der Nachahmung und des Begehrens. Materialien zu Gabriel Tarde*, Frankfurt/M. 2009, S. 397-416, hier S. 401, 411.

59 Zum Aspekt der affektiven Ansteckung vgl. Gabriel Tarde, »Le public et la foule«, in ders.: *L'opinion et la foule*, Paris 1989, S. 31-71, hier bes. S. 57; zum Aspekt der Selbstorganisation der Masse vgl. Gabriel Tarde, *La philosophie pénale*, Paris 1972, bes. S. 324.

der Masse an ihrer sich selbst verstärkenden Erregbarkeit. Ob sie nun mit dem charismatischen Führer[60] mitschwingt oder sich gegen ein Opfer richtet – in jedem Fall kommt in der Masse das vorderhand Unvereinbare zusammen: »maximale Offenheit durch ihre gesteigerte Affektivität und maximale Geschlossenheit durch ihre Selbstbezüglichkeit«.[61]

An dem gleichmacherischen Effekt der Masse lässt sich deshalb in gewisser Hinsicht auch wie unter Laborbedingungen studieren, welche fundamentale Rolle der Nachahmung bei der Sozialisierung zukommt. »Man ist nicht gleich geboren, man wird gleich«, schreibt Tarde in *Die Gesetze der Nachahmung*.[62] Allerdings eignet sich die Masse aufgrund ihrer Geschlossenheit nicht als Modell für soziale Nachahmung überhaupt, weil der Einzelne in seinem Leben stets vielfältigen Einflüssen ausgesetzt ist; auf ihn wirken – mit Tardes suggestiver Formulierung – unterschiedliche »Nachahmungsstrahlen«.[63] »Das soziale Leben besteht aus einer wirren Kreuzung solcher Strahlungen, bei denen wiederum unzählige Interferenzen vorkommen.«[64] Diese Vielfältigkeit ist nicht nur eine Quelle von Individualität; sie ist auch die Quelle einer gewissen Widerständigkeit der Einzelnen gegenüber den auf sie einströmenden Eindrücken. Eine solche Widerständigkeit geht weder aus einer vorausgesetzten Individualität hervor noch etwa aus einem Metawissen um das in Wahrheit Gute, sondern aus den zuvor jeweils übernommenen Überzeugungen; wenn man so will: aus einer älteren Nachahmung.[65]

Wir ahmen nicht immer voll bewusst nach. Nicht nur sickern Überzeugungen und Gewohnheiten von Anderen zuweilen unbewusst in uns ein. Überdies kann es einen unmerklichen Übergang von der bewussten Nachahmung, vom reflektierten Wollen zur mechanischen Gewohnheit geben.[66] Aber was von unbewusster

60 Zur Rolle der charismatischen Herrschaft in der Demokratie vgl. unten, Kap. VI, Abschn. 7.

61 Stäheli, »Übersteigerte Nachahmung«, S. 403.

62 Gabriel Tarde, *Die Gesetze der Nachahmung*, Frankfurt/M. 2003, S. 93.

63 Vgl. u. a. ebd., S. 78.

64 Gabriel Tarde, *Die sozialen Gesetze. Skizze zu einer Soziologie*, Marburg 2009, S. 51.

65 Vgl. Tarde, *Die Gesetze der Nachahmung*, S. 185; Stäheli, »Übersteigerte Nachahmung«, S. 413.

66 Entsprechend will Tarde seinen Begriff der Nachahmung auch nicht allein für

Geltung für uns ist, wird uns nicht zuletzt dann (wieder) bewusst, wenn es durch einen konkurrierenden Einfluss unter Druck gerät. Es entsteht dann die Szene eines inneren Konflikts, die dem bewussten Urteil über die eigenen Überzeugungen vorangeht. Für Tarde sind denn auch solche Konflikte nicht nur der Motor von Geschichte; sie sind auch die Quelle der Individualität sowie der ästhetischen Seite des sozialen Lebens: Der »wahre soziale Grundgegensatz« ist, so Tarde, im

> Innern selbst eines jeden Individuums zu suchen [...], und zwar jedes Mal dann, wenn es »schwankt«, ob es ein neues Beispiel, das sich ihm bietet, einen neuen Ausdruck, einen neuen Religionsbrauch, eine neue Idee, eine neue Kunstschule, annehmen oder verwerfen soll. Diese Unschlüssigkeit, diese kleine innere Schlacht, die sich im Leben eines Volkes jeden Augenblick in Millionen von Malen reproduziert, ist der unendlich kleine und unendlich fruchtbare Gegensatz der Geschichte [...]. Durch die Tatsache dieser unzähligen psychologischen Gegensätze, aus denen sich das Leben eines jeden sozialen Individuums zusammensetzt, hat man auch die individuelle Originalität desselben sich hervorheben sehen [...]. Ferner hat man gesehen, daß durch das Spiel dieser unendlich kleinen Gegensätze die ästhetische Seite des sozialen Lebens sich erhält [...].[67]

Wenn die schillernde Figur, als die wir den Demokraten mit und gegen Platon gezeichnet haben, durch die Offenheit gegenüber vielfältigen Einflüssen charakterisiert ist, dann ergibt sich nun gerade aus ihrer Perspektive ein Moment des Widerstands gegen die Effekte der Masse. Als Mittel gegen deren gleichmacherische Dynamik empfiehlt sich aus der Sicht des Demokraten nämlich keineswegs die Beschränkung und Kontrolle von Einflüssen – vielmehr geht, wie Platon selbst ahnt, gerade die Monokultur tyrannischer (oder modern: totalitärer) Gesellschaften bestens mit den Effekten der Masse zusammen.[68] Das demokratische Antidot gegen die Konformitätseffekte der Masse ist nicht die Beschränkung und Kontrolle, sondern im Gegenteil gerade die Offenheit gegenüber einer Vielfalt von Einflüssen. Eine solche Offenheit kann das Mas-

bewusste Akte reservieren. »Nichts ist [...] weniger wissenschaftlich als diese absolute Trennung, dieser scharfe Bruch zwischen dem Willentlichen und dem Unwillkürlichen, dem Bewußten und dem Unbewußten.« Tarde, *Die Gesetze der Nachahmung*, S. 9.

67 Tarde, *Die sozialen Gesetze*, S. 41 f.

68 Vgl. dazu den einleitenden Abschnitt zu Kap. VI unten.

senphänomen nicht in Gänze verhindern – in dem Moment, in dem wir Teil einer Masse sind, können und wollen wir vielleicht auch gar nicht ausschließen, dass ihre Bewegung uns erfasst (denkt man etwa an Sportveranstaltungen); aber die Vielfalt der Einflüsse, die unser Leben sonst bestimmen, begrenzt den Effekt der Masse tendenziell auf die Zeit und den Raum ihrer Emergenz.

Schon der platonische Demokrat ist Teil verschiedener sozialer Gruppen. Er unterhält Kontakte mit »Kriegs- und Geldmännern« ebenso wie mit Asketen und Dichtern. Das macht ihn weniger zu einem Mann der Masse denn zu einem der Öffentlichkeiten, wie es modern heißt. Denn anders als im Fall der Masse kann der Einzelne Mitglied verschiedener Sub- oder Spezialöffentlichkeiten sein.[69] Eine solche Mehrfachmitgliedschaft, die Offenheit für Neues und Fremdes sowie nicht zuletzt die mit beidem einhergehende Notwendigkeit, sich immer wieder mit den eigenen Überzeugungen auseinanderzusetzen – dies alles arbeitet der Individualisierung der Einzelnen ebenso zu wie ihrer Widerständigkeit gegen den Konformismus. Der Widerstand der Demokratie gegen den (immer möglichen) Übergang in die Tyrannei liegt demnach gerade in ihrer Buntheit, ihrem kulturellen Pluralismus.

Der Zusammenhang zwischen vielfältigen »Nachahmungsstrahlen« auf der einen und Individualisierung auf der anderen Seite impliziert dabei offenbar ein anderes als platonisches Verständnis von Vorbildern. Während die platonischen Vorbilder ihren Status unabhängig von den Nachahmern behaupten, ist dies in der Demokratie nicht möglich: Vorbilder gewinnen diesen Status nur in Abhängigkeit von demjenigen, der sie – mal mehr, mal weniger bewusst – dazu macht. Sofern wir sie als solche anerkennen, sind unsere Vorbilder, unsere kräftigsten »Nachahmungsstrahlen« also,

69 Über den Unterschied zwischen Öffentlichkeit und Masse schreibt Tarde: »Man kann zur selben Zeit – und tatsächlich ist dies immer der Fall – mehreren Öffentlichkeiten angehören, wie man mehreren Vereinigungen oder Sekten angehören kann; dagegen kann man zu einer Zeit immer nur Teil einer Masse sein. Daraus folgt die viel größere Intoleranz von Massen und entsprechend von denjenigen Nationen, die vom Geist der Masse bestimmt sind. Denn in der Masse ist man vollständig absorbiert, unwiderstehlich in den Bann geschlagen von einer Kraft ohne Gegengewicht. Daher der Vorteil einer sukzessiven Ersetzung der Massen durch Öffentlichkeiten, einer Transformation, die immer mit einem Zuwachs an Toleranz, wenn nicht Skeptizismus einhergeht.« Tarde, »Le public et la foule«, S. 38, Übers. JR.

für uns weniger Repräsentanten eines vollendeten Begriffs unserer selbst, sondern vielmehr Exempel, die uns eine Möglichkeit unserer selbst vor Augen führen.[70] Und diesen Status können sie unter einem konkurrierenden Einfluss wieder verlieren. Indem ich meine Differenz zu ihnen erkenne, erkenne ich zugleich eine Differenz zu mir selbst, die mich unter Umständen zu einer neuen Entscheidung über mich selbst, zu einem neuen Akt der Selbstbestimmung bringt. Ohne die Erfahrung einer solchen Selbstdifferenz gibt es kein freies Urteil, ja, gibt es überhaupt kein Urteil, sondern nur blinde Nachahmung. Dass wir niemals vollständig mit uns (mit unseren Vorbildern) zur Deckung kommen, ist die Bedingung der Möglichkeit unserer Freiheit; und das Spannungsverhältnis, in dem wir dadurch – immer wieder – zur Gesellschaft stehen, der einzige Indikator des unkorrumpierten Lebens (in) der Demokratie. Denn die wiederholte Abwendung von der Gesellschaft ist hier zugleich als eine Hinwendung zu ihr zu verstehen.[71] Nur durch Distanz nämlich gewinnen wir ein bewusstes Verhalten zu ihr; nur solche Distanz macht Kritik möglich; nur durch sie ist es möglich, unseren Konsens von Konformismus zu unterscheiden.

Vor diesem Hintergrund möchte ich, dieses Kapitel abschließend, noch einmal auf die platonische These eines von der Ethik her zu konstruierenden Zusammenhangs zwischen Selbstregierung und Regierung sowie auf die Diagnose einer wesentlichen Unbestimmtheit der Demokratie zurückkommen.

12. Selbstdifferenz und Perfektionierung

Der Fallibilitätsvorbehalt, unter den in einer demokratischen Kultur alle Entscheidungen über das (für uns) Gute gestellt sind, ist nicht nur ein Zeichen für die prinzipielle Fragilität unserer praktischen Selbstverständnisse und -verhältnisse; vielmehr ist diese Fragilität, wie ich zu zeigen versucht habe, auch eine Chance, insofern uns nämlich dadurch die Möglichkeit der Perfektionierung unseres Selbst und unserer sozialen Praxis gegeben ist. Allerdings sollte dem

70 Vgl. zur Unterscheidung von Repräsentanten und Exempeln Stanley Cavell, *Conditions Handsome and Unhandsome. The Constitution of Emersonian Perfectionism*, Chicago, London 1990, bes. S. 10f., 50f.

71 Vgl. ebd., S. 59.

Begriff der Perfektionierung hier kein teleologischer Sinn unterlegt werden. Denn, so wurde zunächst im Blick auf das ethische Problem der Selbstregierung klar, es kann kein einheitliches Subjekt vorausgesetzt werden, dessen Begriff sich nach und nach, in der fortschreitenden Bewegung der Perfektionierung erfüllte, um schließlich in der Fülle der Perfektion anzukommen. Vielmehr ergreift sich das Subjekt hier – immer wieder neu nur – aus den diskontinuierlichen und unkontrollierten Erfahrungen einer Distanz zu sich selbst, aus den Erfahrungen der Selbstdifferenz. Dem kann offenbar keine teleologische Bewegung einer stetig fortschreitenden Anreicherung eines einheitlichen Selbst entsprechen, sondern allein eine Dynamik, in der immer wieder infrage steht und sich zuweilen auch neu formiert, was jeweils als Selbst gelten kann.[72] Obschon also der Begriff der Perfektionierung in unserem Zusammenhang keine Teleologie enthalten kann, soll er doch festhalten, dass die Veränderungen von Selbstverhältnissen und -verständnissen, die sich in dieser Dynamik vollziehen können, nicht einfach als kausal verursachte Sprünge zu verstehen sind, denen wir bloß passiv, als Zuschauer eines Geschehens unserer selbst, ausgeliefert wären. Der Begriff der Perfektionierung bezeichnet vielmehr jene Chance einer Korrektur zum (wiederum natürlich nur *prima facie*) Besseren, die mit der Reflexion auf die »Wahrheitsfrage« gegeben ist. Diese Chance aber ist uns nur in dem Maße gegeben, wie wir für Veränderungen unserer Welt durchlässig sind, uns durch sie affizieren lassen. Die Chance zur Perfektionierung ist uns mit anderen Worten nur aufgrund der prinzipiellen Instabilität unserer praktischen Selbstverhältnisse und -verständnisse gegeben. Die Möglichkeit der Perfektionierung des individuellen Lebens muss gegen die Ideologie einer gemäß vorgegebener sozialer Modelle zu verwirklichenden eigenen Natur als ein Prozess gedacht werden, in dem der Einzelne das Eigene immer nur durch die mimetische Entäußerung an Andere und Anderes, die Einheit seines Selbst – immer wieder neu nur – durch eine Erfahrung der Selbstdifferenz gewinnen kann.

72 Stanley Cavell hat darauf hingewiesen, dass die perfektionistische Idee der Kultivierung des Selbst nachmetaphysisch im Zusammenhang mit dem Umstand verstanden werden muss, dass wir uns selbst nicht transparent sind. Perfektionierung in diesem Sinne steht für den Versuch, sich selbst und Anderen (immer wieder) intelligibel zu werden. Vgl. ebd., S. xxxi.

Dies aber ist zugleich ein Prozess, in dem die soziale Praxis mit infrage steht. Tatsächlich verstünde ich die Veränderungen meiner selbst falsch, verstünde ich sie als rein private Veränderungen. Durch sie verändere ich die Praxis, deren Teil ich bin. Dies kann sich zuweilen nahezu unmerklich vollziehen. In anderen Fällen kann es jedoch zu Kollisionen zwischen mir und der bestehenden Praxis derart kommen, dass diese nur durch ausdrückliche Veränderungen des Bestehenden aus der Welt geschafft werden können. Veränderungen im Selbstverständnis Einzelner können weitreichende soziale Konsequenzen haben.[73] Dass ich mich von nun an anders verstehen will, kann auch heißen, dass ich, um mein neues Selbstverständnis leben zu können, in einen Kampf um Anerkennung eintreten muss. Die Welt muss dann, damit ich sie weiterhin bewohnen kann, eine andere werden. In solchen Kämpfen manifestiert sich zugleich ein Abstand des Gemeinwesens zu sich selbst, eine Selbstdifferenz des Gemeinwesens, die auf eine neue, unter Umständen gerechtere Bestimmung ihrer politischen Ordnung und mit ihr: ihres Begriffs sozialer Mitgliedschaft drängt.

Gerade weil die Demokratie ihrem eigenen Selbstverständnis nach Raum zur Perfektionierung gibt, haben radikale Demokraten in der Unbestimmtheit der Demokratie, anders als Platon, denn auch keine Schwäche, sondern, wenn auch nicht an sich schon eine Stärke, so doch, trotz aller ernst zu nehmenden Verletzbarkeit, eine Chance der Demokratie gesehen. Zwar kann sich die Demokratie weder davor schützen, dass sich politische Entscheidungen über das demokratisch Gute, den Sinn einer gerechten Ordnung, hinterher als falsche, als ungerechte Entscheidungen herausstellen könnten; diese Möglichkeit ist vielmehr eine Bedingung ihres geschichtlichen Lebens. Noch ist sie davor geschützt, dass das Wieder-und-wieder-Urteilen, das für ihr geschichtliches Leben wesentlich ist, ausgesetzt wird (in der Indifferenz des Opportunisten, in der Dynamik der Masse). Aber solche Suspensionen des Urteilens sind, so

73 Weil individuelles und soziales Gutes zwar in einem Spannungsverhältnis zueinander stehen, aber gleichwohl miteinander verschränkt sind, können beide Seiten nicht dadurch miteinander versöhnt werden, dass man ihnen zwei voneinander getrennte Sphären zuweist, wie Richard Rorty vorschlägt, wenn er die Selbsterschaffung dem privaten und die Solidarität dem öffentlichen Raum zurechnet. Vgl. Richard Rorty, *Kontingenz, Ironie und Solidarität*, Frankfurt/M. 1989, bes. S. 13 f., 142.

haben wir gesehen, keine notwendige Konsequenz aus der demokratischen Freiheit. Denn das demokratische Fallibilitätsbewusstsein, die demokratische Ereignisoffenheit richtet sich nicht auf eine Suspension von Bestimmungen überhaupt, sondern auf die Chance zu deren historischer Korrektur. Die demokratische Ontologie des Guten – die Einsicht in den Umstand, dass uns das Gute nie anders denn als ein Geschichtliches gegeben ist – öffnet das Leben (in) der Demokratie nicht nur allgemein für die Möglichkeit von Veränderung, von Geschichte, sondern damit zugleich auch für die Möglichkeit seiner Perfektionierung.[74] Deshalb sind es gerade die überzeugten Demokraten, die den jeweiligen Erscheinungsformen der Demokratie besonders skeptisch gegenüberstehen. Und emphatisch demokratische Momente sind solche, in denen ein Konflikt das jeweils herrschende demokratische Selbstverständnis zu Selbstreflexion und eventuell auch Selbstrevision zwingt. Es sind dies zumeist Momente, in denen eine politische Subjektivität hervortritt, die nicht schon mit den jeweils herrschenden Identitätsangeboten einer Gesellschaftsformation übereinstimmt und die deshalb einen Streit über deren demokratisches Selbstverständnis initiiert. Das politische Herz der Demokratie sollte demnach nicht einfach mit einer bestehenden Ordnung identifiziert werden; vielmehr ist sein Schlagen besonders deutlich dort zu vernehmen, wo die Demokratie ihre jeweiligen Ordnungen an die Möglichkeit einer Veränderung zum Besseren, Gerechteren aussetzt.

Entsprechend ist auch die Perfektionierung der Demokratie als einer Regierungsform nicht etwa nach dem Modell der asymptotischen Annäherung an eine vorab feststehende regulative Idee zu denken, sondern als ein Prozess, in dem sich die Demokratie immer nur in und durch den Streit um ihren Begriff gewinnt. Die Essenz demokratischer Regierung wie Selbstregierung, die Essenz der demokratischen Kultur der Freiheit ist diese Offenheit für das Kommende, für das nächste Selbst (das eigene wie das der Anderen), für eine andere soziale Welt. Dies ist freilich nicht als ein Aufschub, als eine Vertröstung auf das Kommende zu verstehen. Nichts entlastet uns von der Verantwortung für unser gegenwärtiges Leben. Im

74 Für diese Möglichkeit einzutreten impliziert freilich einen generellen Einspruch gegen politische Theorien, die der Dynamik der Perfektionierung zu wenig Raum lassen. Vgl. in diesem Sinne Cavells Kritik an John Rawls in *Conditions Handsome and Unhandsome*, S. 101-126, hier bes. S. 106.

Namen unserer Freiheit müssen wir hier und jetzt bestimmen, was das für uns in individueller wie gesellschaftlicher Hinsicht Beste ist. Unsere Bestimmungen des Guten und Gerechten sind alles, was wir haben, und zwar, wie es im Englischen heißt, *for the time being*. Dennoch sind wir nicht im vollen Sinne frei, würden wir nicht immer wieder auch – durch Erfahrungen mit Anderen und Anderem – in einen Abstand zu jenen endlichen Bestimmungen treten können, um dadurch ein neues Verhältnis zu unseren (vielleicht auch reaffirmierten alten) Prinzipien zu gewinnen.

Unter der Hand sind Ethik und Politik damit allerdings bereits in eine Konstellation getreten, die der platonischen Ordnung der Gründe widerspricht. Platon hatte der Ethik ein Primat vor der Politik eingeräumt: Aus dem Wissen um das, was jedem Einzelnen gemäß ist, soll die Einrichtung einer politischen Ordnung folgen, in der das gute Leben aller vollkommen verwirklicht wäre und die deshalb nicht nur vollständig gerecht genannt werden könnte, sondern eine ebenso vollkommene Einheit bilden würde. Dagegen macht sich nun eine Dialektik der Freiheit geltend, die beide Bereiche, den der Ethik wie den der Politik, durchdringt und in Bewegung versetzt. Weil uns das Gute nur als ein Geschichtliches gegeben ist und unsere praktischen Orientierungen mithin nie stabil feststehen können, müssen wir das, was wir (sein) wollen, im lebendigen Austausch mit der Welt immer wieder neu bestimmen. Weil (aus demselben Grund) der Sinn sozialer Mitgliedschaft und mit ihm der einer gerechten Ordnung nie einfach als gegeben vorausgesetzt werden kann, muss er politisch gesetzt – und als solcher fortwährend anerkannt – werden,[75] womit er ebenfalls der Möglichkeit der Veränderung untersteht. Ethik und Politik geraten auf diese Weise aber nicht nur je für sich in Bewegung, sondern auch in ein potentielles Spannungsverhältnis zueinander, in dem keine Seite der anderen vor- oder untergeordnet werden kann: Weil sich weder die gerechte Ordnung aus einem bestimmten Begriff des guten Lebens Einzelner ableiten lässt noch umgekehrt das gute Leben der Einzelnen aus einem bestimmten Begriff der gerechten Ordnung, kann es, gerade weil beide Sphären gleichwohl in die jeweils andere hineinragen, zu Spannungen oder gar Konflikten kommen, die vermittelt werden müssen. Dieses Spannungsverhältnis ist, wie

75 Zum demokratischen Verhältnis von Souveränität und Anerkennung vgl. ausführlich Kap. V, Abschn. 8.

wir im Folgenden noch genauer sehen werden (bes. in Kap. V), für die demokratische Kultur der Freiheit konstitutiv.[76]

An Platons Demokratiekritik nun ist weniger erstaunlich, wie viel sich, wenn auch auf negativem Wege, aus ihr für den Begriff der Demokratie gewinnen lässt. Erstaunlicher ist, wie einflussreich gerade Platons ästhetisierungskritische Motive für den freiheits- und demokratietheoretischen Diskurs der Moderne geblieben sind. Während der Zusammenhang zwischen einer ästhetisierten Gestalt von Freiheit und dem Problem der Willkür verwandelt in den Diskussionen um die romantische Ironie zurückkommt, kehrt die Kritik der Theatrokratie mit umgekehrten Vorzeichen in Rousseaus Demokratietheorie wieder. In meiner Auseinandersetzung mit den verschiedenen Varianten der modernen Ästhetisierungskritik folge ich, wie in der Einleitung angekündigt, zunächst aus heuristischen Gründen der platonischen Systematik gegen die historische Chronologie darin, die Diskussion der Frage, was es heißt, ein Leben in Freiheit zu führen (zweiter Teil), vor die Diskussion um die demokratietheoretischen Implikationen zu stellen, die sich aus den konkurrierenden Antworten auf diese Frage ergeben (dritter Teil). An der engen Verschränkung von ethischen und politischen Motiven in beiden Teilen wird indes erneut evident werden, dass die platonische Unterordnung der Politik unter die Ethik aus der Perspektive einer demokratischen Kultur der Freiheit unhaltbar ist.

Wiewohl die moderne Ästhetisierungskritik ohne Kenntnis der in ihr wiederkehrenden antiken Motive nicht hinreichend verstanden werden kann, sollen antike und moderne Ästhetisierungskritik nicht ihrer offensichtlichen historischen Differenzen benommen werden. Im Fall der Kritik der Romantik, der ich mich in den nächsten Kapiteln zuwenden möchte, beginnen sie schon damit, dass die ästhetisierte Lebensweise nicht mehr, wie bei Platon, aus einer aristokratischen Perspektive, sondern selbst als ein Elitenphä-

76 Damit sollte auch deutlich sein, dass die Transformation im Verständnis von Ethik und Politik, die unter dem Titel der Ästhetisierung ansteht, nicht etwa auf eine Ersetzung der ethischen Fundierung der politischen Theorie durch eine ästhetische hinausläuft. (Das ist das Projekt von Franklin Rudolf Ankersmits Buch *Aesthetic Politics. Political Philosophy Beyond Fact and Value*, Stanford 1996.) Vielmehr geht es um ein anderes Verständnis von sowohl Ethik als auch von Politik, das nicht zuletzt auch deren Verhältnis betrifft.

nomen kritisiert wird. Historisch und systematisch entscheidend ist darüber hinaus freilich der Umstand, dass die moderne Kritik an der ästhetisierten Gestalt von Freiheit im Kern eine Kritik am neuzeitlichen Subjektivismus ist. Das begründet die überraschend zentrale Stellung, die der Kritik der romantischen Ironie im ethisch-politischen Diskurs der Moderne zukommt. Diese Kritik ist bei Hegel wie bei Kierkegaard und Carl Schmitt von eminenter systematischer Bedeutung: Bei Hegel macht sie den Übergang von der Moralität in die Sittlichkeit notwendig; bei Kierkegaard begründet die Kritik an der ästhetisch-ironischen Existenz die Notwendigkeit eines zunächst ethischen, schließlich religiösen Gegenentwurfs; und bei Schmitt fundiert die Kritik an der politischen Romantik seine Kritik am Liberalismus. Trotz der offenkundigen und in den nächsten Kapiteln natürlich noch genauer herauszuarbeitenden Unterschiede zwischen den Autoren ist die Kritik der Romantik in allen drei Fällen zweierlei zugleich: Sie ist Kulturkritik und Kritik einer falschen Subjektphilosophie. Alle drei Autoren reagieren einerseits auf einen ästhetischen Zeitgeist: den Zeitgeist der modernen, der eigentlich demokratischen Epoche.[77] Andererseits sind diese Reaktionen verbunden mit der Diagnose, dass sich dieser Zeitgeist insbesondere hinsichtlich seines Freiheitsverständnisses neben sozialen Umbrüchen auch dem Einfluss einer falschen Subjektphilosophie verdankt. Nicht zuletzt darin, noch einmal, ist die Kritik der Romantik dezidiert modern. Sie versucht zu zeigen, dass die für diesen Zeitgeist besonders signifikante Bewegung der Romantik den (neuzeitlichen) Dualismus von Subjekt und Objekt bloß fortschreibt, den überwinden zu wollen sie sich auf die Fahnen geschrieben hatte. Die romantische Ironiekonzeption gilt mithin geradezu als Inbegriff eines höchst problematischen, weil subjektivistischen Freiheitsverständnisses. Die Verbindung zwischen Romantik und Subjektmetaphysik hat nach Hegel, Kierkegaard und Schmitt deshalb nicht nur eine epistemologische, sondern auch eine unmittelbar praktische und politische Bedeutung. In dieser

77 Es ist bekannt, dass die Idee der Demokratie nach dem antiken Experiment in der politischen Praxis wie in der Theorie für lange Zeit in Vergessenheit geraten war. Wo sie überhaupt diskutiert wurde, galt sie keineswegs als ideale Regierungsform. Erst im 18. Jahrhundert begann man, sich positiv auf die Demokratie zu beziehen, und erst im 19. Jahrhundert gewann die Demokratie auf breiterer Ebene an Akzeptanz. In diesem Klima formiert sich die romantische Bewegung.

Hinsicht reduziert sich die Kritik an der romantischen Ironie allerdings nicht auf die Kritik an der problematischen Subjektphilosophie, die ihr unterliegen soll. Sie ist überdies bei allen drei Autoren verflochten mit einem Vorbehalt gegen das Freiheitsverständnis des demokratischen Zeitalters, auf das sie auf je unterschiedliche Weise antworten: Hegel mit seiner Konzeption der Sittlichkeit; Kierkegaard mit der Hinwendung zum christlichen Glauben; Schmitt mit einer antiliberalen Theorie politischer Souveränität.

Es ist die verbindende These der kommenden drei Kapitel, dass dieses Freiheitsverständnis (mitsamt seiner ästhetisierten, ironiefreundlichen Kultur) gegen den Verdacht des Subjektivismus verteidigt werden kann und muss. Und zwar so, dass die romantische Ironie nicht als subjektivistisches Selbstmissverständnis therapeutisch behoben, sondern als ebenso notwendiges wie produktives Strukturmoment im Begriff der modernen (demokratischen) Sittlichkeit aufgehoben werden kann (vgl. Kap. II); dass die bei Kierkegaard im romantischen Ironiker sich verkörpernde ästhetische Existenz nicht in einen abstrakten Gegensatz zur Ethik gerät, sondern selbst in ihren ethischen Dimensionen sichtbar wird (vgl. Kap. III); und dass das romantisch geprägte Selbstverständnis der liberalen Demokratien als eines verständlich wird, das selbst eine Perspektive auf das Problem der Souveränität eröffnet, und zwar derart, dass sich Schmitts aggressiver Antiliberalismus zurückweisen lässt (vgl. Kap. IV).

Zweiter Teil:
Das ethisch-politische Recht der Ironie

II. Die Moralität der Ironie: Hegel

Die Kritik der romantischen Ironie nimmt in Hegels Rechtsphilosophie[1] eine ungeheuer wichtige Stelle ein. Denn anhand der Auseinandersetzung mit ihr soll evident werden, dass der Übergang von der Moralität in die Sittlichkeit vollzogen werden muss. Die Frage ist nun aber, wie man die Rolle der Ironie für diesen Übergang und also diesen Übergang selbst genau verstehen soll. Eine Möglichkeit wäre, dass die Ironie bei Hegel deshalb an der Schwelle von der Moralität zur Sittlichkeit steht, weil das mit ihr assoziierte Freiheitsverständnis für die moderne Sittlichkeit konstitutiv ist. Ich halte das für eine überzeugende Lesart, sogar für die überzeugendste, wenn es darum geht, die Hegelsche Rechtsphilosophie im Rahmen einer Theorie der modernen (und näher: demokratischen) Sittlichkeit produktiv zu machen. Sicher kann man für eine solche Lesart auch bei Hegel Unterstützung finden.[2] Mein Fokus wird dagegen auf den dezidiert ironiekritischen Strängen von Hegels Argumentation liegen. Denn was es heißt, dass die Ironie als Konstitutionselement der modernen Sittlichkeit verstanden werden sollte, kann besonders scharf an den Kosten hervortreten, die dann entstehen, wenn man Hegel so versteht, wie man ihn an vielen Stellen seines Werks verstehen kann und muss: als einen Kritiker der Ironie, der die Ironie nicht als Konstitutionselement in die Sittlichkeit aufnehmen, sondern als ein Selbstmissverständnis menschlicher Freiheit therapieren will.[3] Im Folgenden will ich zeigen, dass durch die Kritik der Ironie Spannungen entstehen zwischen einer-

1 Georg Wilhelm Friedrich Hegel, *Grundlinien der Philosophie des Rechts*, in: ders., *Werke in zwanzig Bänden*, Bd. VII, Frankfurt/M. 1970, S. 285 f. Im Folgenden im Text zitiert als Rph.

2 Für eine solche Hegel gegen Hegel (namentlich den Hegel der Antigone-Interpretation aus der *Phänomenologie* gegen den Hegel der *Grundlinien*) wendende Lesart des Hegelschen Ironieverständnisses vgl. Christoph Menke, *Tragödie im Sittlichen. Gerechtigkeit und Freiheit nach Hegel*, Frankfurt/M. 1996, bes. Kap. 4.

3 Für eine Lesart, die diesen therapeutischen Anspruch der Hegelschen Rechtsphilosophie herausarbeitet, vgl. Andrew Norris, »Wollen und Entscheiden. Hegel über Ironie, das Böse und die souveräne Ausnahme«, in: Juliane Rebentisch, Dirk Setton (Hg.), *Willkür. Freiheit und Gesetz II*, Berlin 2011, S. 101-138.

seits Hegels erklärtem Projekt, eine Theorie moderner Sittlichkeit zu entwerfen, in der subjektive Freiheit und Differenz respektiert wären, und andererseits konservativen Argumenten, die einem solchen Projekt entgegenstehen. Letztere resultieren vor allem aus den Verzerrungen, die sich auf der Ebene der Moralität durch Hegels Kritik der Ironie ergeben. Mit und gegen Hegel möchte ich zeigen, dass man dem Projekt einer Theorie der modernen Sittlichkeit nur durch eine Korrektur an den ironiekritischen Strängen seiner Argumentation die Treue halten kann.

Dafür will ich mich jedoch nicht gleich Hegels berühmter Kritik an der von aller Sittlichkeit entfremdeten Willkürfreiheit der romantischen Ironiker zuwenden. Denn die romantische Ironie ist für Hegel nur der Höhepunkt eines für die Moralität insgesamt charakteristischen Auseinandertretens von subjektiver Freiheit und sittlicher Allgemeinheit. Insofern die romantische Ironie nach Hegel also lediglich eine früher einsetzende Entwicklung fortsetzt und zuspitzt, muss auch deren Verteidigung früher einsetzen. Es ist zu fragen, ob Hegels Behauptung eines die Moralität insgesamt kennzeichnenden Prozesses der zunehmend radikalen Entgegensetzung von subjektiver Freiheit und sittlicher Allgemeinheit in all ihren Schritten überzeugend ist.

1. Der Beginn der Moralität in der sokratischen Ironie

Ironie steht bei Hegel, und dies ist in unserem Zusammenhang natürlich interessant, nicht nur am Ende, sondern auch am Anfang der Moralität; allerdings handelt es sich hier nicht um ein und dieselbe Figur der Ironie. Denn am Beginn der Moralität steht die sokratische, am Ende die romantische Ironie. Dass die Moralität mit der sokratischen Ironie beginnt, ist auch deshalb bemerkenswert, weil Sokrates klarerweise noch kein Bündnis mit der neuzeitlichen Subjektphilosophie eingegangen sein kann, die im Zentrum von Hegels Romantikkritik stehen wird, aber nach Hegel gleichwohl bereits eine wesentliche, eine konstituierende Rolle für das »Zeitalter der subjektiven Reflexion« spielt. »Das Prinzip der modernen Zeit«, so lautet tatsächlich Hegels aparte Periodisierung, »beginnt [...] mit der Auflösung Griechenlands im Peloponnesischen Kriege.«[4] Wofür der Peloponnesische Krieg hinsichtlich des Politischen steht, dafür steht Sokrates hinsichtlich des »denkenden Bewußtseins« (vgl. GPh I 448). Denn mit Sokrates endet das, was Hegel die »unbefangene Sittlichkeit« Athens nennt: »Die Athenienser vor Sokrates waren sittliche, nicht moralische Menschen; sie haben das Vernünftige ihrer Verhältnisse getan, ohne Reflexion, ohne zu wissen, daß sie vortreffliche Menschen waren.« (GPh I 445) Moralität ist im Gegensatz dazu die »mit Reflexion verbundene Sittlichkeit« (vgl. ebd.).

Mit Sokrates wird das Bewusstsein explizit, dass alles, was ist, durch das Denken vermittelt ist. Entsprechend muss auch das Gute durch das Subjekt eingesehen werden, um sich als ein solches zu realisieren. Die Abhängigkeit des Guten von der Einsicht des Subjekts ist bei Sokrates laut Hegel jedoch solcherart, dass es als Gehalt subjektiven Denkens nicht selbst zu einem bloß Subjektiven, willkürlich Gesetzten wird. Ebendies soll Sokrates von den Sophisten unterscheiden. Was dieser durch das Denken zu produzieren und zu setzen strebe, sei ein über alle Neigung und Partikularität erhabenes Objektives (vgl. GPh I 444). Die Freiheit des Selbstbewusstseins, nach der das, was für mich Gültigkeit haben soll, von mir eingesehen werden muss, ist also nach Hegels Deutung bei Sokrates genauer zu verstehen als die individuell zu vollziehende Einsicht in die absolute Gültigkeit eines die Besonderheit des Einzelnen übersteigenden Objektiven. Das Gute muss zwar subjektiv eingesehen werden, um sich als ein solches zu realisieren, aber was es dem Gehalt nach ist, soll gewissermaßen außerhalb der Reichweite subjektiver Reflexion liegen, nämlich objektiv gegeben sein. Damit macht Hegel, wie es zunächst scheint, aus Sokrates eine im Kern platonische Figur.[5] Wie Platon scheint auch Sokrates in Hegels Lesart für eine objektivistische Vorstellung des Guten sowie,

4 Georg Wilhelm Friedrich Hegel, *Vorlesungen über die Geschichte der Philosophie I*, in: ders., *Werke in zwanzig Bänden*, Bd. XVIII, Frankfurt/M. 1971, S. 404. Im Folgenden im Text zitiert als GPh I.

5 Tatsächlich rückt Hegel die beiden in diesem Punkt ganz explizit zusammen: »Einerseits ist [das, was ist] bei Sokrates und Platon subjektiv, durch die Tätigkeit des Denkens gesetzt, – dies ist das Moment der Freiheit, daß das Subjekt bei dem Seinigen ist, dies ist die geistige Natur; aber andererseits ist es ebenso an und für sich Objektives, nicht äußerliche Objektivität, sondern geistige Allgemeinheit. Dies ist das Wahre, die Einheit des Subjektiven und Objektiven in neuerer Terminologie.« (Vgl. GPh I 444)

damit verbunden, für eine theoretizistische Vorstellung von dessen subjektiver Anerkennung als Einsicht einzustehen.

Allerdings belässt es Hegel nicht bei diesem platonischen Bild der sokratischen Praxis. Denn anders als die Philosophie Platons,[6] und dieser Unterschied ist für Hegel von immenser Bedeutung und Konsequenz, hat sich die des Sokrates nicht zum System ausgebildet, sondern ist »individuelles Tun« geblieben (vgl. GPh I 455). Dass die sokratische Praxis von Hegel als eine noch unvollkommene Vorstufe auf dem Weg zum Vollbild des philosophischen Systems verstanden wird, erklärt seine höchst ambivalente Einschätzung der sokratischen Philosophie im Allgemeinen und der sokratischen Ironie im Besonderen. So lobt Hegel zwar zunächst, dass die Ironie bei Sokrates, anders als bei den Romantikern, »eine beschränkte Bedeutung« habe (GPh I 461), nämlich die eines pädagogischen Instruments. Sokrates, und darin besteht für Hegel das »Wahrhafte« (GPh I 459) seiner Ironie, habe »sich unwissend gestellt« (GPh I 457), um das jeweilige Gegenüber in ein Gespräch zu verwickeln, in dessen Verlauf die von diesem ausgeplauderten Vorurteile über die jeweiligen Gesprächsgegenstände zersetzt werden und das Denken für deren Wahrheit frei wird. Jedoch wäre es falsch, daraus zu folgern, dass Hegel mit dieser Deutung der sokratischen Ironie als einer Verstellung zu pädagogischen Zwecken übersieht, dass es Sokrates mit seinem berühmten Satz »Ich weiß, dass ich nichts weiß« auch ernst gewesen sein könnte. Im Gegenteil, er ist sich dieser Möglichkeit nur allzu bewusst.

Die meisten sokratischen Dialoge zielten lediglich darauf, eine Verwirrung über den Begriff des jeweiligen Gesprächsgegenstands anzurichten, die zwar zum weiteren, zum ernsthaften Nachdenken motiviere, aber eben nicht selbst schon auf ein Resultat führe, wie dies ein ordentliches philosophisches System beanspruche. Wiewohl die sokratische Methode wesentlich darauf ausgerichtet sei, »zum *wahren* Guten, zur allgemeinen Idee zu führen« (GPh I 461), habe sie nie selbst den positiven Gehalt der jeweiligen Gesprächsgegenstände angeben, sondern nur negativ – auf dem Weg der iro-

6 Platon, so Hegel, habe den sokratischen Standpunkt zur »Wissenschaftlichkeit« ausgebildet; erst mit ihm beginne die »philosophische Wissenschaft als Wissenschaft«. Vgl. Georg Wilhelm Friedrich Hegel, *Vorlesungen über die Geschichte der Philosophie II*, in: ders., *Werke in zwanzig Bänden*, Bd. XIX, Frankfurt/M. 1971, S. 11. Im Folgenden im Text zitiert als GPh II.

nisch angestoßenen Selbstdestruktion von Vorurteilen – auf deren Spur führen können. »Diese bloß negative Seite«, so Hegel, ist bei Sokrates »die Hauptsache« (GPh I 466). Immerhin soll die sokratische Negativität in ihrer produktiven Dimension mit der Dialektik übereinkommen, wie Hegel in Klammern anmerkt: »(Alle Dialektik läßt das gelten, was gelten soll, als ob es gelte, läßt die innere Zerstörung selbst sich daran entwickeln, – allgemeine Ironie der Welt.)« (GPh I 460) Gemessen an Hegels Vorstellung von dem, was Philosophie zu leisten hat, ist die bloß negative Kraft der ironischen Praxis aber natürlich nicht hinreichend. Darin, dass Sokrates es nicht vermocht habe, dem Guten eine konkrete, eine positive Bestimmung zu geben, liegt für Hegel vielmehr der »Mangel des Sokratischen Prinzips« (GPh I 468).

Aus der Diagnose dieses Mangels ergibt sich für Hegel die zutiefst ambivalente Stellung, die er Sokrates im Blick auf die Sittlichkeit Athens zuschreibt. Zum einen sieht er Sokrates »an der Spitze« (GPh I 468) einer Entwicklung, die den »griechischen Geist« zu seiner »Blüte« treibt (GPh I 469). In dem Maße, wie die Einführung des subjektiven Bewusstseins zu einer freien und bewussten Anerkennung der bestehenden athenischen Sittlichkeit führt, vermag diese »höchste Lebendigkeit« zu erlangen (ebd.). Auf dieser Höhe jedoch kündigt sich bereits ein Verfall an, als dessen Avantgarde ebenfalls Sokrates ausgemacht wird. Weil nämlich die sokratische Reflexion nicht zu einer positiven Bestimmung des Guten gelange, sondern lediglich diejenigen Gesetze und Gebote in Zweifel ziehe, die bisher galten, arbeite sie zugleich an einer Trennung, ja Entgegensetzung von gegebener Sittlichkeit und reflexiver Freiheit.

2. Die Spaltungsarbeit des Sokrates

Die Arbeit an der Spaltung von sittlicher Allgemeinheit und reflexiver Freiheit unternimmt Sokrates nach Hegel dadurch, dass er gegen die vorkritische Annahme einer Allgemeingültigkeit bislang geltender Gebote und Gesetze je besondere Fälle geltend macht, auf die diese nicht zutreffen. Gegen das Gebot »Du sollst nicht lügen« wird beispielsweise eingewandt, dass Lügen nicht in jedem Fall zu verurteilen sei – etwa, wenn man dadurch einen unschuldig Verfolgten schützt. Was absolut zu gelten schien, scheint durch eine solche Überlegung plötzlich nur noch eine relative Geltung beanspruchen zu können. Dies ist für Hegel der Beginn der Moralität. Die Aufmerksamkeit auf eine im Einzelfall mögliche Kollision von allgemeingültig formulierten Pflichten sowie die Akzeptanz der sich daraus ergebenden Aufgabe, diese gegeneinander abzuwägen, sei der Kern der moralischen Einstellung. In »diesem beständigen Widerspruche treibt sie sich herum«, schreibt Hegel (vgl. GPh I 487). Es wird noch darauf zurückzukommen sein, ob die Beschreibung moralischer Konflikte als Kollision von allgemeingültigen Pflichten überhaupt zutreffend ist (vgl. unten, Abschn. 7).

Nach Hegels Deutung jedenfalls muss eine solche Reflexion der Sophisterei Tür und Tor öffnen. Wenn durch besondere Fälle die Allgemeingültigkeit eines Grundsatzes beschränkt werden kann, dann müsse mit der Allgemeinheit nicht nur die Autorität des Grundsatzes schwinden, erscheint dieser doch nun selbst als ein nur besonderer, der einmal gilt, einmal nicht (vgl. GPh I 481). Überdies komme es nun auf die Umstände an – und die kann man sich bekanntermaßen zurechtlegen: Mit einigem rhetorischen Geschick kann jeder Sachverhalt zum eigenen Vorteil dargestellt und gedeutet und somit jede Regel außer Kraft gesetzt werden. Die sokratische Philosophie hat dieser Gefahr nach Hegels Einschätzung nichts entgegenzusetzen. Weil sie nichts anderes vermittele als eine negative Freiheit gegenüber dem bislang Geltenden, könne an dessen Stelle eben auch das zufällige Privatinteresse (vgl. GPh I 486 f.), und das heißt: die bloße (bloß subjektive) Willkür treten. Aufgrund ihrer Enthaltsamkeit gegenüber einer positiven Bestimmung des Guten sei die sokratische Philosophie nicht imstande, eine »Zweideutigkeit« zu beseitigen, um die sich seit Protagoras in der Philosophie »alles drehen« soll (vgl. GPh I 430). Protagoras' berühmtes Diktum, dass der Mensch das Maß aller Dinge sei, könne nämlich auf zweierlei Weise verstanden werden: einmal meine es den Menschen in seiner »vernünftigen Natur«, seiner »allgemeinen Substantialität«, ein andermal hingegen den »zufälligen Menschen« in seiner »besonderen Partikularität« (vgl. ebd.). Die Entscheidung darüber, wie der Satz auszulegen ist, die Entscheidung zwischen Vernunft und Willkür also, kann auf der Basis der sokratischen Philosophie, wie Hegel kritisiert, selbst nur willkürlich getroffen werden: Es entscheidet die »Zufälligkeit des Charakters« (GPh I 490).

Die abgründige Nähe, in welche die an Wahrheit ausgerichtete sokratische Philosophie aufgrund ihrer Negativität zu den am Privatinteresse orientierten Sophisten gerät, zeigt sich nach Hegel nun nicht nur an der historisch dubiosen Entwicklung der Sokrates-Lieblinge Alkibiades und Kritias – ein »Genie des Leichtsinns« der eine, »der wirksamste der dreißig Tyrannen« der andere (GPh I 515) –, sondern auch an den aggressiven Reaktionen, die der historische Sokrates selbst auf sich gezogen hat. Und dies nicht zu Unrecht, glaubt man Hegel. So spricht er dem äußerst unvorteilhaften Bild von Sokrates als eines Sophisten, das Aristophanes in den *Wolken* zeichnet, eine tiefe Wahrheit zu.[7] Aristophanes nämlich habe die Gefahr erkannt, die in der Einsicht der »Nichtigkeit« dessen liege, was »dem unbefangenen Bewußtsein als Wahrheit galt« (GPh I 484). Entsprechend hat Hegel nicht nur ein gewisses Verständnis für den Sturm des sogenannten gesunden Menschenverstands gegen die sokratische »Denkerei«,[8] mit dem Aristophanes sein Stück enden lässt, sondern auch für die Anklage, die das athenische Volk gegen Sokrates erhob. So habe dieser seine jungen Schüler ja wirklich, wie von Aristophanes ganz richtig dargestellt, der alten Sittlichkeit entfremdet, weil er in ihnen mit dem Zweifel an der allgemeinen Gültigkeit der Gebote und Gesetze auch die

7 Vgl. Aristophanes, *Die Wolken*, in: ders., *Komödien*, München 1990. *Die Wolken* erzählt die Fabel von Strepsiades (was so viel heißt wie »Rechtsverdreher«), einem einfältigen attischen Bauern, der sich der Schulden, die ihm die Verschwendungssucht seines Sohnes eingebracht hat, mithilfe einer sophistischen Argumentation zu entledigen hofft, welche die Gläubiger davon überzeugen soll, dass das Gesetz, dass man seine Schulden bezahlen soll, in seinem Fall nicht greift. Um sich also in der »Kunst« unterweisen zu lassen, die »Unrecht macht zum Recht« (S. 138), geht er bei Sokrates in die Lehre. Nachdem er selbst sich jedoch als untauglich für die Sophisterei erweist, schickt er seinen Sohn, damit dieser bei Sokrates lerne, wie der Fall gegen die Gläubiger zu gewinnen sei. Der stellt sich denn auch als durchaus talentierter Schüler heraus – allerdings in einer Weise, die sich alsbald gegen den Vater kehrt. Statt sich nämlich als Anwalt in gemeinsamer Sache zu betätigen, sieht der Sohn nun überhaupt herab »auf den Quark der alten Sitte« (S. 166), so dass auch das Gebot des Respekts vor dem Vater für ihn keine Gültigkeit mehr hat. Dem Vater zu widersprechen ist ebenso rechtens wie ihn zu verprügeln, führt der Sohn, nachdem er beides getan hat, in einem von Sokrates entlehnten Stil aus. Daraufhin verflucht der Vater die sokratische Dialektik, wünscht sich inständig die alte Sitte zurück, gegen die er sich selbst hatte wenden wollen, und brennt Sokrates' Haus nieder.

8 Ebd., S. 169.

potentielle Unzufriedenheit mit demjenigen Leben genährt habe, das die Eltern für sie vorgesehen hatten. Damit aber, so Hegel, habe er die »Muttermilch der Sittlichkeit« vergiftet (GPh I 505). Wer nämlich dies »erste unmittelbare sittliche Verhältnis« verletze, verletze die Sittlichkeit in ihrer »wesentlichsten Form« (ebd.). Ebenso sei Sokrates zu Recht der Häresie angeklagt worden. Zwar zeige sich gerade im Kontext dieses Anklagepunkts, dass Sokrates nicht nur historisch, sondern auch dem Selbstverständnis nach auf der Schwelle zwischen der alten, »unbefangenen« Sitte Athens und dem von ihm begründeten Prinzip subjektiver Freiheit gestanden habe. So nehme der sokratische »Dämon« – eine von Sokrates als fremd wahrgenommene, aber gleichwohl innere Stimme – eine Stelle zwischen dem Orakel der alten Welt und dem neuen Prinzip des Gewissens ein. Als nichtsdestotrotz individuelle Instanz stehe dieser »Dämon« der alten Götterwelt Athens aber dennoch strukturell feindlich gegenüber und künde bereits von jener tiefgreifenden Umwälzung, an deren Ende das »eigene Selbstbewußtsein des Menschen« vollends an die Stelle des Orakels getreten sein wird (GPh I 503).

So wie Hegel der »unbefangenen Sitte« Athens trotz ihrer Vorreflexivität also ein partielles Recht zugesteht, so verwirft er auch das von Sokrates verkörperte Prinzip subjektiver Freiheit trotz seiner Kritik an dessen Negativität keineswegs ganz, sondern billigt ihm ebenfalls ein partielles, aber eben nur ein partielles Recht zu. Konsequenterweise ist Sokrates' Schicksal für Hegel nicht etwa deshalb tragisch, weil er für seine Freiheit starb[9] – das wäre ja auch tatsächlich nicht tragisch, sondern heroisch zu nennen. Tragisch ist Sokrates' Schicksal für Hegel vielmehr deshalb, weil er dessen Tod als die unausweichliche Konsequenz aus dem Konflikt zweier gleichermaßen berechtigter Prinzipien deutet: »Im wahrhaft Tragischen«, so Hegel, »müssen berechtigte sittliche Mächte von beiden Seiten es sein, die in Kollision kommen; so ist das Schicksal des Sokrates. Sein Schicksal ist nicht bloß sein persönliches, individu-

9 Die Verurteilung von Sokrates war keineswegs eine Verurteilung zum Tode; vielmehr war er lediglich dazu aufgefordert worden, seine eigene Strafe festzulegen. Weil dies aber einem Schuldeingeständnis für etwas gleichgekommen wäre, das für ihn kein Unrecht war, hat er sich dieser Möglichkeit verschlossen; und erst dieses neuerliche Aufbegehren der subjektiven Freiheit gegen das Recht der »unbefangenen Sitte« besiegelte seinen Tod (vgl. GPh I 509).

ell romantisches Schicksal, sondern es ist die Tragödie Athens, die Tragödie Griechenlands, die darin aufgeführt wird, in ihm zur Vorstellung kommt.« (GPh I 447) In diesem Konflikt verlieren beide Seiten – wenn auch auf asymmetrische Weise. Sokrates stirbt zwar, aber die physische Vernichtung der Person hat das von ihr vertretene Prinzip nicht zerstören können; im Gegenteil hat es sich schließlich als das »höhere Prinzip« durchgesetzt (GPh I 516): Athen selbst, so Hegel, ist am Ende daran zugrunde gegangen, dass es das Prinzip subjektiver Freiheit nicht ins Allgemeine der Sittlichkeit zu integrieren vermochte. Der Tod des Sokrates wie der Untergang Athens sind für Hegel Effekte *eines* tragischen Vorgangs der Kollision zweier berechtigter, aber in ihrer Isolation voneinander gleichwohl defizienter Prinzipien, die (noch) nicht in einem Dritten aufgehoben sind. Konsequenterweise soll sich die moderne Sittlichkeit nach Hegel von der alten genau dadurch unterscheiden, dass sie die subjektive Freiheit in sich aufgenommen hat: »Bei unserer Verfassung«, schreibt er, »ist das Allgemeine der Staaten ein strengeres Allgemeines, das die Einzelnen allerdings freier um sich herumspielen läßt; sie können diesem Allgemeinen nicht so gefährlich werden« (GPh I 507). Es bleibt noch zu diskutieren, ob die subjektive Freiheit mit Hegel so in der modernen Sittlichkeit aufgehoben werden kann, dass sie dem Allgemeinen nicht mehr so gefährlich wird und dennoch Entfaltungsspielraum hat. Was aus der subjektiven Freiheit in Hegels Konzeption der modernen Sittlichkeit wird, hängt nämlich nicht zuletzt davon ab, wie er die Auseinandersetzung mit den folgenden, schließlich in der romantischen Ironie gipfelnden Stufen der Moralität führt.

Denn die Entgegensetzung von subjektiver Freiheit und sittlicher Allgemeinheit ist nach Hegel keineswegs allein für die Tragödie Griechenlands verantwortlich; sie ist auch für diejenigen Gestalten der Moralität kennzeichnend, die das Selbstverständnis der Moderne dominieren. Dass sich das Prinzip der subjektiven Freiheit historisch durchgesetzt hat, ist für Hegel denn auch kein Anlass, die zuvor diagnostizierten Probleme zu vergessen, im Gegenteil: Die Probleme der Moralität, die sich aus dem Geburtsfehler einer falschen Entgegensetzung von subjektiver Freiheit und sittlicher Allgemeinheit ergeben, sollen sich immer weiter zuspitzen. Die entsprechenden Schwierigkeiten kündigen sich für Hegel jedoch, wie wir gesehen haben, bereits in den fließenden Übergängen an, die er zwischen Sokrates und den Sophisten ausmacht. Denn nach seiner Deutung stellt die sokratische Philosophie die absolute Gültigkeit sittlicher Gesetze und Gebote dadurch infrage, dass sie im Hinblick auf die je besonderen Umstände des Einzelfalls die Allgemeingültigkeit der jeweils kollidierenden Gesetze und Gebote relativiert und gegeneinander abwägt. Bereits aus dieser Beschreibung der sokratischen Reflexion ergibt sich, dass sich Gewissen und Pflicht, Individuum und Sitte unter ungleichen Voraussetzungen gegenübertreten: Weil die sokratische Philosophie gemäß dieser Beschreibung nichts als eine reflexive Freiheit gegenüber allgemeingültigen Gesetzen und Geboten vermittelt, folgert Hegel, dass sie (1) diesen Gesetzen und Geboten strukturell indifferent gegenüberstehen muss, weshalb sie (2) keine Kontrolle über die Frage haben kann, in welchem Interesse – Wahrheit oder privater Vorteil – die reflexive Freiheit im Einzelfall tatsächlich operiert. Mit dem moralischen Bewusstsein ihrer Interpretierbarkeit sind die Gesetze und Gebote daher (3) an die Willkür der Interpretierenden ausgeliefert, womit (4) zugleich die Pflicht dem Gewissen und die Sitte dem Individuum nachgeordnet wird. Von dieser Argumentation ist es zu Hegels Kritik an der Willkürherrschaft der romantischen Ironie tatsächlich nicht mehr weit. Die Differenz zwischen den Romantikern und Sokrates ist eine bloß graduelle: Die Romantiker radikalisieren lediglich diejenigen Probleme – die der Moralität –, die bereits mit Sokrates beginnen.

3. Ironie und Wahrheitspraxis

Nun fällt – noch bevor man die Frage stellen kann, ob die sokratische Reflexion, die Reflexion der Moral, in ihrer Spezifik von Hegel richtig erfasst worden ist (ich werde darauf in Abschn. 7 zurückkommen) – bereits allgemein auf, dass in Hegels Sokrates-Deutung der Bezug auf den intersubjektiven Raum des Gebens und Nehmens von Gründen fehlt, in den das Spannungsfeld von Wahrheit und Täuschung, Wissen und Meinung, öffentlichen und privaten Interessen normalerweise eingelassen ist. So kommt der Bezug der sokratischen Philosophie auf die Dialogform bei Hegel bezeichnenderweise nur im Blick auf die sittliche Verunsicherung der Gesprächspartner und nicht zugleich als das Medium einer intersubjektiven Wahrheitspraxis vor.[10] Betrachtet man die sokratische Praxis aber in dieser Perspektive, so ergeben sich bereits erste Einwände gegen deren Deutung durch Hegel. Versteht man sie nämlich im Sinne einer solchen Wahrheitspraxis, so ist klar, dass sie den Bezug auf die Wahrheit (des Guten) keineswegs eliminiert. Allerdings kann dieser Bezug dann nicht nach der Art eines noch unvollständigen platonischen sein, wie Hegel suggeriert. Die Praxis des Gebens und Nehmens von Gründen zielt nicht auf eine von ihr unabhängig gegebene Wahrheit (des Guten) wie die platonische; vielmehr stellt sie heraus, dass es die Wahrheit (des Guten) nur in und durch sie selbst, die Praxis des Gebens und Nehmens von Gründen, geben kann. In dieser Praxis vermögen die Bestimmungen des – jeweils – Guten durchaus an Allgemeinheit zu gewinnen; sie sind dann keineswegs mehr bloß subjektive, willkürliche Bestimmungen. Dennoch handelt es sich immer um endliche Bestimmungen. Die Wahrheit (des Guten), so kann man einige Grundeinsichten nachmetaphysischer Sprachphilosophie zusammenfassen, muss im Raum des Gebens und Nehmens von Gründen deshalb immer wieder neu entdeckt werden, weil (1) die Möglichkeit des Irrtums, der Täuschung und der Selbsttäuschung strukturell zur Seinsweise endlicher Wesen gehört, die mit ihrer jeweils begrenzten Perspektive auf sich und die Welt in eine zur Zukunft hin offene Geschichte verwickelt sind, weil (2) die Pluralität sozialer Perspektiven der Idee einer letzten Perspektive widerstreitet, aus der die ganze, die eigentliche, die wirklich wahre Wahrheit offen zutage liegen würde, und weil (3) die Intersubjektivität der Sprache, die der Ort jeder möglichen Wahrheit ist, zugleich der Ort des Geredes, der undurchdacht übernommenen Meinung ist, weshalb dieser Dimension die Wahrheit immer wieder neu abgewonnen werden muss, und zwar durch Fragen sowie durch die von solchen Fragen provozierten Begründungen von dem, was jeweils als wahr gelten kann.[11] Gerade weil sie sich, anders als die platonische, eines Begriffs des wahrhaft

10 In Hegels *Geschichte der Philosophie* taucht dieser Bezug bezeichnenderweise erst im Zusammenhang mit Platon wieder auf, und zwar näherhin zur Kennzeichnung eines Mangels in der »wissenschaftlichen systematischen Darstellung«, der zugleich ein »Mangel in der Ansehung der konkreten Bestimmung der Idee selbst« sei (GPh II 27).

11 Für diese Zusammenfassung vgl. Albrecht Wellmer, *Sprachphilosophie. Eine Vorlesung*, Frankfurt/M. 2004, S. 247-250.

Guten enthält, erscheint die sokratische Praxis in dieser Perspektive geradezu als das Paradigma einer solchen Wahrheitspraxis: Sie eröffnet der Wahrheit (über das Gute) einen intersubjektiven und damit zugleich wesentlich geschichtlichen Raum.

Hegel hingegen vermag in der sokratischen Praxis offenbar nur die falsche Isolation des subjektiven Bewusstseins vom sittlichen Allgemeinen zu sehen. Ihm gilt die sokratische Negativität hinsichtlich einer positiven Bestimmung des Guten lediglich als ein Entwicklungsmoment in der Geschichte des Geistes, das ins Positive aufgehoben werden muss. Die Kosten für diese Verkennung sind hoch. Sie richten sich nämlich nicht zuletzt gegen einige Grundintuitionen der Hegelschen Philosophie selbst, die doch wie keine andere gerade für ein Denken von Intersubjektivität und Geschichtlichkeit steht. Diese Verkennung bereitet jedoch nicht nur jenen Strängen der Hegelschen Philosophie den Weg, in denen der Denker der Intersubjektivität sich genötigt sieht, dieselbe aus der Sittlichkeit zu verdrängen, sondern auch jenen, in denen der Denker der Geschichte meint, sich, wie Adorno formuliert, »inmitten der Geschichte auf die Seite ihres Unwandelbaren« schlagen zu müssen.[12] In dem Maße, wie Hegel die Dimension der Intersubjektivität statt mit der Dynamik einer Wahrheitspraxis mit einer unter dem Titel der Sittlichkeit zusammengefassten Hegemonie von Normen assoziiert, kann er die Lebendigkeit einer bestehenden Sittlichkeit nur in dem Maße feiern, wie jeglicher Streit um ihre Substanz getilgt, wie also die Dynamik eines intersubjektiven Streits um die Wahrheit in der affirmativen Reproduktion des Bestehenden stillgestellt ist.[13] Die Rolle der subjektiven Freiheit reduzierte sich dann lediglich auf das Potential zur Einsicht, dass Allgemeines und Besonderes in der Sittlichkeit in gewisser Hinsicht immer schon vermittelt *sind*. Ich werde auf die

12 Vgl. Theodor W. Adorno, *Negative Dialektik*, in: ders., *Gesammelte Schriften*, Bd. VI, Frankfurt/M. 1973, S. 350.

13 »Das entscheidende Merkmal der ›Sittlichkeit‹«, erläutert Charles Taylor entsprechend in seinem Hegel-Buch, »besteht darin, daß sie uns vorschreibt, hervorzubringen, was bereits besteht. Das klingt paradox, aber tatsächlich ist das gemeinschaftliche Leben, das die Grundlage meiner ›sittlichen‹ Pflicht bildet, bereits vorhanden. Weil es ein immerwährender Zustand ist, habe ich diese Pflichten, und indem ich sie erfülle, erhalte ich es. In der ›Sittlichkeit‹ gibt es folglich keine Kluft zwischen dem, was sein sollte, und dem, was ist, zwischen ›Sollen‹ und ›Sein‹.« Charles Taylor, *Hegel*, Frankfurt/M. 1978, S. 492.

entsprechenden Motive bei Hegel noch gesondert zurückkommen (Abschn. 12).

Die problematischen Stränge der Hegelschen Philosophie zeichnen sich jedoch bereits im Kontext von Hegels Sokrates-Interpretation ab. Zwar ist sich Hegel selbst des Widerspruchs bewusst, dass eine bestehende Sittlichkeit etwas durchaus Konkretes ist, das dennoch Allgemeingültigkeit beansprucht. Die Lösung dieses Widerspruchs sucht er jedoch in einer zu Sokrates entgegengesetzten Strategie, nämlich in der Marginalisierung des Einzelfalls: »An sich«, schreibt er, »ist eine Inkonsequenz darin, Beschränktes als ein Absolutes gelten zu lassen, aber sie wird von dem sittlichen Menschen bewußtlos verbessert, und diese Verbesserung liegt in dem Sittlichen des Subjekts, in dem Ganzen des Zusammenlebens. Es kann zwar Extreme von Kollisionen geben, die unglücklich sind; sie sind aber ungewöhnlich seltene Fälle.« (GPh I 477) Und weiter: »Die Gesetze, die Sitten, die Regierung, das Regieren, das wirkliche Staatsleben hat in sich sein Korrektiv gegen das Inkonsequente, was darin liegt, solch bestimmten Inhalt als absolut geltend anzusprechen.« (GPh I 489) Es gilt Hegel zufolge, die »Beschränkung des Allgemeinen« in einer konkreten Sittlichkeit so zu erkennen, »daß sie fest ist, nicht zufällig wird«, und das heißt: als den »Geist eines Volkes« (GPh I 488).[14]

Solche Argumente stehen Hegels Projekt der Ausarbeitung einer Theorie der modernen Sittlichkeit, in welcher der subjektiven Freiheit Raum gegeben wäre, freilich insofern entgegen, als die subjektive Freiheit hier lediglich in dem Maße in der Sittlichkeit zugelassen zu sein scheint, wie diese sich mit dem Bestehenden identifiziert. Um solchen Argumenten etwas entgegenzusetzen, muss die Diagnose bestritten werden, die sie maßgeblich motiviert. Es gilt,

14 Die Marginalisierung des Einzelfalls ist damit auch jene Operation, durch die die Einebnung des Unterschieds zwischen objektivem und absolutem Geist vorbereitet wird, als deren Konsequenz, wie Michael Theunissen ausgeführt hat, schließlich »jegliche Intersubjektivität« von der »Basis sittlicher Wirklichkeit entfernt« wird: die Selbständigkeit der Einzelnen erscheint dann nur noch als Akzidenz eines Selbstbewusstseins, das der Substanz selbst zugeschrieben wird. Vgl. Michael Theunissen, »Die verdrängte Intersubjektivität in Hegels Philosophie des Rechts«, in: Dieter Henrich, Rolf-Peter Horstmann (Hg.), *Hegels Philosophie des Rechts. Die Theorie der Rechtsformen und ihre Logik*, Stuttgart 1982, Abschnitt 1 »Die Verdrängung der Intersubjektivität aus der Sittlichkeit: Familie, Geist und Selbstbewußtsein der Substanz«, S. 322-329, hier bes. S. 328.

mit anderen Worten, die sokratische Reflexion auf den Einzelfall explizit von dem Verdacht einer falschen Relativierung von Gesetzen und Geboten zu befreien. Nur so kann gezeigt werden, dass die moralische Reflexion nicht notwendigerweise mit der abstrakten Entgegensetzung von subjektiver Freiheit und sittlicher Allgemeinheit einhergeht, die Hegel ihr – mit problematischen Konsequenzen für sein eigenes Projekt – diagnostiziert.

Allerdings darf dabei nicht ignoriert werden, dass Hegels Vorwurf einer mangelnden Vermittlung von subjektiver Freiheit und sittlicher Allgemeinheit die bekannteste moderne Gestalt der Moralität – Kants Moralprinzip – durchaus zu treffen vermag. Aufgrund seiner Verkennung der sokratischen Moralität ist Hegel selbst jedoch der Weg versperrt, auf der Basis seiner Kritik an Kant eine alternative Formulierung der mit dem Moralprinzip verbundenen Grundintuitionen vorzuschlagen. Stattdessen hat die Moralität im ganzen für ihn nur den Sinn einer in ansteigender Ausdrücklichkeit sich manifestierenden subjektivistischen Einseitigkeit. Im Folgenden werde ich daher mit und gegen Hegel zeigen, dass sich eine zu Kant alternative Deutung des Moralprinzips verteidigen lässt. Ich werde dies *mit* Hegel tun, insofern diese Deutung auf der Basis der Hegelschen Kritik an Kant operiert. Ich werde dies *gegen* Hegel tun, insofern diese Deutung sowohl Hegels Kritik der sokratischen als auch seiner Kritik der romantischen Ironie widerspricht. Beide Ironien – sowohl die sokratische als auch die romantische – beleuchten Aspekte der Moralität, die auf eine Konzeption von Sittlichkeit führen, in welcher der subjektiven Freiheit tatsächlich Raum gegeben wäre.

Ich werde in drei Schritten vorgehen: Zunächst soll an Hegels Kant-Kritik erinnert werden (Abschn. 4), um vor ihrem Hintergrund auf ein zu Hegel alternatives Verständnis sokratischer Moralität zurückzukommen (Abschn. 5). Von dort aus wird dann ein anderes Licht auch auf Hegels Kritik der romantischen Ironie zu werfen sein (Abschn. 6-11).

4. Hegels Kritik an Kant

Die leitende These von Hegels Rechtsphilosophie lautet, dass etwas Recht ist oder jemand Recht hat, sofern das, was er oder sie beansprucht, Ausdruck von Freiheit ist. Auf der Stufe der Moralität ist dies nach Hegel so verstanden, dass etwas berechtigt ist, wenn es vom Subjekt selbst eingesehen, wenn es dieses als »das Seinige« anerkennen kann (Rph § 107). In der Anerkennung von etwas als berechtigt soll also zugleich die reflexive Selbstaneignung des Anerkennenden zum Ausdruck kommen. Nach Hegels Diagnose führt dieses Verständnis von Freiheit jedoch, wie wir an seiner Auseinandersetzung mit Sokrates gesehen haben, notwendig zu einer abstrakten Entgegensetzung von subjektiver Freiheit und sittlicher Allgemeinheit. Bei Kant nun scheinen die Dinge vorderhand insofern anders zu liegen, als dieser die Figur reflexiver Selbstaneignung an die Idee der Einsetzung und Befolgung allgemeiner Gesetze bindet. Hegel zufolge ist damit aber nichts gelöst, im Gegenteil: Das Kantische Moralprinzip, so lautet Hegels Kritik, führt keineswegs aus dem Problem der Entgegensetzung von subjektiver Freiheit auf der einen und sittlicher Allgemeinheit auf der anderen Seite heraus, sondern noch weiter in es hinein.

Hegels bereits in den *Jenaer Schriften* formulierte und in der Folge mehrfach, so auch in den *Grundlinien* wiederaufgenommene Kritik am Kantischen Autonomie- beziehungsweise Moralprinzip konzentriert sich auf den »leeren Formalismus« dieses Prinzips (Rph § 135). Und tatsächlich: In der formalen Bestimmung, der zufolge der Wille dann autonom genannt werden kann, wenn er nach einer Maxime handelt, von der er zugleich wollen kann, dass sie zu einem allgemeinen Gesetz werde, bleibt der Inhalt notwendig unbestimmt. Dann allerdings, so folgert nun Hegel, kann es prinzipiell gar nichts mehr geben, »was nicht [...] zu einem sittlichen Gesetz gemacht werden könnte«.[15] Vielmehr habe jeder beliebige Inhalt, »jede Bestimmtheit«, das Potential, »in die Begriffsform aufgenommen« und somit logisch oder semantisch als Allgemeines gesetzt zu werden. Welche der vielen möglichen Bestimmtheiten aber in einem normativen Sinn Allgemeinheit soll beanspruchen können, kann, so Hegel, auf der Basis eines solchen Formalismus nicht angegeben werden. Vielmehr setze Kant dort, wo er davon ausgeht, dass »der gemeinste Verstand« diese Frage »ohne Unterweisung« beantworten könne,[16]

15 Georg Wilhelm Friedrich Hegel, *Jenaer Schriften 1801-1807*, in: ders., *Werke in zwanzig Bänden*, Bd. II, Frankfurt/M. 1970, S. 461. Im Folgenden im Text zitiert als JS.

16 Immanuel Kant, *Kritik der praktischen Vernunft*, in: ders., *Werkausgabe*, Bd. VII, Frankfurt/M. 1974, A 49 (§ 4, Anm.).

eine entsprechende Entscheidung schon voraus. Dass etwa das Stehlen, sofern man es zum allgemeinen Gesetz macht, unvereinbar mit der Forderung nach Eigentum ist, setzt voraus, dass bereits klar (gesetzt) ist, dass es Eigentum geben soll. Damit reduziere sich das »erhabene Vermögen der Autonomie der Gesetzgebung der reinen praktischen Vernunft« in Wahrheit auf die »Produktion von Tautologien« (JS 460); etwa der Art, dass, wenn Eigentum ist, auch Eigentum sei (vgl. JS 463). Aus einer hegelianischen Perspektive ergibt sich deshalb im Blick auf die Frage, wie das moralische Gesetz für uns bindend werden kann, ein Paradox, das Terry Pinkard folgendermaßen zusammengefasst hat: Das Paradox entsteht aus Kants Forderung, dass wir einen Grund dafür haben müssen, uns selbst ein Prinzip (das moralische Gesetz) aufzuerlegen. Wenn es aber einen vorgängigen Grund gibt, sich dieses oder jenes Prinzip zu eigen zu machen, dann kann dieser Grund selbst nicht ein solcher sein, den wir uns selbst auferlegt haben. Um jedoch (nach Kants Formulierung) bindend zu sein, müssten wir ebendas von ihm sagen können; es müsste sich um einen Grund handeln, den wir uns selbst auferlegt haben. Eine andere, kürzere Formel für dieses Problem lautet, dass hier ein Handelnder vorausgesetzt ist, der sich Gesetze gibt, und zwar auf der Basis von Gesetzen, die der Gesetzgebung vorausliegen müssen, aber zugleich aus ihr folgen sollen.[17]

Die praktische Gefahr, die sich aus der Paradoxie der Kantischen Gesetzgebung ergibt, sieht Hegel indes nicht nur darin, dass sie sich im Blick auf eine bestehende Sittlichkeit dort als tautologisch erweisen muss, wo die Antwort auf die Frage, welcher Gehalt zum allgemeinen Gesetz werden soll, auf der Hand zu liegen scheint. Ein noch größeres Problem sieht er in der »Unsittlichkeit« der Kantischen Gesetzgebung (JS 463). Denn der Bedingtheit irgendeines beliebigen Gehalts könne durch die »Taschenspielerei« (JS 464) dieser Gesetzgebung die Absolutheit der logischen Form »untergeschoben« (ebd.) werden. Der unsittliche Effekt der so zwangsläufig geschaffenen Vielfalt von unterschiedlichen, aber gleichwohl Anspruch auf Allgemeinheit erhebenden Bestimmtheiten ist Hegel zufolge, dass damit »das, was sittlich notwendig ist [...], zu einem Zufälligen« gemacht wird: »Zufälliges aber in der Sittlichkeit [...] ist unsittlich.« (JS 467)

17 Vgl. Terry Pinkard, *German Philosophy 1760-1860: The Legacy of Idealism*, Cambridge 2002, S. 59.

Nun könnte man Kant an dieser Stelle, wie dies von Kantianern natürlich gemacht worden ist, konzedieren, dass die Inhalte seines Moralprinzips nicht von einer gesetzgebenden Vernunft erzeugt, sondern von einer gesetzprüfenden Vernunft empirisch aufgenommen werden sollen.[18] Aber diese Deutung, die Kant zunächst insofern ein ganzes Stück an Hegel heranzurücken scheint, als das Moralprinzip hier in einem sekundären Verhältnis zu einer ihm vorausgesetzten Praxis gedacht ist, steht vor dem Problem, wo sie den Maßstab hernehmen will, mit dem die entsprechende Prüfung vorgenommen werden soll. Der hegelianische Einwand müsste sich auf dieser Ebene wiederholen: Das Moralprinzip kann nie in einem normativ luftleeren Raum operieren; die Kriterien zur Überprüfung der Praxis müssen letztlich aus dieser selbst kommen. Auch ein weiterer Versuch der Kant-Verteidigung kann den Stachel der hegelianischen Kritik nicht entfernen. Denn zwar operiert, wie nun eingewendet werden könnte, das Kantische Moralprinzip nicht auf der Basis eines inhaltlich bestimmten inneren Maßstabs, sondern allein auf der Basis der formalen Frage nach der Verallgemeinerbarkeit von Inhalten – und diese Frage bezieht sich keineswegs bloß auf die »grammatische Form von normativen Allsätzen«, sondern auf die Allgemeinheit des Willens, auf die Frage also, »ob wir *alle* wollen können, daß eine strittige Norm unter den jeweils gegebenen Umständen allgemeine Verbindlichkeit (Gesetzeskraft) erlangt«.[19]

Gerade dann aber greift, wie ich meine, noch einmal der erste Einwand Hegels gegen Kant: der Tautologievorwurf. In ihm liegt meines Erachtens die eigentliche Pointe seiner Kant-Kritik. Sie besteht in der Einsicht, dass die sittlichen Hintergründe notwendig in

18 Vgl. Jürgen Habermas, »Treffen Hegels Einwände gegen Kant auch auf die Diskursethik zu?«, in: ders., *Erläuterungen zur Diskursethik*, Frankfurt/M. 1991, S. 9-30, hier S. 21. Konzediert man dies aber, so argumentiert Ingeborg Maus, kann Kants Moralprinzip auch nicht tautologisch sein. Es beruht »auf der Ausdifferenzierung zweier aufeinander anzuwendender Prozesse«. Das moralische Prüfungsverfahren des Kategorischen Imperativs basierte nach dieser Deutung auf sittlichen Handlungs- und Erfahrungszusammenhängen, aus denen es reflexiv heraustritt. Vgl. Ingeborg Maus, *Zur Aufklärung der Demokratietheorie. Rechts- und demokratietheoretische Überlegungen im Anschluß an Kant*, Frankfurt/M. 1992, S. 264.

19 Vgl. Habermas, »Treffen Hegels Einwände gegen Kant auch auf die Diskursethik zu?«, S. 21.

den kategorischen Imperativ mit hineinspielen: dass die Allgemeinheit des Willens de facto nicht vollständig allgemein ist, dass sie gebunden bleibt an das Konkrete – und darin Partikulare – einer gegebenen Sittlichkeit.[20] Ebendeshalb kann, was Kant den Kategorischen Imperativ nennt, nur funktionieren auf der Basis einer absolut ungestörten, einer, mit Hegel, »unbedarften« Sittlichkeit fragloser Übereinstimmung – und das heißt: Es kann tatsächlich nur funktionieren als Tautologie.

Wenn Hegel nicht nur Recht damit hat, dass die Vermittlung von Allgemeinem und Besonderem die zentrale Frage der Moral ist, sondern zugleich damit Recht hat, dass diese Vermittlung von Kant nicht befriedigend geleistet wurde, dann stellt sich die Frage, ob und, wenn ja, wie das Moralprinzip auf der Basis dieses Einwands reformuliert werden kann. Für eine solche Reformulierung kantischer Intuitionen wird man sich hingegen kaum auf Kant selbst stützen können. Sie kann meines Erachtens nur gelingen, wenn der bei Kant fraglos vorausgesetzten Gemeinsamkeit von Welt- und Selbstverständnissen in der moralischen Reflexion selbst Rechnung getragen wird. Das führt uns zurück zu Sokrates.

5. Eine sokratische Reformulierung des Moralprinzips

Die sokratische Reflexion, so hatte es Hegel dargestellt, fragt nach der Gültigkeit allgemeiner Prinzipien im Blick auf je konkrete Situationen, in denen verschiedene Forderungen – unter der Voraussetzung ihrer allgemeinen Formulierung – miteinander in Konflikt geraten. Es scheint dann jeweils darum zu gehen, diese Forderungen gegeneinander abzuwägen und gegebenenfalls in ihrem Allgemeinheitsanspruch zu relativieren. Gegenüber Kant zeigt sich das moralische Begründungsproblem bereits nach dieser Formulierung der sokratischen Reflexion offenkundig an einer anderen Stelle. Es scheint hier nicht mehr um die Frage zu gehen, wie moralische Normen begründet werden können, sondern wie man, deren Geltung in einer Praxis bereits vorausgesetzt, die Ausnahme von ihnen

20 Dies wäre dann auch die Ebene, auf der die Frage, ob Hegels Einwände gegen Kant auch auf die Diskursethik zutreffen, diskutiert werden müsste. Dies kann und soll hier nicht geleistet werden. Ich habe Habermas hier lediglich mit denjenigen Argumenten zitiert, die er zur direkten Verteidigung Kants vorbringt.

begründen kann. Genauer betrachtet aber erweist sich, wie wir gleich sehen werden, eine solche Beschreibung nicht nur als schief, sondern auch als zu wenig radikal. Denn hier geht es nicht bloß darum, mit Sokrates der allgemeinen Norm das Recht der Ausnahme entgegenzuhalten. Die systematische Pointe des sokratischen Einsatzes bei den Ausnahmesituationen liegt tiefer: An ihm tritt die Situationsabhängigkeit moralischer Urteile überhaupt hervor, so dass auch die Dimension der Allgemeinheit, die das moralische Urteil antizipiert, in einem sokratischen Verständnis nicht mehr primär auf der Ebene der moralischen Normen, sondern vielmehr auf der Ebene dessen anzusiedeln ist, was Albrecht Wellmer in einer für unseren Zusammenhang sehr instruktiven Auseinandersetzung mit Kant den »kommunikativen Unterbau«[21] der Kantischen Ethik genannt hat – jene Ebene nämlich, auf der es um die Welt- und Selbstverständnisse geht, die unseren Situationsdeutungen zugrunde liegen.

Ein erster, entscheidender Schritt auf dem Weg zu einer entsprechenden, einer, wie ich sagen würde: sokratischen Reformulierung des Moralprinzips ist dann gemacht, wenn man sich vor Augen führt, dass auch allgemein formulierte moralische Normen immer schon mit einem Situationsindex versehen sind. Dies zeigt sich im Blick auf ihre Genese. Moralische Normen bilden sich, wie Wellmer betont, auf dem Weg der Negation von nicht verallgemeinerbaren Maximen. Wenn ich beispielsweise feststelle, dass ich eine Maxime – zu lügen, wenn es mir einen Vorteil bringt – nicht als allgemeines Gesetz wollen kann, so folgt daraus, dass es moralisch schlecht wäre, wenn ich dennoch so handelte. Wollte man das Ergebnis als moralische Norm formulieren – etwa als »Man soll nicht lügen« –, so hätte man (gegen Kants Ungenauigkeit in diesem Punkt) die Genese ihrer allgemeinen Form mitzubedenken. Weil sie sich der Negation bestimmter Handlungsgründe – Lügen zu Privatzwecken – verdankt, wäre sie missverstanden, wenn man sie als ein Verbot der infrage stehenden Handlung – Lügen überhaupt – verstünde. Ebendeshalb können Ausnahmen von der allgemeinen Formulierung der moralischen Norm selbst moralisch gerechtfertigt sein – etwa im Fall einer Lüge zum Schutz eines unschuldig Verfolgten –, ohne dadurch die Geltung des Kategorischen Imperativs – »Man

21 Albrecht Wellmer, *Ethik und Dialog. Elemente des moralischen Urteils bei Kant und in der Diskursethik*, Frankfurt/M. 1986, S. 48.

soll nicht (zu Privatzwecken) lügen« – aufzuheben.[22] Dadurch erweist sich die Rede von der Ausnahme als letztlich irreführend.

Als ebenso irreführend, so kann nun deutlich werden, erweist sich dann aber Hegels Darstellung der sokratischen Reflexion, der zufolge diese durch ihr Faible für den Ausnahmefall die Gültigkeit allgemein formulierter Prinzipien überhaupt relativiert. Berücksichtigt man nämlich die in der allgemeinen Formulierung einer moralischen Norm verborgene Negation bestimmter Handlungsgründe, so wird gegen Hegels verkürzte Darstellung der moralischen Reflexion deutlich, dass sie es gar nicht mit einer Kollision zweier gleichberechtigt gegeneinander antretender Normen – »Man soll nicht lügen« vs. »Man soll unschuldig Verfolgte schützen« – zu tun hat. Vielmehr zeigt sich bei näherer Betrachtung – eben in der sokratischen Reflexion –, dass in der konkreten Handlungssituation keine Ausnahme von dieser Regel gemacht werden muss, weil wir es hier gar nicht mit einem ihrer Anwendungsfälle zu tun haben; die Lüge wird hier nicht zu Privatzwecken, sondern aus einem moralisch gebotenen Grund eingesetzt.[23] Moralische Normen beziehen sich, so lässt sich der an dieser Stelle entscheidende systematische Punkt zusammenfassen, in ihrer Genese und in ihrer Geltung auf Handlungsweisen in bestimmten Situationen.

Was im moralischen Urteil infrage steht, ist allerdings auch nach diesem Verständnis immer noch die Verallgemeinerbarkeit oder Nichtverallgemeinerbarkeit von Handlungsweisen; das gilt für die moralisch komplexen Fälle ebenso wie für die, wie Wellmer sagt, »moralisch elementaren«.[24] Um allerdings die Handlungsweise in einer moralisch komplexen Situation als verallgemeinerbar zu rechtfertigen, ist der Rekurs auf die konkrete Situation oder einen bestimmten Typus von Situationen notwendig: in *dieser* Situation oder in einer Situation *wie dieser* ist es geboten, so und so zu handeln. Hinsichtlich der Verallgemeinerbarkeit von Handlungsweisen ergibt sich bei moralisch komplexen Situationen dann aber, wie Wellmer zu bedenken gibt, »das Dilemma, daß der *Anwendungsbereich* einer solchen Maxime um so *kleiner* wird, je *genauer* ich den betreffenden Situationstypus charakterisiere, und daß er um so *un-*

22 Vgl. ebd., S. 26f.
23 Vgl. ebd., S. 29f.
24 Ebd., S. 130.

bestimmter wird, je *allgemeiner* diese Charakterisierung ausfällt«.[25] Dieses Dilemma, dass sich die Handlungsweise in komplexen Situationen nicht in der gleichen Weise als Regel angeben lässt wie in elementaren, zeigt nach Wellmer jedoch nur, dass »die *Urteilskraft* bei der Anwendung moralischer Normen eine viel fundamentalere Rolle [spielt], als Kant dies zugestehen mochte«.[26] Moralische Argumentationen drehen sich überall dort, wo es ein moralisches Problem gibt, das heißt dort, wo überhaupt ein moralischer Diskurs entsteht, um Fragen der Angemessenheit und relativen Vollständigkeit von Situationsbeschreibungen.[27] Sind diese Fragen geklärt, erübrigt sich gemeinhin auch das Problem – es ist dann klar, was geboten ist. Tatsächlich sind in moralischen Konflikten in aller Regel nicht die grundlegenden moralischen Normen selbst kontrovers, sondern die Charakterisierungen von Situationen oder Situationstypen, auf die sie Anwendung finden sollen. Dafür sind die sokratischen Dialoge beispielhaft. Sokrates fragt seine Gegenüber, ob er die Situation richtig und vollständig beschrieben hat; diese ergänzen oder – was meistens der Fall ist – stimmen zu. Wenn also in moralischen Konflikten nicht eigentlich die moralischen Normen selbst infrage stehen, sondern die Wahrnehmung und Beschreibung der Situationen, auf die diese angewandt werden sollen, dann sind, so Wellmer weiter, Begründungs- und Anwendungsdiskurs im Falle moralischer Urteile nicht sauber voneinander zu trennen – stärker noch: das für die Moral spezifische Begründungsproblem ist primär ein Anwendungsproblem.[28] Es bezieht sich immer implizit oder explizit auch auf die Deutung der Situationen, in denen die moralische Qualität einer Handlungsweise zur Debatte steht.[29] Ob meine Maxime ein allgemeines Gesetz werden kann, lässt sich gar nicht getrennt davon behandeln, ob meine Darstellung der entsprechenden Handlungssituation vollständig, angemessen und wahrhaftig ist (und nicht etwa sophistisch verdreht). Die Frage der

25 Ebd, S. 28.

26 Ebd.

27 Vgl. ebd., S. 131.

28 Vgl. ebd., S. 134, S. 136. Ebendarin unterscheidet sich Wellmers hier »sokratisch« genannte Reformulierung des Moralprinzips von derjenigen Habermas', der auf das Problem der Normengerechtigkeit fokussiert. Für die Auseinandersetzung mit Habermas in diesem Punkt vgl. bes. ebd. S. 122, 134-138.

29 Vgl. ebd., S, 132.

Allgemeinheit des moralischen Urteils ist in der moralischen Reflexion selber notwendig zurückverwiesen auf jene Ebene, die bei Kant unproblematisch vorausgesetzt ist: die Ebene intersubjektiv geteilter Welt- und Selbstverständnisse.

Der moralische Standpunkt zieht nach diesem Verständnis offensichtlich nicht pauschal, gleichsam von oberhalb der Praxis, die Gültigkeit aller Gesetze und Gebote in Zweifel – die Folge davon wäre in der Tat ein an Verrücktheit grenzender Reflexionsformalismus, und die »Schwelle zur sozialen Pathologie [wäre] überschritten«.[30] Zum Gegenstand des moralischen Diskurses werden die sittlichen Gesetze und Gebote überhaupt nur in sehr konkreten Situationen moralischen Konflikts. Die entsprechenden Konflikte sollten jedoch nicht im Sinne einer Kollision zweier allgemein formulierter Normen missverstanden werden, die sich nur durch die Relativierung einer der fraglichen Normen beenden ließe. Dies ist vielmehr, wie wir gesehen haben, eine irreführende Beschreibung. Moralische Konflikte können im Blick auf jeweilige Handlungssituationen entweder dann eintreten, wenn konkurrierende Ansichten über die Angemessenheit und Vollständigkeit der jeweiligen Situationsdeutung vorliegen. Oder dann, wenn Differenzen auf der Ebene der den jeweiligen Situationsdeutungen unterliegenden Welt- und Selbstverständnisse auf diese durchschlagen. Der kommunikative Unterbau, die Gemeinsamkeit von Welt- und Selbstverständnissen, ist in solchen Fällen nicht nur Voraussetzung, sondern auch Gegenstand und Ziel moralischer Diskurse. Dieser zweite Konflikttypus spielt zwar latent bereits im Streit zwischen Sokrates und den Sophisten eine Rolle – mit den individualistischen Ironikern der Romantik jedoch wird er manifest.

Die romantische Ironie, so meine These, beleuchtet das Bild, das sich durch die sokratische Reformulierung des Moralprinzips ergibt, hinsichtlich derjenigen moralischen Konflikte, die sich durch Differenzen auf der Ebene der Welt- und Selbstverständnisse ergeben. Ebendeshalb steht die romantische Ironie bei Hegel zu Recht an der Schwelle zu einer Theorie der modernen Sittlichkeit: Die moderne Sittlichkeit ist von der romantischen Ironie geprägt, oder sie ist überhaupt nicht (modern). Und dies sollte mit und gegen Hegel so verstanden werden, dass die romantische Ironie und die

30 Vgl. Axel Honneth, *Leiden an Unbestimmtheit*, Stuttgart 2001, S. 68.

mit ihr verbundene Moralität nicht durch die Sittlichkeit als defizitär überwunden, sondern tatsächlich in ihr aufgehoben werden. Gerade im Blick auf den Individualismus der Romantiker kann nämlich gegen Hegel erneut deutlich werden, dass die Logik der Moralität keineswegs so verstanden werden sollte, dass sie die subjektive Freiheit abstrakt der sittlichen Allgemeinheit entgegensetzt – vielmehr verweist er, wie ich nun zeigen will, auf die Notwendigkeit einer dynamischen Vermittlung beider Seiten. Bezeichnenderweise sind es also die Ironiker – Sokrates auf der einen, die Romantiker auf der anderen Seite –, die den Weg nicht nur zu einer durch Hegels Kant-Kritik hindurchgegangenen Reformulierung des Moralprinzips weisen, sondern die damit zugleich der Hegelschen Intention einer dynamischen Vermittlung von Allgemeinem und Besonderem gegen einen konservativen Zug bei Hegel selbst Rechnung tragen.

Bevor dieser, wenn man so will, dritte Weg aufgezeigt werden kann (Abschn. 11), bedarf es jedoch zunächst einer eingehenden Auseinandersetzung mit Hegels Kritik der Romantik (Abschn. 6-10).

6. Kritik der Romantik

Aus Hegels Perspektive stellt sich die romantische Ironie bekanntermaßen als eine Radikalisierung der mit Sokrates beginnenden Entgegensetzung von subjektiver Freiheit und sittlicher Allgemeinheit dar. Bereits die sokratische Moralität hatte ja nach Hegel das Privatinteresse nicht ausschließen können, das sich unter der Hand der Auslegung konkurrierender Pflichten zu bemächtigen vermag. Hegel sieht in der sokratischen Praxis daher den Beginn eines durch Sokrates' individuelle Vortrefflichkeit bloß verdeckten Konflikts zwischen subjektiver Freiheit (privater Willkür) und sittlicher Allgemeinheit. Kant erscheint ihm dann lediglich als weitere Entwicklungsstufe dieses sich immer weiter zuspitzenden Konflikts; wobei die Einsicht in den Konflikt hier durch den bloß prätendierten, weil formal begründeten Allgemeinheitsanspruch des Kantischen Moralprinzips weiterhin verstellt bleiben soll. Die Romantiker hingegen haben für Hegel den zweifelhaften Vorteil, den Konflikt zwischen subjektiver Freiheit und sittlicher Allgemeinheit unverstellt zum Vorschein kommen zu lassen.

Ebendeshalb sind die Romantiker, allen voran Friedrich Schlegel, für Hegel von systematischem Interesse. Sie sollen den mit Sokrates beginnenden Prozess eines Auseinandertretens von subjektiver Freiheit und sittlicher Allgemeinheit zur Ausdrücklichkeit treiben. An der romantischen Ironie soll sich die Wahrheit, und das heißt: das Problem der Moralität in einer Weise offenbaren, dass der Übergang auf eine Stufe notwendig wird, auf der dieses Problem behoben wäre. Und zwar soll sich diese Notwendigkeit daran zeigen, dass der Standpunkt der Moralität, wo sich der ihr zugehörige Freiheitsbegriff rein manifestiert, in ihr Gegenteil umschlagen und sich damit selbst zerstören muss. Das Gegenteil der Moral aber ist das Böse.

Den Übergang des moralischen Standpunkts in das Böse hat Hegel bereits in der *Phänomenologie des Geistes* behauptet.[31] Nach seiner Interpretation ist dieser nämlich unter der Hand mit einer völligen Verkehrung des ursprünglichen Pflichtbegriffs verbunden. Während in der »unbedarften Sittlichkeit« das sittliche Pflichtbewusstsein über dem Selbstbewusstsein gestanden habe, komme es unter den Bedingungen der Moralität zu einer Umkehrung. Das Festhalten an einer vorgegebenen Pflicht werde nun als böse und das Tun aus der Gewissheit seiner selbst als Pflicht und Gewissenhaftigkeit bezeichnet. Weil er in der moralischen Reflexion generell nicht mehr sehen kann als ein Moment der willkürlichen Relativierung von sittlichen Geboten und Gesetzen, deutet Hegel diese aus seiner Perspektive im doppelten Wortsinn verkehrte Position denn auch als Heuchelei. Das böse Bewusstsein, das offen postuliert »*Ich bin's*« (PhG 490), hat demgegenüber für Hegel die entscheidende Funktion, die »Verdrehung« der moralischen Heuchelei zu lösen, indem es das Gewissen zu seiner »letzten Konsequenz treibt« und so die »Geistgestalt des Gewissens« zur Reinheit läutert:[32] Vom Gewissen und seiner bloß geheuchelten Verpflichtung auf Allgemeinheit bleibt im bösen Bewusstsein allein die Selbstgewissheit des Subjekts übrig. Genau dafür steht nach Hegels Deutung die Schlegelsche Ironie. Sie ist für Hegel die mit dem »Bösen, und zwar

31 Georg Wilhelm Friedrich Hegel, *Phänomenologie des Geistes*, in: ders., *Werke in zwanzig Bänden*, Bd. III, Frankfurt/M. 1970. Im Folgenden im Text zitiert als PhG.

32 Ernst Behler, »Friedrich Schlegel und Hegel«, in: *Hegel-Studien* 2 (1963), S. 203-250, hier S. 207.

dem in sich ganz allgemeinen Bösen« identische »Spitze der sich als das Letzte erfassenden Subjektivität«. Für den romantischen Ironiker soll nämlich das »sittlich Objektive«, sollen »Gesetz und Sache« bloß Einsätze in einem Spiel sein, in dem es ausdrücklich um nichts anderes mehr geht als um Selbstgenuss (vgl. Rph § 140). Damit aber, in der Gestalt des Bösen, in der sich die individuelle Subjektivität als das Absolute gegenüber aller Sittlichkeit setzt, wird die Moralität vollends zum Gegenteil ihrer selbst: sie wird unmoralisch – womit Hegel meint die Notwendigkeit ihrer Überwindung in der und durch die Sittlichkeit bewiesen zu haben.

Die Deutung der romantischen Ironie als Inbegriff eines zur Willkürherrschaft gesteigerten Subjektivismus geht zurück auf Hegels These, der zufolge die romantische Ironie als eine Art praktischer Anwendung von Johann Gottlieb Fichtes Philosophie der Subjektivität verstanden werden muss. So hatte Hegel bereits in Fichte den »Vollender Kants«[33] gesehen. Denn Fichtes Philosophie mache, anders als die in dieser Hinsicht verstellte Philosophie Kants, das Ich explizit »zum absoluten Prinzip alles Wissens, aller Vernunft und Erkenntnis«.[34] Das aber bedeute unter anderem, dass »jeder Inhalt, der dem Ich gelten soll, nur als durch das Ich gesetzt und anerkannt [ist]« (Ä I 93). Als Konsequenz einer derart subjektivistischen Philosophie, so Hegel in einem Abschnitt seiner *Vorlesungen über die Ästhetik*, in der es direkt um den Einfluss von Fichtes Philosophie auf die romantische Ironiekonzeption geht, werde das Ich zum »Herr und Meister über alles«, und

> in keiner Sphäre der Sittlichkeit, Rechtlichkeit, des Menschlichen und Göttlichen, Profanen und Heiligen gibt es etwas, das nicht durch Ich erst zu setzen wäre und deshalb von Ich ebensosehr könnte zunichte gemacht werden. Dadurch ist alles Anundfürsichseiende nur ein *Schein*, nicht seiner selbst wegen und durch sich selbst wahrhaft und wirklich, sondern ein bloßes *Scheinen* durch das Ich, in dessen Gewalt und Willkür es zu freiem Schalten bleibt. (Ä I 94)

Sosehr Hegel bereits bei Fichte die Probleme angelegt findet, die er dann im Blick auf die romantische Ironie diskutiert – die prak-

33 Vgl. Otto Pöggeler, *Hegels Kritik der Romantik*, München 1998, S. 39.

34 Georg Wilhelm Friedrich Hegel, *Vorlesungen über die Ästhetik I*, in: ders., *Werke in zwanzig Bänden*, Bd. XIII, Frankfurt/M. 1970, S. 93. Im Folgenden im Text zitiert als Ä I.

tischen Konsequenzen der Fichteschen Subjektphilosophie sollen erst an ihr vollends hervortreten, weshalb sie für Hegel im Kontext seiner praktischen Philosophie die letztlich wichtigere Referenz ist. Während nämlich Fichte, wenn auch bloß auf der Basis begrifflicher Inkonsequenzen,[35] an der objektiven Geltung des Sittlichen festgehalten habe, habe Schlegel auch diese noch zum Produkt subjektiver Überzeugungen degradiert und damit im »Praktischen die Willkür des Subjekts zum Prinzip« gemacht (Rph 285 f.). Schlegels Ironie erscheint Hegel entsprechend als eine Art Zersetzungsmaschine, der nichts heilig ist – außer das launisch seine Willkürfreiheit ausagierende ironische Subjekt selbst. Durch ihre Maß- und Schrankenlosigkeit unterscheidet sich die romantische Ironie daher auch, wie Hegel in seiner *Ästhetik* bemerkt, signifikant vom Komischen. Während das Komische seine vernichtende Kraft nur gegen das richte, was »an sich selbst« nichtig ist: »eine falsche oder widersprechende Erscheinung, eine Grille z. B., ein Eigensinn, eine besondere Kaprice gegen eine mächtige Leidenschaft oder auch ein vermeintlich haltbarer Grundsatz und feste Maxime«, mache die vernichtende Kraft der Ironie auch vor »Sittlichem und Wahrhaftem«, vor »substantiellem Inhalt überhaupt« nicht halt (vgl. Ä I 97). Der Ironiker sehe in allem, »was dem Menschen sonst noch Wert, Würde und Heiligkeit hat, nur ein Produkt seiner eigenen Macht des Beliebens [...], in welcher er dergleichen gelten, sich dadurch bestimmen und erfüllen lassen kann oder auch nicht« (Ä I 95). »Wer«, so Hegel weiter,

auf solchem Standpunkte göttlicher Genialität steht, blickt dann vornehm auf alle übrigen Menschen nieder, die für beschränkt, platt erklärt sind, insofern ihnen Recht, Sittlichkeit usf. noch als fest, verpflichtend und wesentlich gelten. So gibt sich denn das Individuum, das so als Künstler lebt, wohl Verhältnisse zu anderen, es lebt mit Freunden, Geliebten usf., aber als Genie ist ihm dies Verhältnis zu seiner bestimmten Wirklichkeit, seinen besonderen Handlungen wie zum an und für sich Allgemeinen ein Nichtiges, und es verhält sich ironisch dagegen.

35 Georg Wilhelm Friedrich Hegel, *Vorlesungen über die Geschichte der Philosophie III*, in: ders., *Werke in zwanzig Bänden*, Bd. XX, Frankfurt/M. 1971, S. 413. Im Folgenden im Text zitiert als GPh III. Hier findet sich eine recht handliche Zusammenfassung der über Hegels Gesamtwerk verteilten Fichte-Kritik. Vgl. weiterführend auch Ludwig Siep, *Hegels Fichtekritik und die Wissenschaftslehre von 1804*, Freiburg, München 1970.

»Dies«, so schließt er,

ist die allgemeine Bedeutung der genialen göttlichen Ironie, als dieser Konzentration des Ich in sich, für welches alle Bande gebrochen sind und das nur in der Seligkeit des Selbstgenusses leben mag. Diese Ironie hat Herr Friedrich von Schlegel erfunden, und viele andere haben sie nachgeschwatzt oder schwatzen sie von neuem wieder nach. (Ä I 95)

Hegels entscheidender Einwand gegen die romantischen Ironiker lautet nun, dass ihre Willkürfreiheit in Wahrheit nichts als Unfreiheit bedeutet, und zwar zuerst für die Ironiker selbst. Den Umschlag der romantischen Freiheitsprätention in faktische Unfreiheit führt Hegel dabei auf einen Kategorienfehler der Romantiker zurück. Denn diese sollen ihr jeweiliges empirisches Ich als rein, das heißt als »abstrakt und formell« (Ä I 93) missverstehen, so dass »jede Besonderheit, Bestimmtheit, jeder Inhalt«, das heißt alles, was das Ich zu einem konkreten machen könnte, »negiert« werden muss (ebd.). Ein solches Missverständnis hätte in der Tat weitreichende Konsequenzen. Wenn der romantische Ironiker seine Freiheit als eine gegenüber seinem Bestimmtsein absolute missversteht, muss er glauben, sich und seine Freiheit nur erhalten zu können, indem er alles Bestimmtsein durch die Welt leugnet und alle Festlegungen in ihr und auf sie meidet. Die ironische Haltung ginge dann notwendig mit einer fundamentalen Entfremdung von aller Praxis einher. Schließlich involviert jede Form von Praxis Bestimmungen – in Form einer Konfrontation mit Vorgegebenem ebenso wie in Form von Entscheidungen, wie angesichts der jeweiligen Vorgaben zu handeln sei. Leben könnte man die Unendlichkeit einer ebenso absoluten wie abstrakten Freiheit daher nur, indem man sich vor der Praxis in eine Sphäre reiner Potentialität, reiner Möglichkeit zurückzöge. Ein von einem solchen Freiheitsverständnis geprägtes »Gemüt« aber wäre, wie Hegel formuliert, »ein totes, wenn es auch ein schönes sein will«: »[D]ie Trägheit will aus dem Brüter in sich nicht hinausgehen, in der sie sich eine allgemeine Möglichkeit beibehält.« (Rph § 13 Z)

Eine solche Freiheitskonzeption gerät überdies notwendig in den Widerspruch, dass sie »gar nicht erreichen kann, was sie erreichen will – weil derjenige, der seine abstrakte Freiheit wahren will, gleichwohl nicht umhin kann, konkret zu existieren«.[36] In

36 Ernst Tugendhat, *Selbstbewußtsein und Selbstbestimmung*, Frankfurt/M. 1979, S. 342.

dem Maße aber, so Hegels weiteres Argument, wie ein derart sich selbst missverstehendes Subjekt dennoch alle Bestimmung ins Ich nehmen will, bleibt ihm für seine konkreten Lebensvollzüge als Grundlage der Bestimmung nur, was es den kontingenten Regungen seiner »natürlichen Individualität«, das heißt: seinen Trieben und Neigungen, entnehmen kann (PhG 456). Solche Regungen aber sind stets von äußeren Reizen abhängig. Somit bestünde die Wahrheit der ironischen Freiheit tatsächlich in nichts anderem als Unfreiheit, nämlich in der Abhängigkeit des ironischen Subjekts von zufälligen Reizen, durch die es sich heteronom bestimmen lässt. Zugleich führte die ausschließliche Orientierung an der »natürlichen Individualität«, an wechselnden Stimmungen und Gemütslagen, in einen Prozess unendlicher Selbstbesinnung, der nirgends Halt findet. In dem Maße, wie ihm alle Gehalte als »hohl«, »leer« und »eitel« erscheinen, müsste sich das allein auf seine zufällige Partikularität zurückgeworfene Ich am Ende selbst leer werden (vgl. Ä I 96).

Für Hegel erklärt sich damit die romantische Sehnsucht nach Realität und Absolutem, die aber aufgrund der »eitlen« Befangenheit des romantischen Subjekts in sich nie erfüllt werden könne. So finde eine aus den Unzulänglichkeiten eines subjektivistisch ausgelegten Freiheitsverständnisses erwachsende Sehnsucht nach Substantialität in der »schönen Seele« der Romantiker (vor allem bei Novalis, vgl. GPh III 418) ihren vollendeten Ausdruck. Diese ist Hegel zufolge nämlich durch den Widerspruch gekennzeichnet,

> daß das Subjekt einerseits wohl in die Wahrheit hinein will und nach Objektivität Verlangen trägt, aber sich andererseits dieser Einsamkeit und Zurückgezogenheit in sich nicht zu entschlagen, dieser unbefriedigten abstrakten Innigkeit nicht zu entwinden vermag und nun von der Sehnsüchtigkeit befallen wird, die wir [...] aus der fichteschen Philosophie haben hervorgehen sehen. [...] Jenes Sehnen aber ist nur das Gefühl der Nichtigkeit des leeren eitlen Subjekts, dem es an Kraft gebricht, dieser Eitelkeit entrinnen und mit substantiellem Inhalt sich erfüllen zu können. (Ä I 96)

Problematisch ist die romantische Ironie in der Linie dieser Argumentation also näher deshalb, weil sie auf eine sich selbst unklare Weise Freiheit in Unfreiheit verkehrt – eine Unfreiheit, die sich nicht zuletzt in einer Entfremdung von der normativen Dimension sittlichen Lebens überhaupt manifestiert. Damit wäre der Prozess des Auseinandertretens von subjektiver Freiheit und sittlicher Allgemeinheit auf seinem Höhepunkt angekommen.

7. Abstrakte und subjektive Freiheit

Wenn man Hegels Einwand gegen die abstrakte Konzeption von Freiheit unabhängig von der Frage betrachtet, ob er den Romantikern damit gerecht wird, so wird man ihm sicher zustimmen können. Tatsächlich hat der Einwand gegen eine solche Freiheitskonzeption jenseits des Nachweises ihrer Widersprüchlichkeit eine Berechtigung auch hinsichtlich der ernst zu nehmenden praktischen Konsequenzen, die sich aus einer derartig widersprüchlichen Konzeption ergeben können. Denn die Praxis verhält sich, wie Hegel wusste, nicht einfach indifferent gegenüber der Theorie, die auf sie angewendet wird. Entsprechend deutet er die zeitweilig gedrückte Stimmung der romantischen Zeitgenossen als das Symptom eines falschen, weil von falschen Begriffen geprägten Selbstverständnisses. Ebendiesen Zusammenhang wird Kierkegaard in seinem berühmten *Tagebuch des Verführers*, dem vielfach an Hegel anschließenden Psychogramm eines romantischen Ironikers, weiter ausarbeiten (vgl. unten, Kap. III, Abschn. 3). Wie Hegel assoziiert Kierkegaard die Romantiker mit einem abstrakten Freiheitsverständnis, das eine narzisstische Persönlichkeitsstörung hervorbringt, die sich in der mehr oder weniger aggressiven Abwehr des Umstands äußert, dass es außerhalb des eigenen Selbst eine konkrete Wirklichkeit gibt, die es immer schon (und immer wieder neu) bestimmt: Gemessen an der eigenen Unendlichkeit kann keine Wirklichkeit je gut genug sein. Die Kehrseite einer solchen Aggression ist ein Gefühl innerer Leere. Kierkegaard nennt es Langeweile.

Besonders Axel Honneth hat darauf aufmerksam gemacht, dass der Zusammenhang zwischen einem abstrakten Freiheitsverständnis und narzisstischen Persönlichkeitsstörungen auch heute noch – oder wieder – ausgesprochen bedenkenswert ist.[37] Nicht nur ist in den westlichen Gesellschaften ein verstärktes Auftreten

37 Axel Honneth, »Organisierte Selbstverwirklichung. Paradoxien der Individualisierung«, in: ders. (Hg.), *Befreiung aus der Mündigkeit. Paradoxien des gegenwärtigen Kapitalismus*, Frankfurt/M. 2002, S. 141-158.

von narzisstischen Persönlichkeitsstörungen zu verzeichnen, die sich unter anderem in Symptomen wie innerer Leere, gefühlter Minderwertigkeit und Antriebsschwäche äußern. Auch werden diese in Studien neuerer Sozialforschung mit einem problematisch abstrakten Freiheitsbegriff in Verbindung gebracht. Denn solche Persönlichkeitsstörungen müssen nicht zuletzt auch als Reaktion auf eine dem »neuen Geist des Kapitalismus«[38] korrespondierende subjektivistische Ideologie verstanden werden, der zufolge die Einzelnen ihr Leben – unabhängig von ihren jeweiligen sozialen Voraussetzungen – »frei« gestalten können sollen.[39] Die vielfältigen, im weitesten Sinn depressiven Symptome verwiesen demnach auf die Schwierigkeiten, in welche die Einzelnen bei dem Versuch geraten müssen, dieser abstrakten Freiheitsidee in einer konkreten Wirklichkeit mit realen Beschränkungen zu entsprechen. Denn Narzissmus ist bekanntermaßen keine Eigenliebe, sondern das Gefangensein in einem derart idealen Bild des eigenen Selbst, dass es ohnmächtig macht und lähmt. Heilung kann es folglich nur dann geben, wenn die Betroffenen die objektiven Grenzen ihrer Macht anerkennen. Dies wäre auch der erste Schritt zu ihrer möglichen Politisierung. Denn gesellschaftliche Konflikte bleiben in dem Maße verdeckt, wie die Freiheit der Einzelnen als voraussetzungslose gedacht wird.[40]

So plausibel die Kritik an einem abstrakten und subjektivistischen Begriff von Freiheit für sich sein mag, die in unserem Zusammenhang – einer Untersuchung der Rolle der Ironie für den Übergang von der Moralität in die Sittlichkeit – entscheidende Frage ist, ob es überzeugend ist, die romantische Ironie als deren Modell anzugeben. Nun ist Hegels »Missverständnis der romantischen Ironie

38 Diese Formulierung entleihe ich Luc Boltanski, Ève Chiapello, *Der neue Geist des Kapitalismus*, Konstanz 2003.

39 Vgl. Alain Ehrenberg, *Das erschöpfte Selbst. Depression und Gesellschaft in der Gegenwart*, Frankfurt/M. 2004, S. 275; ders., »Depression: Unbehagen in der Kultur oder neue Formen der Sozialität«, in: Christoph Menke, Juliane Rebentisch (Hg.), *Kreation und Depression. Freiheit im gegenwärtigen Kapitalismus*, Berlin 2010, S. 52-62, bes. S. 58 f. Vgl. in diesem Zusammenhang auch Richard Sennetts Überlegungen zum Problem des Narzissmus im Postfordismus, *Verfall und Ende des öffentlichen Lebens. Die Tyrannei der Intimität*, Frankfurt/M. 1986, daraus bes.: »Der seiner Kunst beraubte Schauspieler«, S. 394-423.

40 Vgl. hierzu auch unten, Kap. VI, Abschn. 9.

als leere Subjektivität«[41] oft kritisiert worden. Tatsächlich verkennt Hegel nicht nur, wie Karl Heinz Bohrer gezeigt hat, die ästhetische Dimension der romantischen Ironie, namentlich das ihr unterliegende autonomieästhetische Programm. Vielmehr verstellt dieses Missverständnis, worum es mir im Folgenden gehen soll, auch den Blick auf einige im Diskurs um die Ironie mitverhandelte freiheitstheoretische Motive, die keineswegs der subjektivistischen Ideologie zugerechnet werden sollten, der sie durch Hegel subsumiert werden. Allerdings werde ich mich diesem Problemkomplex nicht in erster Linie über die Frage nähern, ob Hegels Kritik Friedrich Schlegel gerecht geworden ist oder nicht. Die Antwort auf diese Frage (»Nein«) wird im Folgenden nur am Rande eine Rolle spielen. Auch wird es nicht um eine Theorie der Ironie im engeren Sinne gehen; mit ihrer rhetorischen Bedeutung werde ich mich erst in einem späteren Zusammenhang befassen (vgl. unten, Kap. V, Abschn. 1). Interessant ist für mich jetzt vielmehr gerade der Umstand, dass die Ironie, die, wie Bohrer zu Recht immer wieder hervorgehoben hat, bei Schlegel selbst »gar nicht vornehmlich eine philosophische Kategorie war, sondern ein poetologischer Begriff und eine rhetorische Praxis«,[42] von Hegel zum Inbegriff eines zu bekämpfenden Freiheitsverständnisses gemacht worden ist. Offenkundig geht es Hegel nicht allein darum, einem Autor (Schlegel) ein philosophisches Selbstmissverständnis vorzurechnen, sondern zugleich auch um die Ideologiekritik eines mit der Romantik assoziierten Zeitgeists. Weder also ist die Kritik der Romantik allein von philosophischen Motiven bestimmt, noch reduziert sie sich auf eine Kritik am Subjektivismus. Vielmehr werden im Zeichen der Subjektivismuskritik freiheitstheoretische Motive mit verworfen, die, wie sich bei näherer Betrachtung herausstellen wird, im Rahmen einer solchen Kritik bloß verzerrt dargestellt, von ihr aber nicht wirklich getroffen werden. Es geht mir also weder primär um eine Verteidigung der faktischen Romantik und ihrer Ironiekonzeption, sondern um die Verteidigung von freiheitstheoretischen

41 Vgl. Karl Heinz Bohrer, *Die Kritik der Romantik. Der Verdacht der Philosophie gegen die literarische Moderne*, Frankfurt/M. 1989, bes. S. 142-153.

42 Karl Heinz Bohrer, »Das Romantisch-Phantastische als dezentriertes Bewußtsein. Zum Problem seiner Repräsentanz«, in: ders., *Die Grenzen des Ästhetischen*, München 1998, S. 9-36, hier S. 9.

Motiven, die in der Kritik der Romantik mit verhandelt, aber voreilig verworfen werden.

So überblendet Hegels Ironiekritik die berechtigte Kritik an der in praktischer Hinsicht äußerst widersprüchlichen Vorstellung eines abstrakten und schlichtweg unbestimmten Ich mit der Kritik an dem Umstand, dass die Ironie die partikulare Perspektive je bestimmter Individuen gegenüber dem sittlichen Gemeinwesen und seinen Werten zur Geltung bringt. Beides stellt für Hegel ein Problem dar – aber die beiden Probleme liegen nicht auf einer Ebene. Selbst wenn man für die Freiheit der Einzelnen gegenüber dem sittlich Allgemeinen, wie Hegel dies tut, die Kategorie der Willkürfreiheit in Anschlag brächte, wäre das Subjekt dieser Freiheit nicht notwendig identisch mit dem sich als absolutes missverstehenden Ich der abstrakten Freiheit. Im Blick auf die Frage nach dem Recht der subjektiven Freiheit gegenüber der sittlichen Allgemeinheit richtet sich Hegels Kritik an der Willkürfreiheit denn auch nicht primär gegen eine philosophisch-literarische Freiheitskonzeption und deren praktische Konsequenzen, sondern gegen die »gewöhnlichste Vorstellung, die man bei der Freiheit hat«, nämlich »daß *man tun könne, was man wolle*« (Rph §15). Bei dieser Vorstellung, die Hegel polemisch als den Ausdruck eines »gänzlichen Mangel[s] an Bildung des Gedankens« abtut, geht es offenkundig nicht mehr allein um eine Freiheit, die sich in falscher Abstraktion gegen die Dimension des Sittlichen überhaupt kehrt; vielmehr wird hier eine Freiheit mit kritisiert, die ihr Recht gegenüber einer konkreten Sittlichkeit behauptet.

Sofern die Ironie auch für dieses Freiheitsverständnis paradigmatisch sein soll, stünde sie nicht mehr notwendig für eine Entfremdung von der sozialen Praxis *insgesamt*. Dies wäre jedoch von äußerst weitreichender Konsequenz. Denn die romantische Ironie wäre dann mit und gegen Hegel »wesentlich sekundär, vielleicht sogar parasitär zu nennen«.[43] Das ironische Bewusstsein wäre dann solcherart, dass es darum weiß, dass die ironische Distanz »nur kraft der geltenden sittlichen Inhalte und der realen Welt, in der der Ironiker lebt, eingenommen werden [kann]«.[44] Es ginge »bei der Ironie

43 Ludwig Heyde, »Politik und Ironie«, in: Andreas Arndt, Karol Bal, Henning Ottmann (Hg.), *Hegels Ästhetik. Die Kunst der Politik – die Politik der Kunst*, Berlin 2000, S. 30-35, hier S. 34.

44 Ebd.

folglich um eine Position, die konsequent niemals zu vollziehen ist, oder der man sich niemals ganz hingeben kann«.[45] Das bedeutet, dass es streng genommen keine Ironiker geben kann; jedenfalls nicht in einem Sinn, der ein Subjekt im ganzen bestimmt – als wäre ein Leben jenseits aller sozialen Bestimmung wünschenswert oder überhaupt möglich. Ein solches Selbstmissverständnis müsste tatsächlich in die von Hegel beschriebenen Pathologien führen.[46] Unterstellt man der romantischen Ironie jedoch nicht mehr eine Abstraktion von der sozialen Praxis insgesamt, sondern versteht sie als ein Moment *in* der sozialen Praxis, dem diese vorausgesetzt bleibt, lässt sie sich, wie ich in den nächsten Abschnitten näher zeigen will, als paradigmatischer Ausdruck eines historisch dynamisierten Freiheitsbegriffs verteidigen. Auf die Fährte dieses anderen Begriffs von Freiheit führt Hegel selbst, nämlich dort, wo er die ironische Haltung der Romantiker nicht primär als ein von falschen Begriffen geprägtes praktisches Selbstmissverständnis, sondern als Praxis eines bestimmten – bösen – Typs erläutert. Nicht zufällig

45 Ebd.

46 In diesem Sinn ist auch tatsächlich keine Kultur vorstellbar, die »ihre Jugend so sozialisierte, dass diese Jugend ständig an ihrem eigenen Sozialisationsprozess zweifelte«. Allerdings sollte man sich das nicht so vorstellen, dass es eine unironische öffentliche Rhetorik mit fixierten Vokabularen braucht, von denen sich die ausgewachsenen Ironiker dereinst durch die private Entwicklung eines eigenen abgrenzen können, wie Rorty nahelegt (vgl. Richard Rorty, *Kontingenz, Ironie und Solidarität*, Frankfurt/M. 1989, S. 150). Vielmehr lässt sich eine Erziehung zum ironischen Zweifel an der eigenen Sozialisation durchaus als wichtiges Element einer Erziehung zur Autonomie verteidigen, eben weil sich dieser Zweifel nie auf das Ganze einer Lebensform beziehen kann. Und zwar weniger aus psychologischen Gründen als aus solchen, die die Möglichkeitsbedingung des Zweifels selbst betreffen: »Wer an allem zweifeln wollte«, schreibt Wittgenstein, »der würde auch nicht bis zum Zweifel kommen. Das Spiel des Zweifelns selbst setzt schon die Gewißheit voraus« (vgl. Ludwig Wittgenstein, *Über Gewißheit*, in: ders., *Werkausgabe*, Bd. XIII, Frankfurt/M. 1984, § 115). Dass ein totalisierter fallibilistischer Vorbehalt unsinnig wäre, der sich zeitgleich und kontextunabhängig gegen alle unsere Überzeugungen richtete, zeigt sich daher gerade auch an Kontroversen, bei denen die öffentlichen Vokabulare auf dem Spiel stehen, in denen eine Gesellschaft ihr Selbstverständnis artikuliert. Auch solche Kontroversen setzen, worauf Donald Davidson aufmerksam gemacht hat, einen recht umfassenden gemeinsamen Boden voraus, auf dem die Kontrahenten ihren Streit austragen können (vgl. etwa Donald Davidson, »Die Methode der Wahrheit in der Metaphysik«, in: ders., *Wahrheit und Interpretation*, Frankfurt/M. 1986, S. 283-304, hier S. 283-286).

kehren hier nun Motive wieder, die uns aus der Platon-Diskussion bekannt sind. Dies betrifft vor allem die aus der Perspektive der sozialen Ordnung vorgebrachte Kritik an der Aufmerksamkeit, die der Ironiker den Äußerungen seines »natürlichen Willens« zuteil werden lässt. Die Auseinandersetzung mit Hegels Konzeption des Bösen ist in unserem Zusammenhang freilich auch insofern von äußerster Bedeutung, als das Böse, wie wir gesehen haben, für Hegel nicht nur das wahre Gesicht der romantischen Ironie ist, sondern in systematischer Hinsicht überdies den Punkt markiert, an dem die Moralität in ihr Gegenteil, die Unmoral, umschlagen und so den Übergang in die Sittlichkeit notwendig machen soll.

8. Das Böse und der »natürliche Wille«

Hegel bestimmt das Böse als die »*Willkür*, die *eigene Besonderheit* über das Allgemeine zum Prinzipe zu machen und sie durch Handeln zu realisieren – *böse* zu sein« (Rph § 139). Die besonderen Inhalte aber, die gegen das Allgemeine (der Sitte) in Stellung gebracht werden, können nur, wie Hegel in seiner Kritik an den Romantikern immer wieder hervorhebt, aus den »Bestimmungen des natürlichen Willens, der Begierde, Trieb, Neigung usf.« (ebd.) kommen. Dieser Zusammenhang steht im Zentrum von Hegels Begriff des Bösen: »[D]er Mensch [ist] böse, insofern er natürlicher Wille ist. [...] Insofern der Mensch das Natürliche will, ist dieses nicht mehr das bloß Natürliche, sondern das Negative gegen das Gute, als den Begriff des Willens.« (Rph § 139 Z)

In ebendiesem Sinn hat Gilles Deleuze die moderne Ironie beispielhaft in Marquis de Sade verkörpert gesehen. Sades Überschreitung der Gesetze wie die mit ihr einhergehende »Entdeckung einer ersten Natur, die in allen Punkten den Machtverhältnissen und Forderungen der zweiten Natur zuwiderläuft«, analysiert er als eine Reaktion auf die moderne Erkenntnis, dass »das höchste Prinzip, jenes Gute, nicht mehr ist noch sein kann, mit dem das Gesetz begründet und in dessen Namen seine Macht gerechtfertigt wurde«.[47]

47 Vgl. den Abschnitt »Gesetz, Humor und Ironie« in Gilles Deleuze, »Sacher-Masoch und der Masochismus«, in: Leopold von Sacher-Masoch, *Venus im Pelz. Mit einer Studie über den Masochismus von Gilles Deleuze*, Frankfurt/M. 1968, S. 163-281, hier S. 231-240, bes. S. 236 f.

Das Gesetz erscheint jetzt »in allen seinen Formen (als natürliches, moralisches und politisches) [als] bloße Regel einer zweiten Natur«.[48] Die in der ersten Natur verankerte Idee des Bösen deckt sich, wie Deleuze argumentiert, weder mit der Tyrannei, sofern diese noch Gesetze voraussetzt, noch aber mit der »beliebigen Verbindung aus Laune und Willkür«; vielmehr habe sie ihr Vorbild am Modell »anarchistischer Institutionen, die unaufhörlich Bewegung zeugen und die permanente Revolution gewährleisten«.[49] In dem Maße, wie die Natur, die hier gegen das Gesetz geltend gemacht wird, selbst nichts Gesetzförmiges mehr an sich haben soll, erscheint mir der Begriff der ersten Natur jedoch problematisch – zumindest dann, wenn man ihn, wie dies üblicherweise der Fall ist, im Sinn der Natur der Naturwissenschaft versteht: als »Inbegriff von erkannten, sinnesfremden Notwendigkeiten«.[50] Zwar mag gerade dieser ein Reich der Notwendigkeit bezeichnende Begriff der ersten Natur für die Charakterisierung der Sadeschen Exzesse zutreffend sein: in ihnen, so etwa die Interpretation von Adorno und Horkheimer, schlägt die Freiheit von aller Konvention in die rohe Gesetzmäßigkeit der Natur um,[51] aber dies entspräche, wenn ich richtig sehe, gerade nicht der Intuition von Deleuze. Ob er de Sade damit gerecht wird oder nicht, sei hier dahingestellt. Was Deleuze an ihm beziehungsweise der modernen Ironie hervorhebt, ist der Bezug auf eine Natur, die aller Gesetzförmigkeit grundsätzlich entzogen ist – womit diese offenbar weder der Ordnung der zweiten noch derjenigen der ersten Natur angehört. Die Natur, die hier gemeint ist, lässt sich nicht zum Prinzip machen, noch nicht einmal zum Antiprinzip. In ihrem Namen vermag ein Einspruch gegen das Gesetz vielmehr allein in dem Maße zu ergehen, wie sie sich selbst nicht als eines formulieren lässt, wie sie radikal unverfügbar bleibt.

48 Ebd.

49 Ebd., S. 237.

50 Georg Lukács (*Die Theorie des Romans*, Berlin 1920, S. 52) zit. nach Theodor W. Adorno, »Die Idee der Naturgeschichte«, in: ders., *Gesammelte Schriften*, Bd. I, Frankfurt/M. 1973, S. 356.

51 Am gefühl- und leidenschaftslosen Rationalismus der Sadeschen Juliette soll sich zeigen, wie »Zivilisation als auf ihr letztes Ergebnis« in »die furchtbare Natur« umschlägt. Vgl. das Kapitel »Juliette oder Aufklärung und Moral« in Theodor W. Adorno und Max Horkheimer, *Dialektik der Aufklärung*, in: Theodor W. Adorno, *Gesammelte Schriften*, Bd. III, Frankfurt/M. 1971, S. 100-140, hier S. 134.

In ebendiesem Sinne lässt sich im Anschluss an das letzte Kapitel (vgl. bes. Abschn. 7 u. 8) der Begriff der inneren Natur profilieren. Die Rede von Natur meint dann nicht das schlichte Gegenteil von Kultur. Mit innerer Natur werden vielmehr kulturell moderierte Bestrebungen des Subjekts bezeichnet, die keinem Naturgesetz unterstehen. Aber die entsprechenden Bestrebungen lassen sich ebensowenig aus der sozialen Identität des Subjekts ableiten. Weder sind die Äußerungen der inneren Natur durch einen biologischen Zweck noch durch eine praktische Norm determiniert; sie sind nicht der Effekt der Willensbildung eines von praktischen Normen geleiteten Subjekts. Vielmehr bezeichnet der Begriff der inneren Natur solche Strebungen, die das Subjekt aus seinem jeweiligen sozialen Selbstverständnis herausrücken und mit einer Dimension seiner selbst konfrontieren, die ihm unverfügbar (vor-)gegeben ist. Dass diese Dimension sich deshalb als innere *Natur* des Subjekts ansprechen lässt, sollte jedoch nicht dazu verleiten, diese nach dem Modell eines inneren Kerns misszuverstehen. Vielmehr generieren sich die Äußerungen der inneren Natur situativ, aus dem mimetischen Bezug des Subjekts auf ein Außen. Weil die innere Natur sich nicht essentialistisch als »eigene Natur« des Subjekts objektivieren lässt, sondern als eine Potentialität gedacht werden muss, die einzig im Austausch mit einer veränderlichen Welt konkrete Wirklichkeit erlangt, und dies immer wieder neu, kann sie auch nie vollständig in der sozialen Gestalt des Subjekts aufgehen. Eben weil das dem Subjekt Eigentümlichste, die Bestrebungen und Kräfte seiner inneren Natur, nicht allein ihm zugerechnet werden können, bleibt die innere Natur vielmehr für die Deutung unseres Selbst- und Weltverhältnisses eine sich im Austausch mit der Welt immer wieder erneuernde Quelle der Veränderung und der Innovation.

Versteht man, was Deleuze irreführenderweise erste Natur nennt, in diesem Sinn, so begreift man besser, warum er den Bezug auf dieselbe mit dem Gedanken einer permanenten Revolution in Verbindung bringt. In dem Maße nämlich, wie sich die innere Natur nicht selbst in der Form eines Gesetzes dingfest machen lässt, sperrt sich auch die Anarchie, die ihr entspricht, der Institutionalisierung. Anarchie, schreibt Deleuze, ist immer »nur zwischen zwei Gesetzesherrschaften, einer alten, die sie abschafft, und einer neuen, die sie erzeugt«. Dennoch, so Deleuze weiter, »bezeugt dieser kurze, fast auf ein Nichts beschränkte, göttliche Augenblick seine grundlegende Verschiedenheit von allem, was Gesetz ist«.[52] Nun ist der Umstand, dass Deleuze die Aus- und Entsetzung des Gesetzes nicht als solche oder reine verdinglicht, um sie als Position eines absoluten oder göttlichen Bösen zu verherrlichen, in unserem Zusammenhang vor allem mit Bezug auf den Begriff des Bösen interessant, den Deleuze und Hegel mit der Ironie assoziieren. Denn der in seiner »grundlegenden Verschiedenheit von allem, was Gesetz ist«, »göttliche Augenblick« der Aus- und Entsetzung des Gesetzes, bezeichnet bei Deleuze lediglich den »fast auf ein Nichts beschränkten« Moment im Prozess der Veränderung vom alten zum neuen Gesetz. Das Böse, verstanden als Distanz zum Gesetz, wäre dann ein notwendiges Moment in aller Veränderung.

Tatsächlich kann, wie sich bereits in Kapitel I gezeigt hat, die strukturell anarchische, weil von der zweiten Natur der sozialen Identität entfremdende Erfahrung der inneren Natur Anlass geben, sich die Frage, was das (in individueller und gesellschaftlicher Hinsicht) Beste ist, erneut vorzulegen und daraufhin gegebenenfalls die bisherigen Überzeugungen zu revidieren, und das heißt mit Deleuze: ein neues Gesetz einzusetzen. Dann aber ist die Erfahrung einer Selbstdifferenz – der Differenz zwischen sozialer Identität und innerer Natur – nicht an sich schon als etwas Böses oder Schlechtes abzutun. Sie ist dann allenfalls dessen Symptom: ein Symptom des Zwangs von identitären (Selbst-)Zuschreibungen, die uns nicht oder nicht mehr entsprechen. Insofern sie als Indikator eines unfreien Selbst- und Weltverhältnisses fungiert, kann die Erfahrung einer solchen Selbstdifferenz der Beginn einer Veränderung sein. In diesem Sinn, so hatten wir gesagt, können die diskontinuierlichen Ereignisse der inneren Natur für das sie erfahrende Subjekt Ursprung sein. Nicht in einem absoluten Sinn, nicht als Rückkehr zu einem Zustand vor aller Kultur, aber im Sinn einer Selbsterfahrung, die sich retrospektiv als Anfang einer Entwicklung, als Ursprung einer Veränderung angeben lässt (vgl. Kap. I, Abschn. 8). Das muss jedoch keineswegs immer der Fall sein. Die Konfrontation mit Bestrebungen, die ich situativ an mir wahrnehme und die meinem sonstigen Selbstbild widersprechen, kann auch zur Reaffirmation desselben führen. In jedem Fall drückt sich in der Erfahrung einer Spaltung von innerer Natur und sozialer Identität

52 Deleuze, »Sacher-Masoch und der Masochismus«, S. 237.

eine mal mehr, mal weniger massive Krise des Selbstbezugs aus, die gemeinhin eine Reflexion auslöst, deren Ziel die (Wieder-)Herstellung eines Gefühls innerer Stimmigkeit ist.

Nun hat Hegel von diesem Gefühl, wie ich meine, zu Recht angenommen, dass dies die Weise ist, wie sich Freiheit psychologisch manifestiert. Dass ich, nach einer berühmten Formulierung von Paul Valéry, nicht immer meiner Meinung bin,[53] dass ich mit mir uneins sein kann, ist zwar ein notwendiges Moment meiner Freiheit, insofern solche Erfahrungen der Selbstdifferenz zugleich Bedingung der Möglichkeit von Veränderung, von Selbstkritik und Selbstperfektionierung[54] sind. Dauerhafte Inkonsistenz oder Indifferenz gegenüber einer solchen Selbstwidersprüchlichkeit hingegen kommt einem Verlust der Freiheit gleich und wäre in präzise diesem Sinn »böse« zu nennen. Tatsächlich sind Indifferenz und andere Formen der Urteilssuspension – das hatte bereits der Blick auf das Leben (in) der Demokratie gezeigt (vgl. Kap. I, Abschn. 6 u. 11) – ernst zu nehmende Gestalten des Bösen, beständige Gefahren für die Freiheit. Dennoch sollte das von Hegel zu Recht betonte Faktum, dass es ohne Bestimmung keine Freiheit geben kann, nicht dazu verleiten, die Möglichkeit, dass wir zu unseren Bestimmungen in einen Abstand treten können, selbst schon für ein Böses zu halten – anstatt diesen Begriff für das Sich-Einrichten in einem solchen Abstand oder die Totalisierung der Indifferenz zu reservieren. Ein solcher Kurzschluss wäre ebenfalls ein Betrug an der Freiheit und schlüge sich damit unfreiwillig auf die Seite des Bösen. Denn nur wenn wir – immer wieder – in einen Abstand zu unseren Bestimmungen treten können, können wir uns tatsächlich selbst bestimmen; nur dann gibt es die Möglichkeit der (Selbst-)Kritik, und nur dann lässt sich die Reaffirmation unseres alten Selbst (der alten Prinzipien) von bloßem Konformismus unterscheiden. Die latent immer gegebene, zuweilen aber auch ausdrücklich erfahrene Selbstdifferenz des Subjekts ist dann eine der Bedingungen der Möglichkeit für eine selbstbestimmte Aneignung oder Veränderung der sozialen Praxis, die es immer schon bestimmt. Eine solche Erfahrung ist folglich nicht das Andere, sondern notwendiger Bestandteil eines vollen Begriffs praktischer Normativität. Denn auch

53 Paul Valéry, *Cahiers-Hefte*, Bd. 1, Frankfurt/M. 1987, S. 130.

54 Zum Verhältnis von Selbstperfektionierung und Selbstdifferenz vgl. oben, Kap. I, Abschn. 12.

ein lebendiges Affirmationsverhältnis zu den eigenen Überzeugungen ist dann nichts anderes als der Effekt eines reflektierten Bezugs auf »das Natürliche« (Rph § 139 Z).

9. Dialektik der Freiheit

Diese Beschreibung des Verhältnisses von innerer Natur und sozialer Identität oder zweiter Natur verteidigt den bei Hegel irreführend mit dem Bösen identifizierten Bezug auf das Natürliche als eine notwendige Funktion geschichtlichen Lebens. Denn dieser Bezug kann nicht in abstrakter Opposition zu den Gestalten der zweiten Natur verstanden werden; vielmehr muss er als notwendiges Moment von deren möglicher Veränderung oder eben auch Bestätigung verstanden werden. Hinsichtlich der Auseinandersetzung mit Hegel ist es allerdings wichtig, einen Aspekt dieser Beschreibung eigens hervorzuheben, der bei Deleuze unterbelichtet, weil durch den Bezug auf de Sade systematisch verstellt bleibt: Die Veränderung der zweiten Natur erfolgt nie unbegründet und in diesem Sinne willkürlich. Sie ist, sofern sie erfolgt, eine Reaktion auf eine Erfahrung, die selbst nicht in der Verfügung – in der Willkür – des Subjekts steht. Wir legen uns die »Wahrheitsfrage«, in deren Horizont wir eine Veränderung unserer jeweiligen Welt- und Selbstverständnisse – und das heißt: eine Veränderung unserer sozialen Identität, unserer zweiten Natur – vornehmen mögen, nie ohne Grund vor. Dieser Grund aber liegt nicht in unserer Verfügungsgewalt. Unsere innere Natur ist uns nicht als solche zugänglich; sie ereignet sich auf eine von uns gerade nicht kontrollierte Weise – ebendies soll ja der Begriff der Natur festhalten.

Sofern die romantische Ironie paradigmatisch für den Bezug auf die innere Natur in diesem Sinne stehen kann, impliziert dies natürlich eine entschiedene Korrektur an dem verzerrenden Bild, das Hegel von ihr zeichnet. Tatsächlich richtet sich jedenfalls die Schlegelsche Ironie nicht, wie Hegel unterstellt, im Namen einer »göttlichen Subjektivität« gegen alles andere.[55] Vielmehr – und das ist hier entscheidend – erhebt sie sich »über alles Bedingte unend-

55 Dass Hegels Kritik generell seinen eigenen Begriff der Schlegelschen Ironie und nicht diese selbst trifft, hat Ernst Behler ausführlich gezeigt. Vgl. Behler, »Friedrich Schlegel und Hegel«, S. 217.

lich […], *auch über eigne Kunst, Tugend, oder Genialität*«.[56] In dem von Hegel bezeichnenderweise unkommentiert gelassenen Phänomen der Selbstironie bekundet sich ein Moment der Distanz des Subjekts zu sich selber, das man kaum als das Symptom eines zur Gottähnlichkeit gesteigerten Subjektivismus verstehen kann. Stattdessen ist Selbstironie Ausdruck eines distanzierten Verhältnisses zu den Selbstbildern der zweiten Natur – der eigenen Tugendhaftigkeit ebenso wie der eigenen Genialität. Von deren Bann befreit sich das selbstironische Subjekt nicht durch die Behauptung einer diesen noch überlegenen Position eines Gottes, sondern durch deren Brechung in den Grimassen seiner unwillkürlichen Vitalität. In deren Erscheinungen wird das Subjekt, und zwar gerade das narzisstisch auf ein überzogenes Selbstbild fixierte Subjekt, sich selbst fremd und – über sich lachend – potentiell frei zu neuen, unter Umständen angemessenеren Bildern seiner selbst.[57]

Gegen die in der Philosophie dominante Tradition, die Freiheit einseitig mit dem Vermögen zur vernunftgemäßen Selbstbestimmung gleichsetzt, behauptet sich mit der romantischen Integration von unwillkürlichen, irrationalen, anarchischen Impulsen in den Begriff von Freiheit das, was Adorno »Dialektik der Freiheit« genannt hat: ein im Herzen des Begriffs wirksamer Antagonismus, der das Vermögen zur Selbstbestimmung mit einem ihm gegenläufigen Impuls zusammenspannt. Dialektisch ist Freiheit Adorno zufolge nämlich in dem »sehr strengen Sinn« einer »Widersprüchlichkeit«, die ihren Begriff inhaltlich bestimmt. »Ohne den Rekurs auf das Vor-Ichliche«, so Adorno, »auf jene Regung, die gewissermaßen eine Körperregung ist, die noch nicht von der zentralisierenden Bewußtseinsinstanz gelenkt wird, wäre der Freiheitsbegriff überhaupt nicht zu schöpfen – während er doch auf der anderen Seite terminiert in der Stärke des Ichs selber; er ist also in sich selbst antagonistisch.«[58] Das, wie Adorno formuliert, »Geheimnis des

56 Friedrich Schlegel, »Kritische Fragmente [aus dem Lyceum]«, in: ders., *Studienausgabe in sechs Bänden*, Bd. 1, München, Paderborn u. a. 1988, S. 239-250, hier Nr. 42, Herv. JR.

57 Vgl. zu einer solchen Lesart romantischer Ironie auch Jean Starobinskis Lektüre von E.T.A. Hoffmanns *Prinzessin Brambilla*: Jean Starobinski, »Ironie und Melancholie. Gozzi – E.Th.A. Hoffmann – Kierkegaard«, in: *Der Monat* 218 (1966), S. 22-35, hier bes. S. 33.

58 Theodor W. Adorno, *Zur Lehre von der Geschichte und von der Freiheit*, Frankfurt/M. 2001, S. 295.

Freiheitsbegriffs«, »in dem in einer sehr seltsamen Weise gerade die äußerste Erhebung des Ichs mit dem Abgrund des Ichs sich zusammenfindet«,[59] ist seine geschichtliche Dynamik. Geschichtlich in Bewegung ist die Dialektik der Freiheit notwendig deshalb, weil die innere Natur sich nicht als solche erfahren und erfassen lässt, sondern sich immer nur in Reaktion auf eine sich verändernde Welt als das Andere der zweiten Natur ereignet. Ebendadurch kann sie neue Akte der Selbstbestimmung, neue Justierungen unseres Willens, neue Gestaltungen unserer zweiten Natur anstoßen.

Die Interpretation der romantischen Ironie im Sinne einer solchen, wesentlich historisch-dynamisch zu denkenden Vermittlung von innerer Natur und sozialer Gestalt des Subjekts enthält jedoch eine Gegenthese auch noch zu einem weiteren, bislang nicht diskutierten Aspekt von Hegels Moralitätskritik, der hier nicht unerwähnt bleiben soll: Hegels Kritik an der Entzweiung von Vernunft und Leidenschaft, die er für ein Charakteristikum der Moralität insgesamt hält. So kritisiert er bereits an Sokrates, dass dieser die Tugend so »in die Einsicht gesetzt« habe, dass dabei die »alogische«, die empfindende Seite der Tugend vernachlässigt werde (GPh I 474). Allerdings trifft er mit diesem Vorwurf eher den platonischen Sokrates als den Ironiker. Ich werde auf Sokrates' Verhältnis zur Tugend, das gerade nicht als eines der Einsicht vorgestellt werden sollte, am Ende dieses Kapitels zurückkommen (Abschn. 13). Im Kantischen Rigorismus sieht Hegel hingegen durchaus zu Recht eine dramatische Zuspitzung des Problems einer falschen Abstraktion der Vernunft von den Leidenschaften. Freilich soll sich auch die Konsequenz dieser problematischen Abstraktion Hegel zufolge wiederum erst an den Romantikern vollständig enthüllen. Dem ironischen Subjekt, so lautete ja Hegels Diagnose, das auf der Spitze rationaler Verfügung alle Bestimmung als bloß äußerlich zurückweist, bleibt am Ende nichts als die Zufälligkeit seiner unmittelbaren Strebungen. Nun muss man zwar Kants Aufspaltung der Vernunft in einen autonomen und einen heteronomen Teil in der Tat problematisieren. Wenn sich in der romantischen Sensibilität jedoch gegen das Bild, das Hegels Kritik von ihr zeichnet, gerade kein Subjektivismus, sondern eine Infragestellung des Subjekts durch die Erfahrung seiner Spaltung manifestiert, so lässt sich die

59 Ebd., S. 299.

Kritik am Kantischen Rigorismus auch auf eine Weise formulieren, die diese mit einer Verteidigung der Romantiker verbindet. Das soll im folgenden Abschnitt gezeigt werden. Vor diesem Hintergrund wird dann auch endlich auf die Rolle der romantischen Erfahrung für ein alternatives Verständnis von Moralität zurückzukommen sein (Abschn. 11).

10. Ein nichtrigoristischer Begriff von Selbstbestimmung

Kants Moral- beziehungsweise Autonomieprinzip basiert auf der Vorstellung, dass der Mensch seine Freiheit nur da eigentlich verwirklichen kann, wo er sich der allgemeinen Perspektive des Kategorischen Imperativs unterwirft: Autonomie heißt hier moralische Autonomie. In ihrer radikalsten Formulierung besagt Kants These, dass der Mensch nur da wahrhaft autonom genannt werden kann, wo er sich nicht nach individuellen Neigungen, sondern *allein* nach allgemeinen Gründen der Vernunft bestimmt. Nun kann man gegen diese maximal rigoristische Fassung des Autonomieprinzips, welche die Orientierung an individuellen Neigungen überhaupt delegitimiert, eine moderatere geltend machen, nach der die individuellen Neigungen in begrenztem Rahmen, nämlich unter der Voraussetzung des Moralprinzips, durchaus zugelassen sind. In diesem Sinne hat Ingeborg Maus jene Stellen bei Kant herausgearbeitet, an denen er betont, dass das dem moralischen Urteil zugrunde liegende Allgemeinheitsprinzip nicht jenseits von je konkreten Antrieben, sondern in Bezug auf sie operiert:

> Im Prüfungsverfahren des Kategorischen Imperativs tritt [...] das Generalisierungsprinzip *keineswegs* (wie oft mißverstanden) *an die Stelle* der konkreten Motivationen – das inhaltslose Prinzip könnte niemals zu irgendeiner Handlung führen –, sondern ist nur imstande, unter den inhaltlichen Antrieben eine Auswahl zu treffen. [...] In Analogie zu Rousseaus Dualismus von »amour de soi« und »amour propre« kennt Kant [...] durchaus Neigungen, die als konkrete, besondere und »natürliche« mit dem abstrakt-allgemeinen Prüfungsprinzip des Kategorischen Imperativ übereinstimmen können. [...] [G]rundsätzlich geht es darum, die Vernunft zu befragen, bevor man seinen ursprünglichen Neigungen folgt, oder wie Rousseau formuliert: »de consulter sa raison avant d'écouter ses penchants«.[60]

60 Maus, *Zur Aufklärung der Demokratietheorie*, S. 267 f.

Allerdings ist auch mit diesem Argument der kantische Gesetzesrigorismus keineswegs ausgeräumt.[61] Es wird vielmehr weiterhin festgestellt, dass der Kategorische Imperativ bis auf die Ebene ursprünglicher Neigungen durchgreifen soll – zwar nun nicht in der Form einer Unterdrückung individueller Neigungen überhaupt, aber doch so, dass das moralische Gesetz die Bedingungen diktiert, unter denen diese berechtigt sind.[62]

Noch unabhängig von der Frage, welchen Status das *moralische* Urteil in der Selbstregierung einnimmt, ist an dieser Stelle bereits klar, dass die romantische Ironie, zumindest hinsichtlich der hier diskutierten Motive, grundsätzlich einem Bild vernünftiger Selbstbestimmung widerspricht, das diese mit der Herrschaft vorausgesetzter Gesetze identifiziert, welche die individuellen Neigungen vorab unterdrücken oder wenigstens beschränken. Sie tut dies nicht dadurch, dass sie abstrakt die Unmittelbarkeit der individuellen Neigungen gegen die Vernünftigkeit allgemeiner Prinzipien ausspielt, sondern dadurch, dass sie deren Verhältnis in Bewegung bringt. An der romantischen Aufmerksamkeit für die situativ auftretenden Regungen der inneren Natur tritt hervor, dass die Frage, ob eine konkrete Bestrebung jeweils auf die Seite der Selbstsucht oder auf die der Selbstliebe gehört, keineswegs immer unproblematisch zu entscheiden ist.[63] Ob meine Bestrebungen auf die Seite der (heteronom bestimmten) Selbstsucht gehören, die sich in der Befriedigung partikularer Augenblicksbegierden verliert, oder aber auf die der (autonom sich bestimmenden) Selbstliebe, die sich in der pathetischen, weil von meinen Neigungen gestützten Identifikation mit allgemeinen Überzeugungen (dem Gesetz) gewinnt, kann zuweilen durchaus zur Disposition stehen.

61 Vollständig heißt es bei Rousseau denn auch: »Erst jetzt, wo die Stimme der Pflicht an die Stelle des körperlichen Triebs und das Recht an die Stelle des Begehrens tritt, sieht sich der Mensch gezwungen, der bislang nur sich selbst im Auge hatte, nach anderen Grundsätzen zu handeln und seine Vernunft zu befragen, bevor er seinen Neigungen Gehör schenkt.« Jean-Jacques Rousseau, *Vom Gesellschaftsvertrag oder Grundsätze des Staatsrechts*, Stuttgart 2003, S. 22.

62 Für eine Diskussion dieses Problems bei Rousseau vgl. unten, Kap. V, Abschn. 10.

63 Einen ähnlichen Punkt macht Robert Pippin gegen Christine Korsgaard geltend in »Über Selbstgesetzgebung«, in: *Deutsche Zeitschrift für Philosophie* 51/6 (2003), S. 905-926, hier bes. S. 913-921.

An dieser Stelle ist erneut[64] ein Blick auf die Handlung aus Unbeherrschtheit oder Willensschwäche angeraten, weil hier ein Fall vorliegt, in dem Bestrebungen, die meinen allgemeinen Überzeugungen widersprechen, ein solches Gewicht bekommen, dass sie handlungswirksam werden. Eine Handlung, die nicht mit meinen Prinzipien übereinstimmt, ist dabei durchaus eine Handlung aus einem Grund. Kant selbst trägt diesem Umstand mit der sogenannten »Inkorporationsthese« Rechnung, die besagt, dass Bestrebungen als solche nie kausal Handlungen verursachen können und daher erst zur Ursache, zur tatsächlichen »Triebfeder« einer Handlung gemacht werden müssen. Dies geschieht, indem sie mit einem Grund ausgestattet werden.[65] Alenka Zupančič hat darauf aufmerksam gemacht, dass damit auch die willensschwache oder neurotische Handlung in gewisser Weise eine – wie auch immer unbewusste – Entscheidung, also ein Stück Freiheit beinhaltet. Dass hier bereits eine Entscheidung involviert ist, bedeutet nicht nur, dass wir es bei dem Willensschwachen oder Neurotischen durchaus mit einem Subjekt zu tun haben (und nicht bloß mit einem Spielball fremder Kräfte). Es ist auch die Bedingung der Möglichkeit dafür, dass man sich – etwa am Ende einer Psychotherapie – gegen unbewusste Entscheidungen, wie sie sich zum Beispiel in Zwangshandlungen ausdrücken, selbst noch einmal entscheiden kann.[66]

Die Entscheidung zweiter Stufe, in der und durch die sich das Subjekt im vollen Sinne selbst bestimmt, ist bei Kant indes an die Vorstellung eines transzendentalen Subjekts gebunden. Die Annahme eines einzig durch Vernunft bestimmten Ortes, von dem

64 Vgl. die Auseinandersetzung mit Platons Bild des akratischen Demokraten oben, Kap. 1, Abschn. 4 u. 5.

65 Zur »Inkorporationsthese« vgl. Henry E. Allison, *Kant's Theory of Freedom*, Cambridge 1990, S. 39 f.

66 Vgl. Alenka Zupančič, *Das Reale einer Illusion. Kant und Lacan*, Frankfurt/M. 2001, S. 40-42. Das böse Subjekt, wie Kant es versteht, wählt demgegenüber die Möglichkeit einer solchen zweiten Entscheidung ab, in der es sich seine eigenen – unbewussten – Entscheidungen reflexiv aneignen könnte. Es soll sich – darin ähnlich dem platonischen Tyrannen und dem Frankfurtschen *wanton* – gewissermaßen auf der ersten Ebene seiner unmittelbaren Entscheidungen treiben lassen, ohne die jeweiligen Handlungsimpulse selbst noch einmal kritisch zu befragen und sich so zum vollen Subjekt seines Willens zu machen. Weil es sich mit einem Minimum an Freiheit zufrieden gibt, ist es böse; es ist böse, weil es die Unfreiheit frei wählt (vgl. Zupančič, *Das Reale einer Illusion*, S. 46).

her das Subjekt seine Orientierung wählen soll, impliziert nun aber ebenjenen Rigorismus, durch den die individuellen Neigungen des Einzelnen, wo nicht völlig abgespalten, so doch vorab durch das von transzendentaler Ebene erlassene Gesetz beschränkt werden sollen. Die Romantiker haben aufgrund ihrer Sensibilität für die Ereignisse der inneren Natur gegenüber Kant, wie ich meine, das Verdienst, das Subjekt der zweiten Entscheidung als ein Subjekt vorstellbar gemacht zu haben, das nicht souverän vom leeren Ort transzendentaler Freiheit aus die Abspaltung (von Teilen) seiner Antriebe verfügt, sondern als ein Subjekt, dessen Autonomie von seinen Leidenschaften affizierbar bleibt.[67]

Ohne diese Bedingung gäbe es weder Fälle von Willensschwäche noch die Möglichkeit zu Selbstkritik und Selbstrevision; es gäbe also präzise jene Phänomene nicht, die doch gemeinhin nicht nur als eine wesentliche Möglichkeit unserer praktischen Vernunft, sondern auch als ein wesentliches Moment unserer Freiheit gelten.[68] Zwar ist es so, dass es sich bei dem Grund, der meine willensschwache oder unbeherrschte Handlung motiviert, um einen aus der Perspektive meiner Prinzipien illegitimen Grund handelt, um einen Grund, den ich nicht als einen solchen gelten lassen kann, und das heißt: um eine bloße Kraft. Darin besteht die Irrationalität der willensschwachen oder unbeherrschten Handlung. Jedoch kann es eben auch Fälle geben, in denen durch die Wirkung oder Insistenz dieser Kraft eine Reflexion in Gang gesetzt wird, an deren Ende eine Revision meiner Prinzipien stehen mag – dergestalt, dass der Grund des von den bisherigen Prinzipien abweichenden Handelns nun explizit als ein solcher anerkannt wird. Wenn ich etwa das Prinzip habe, immer souverän zu sein, so kann das, was aus der Perspektive dieses Prinzips bloß wie eine Schwäche erscheint, unter Umständen Anlass zu einer Reflexion geben, an deren Ende die Einsicht stehen mag, dass man auf den Anspruch permanenter Souveränität verzichten muss, um menschlich zu werden.

Die Möglichkeit solcher Selbstrevisionen als einen wichtigen

67 Für diesen Einsatz der Romantiker gegenüber Kant vgl. auch Gerhard Gamm, »Die Unausdeutbarkeit des Selbst«, in: ders., *Nicht nichts. Studien zu einer Semantik des Unbestimmten*, Frankfurt/M. 2000, S. 207-227, hier S. 209.

68 Vgl. oben, Kap. I, Abschn. 5 sowie erneut auch Donald Davidson, »Paradoxien der Irrationalität«, in: ders., *Probleme der Rationalität*, Frankfurt/M. 2006, S. 285-315, hier S. 314 f.

Aspekt menschlicher Freiheit zu verteidigen heißt, einen nichtrigoristischen Begriff der Selbstbestimmung zu verteidigen. Am Fall der Selbstrevision zeigt sich nämlich, dass auch die Ebene der zweiten Entscheidung, das heißt die Ebene der Reflexion, in der ich mich wertend zu meinen »Triebfedern« verhalte, selbst nicht von ihnen und ihrer Kraft unberührt bleiben kann. Und dies impliziert weiter, dass Selbstbestimmung nicht als der Akt eines einheitlichen Subjekts vorgestellt werden kann, das sich souverän zu seinen Bestrebungen verhält. Denn die Entscheidungen, die ich zur Veränderung meiner selbst treffe, erfolgen stets im Namen eines Selbst, das es vor dem Akt der jeweiligen Selbstbestimmung so noch nicht gibt. Ich bringe mich erst als dieses oder jenes Subjekt mit diesen oder jenen für mein Selbst- und Weltverhältnis konstitutiven Prinzipien im Akt der Selbstbestimmung hervor.

Wenn dieser Begriff von Selbstbestimmung offenbar nicht von der Kritik am Subjektivismus getroffen werden kann, sondern, weil sich das Subjekt hier aus einer Erfahrung seiner Selbstdifferenz immer wieder neu erst gewinnen muss, selbst einen Einwand gegen den Subjektivismus enthält, so stellt sich die Frage, welche Konsequenzen ein solcher Begriff von Selbstbestimmung für das Problem der Vermittlung von Besonderem und Allgemeinem hat, von dem wir ursprünglich ausgegangen waren. Nach Hegel war dies ja das zentrale – und unbewältigte – Problem der Moralität. Was also trägt die romantische Ironie (in den hier verteidigten Motiven) zum Begriff der Moralität bei?

II. Konflikte mit und in der Moral

Auch wenn der reflektierte Bezug auf die unwillkürlichen Äußerungen des »natürlichen Willens«, das heißt auf »Begierde, Trieb, Neigung usf.« (Rph 139), die sich im lebendigen Austausch mit der Welt regen, nicht an sich schon als böse qualifiziert werden kann, so weiß doch derjenige, der für sie sensibel ist, zweifellos nicht nur um deren produktives Potential für die Akte seiner Selbstbestimmung, sondern damit zugleich auch darum, dass die moralische Haltung nicht die einzig mögliche ist – in der Tat kennt er die Quelle des Bösen in sich. Zugleich aber ist ebendies auch die Bedingung der Möglichkeit einer wahrhaft moralischen Haltung. So wäre jemand, der die inneren Widerstände gar nicht kennt, gegen die die moralische Perspektive zuweilen durchgesetzt werden muss, vielleicht heilig, nicht aber eigentlich moralisch zu nennen. Das Bewusstsein um das gespannte Verhältnis zwischen der Orientierung an individueller Glückseligkeit auf der einen und der Orientierung an moralischer Verallgemeinerbarkeit auf der anderen Seite gehört zum moralischen Bewusstsein hinzu. Wie der Heilige aber kann auch derjenige kaum moralisch genannt werden, der moralisch nur aus Gründen der Konvention ist.[69] Auch dieser Umstand tritt an der romantischen Ironie hervor.

Anders als es in Hegels Polemik den Anschein hat, rückt allerdings die romantische Ironie keineswegs nur die Möglichkeit in den Blick, dass die Orientierung an individueller Glückseligkeit mit der moralischen Forderung nach Verallgemeinerbarkeit der jeweiligen Maximen in Konflikt geraten, dass also die Moral von außen mit der Unmoral konfrontiert werden kann. Die romantische Ironie gibt auch den Blick frei für Konflikte *in* der Moral. Indem die romantische Ironie mit ihrem Bewusstsein für die prinzipielle Unmöglichkeit einer vollständigen und letzten Entsprechung zwischen natürlichem Grund und sozialer Gestalt des Subjekts einen wesentlich geschichtlichen, das heißt Veränderung ebenso wie aktive Bestätigung bestehender Selbst- und Weltverständnisse einschließenden Begriff von Selbstbestimmung herausstellt, legt sie zugleich auch die Quelle moralischer Konflikte offen. Mit ihrer Sensibilität für die Äußerungen der inneren Natur und ihrem Faible für die Abweichung machen die romantischen Ironiker explizit, dass die Möglichkeit der, mit Hegel, »Entzweiung« des Subjekts aus einer bestehenden Sittlichkeit in einer anderen gründet: der »Entzweiung« des Subjekts in sich. Die eine Entzweiung ist dabei so unaufhebbar wie die andere: Die sittliche Allgemeinheit ist aufgrund

69 Vgl. Martin Seel, »Über das Böse in der Moral«, in: ders., *Sich bestimmen lassen*, S. 246-257, hier bes. S. 249 f., 252 f.; eindrücklich zu diesem letzten Punkt auch Hannah Arendt, »Personal Responsibility Under Dictatorship«, in: dies., *Responsibility and Judgment*, New York 2003, S. 17-48, hier bes. S. 44 f. Sofern man mit Michel Foucault in ebendiesem der bloßen Konventionalität entgegengesetzten Verständnis der Moral eine Reformulierung Kantischer Intentionen sehen mag, wäre dies eine Reformulierung, die in dem hier verteidigten Sinn romantisch zu nennen wäre. Vgl. Michel Foucault, »Was ist Aufklärung?«, in: ders., *Ästhetik der Existenz. Schriften zur Lebenskunst*, Frankfurt/M. 2007, S. 171-190, hier bes. S. 185.

der – latent immer gegebenen, zuweilen aber auch ausdrücklich erfahrenen – Selbstdifferenz der von ihr Betroffenen niemals vor Kritik, vor Veränderung gefeit. Denn Veränderungen auf der Ebene der Selbst- und Weltverständnisse Einzelner implizieren – mal unmerkliche, mal drastische, politische Kämpfe um Anerkennung involvierende – Veränderungen der Praxis, an der diese Einzelnen teilhaben.

Gerade vor diesem Hintergrund gewinnt indessen Hegels berechtigte Kritik an Kant, dass eine gegebene Sittlichkeit notwendig in den Kategorischen Imperativ hineinwirkt, dass also das moralisch Allgemeine niemals so allgemein sein kann, wie es bei Kant den Anschein hat, selbst eine moralphilosophische Pointe; eine Pointe freilich, die Hegel aufgrund seiner eigenen ironiekritischen Prämissen nicht hinreichend herausgearbeitet hat: Das moralisch Allgemeine muss als umstritten und historisch wandelbar vorgestellt werden. Weil es keine letzte und endgültige Entsprechung zwischen natürlichem Grund und sozialer Gestalt des Subjekts geben kann, kann es nämlich zu Verschiebungen und somit auch zu Differenzen auf der Ebene der bei Kant unproblematisch vorausgesetzten Ebene intersubjektiv geteilter Welt- und Selbstverständnisse kommen, die ihrerseits auf die Ebene des moralischen Urteils durchschlagen können. In diesen Fällen stehen sich nicht die Orientierung an individueller Glückseligkeit und das Prinzip moralischer Verallgemeinerbarkeit gegenüber, sondern es stehen sich gewissermaßen zwei moralische Allgemeinheiten gegenüber: zwei verschiedene Ansichten darüber, was als moralisch verallgemeinerungsfähig gelten kann. Wenn ich beispielsweise nicht der Ansicht bin, dass Homosexualität verwerflich ist, werde ich die Maxime, dass man Homosexuelle rechtlich verfolgen und öffentlich diskriminieren sollte, für moralisch falsch, und das heißt: für nicht verallgemeinerbar halten; wenn ich nicht der Ansicht bin, dass Frauen von Natur aus irrational sind, werde ich die Maxime, dass man sie von den Wahlurnen und den Universitäten fernhalten sollte, nicht für verallgemeinerbar halten – und so weiter.

Mit dieser Art von moralischen Konflikten, die sich aus einer Differenz auf der Ebene von kollektiven Deutungsmustern ergeben, die das moralische Selbstverständnis einer Gesellschaft bestimmen, wird noch einmal ausdrücklich, was bereits eine Implikation der sokratischen Reflexion moralisch komplexer Fälle gewesen war – dass die moralische Frage, ob meine Maxime zu einem allgemeinen Gesetz werden sollte, letztlich gleichbedeutend ist mit der Frage, ob meine Situationsdeutungen, und das heißt immer auch: mein in diesen sich ausdrückendes Selbst- und Weltverständnis, angemessen sind.[70] Der einzige Ort aber, an dem sich dies auf eine selbstredend immer nur fallible Weise zeigen kann, ist der einer intersubjektiven Wahrheitspraxis, in der sich die Frage, ob eine Einstellung als unmoralisch und böse verurteilt oder vielmehr gegen gängige Vorurteile als moralisch und gut verteidigt werden muss, aus Gründen entscheidet. Der Sinn dessen, was hier »intersubjektive Wahrheitspraxis« heißt, vertieft sich in der Perspektive der Romantiker allerdings. Während sich die sokratische Reflexion vor einem weitgehend geteilten kulturellen Hintergrund vor allem auf die Frage der Vollständigkeit und Angemessenheit von Situationsbeschreibungen richtet, geht es in der moralischen Reflexion, die im Blick auf die romantische Ironie hervortritt, um den kulturellen Hintergrund selbst. Für die Frage, ob eine Situation angemessen beschrieben wird, ist nun auch relevant, mit welchen Kategorien und aus welcher Perspektive eine Situation beschrieben wird. Die romantische Ironie verweist, ausdrücklicher noch als die sokratische, auf den Umstand, dass sich die im Kategorischen Imperativ vorausgesetzten Gemeinsamkeiten auf der Ebene von Welt- und Selbstverständnissen keineswegs von selber verstehen. Gerade dadurch wird an ihr aber zugleich – gegen Kant und gegen Hegel – deutlich, dass der Sinn moralischer Diskurse keineswegs in der Produktion von Tautologien bestehen kann.

Weil die Ebene geteilter Welt- und Selbstverständnisse nicht einfachhin als stabil vorausgesetzt werden kann, besteht der Sinn moralischer Diskurse nicht zuletzt im Streit um die und in der Herstellung der entsprechenden Gemeinsamkeiten. Der Umstand, dass die Gemeinsamkeit von Welt- und Selbstverständnissen nicht nur Voraussetzung, sondern eben auch Gegenstand und Ziel moralischer Diskurse ist, erhält dann den Sinn einer Entwicklung: den eines Prozesses der Universalisierung. Aber dieser Prozess ist nicht als eine stufenweise Annäherung an eine letzte Totalinklusion vorzustellen, sondern als ein diskontinuierlicher Prozess, in dem sich die jeweils hegemonialen Formulierungen des Allgemeinen immer

70 Vgl. hierzu auch noch einmal Wellmer, *Ethik und Dialog*, S. 125 f.

wieder auf die Herausforderungen durch Alternativen zu öffnen haben. Solche Öffnungen geschehen nicht von selber; vielmehr involvieren sie zumeist einen politischen Kampf um die Anerkennung ebenjener Lebensformen, aus denen die alternativen Bestimmungen des moralisch Gebotenen herrühren.

Sofern man dem Umstand Rechnung tragen wollte, dass der Gedanke eines solchen Universalisierungsprozesses (sowie die Idee der Aufklärung, die mit ihm verbunden ist) durchaus Hegelsche Intuitionen enthält, wäre diesen allerdings nur durch eine entschiedene Korrektur an den ironiekritischen Strängen der hegelschen Argumentation die Treue zu halten. Gleiches gilt für Hegels Projekt der Konzeption einer modernen Sittlichkeit, in welcher der subjektiven Freiheit Raum gegeben wäre. Gerade wenn man die Moralität nicht mehr im ganzen für einen sich radikalisierenden Prozess der Entgegensetzung von subjektiver Freiheit und sittlicher Allgemeinheit stehenlässt, ergibt sich die Notwendigkeit eines sittlichen Allgemeinen, »das die Einzelnen«, im Unterschied zum sittlichen Allgemeinen der Antike, »[...] freier um sich herumspielen läßt«, wodurch jene wiederum diesem »Allgemeinen nicht so gefährlich werden« können (GPh I 507). Ein solches sittliches Allgemeines wäre reflexiv geworden; in ihm wäre die Möglichkeit der Infragestellung von je konkreten Bestimmungen des sittlichen Allgemeinen in den Begriff des sittlichen Allgemeinen selbst eingegangen. Der Übergang von der Moralität in die Sittlichkeit würde dann keine Überwindung der Ironie mehr beinhalten. Wenn sich die Ironie, wie ich argumentiert habe, nicht auf eine Figur der radikalen Entfremdung von der normativen Dimension sittlichen Lebens überhaupt reduzieren lässt, sondern als eine der dynamischen Vermittlung von subjektiver Freiheit und sittlichem Allgemeinen verstanden werden kann, dann braucht die von der Ironie geprägte moderne Subjektivität nicht therapiert zu werden. Im Gegenteil erhielte die Ironie dann die produktive Dimension, die ihr in Hegels System eigentlich zukommen müsste: als ein Phänomen, das – in gewisser Hinsicht der Rolle des Verbrechens für den Übergang vom abstrakten Recht zur Moralität vergleichbar[71] – von der Ebene der

71 Vgl. hierzu Andrew Norris' Feststellung, dass die Ironie bei Hegel in systematischer Hinsicht einen dem Verbrechen vergleichbaren Ort einnimmt: »Das Verbrechen macht die Moralität insofern möglich, als über den Kriminellen, der gegen die vertraglichen Bedingungen des abstrakten Rechts verstößt, nur

Moralität zurück und über sie hinaus auf eine andere Dimension weist: auf die Dimension der Sittlichkeit. Zurück auf die Dimension der Sittlichkeit verweist die Ironie deshalb, weil der ihr korrespondierende moralische Diskurs sowohl in seiner sokratischen als auch, radikaler noch, in seiner romantischen Gestalt auf die Ebene der intersubjektiv geteilten Welt- und Selbstverständnisse verweist. Diese Ebene liegt aber, wie wir gesehen haben, dem moralischen Diskurs nicht nur zugrunde, sondern ist auch sein Gegenstand und sein Ziel. Wenn das wiederum richtig ist, dann muss die Moralität auch auf die Sittlichkeit vorausweisen, denn die Moralität impliziert dann bereits auch einen Wandel im Begriff der Sittlichkeit selbst: von einer unbedarften zu einer im eben genannten Sinne reflexiven Sittlichkeit. Eine solche Sittlichkeit wäre in dem Maße modern zu nennen, wie die Vermittlung von Allgemeinem und Besonderem nicht nur – qua sozialer Praxis – als immer schon gegeben vorausgesetzt werden kann, sondern dieser Praxis zugleich aufgegeben bleibt. Aufgrund der Verzerrungen, die sich auf der Ebene der Moralität durch die Kritik der Ironie ergeben, ist Hegel selbst jedoch dieser Ausgang partiell verstellt geblieben. Daraus sind Spannungen in seiner Theorie entstanden. Der Anspruch der Ausarbeitung einer modernen Konzeption der Sittlichkeit, welche die subjektive Freiheit in sich aufgehoben hätte, bricht sich immer wieder an konservativeren Argumenten, die nicht zuletzt aus seiner verfehlten Kritik der Ironie resultieren. Das Recht der Ironie kann deshalb – auf negative Weise – auch noch einmal an jenen Argumenten deutlich werden, die das Projekt der Aufhebung der subjektiven Freiheit in die Sittlichkeit am Ende doch in eine Verdrängung der subjektiven Freiheit aus der Sittlichkeit zu verkehren drohen.

aus einer Perspektive, die dieses Recht respektiert, aber dennoch transzendiert, geurteilt werden kann. [...] Mit der Ironie muss es sich im Wesentlichen ebenso verhalten. [...] Denn sie verweist auf die Notwendigkeit der Sittlichkeit wie das Verbrechen auf die Notwendigkeit der Moralität. [...] Dennoch bleibt fraglich, wie die Ironie tatsächlich die große, produktive Rolle spielen soll, die Hegel ihr in systematischer Hinsicht zuzuweisen scheint. Denn Hegel präsentiert die Ironie zumeist so, als löse sich unter ihrer Berührung alles in eine beliebige Grille des Subjekts auf [...].« Norris, »Wollen und Entscheiden«, S. 104 f.

12. Hegels Verdrängung der subjektiven Freiheit aus der Sittlichkeit

Die falsche Abstraktion von der Allgemeinheit, die der moralische Standpunkt nach Hegels Diagnose vornimmt, kann Hegel seinem eigenen Anspruch nach nicht durch eine schlichte Rückkehr zur »unbefangenen Sittlichkeit« kurieren. Vielmehr soll »die Erkenntnis, die den Sündenfall gebracht [...], ebenso das Prinzip der Erlösung« bringen (GPh I 515). Ziel ist es, die Moralität so zu überwinden, dass dabei die Errungenschaft der Moralität, das Prinzip der Erkenntnis in die Welt gebracht zu haben, nicht unterschritten, sondern aufgehoben wird. Wie versucht Hegel also einerseits, nicht hinter den Schritt zurückzufallen, der mit Sokrates gesetzt ist, andererseits aber die Pathologien zu vermeiden, die er der Moralität und der subjektiven Freiheit attestiert? Es seien hier nur knapp zwei vielfach kritisierte und miteinander zusammenhängende Argumentationsstufen hervorgehoben, mit denen Hegel auf dieses Problem in seiner Rechtsphilosophie reagiert.

Auf der ersten wird die Idee der Freiheit an das »lebendige Gute« gebunden (Rph § 142). Bereits hier ist auf problematische Weise mehr gemeint als die Korrektur eines subjektivistischen Selbstmissverständnisses durch die Einsicht in die konstitutive Rolle der sozialen Praxis, die aller Subjektivität (und damit auch: aller subjektiven Freiheit und aller Ironie) vorausliegt. Vielmehr nimmt, wie Michael Theunissen gezeigt hat, »das lebendige Gute einen dem absoluten Geist entsprechenden Ort ein. Es steht dem endlichen Subjekt nicht mehr gegenüber, sondern übergreift Selbstbewußtsein und Welt als deren gemeinsamer Grund. [...] Das lebendige Gute ist das im platonischen und aristotelischen Sinne gute Leben mitsamt dem absoluten Maßstab, an dem dieses sich ausrichtet.«[72] In ebendem Maße, wie sie als lebendiges Gutes gefaßt wird, kann es denn auch in der Sittlichkeit nichts mehr geben, was ihr gefährlich werden kann; das Gute universalisiert sich. »Diese Universalisierung des Guten«, so Theunissen weiter, »beruht auf der geschichtsphilosophischen Prämisse, daß die Wirklichkeit im wesentlichen gut geworden sei«.[73] Freilich ist diese Universalisierungsbewegung

72 Theunissen, »Die verdrängte Intersubjektivität in Hegels Philosophie des Rechts«, S. 325.

73 Ebd.

eine ganz andere als diejenige, die wir eben als den – prinzipiell unendlichen – Universalisierungsprozess der Moral beschrieben haben. In der Perspektive eines universal Guten kommt denn auch konsequenterweise das Böse nicht mehr vor, und auch die »Eigenwilligkeit und das eigene Gewissen des Einzelnen, das für sich wäre und einen Gegensatz gegen sie machte, [ist] verschwunden« (Rph § 152). In diesem Zusammenhang steht, dass die Individuen zur konkreten Sittlichkeit in einem Verhältnis der Anerkennung von und Identifikation mit deren Gültigkeit stehen müssen. Der sittlichen Substanz kommt im Selbstbewusstsein der Einzelnen Objektivität zu; sie gilt ihnen als »eine absolute, unendlich festere Autorität und Macht als das Sein der Natur« (vgl. Rph § 146). Naturhafter als die Natur aber wird das Geschichtliche blind wie diese: die Sittlichkeit tritt den Einzelnen als ein sinnesfremdes, unwandelbares Gesetz entgegen.

Ist die Sittlichkeit erst einmal dergestalt als das objektiv Gute bestimmt, ist es nur konsequent, dass bei Hegel weiter zu lesen ist, es sei die »Pflicht«, die das Individuum »zur substantiellen Freiheit« befreie (Rph § 149), und Tugend sei nichts anderes als »die einfache Angemessenheit des Individuums an die Pflichten der Verhältnisse, denen es angehört« (Rph § 150). Die Vermittlung von subjektiver Freiheit und sittlicher Allgemeinheit wird also geleistet über eine Operation, in der zunächst für die Ordnung einer Sittlichkeit Objektivität geltend gemacht wird, um sodann die Wahrheit der subjektiven Freiheit beziehungsweise des subjektiven Selbstbewusstseins als die »Gewißheit« dieser Objektivität zu bestimmen (vgl. Rph § 153). Diese Gewissheit hat ihren Rückhalt im »Selbstgefühl«, und das heißt hier genauer: in der »verhältnislosen Identität«, in der das Subjekt mit der sittlichen Substanz zusammenstimmt (Rph § 147). Für die Idee, dass dem Subjekt die »Gesetze und Gewalten« (Rph § 146) der Sittlichkeit nicht als etwas Fremdes gegenübertreten, sondern im Gegenteil als *»von seinem eigenen Wesen«* (Rph § 147) gegeben sein sollen, für die Idee einer absoluten Identität von sittlichem und individuellem Guten also, ist es entscheidend, dass die »erste Natur zu einer zweiten geistigen« »umgewandelt« wird, so dass in der »Gewohnheit« der zweiten Natur »der Gegensatz des natürlichen und subjektiven Willens« »verschwindet«, »der Kampf des Subjekts« »gebrochen« wird (vgl. Rph § 151 Z). In dem Maße, wie sich die Sittlichkeit als Natur präsentieren soll, muss alles Naturhafte aus ihr weichen. Konsequenterweise werden die Leidenschaften in diesem Zusammenhang nicht mit Ereignissen der inneren Natur assoziiert, sondern als »lebendiger« Ausdruck der zweiten verstanden: als Ausdruck von deren Affirmation. Die Leidenschaften sind dann Teil einer aristotelischen Tugendkonzeption, der zufolge Tugend heißt, »sich nach allgemeinen Zwecken bestimmen, nicht nach partikulären Zwecken«, und zwar so, dass »auch der Mensch, das Herz, das Gemüt, identisch damit sei« (GPh I 474). Die Leidenschaften sind für Hegel hier mit anderen Worten lediglich eine weitere Weise, wie sich die sittliche Allgemeinheit am Einzelnen realisiert (GPh I 475). Indem sie ihren natürlichen Willen restlos überwindet, soll sich die Subjektivität in der Objektivität der Sittlichkeit selbst aneignen und in der Allgemeinheit der Tugend beziehungsweise der zweiten Natur besitzen.[74] »Geist als zweite Natur jedoch«, kommentiert Adorno diesen Zug bei Hegel, »ist die Negation des Geistes, und zwar desto gründlicher, je mehr sein Selbstbewußtsein gegen seine Naturwüchsigkeit sich abblendet.«[75]

Allerdings ist die Gewissheit auch für Hegel noch keine Erkenntnis der Objektivität des Sittlichen. Sie wäre auch auf der Stufe der »unbedarften Sittlichkeit« zu haben. Und Erkenntnis darf natürlich bei Hegel nicht als Reflexion verstanden werden. Ausdrücklich schreibt er, dass die »verhältnislose Identität« von Subjekt und sittlicher Substanz, die sich im »Selbstgefühl« ausdrücken soll, zwar in ein – dann schon nicht mehr totalidentisches – Verhältnis der Überzeugung und des Glaubens übergehen kann, »in eine Einsicht durch Gründe, die auch von irgend besonderen Zwecken, Interessen und Rücksichten, von Furcht oder Hoffnung oder von geschichtlichen Voraussetzungen anfangen können. Die *adäquate Erkenntnis* derselben aber«, setzt er hinzu, »gehört dem denkenden Begriffe an« (Rph § 147).

Hier beginnt die zweite Stufe von Hegels Argumentation, die ich erwähnen möchte, weil es in ihrem Kontext bekanntermaßen nicht bei der Aktualisierung des aristotelischen Tugendbegriffs bleibt, dessen Spuren Teile der jüngeren Forschung an Hegel stark-

74 Auf die Kosten dieser Operation aufmerksam zu machen ist eine der Pointen von Jacques Derridas Hegel-Lektüre sowie ihrer Montage mit einem Text zu Jean Genet in *Glas*, München 2006.

75 Adorno, *Negative Dialektik*, S. 350.

machen.[76] Im Gegenteil: In seiner Konzeption des über die vorreflexive Gewissheit hinausgehenden Erkennens des sittlich Objektiven reinstalliert Hegel selbst ebenjenen Dualismus von theoretischem und praktischem Subjekt, den er an Sokrates – und aller folgenden »Reflexionsphilosophie« – kritisiert hatte.[77] Denn Hegel stößt nun von dem anerkennungstheoretisch anschlussfähigen Begriff von Freiheit als Im-Andern-bei-sich-selbst-Sein[78] zu einer Bestimmung vor, die sie als die Freiheit des Denkens fasst, das er – gegen die »Reflexionsphilosophie« – platonisch und aristotelisch als Teilnahme am Absoluten versteht. Den Widerspruch zwischen dem »einzelnen Subjekt als endlicher Form des *Geistes*« und »dem einzelnen Subjekt als *endlicher* Form des Geistes«, der in diesem Zusammenhang zu entstehen droht, löst Hegel, wie Rolf-Peter Horstmann herausgearbeitet hat, einerseits durch eine Formalisierung der Freiheit, die nun als reines Bei-sich-Sein bestimmt wird, und andererseits, damit einhergehend, durch eine systematische Trennung von erkennendem und handelndem Subjekt.[79] Bereits die Formalisierung der Freiheit als reines Bei-sich-Sein scheidet gerade das aus dem Freiheitsbegriff aus, was die Formel vom Im-

76 So sieht Terry Pinkard die eigentliche Pointe von Hegel gegen Kant darin, dass »[d]ie innerhalb der SITTLICHKEIT getroffenen praktischen Urteile [...] keine Sache der Anwendung von Prinzipien auf Einzelfälle« sind, sondern vielmehr auf unsere praktisch erworbene Fertigkeit zurückgehen, »den normativen Gehalt besonderer Situationen wahrzunehmen«. Diese erlernte Fertigkeit versetze uns in die Lage, »ein praktisches Urteil über das in diesen Situationen erforderliche Tun zu fällen, ohne im Stande sein zu müssen, dafür eine Regel anzuführen [...].« Diese quasi automatische Weise, sich im sozialen Raum zu orientieren, belegt Pinkard auch mit dem Begriff der Tugend. Vgl. Terry Pinkard, »Tugend, Moral und Sittlichkeit. Von Maximen zu Praktiken«, in: *Deutsche Zeitschrift für Philosophie* 49/1 (2001), S. 65-87, hier S. 80 f. Tatsächlich fällt es aber nicht ganz leicht zu sehen, inwieweit der Hinweis auf den Umstand, dass wir in moralischen Dingen zuweilen automatisch urteilen, weil wir entsprechend eingeübt worden sind, auch eine Antwort auf die solche Automatismen gerade ausschaltenden Situationen sein kann, auf die sich die moralische Reflexion richtet.

77 Vgl. Rolf-Peter Horstmann, »Subjektiver Geist und Moralität. Zur systematischen Stellung der Philosophie des subjektiven Geistes«, in: Dieter Henrich (Hg.), *Hegels philosophische Psychologie*, in: *Hegel-Studien*, Beiheft 19 (1979), S. 191-199, hier S. 197 f.

78 Vgl. zu einer Aktualisierung Hegels in diese Richtung Honneth, *Leiden an Unbestimmtheit*, bes. S. 17-35.

79 Horstmann, »Subjektiver Geist und Moralität«, S. 197.

Anderen-bei-sich-selbst-Sein in ihn zu integrieren versprach – das Bestimmtsein durch Andere(s) (vgl. Rph §§ 22, 23). Überdies ist diese formal als Bei-sich-Sein gefasste Freiheit nur die Freiheit des erkennenden Subjekts. Als handelnd nämlich kann das Subjekt, gerade insofern es sich als Einzelnes versteht, Freiheit im Sinne der Identität mit sich nicht beanspruchen, denn Handlung fasst Hegel als eine Bestimmung des Willens, der subjektiv, auf dem Standpunkt der »Differenz, Endlichkeit und Erscheinung«, verharrt (Rph § 108, vgl. auch Rph § 113).

Hat die erste Stufe das Problem, dass Hegel mit seiner geschichtsphilosophisch überfrachteten Idee der Sittlichkeit als »lebendiges Gutes« hinter dem Reflexionsniveau der Moralität zurückzubleiben droht, weil sich die subjektive Freiheit hier in der auf Gewohnheit fußenden Gewissheit der Objektivität des Sittlichen erschöpft und darin eben noch nicht erkennend ist, so ist die Schwierigkeit der zweiten Stufe, dass das Denken, mit dem Hegel die moralische Reflexion überbieten will, mit einer Ablösung des theoretischen vom praktischen Subjekt bezahlt ist. Letzteres schlägt sich nicht zuletzt auch in einer Distinktion des in privilegierter Weise zum »adäquaten Erkennen« fähigen Philosophen vom großen Rest der bloß reflektiert Handelnden nieder. Im Blick auf diese Argumente aber muss das Projekt der Aufhebung einer von subjektivistischen Missverständnissen befreiten subjektiven Freiheit in die Konzeption einer modernen Sittlichkeit wohl als gescheitert gelten.

13. Das Rätsel der sokratischen Tugend und die Historizität des Guten

In der Linie, die Sokrates und Schlegel mit Kant sowohl verbindet als auch trennt, haben wir hingegen gesehen, dass sich die Moralität keineswegs auf jene subjektivistische Einseitigkeit reduzieren lässt, die Hegel ihr zuschreibt. Vielmehr zeichnet sich in dieser Fluchtlinie die Notwendigkeit einer tatsächlichen Aufhebung der Moralität wie der ihr korrespondierenden subjektiven Freiheit in eine durch diese Operation intern plural und dynamisch zu denkende Sittlichkeit ab – eine Sittlichkeit also, die insofern tatsächlich modern genannt werden könnte, als in ihr der Möglichkeit des Streits um das Gute Raum gegeben wäre. Vor dem Hintergrund meiner

Überlegungen zur demokratischen Ontologie des Guten im letzten Kapitel kann eine solche Sittlichkeit überdies demokratisch heißen.

In diesem Sinn kann Sokrates – ganz entgegen der Rolle, die Platon ihn in der *Politeia* spielen lässt – als der erste wahrhaft demokratisch gesonnene Philosoph ausgezeichnet werden. Denn sein individuelles Tun stellt dem philosophischen Systemdenken eine Wahrheitspraxis gegenüber, die betont, dass uns der Ausblick auf das Gute einzig im Wissen des Nichtwissens gegeben ist. Das heißt auch, dass die Philosophie weder eine privilegierte Einsicht in das Gute für sich beanspruchen noch einen über alle Praxis erhabenen Standpunkt einnehmen kann, von dem aus anzugeben wäre, was das Gute ist. Konsequenterweise zeugt daher auch die sokratische Reflexion auf den moralisch komplexen Einzelfall zumindest latent von der Diskontinuität, die prinzipiell zwischen der Ordnung des Wissens und der Ordnung des Urteils oder der Entscheidung besteht. Urteile bringen zum Abschluss, was sich aufgrund der Endlichkeit unseres praktischen Wissens doch nie objektiv, mit letzter Gewissheit abschließen lässt; darin besteht ihr dezisionistisches Moment. Was ich im besten Wissen und Gewissen für das in der jeweiligen Situation moralisch Gebotene halte, kann sich im Lichte anderer Situationsbeschreibungen als falsch herausstellen: etwa weil ich einen wichtigen Aspekt übersehen habe oder – und diese Möglichkeit tritt erst mit den Romantikern explizit als solche hervor – weil sich das Selbst- und Weltverständnis, das in meiner Situationsbeschreibung zum Ausdruck kommt, selbst als moralisch zweifelhaft herausstellen kann. Nicht nur kann ich mich hinsichtlich der Vollständigkeit einer Situationsbeschreibung täuschen, auch können sich die Kategorien, in denen ich sie vornehme, im Lichte von bisher unerhörten Argumenten und ungesehenen Problemen als unangemessen, ja als falsch erweisen. Die Perspektivenpluralität, die in den entsprechenden moralischen Konflikten zutage tritt, ist nicht denkbar ohne die von den Romantikern entdeckte oder besser: betonte Quelle der Differenz. Die Frage nach dem Guten erneuert sich in ethischer wie moralischer Hinsicht immer wieder, weil es niemals zu einer vollständigen und letzten Entsprechung von innerer Natur und sozialer Gestalt des Subjekts kommen kann. Das Subjekt bleibt notwendig einer veränderliche Welt und damit der Möglichkeit einer Veränderung seines eigenen Selbst- und Weltverhältnisses ausgesetzt.

Am Ende wirft die romantisch forcierte und darin so moderne Einsicht in die Quelle der Differenz Licht auch auf den vielleicht rätselhaftesten Zug an Sokrates: dass wir, wie Hegel formuliert, »*wohl wissen*, was er gewesen ist, aber nicht, *wie* er das geworden ist« (GPh I 453[80]). Dass Sokrates tatsächlich selbst nicht wusste, wie seine viel gerühmte Tugendhaftigkeit, wie er selbst möglich war, dass er sich mit anderen Worten selbst wesentlich intransparent war, ist laut Alexander Nehamas die letzte und komplexeste Dimension der sokratischen Ironie.[81] Sokrates mag ein Vorbild an Tugend gewesen sein, nicht aber war er darauf ansprechbar wie ein Experte; was ihn zur Tugend gebildet hat, ließ sich offenkundig von ihm nicht als ein System von Lehrsätzen weitergeben. So wie die sokratische Ironie als philosophische Praxis gegen die Vorstellung steht, dass sich das Gute als objektives Wissen fassen lässt, so steht sie als das Rätsel seines vorbildhaften Lebens gegen die Vorstellung, dass sich Tugendhaftigkeit im Besitz eines solchen Wissens erfüllt. Die sokratische Tugend strebt nicht nach Erlösung; sie öffnet sich vielmehr auf ihre eigene Historizität – das jedenfalls tritt aus der hier als romantisch verteidigten Perspektive an ihr hervor.[82] Versteht

80 Damit zitiert er eine Beobachtung des (ansonsten vielfach kritisierten) Philosophiehistorikers Wilhelm Gottlieb Tennemann.

81 Vgl. Alexander Nehamas, *The Art of Living. Socratic Reflections from Plato to Foucault*, Berkeley, Los Angeles u.a. 1998, S. 86.

82 Der hier implizierte Begriff von Geschichte ist damit allerdings ein ganz anderer als derjenige, der in der Perspektive der im letzten Abschnitt hervorgehobenen Argumente bei Hegel in den Blick tritt. Vor dem Hintergrund einer Verkehrung, die aus dem »Begriff des Willens den Willen des Begriffs« macht (Theunissen, »Die verdrängte Intersubjektivität in Hegels Philosophie des Rechts«, S. 332.), ist es nur konsequent, dass die Geschichte als Aufeinanderfolge von begrifflich notwendigen Stadien in der Selbstentfaltung der Idee gefasst wird. Im Lichte dieser Argumente werden nicht nur die handelnden Individuen zu Medien einer ihnen übergeordneten List der Vernunft degradiert; auch lässt diese Vorstellung des geschichtlichen Prozesses kaum Raum für Unvorhergesehenes, und das heißt: für das Ereignis. Ernst Behler hat auf die (diesem) Hegel in systematischer Hinsicht diametral entgegengesetzte – und darin spätere Einwände gegen Hegel, etwa von Wilhelm Dilthey vorwegnehmende – Stellung aufmerksam gemacht, die Schlegels Geistes- und Geschichtsphilosophie einnimmt. Dies gilt im Blick auf ihre Sensibilität für die »unaufhebbare Besonderheit und Eigentümlichkeit des historischen Lebens« in seiner »unendlichen Fülle« ebenso wie hinsichtlich ihrer Insistenz auf der »schöpferischen Kraft des geistigen Lebens« in seiner auch durch »rückblickende Wahrheitsbegründungen« nicht domestizierbaren »radikalen Unvorhersehbarkeit« sowie in Bezug auf die Rolle, die Schlegel in seiner

man ihn in diesem Sinne romantisch, so spricht der sokratische Satz »Ich weiß, dass ich nichts weiß« die Wahrheit einer wesentlich historischen Existenz aus, für die sich die Gültigkeit dessen, was wir in ethischer und moralischer Hinsicht als das Gute zu wissen meinen, nie anders als in praktischen Vollzügen – und das heißt: in einer prinzipiell falliblen Weise – zeigen kann.

Wenn man, wie ich hoffe plausibel gemacht zu haben, eine solche Einsicht in die Fallibilität der jeweiligen Bestimmungen des Guten als eine Einsicht auch in die dialektische Bewegung verstehen sollte, in der allein uns Freiheit erfahrbar und möglich ist, so folgt daraus bereits eine Parteinahme für ein Konzept von Sittlichkeit, von dem ich eben gesagt habe, dass es aufgrund der für es konstitutiven Möglichkeit des Streits um das Gute demokratisch genannt werden kann. Dies führt auf den Zusammenhang zwischen dem Schutz der Möglichkeit, nach dem Guten zu fragen, und dem Problem des unbestimmten Wesens der Demokratie zurück, der im ersten Kapitel angesprochen wurde. Ich werde darauf in Kapitel IV, vor allem dann aber im dritten Teil zurückkommen. Für den Moment möchte ich diese Diskussion jedoch noch zurückstellen, um zunächst – in der Auseinandersetzung mit Sören Kierkegaard – das Freiheitsverständnis, das an dem Ästhetisierungsphänomen der romantischen Ironie heftet, in seinen ethischen Implikationen weiter zu konturieren. Denn Kierkegaard kritisiert die Ironie, durchaus überraschend, von einer ganz anderen Seite her: Sie steht ihm für eine Subjektivität, die sich in ihrer Einzelheit nicht radikal genug versteht.

Spätphilosophie der »lebendigen Erkenntnis« und dem »persönlichen Geist« historischer Personen zuspricht. Siehe Behler, »Friedrich Schlegel und Hegel«, S. 228 f.

III. Die Ethik der ästhetischen Existenz: Kierkegaard

Die Nähe, die Kierkegaards Theorie der Ironie zu Hegel unterhält, ist nicht zu übersehen. Bei aller Übereinstimmung mit Hegels Kritik an der Romantik ist Kierkegaards Ironiekritik jedoch anders motiviert und setzt andere Akzente. Kierkegaard will die Ironie nicht dadurch therapieren, dass sich die in ihr zum Ausdruck kommende subjektive Freiheit in die Sittlichkeit zurücknimmt, die sie immer schon bestimmt. Es geht ihm geradezu umgekehrt um deren Radikalisierung. Die subjektive Freiheit der Ironie soll auf dem Weg einer Verzweiflung an sich selbst zu einer existentiellen Entscheidung kommen, durch die sich das Subjekt allererst als wahrhaft radikale Subjektivität, und das heißt: als Existenzinnerlichkeit, gewinnt. Die Differenz zwischen Hegel und Kierkegaard ist im Kontext meiner Untersuchung natürlich deshalb von besonderem Interesse, weil damit auch die Ästhetisierungskritik bei Kierkegaard unter ganz anderen Vorzeichen zu sehen ist. Die Verteidigung der ästhetisierten Lebensform und ihres Freiheitsverständnisses hat hier mit Motiven zu rechnen, die das bisher gewonnene Bild nicht nach der Seite einer Theorie der Sittlichkeit, sondern der einer Theorie der Existenzinnerlichkeit weiter konturieren. Entsprechend werde ich auch Kierkegaards berühmte Stadienlehre als mehrstufige Antwort auf die Frage lesen, was es heißt, ein Leben in Freiheit zu führen. In Auseinandersetzung mit Kierkegaards pseudonymem Werk und seinen Charakteren – ein verkorkster Verführer tritt hier ebenso auf wie ein spießiger Gerichtsrat, diverse mit der Liebe hadernde Dichter, biblische Figuren und gewöhnliche Sünder – sollen im Folgenden die von Kierkegaard vorgestellten Stadien der ästhetischen, ethischen und religiösen Existenzform als verschiedene Modelle der Verwirklichung von Freiheit vorgestellt und in ihrem Verhältnis diskutiert werden.[1]

Obschon die Kritik an der ästhetischen Existenzform eine große

1 Meine Skizze der Verhältnisse, in denen ästhetische, ethische und religiöse Existenz zueinander stehen, verbleibt mit anderen Worten in den Grenzen der pseudonymen Schriften von *Entweder – Oder* bis zu *Die Krankheit zum Tode.* Die christlichen Schriften Kierkegaards bleiben hier unberücksichtigt.

Nähe zu Hegels Kritik der romantischen Ironie aufweist, kündigt sich die in der Stadienlehre immer expliziter werdende Differenz zu Hegel bereits in kleinen Akzentverschiebungen an, die Kierkegaard innerhalb der Kritik der Romantik vornimmt. So muss bereits seine von Hegel noch sehr beeindruckte Dissertation *Über den Begriff der Ironie*,[2] wie Lore Hühn schreibt, »nicht trotz, sondern wegen der in der Tat nicht zu übersehenden terminologischen und konzeptionellen Nähe zur Hegelschen Kritik an der Romantik« als »das erste Dokument einer Distanznahme« gegenüber Hegel gewertet werden.[3] Die Frage ist, wie man diese Distanznahme näher verstehen soll. Ich meine, dass sie freiheitstheoretisch gedeutet werden muss. Bereits an der Konzentration auf die Idee der Selbstverwirklichung, die im Zentrum von Kierkegaards Kritik der Ironie beziehungsweise der ästhetischen Existenz steht, markiert sich ein Abstand zu Hegels sittlichkeitstheoretisch grundiertem Verständnis von Freiheit – ein Abstand, der freilich erst auf der letzten Stufe der Stadienlehre, derjenigen der religiösen Existenz, vollends explizit werden wird, wenn an die Stelle der Selbstverwirklichung die komplexere Idee einer religiös fundierten Existenzinnerlichkeit getreten sein wird. Folglich sollte die Differenz zu Hegel gerade auch dort mitgedacht werden, wo Kierkegaard vorderhand selbst hegelianisch argumentiert: auf der Zwischenstufe der ethischen Existenz. Eine Warnschild stellt Kierkegaard in dieser Hinsicht mit seinen Pseudonymen auf; sie können nicht unmittelbar mit Kierkegaard identifiziert werden. Nicht zufällig nimmt denn auch der die Ethik verkörpernde und offenbar nach dem Vorbild Hegels entworfene Gerichtsrat Wilhelm zuweilen karikaturhafte Züge an. In seinem Porträt des Gerichtsrats isoliert und überakzentuiert Kierkegaard gerade jene problematischen Argumentationsstränge bei Hegel,

2 Sören Kierkegaard, *Über den Begriff der Ironie mit ständiger Rücksicht auf Sokrates*, in: ders., *Gesammelte Werke*, 31. Abt., Düsseldorf, Köln 1961. Im Folgenden im Text zitiert als BI.

3 Lore Hühn, »Ironie und Dialektik. Zur Kritik der Romantik bei Kierkegaard und Hegel«, in: Niels Jørgen Cappelørn, Herrmann K. Deuser, K. Brian Söderquist (Hg.), *Kierkegaard Studies Yearbook 2009: Kierkegaard's Concept of Irony*, Berlin 2009, S. 17-40, hier S. 31. Vgl. zur Ambivalenz der Hegelbezüge in der Ironieschrift sowie ihrer Rezeptionsgeschichte auch Philipp Schwab, »Zwischen Sokrates und Hegel. Der Einzelne, die Weltgeschichte und die Form der Mitteilung in Kierkegaards *Über den Begriff der Ironie*«, in: Cappelørn, Deuser, Söderquist (Hg.), *Kierkegaard Studies Yearbook 2009*, S. 127-151, hier 134-138.

die dem Projekt einer Aufhebung der subjektiven Freiheit in die Sittlichkeit zuwiderlaufen. Es wird jedoch zu diskutieren sein, ob Kierkegaards Alternative zu einem sittlichkeitstheoretisch reduzierten Verständnis von Freiheit nicht genau das verwirft, was man an Hegels Einsatz bewahren sollte: dass Freiheit nicht ohne Vermittlung mit dem Sozialen gedacht werden kann. So betraf die im letzten Kapitel geführte Auseinandersetzung mit Hegel ja lediglich die Frage, wie diese Vermittlung genau gedacht werden soll. Die Alternative zur Alternative »Hegel oder Kierkegaard«, in der sich eine sittlichkeitstheoretische und eine innerlichkeitstheoretische Reduktion von Freiheit gegenüberstehen, liegt, wie ich ausführen möchte, in einem anderen Verständnis des unter dem Titel der Ironie respektive der ästhetischen Existenz Diskutierten.

Um die Differenzen zwischen Hegel und Kierkegaard und damit die Alternative deutlich zu machen, die mit Kierkegaards Existenzphilosophie zur Diskussion ansteht, ist es jedoch zunächst nötig, den gemeinsamen Grund abzustecken, auf dem diese sich abzeichnen.

1. Die negative Freiheit der sokratischen Ironie und ihre romantische Überbietung

Wie Hegel deutet Kierkegaard die frühromantische Ästhetik nicht zuletzt kulturkritisch. Entsprechend ist die romantische Ironiekonzeption für Kierkegaard ebenfalls nicht nur von philosophischem Interesse; vielmehr steht sie hier erneut – und deutlicher noch als bei Hegel – für ein Phänomen, dessen Einfluss sich weder auf den Geltungsbereich der Theorie noch auf den Gegenstandsbereich der Kunst beschränkt. Es geht um nichts Geringeres als um die Berechtigung einer ganzen, von Kierkegaard »ästhetisch« genannten Lebensform. Expliziter als dieser hat Kierkegaard zwanzig Jahre nach Hegel, so Karl Heinz Bohrer, »die Macht des Ästhetischen, sie an sich selbst erfahrend, als Zeichen eines neuen Zeitalters erkannt« und darauf geantwortet.[4] In der Tat kritisiert Kierkegaard die romantische Ästhetik als Vehikel eines neuen, eines nihilistischen Zeitgeists, der sich in einer ebenso distanzierten wie forciert subjek-

4 Karl Heinz Bohrer, *Die Kritik der Romantik. Der Verdacht der Philosophie gegen die literarische Moderne*, Frankfurt/M. 1989, S. 157.

tivistischen Einstellung zur Welt ausdrücken soll. Inbegriff dieser Einstellung ist für den Hegel-Leser Kierkegaard freilich der romantische Ironiker, dessen falsches Selbstverständnis von ihm ebenfalls einer philosophisch informierten Ideologiekritik unterzogen wird. Entsprechend finden sich bereits in Kierkegaards Dissertation entscheidende Motive des späteren Porträts der ästhetischen Existenz in *Entweder – Oder*. Ich will nun einige dieser Motive herausheben.

In der Ironieschrift unterscheidet Kierkegaard, in der systematischen Stoßrichtung ähnlich wie Hegel,[5] zwei Formen von Ironie: die sokratische und die romantische. Die erste, die sokratische Form der Ironie gilt ihm als eine »Bestimmung der Subjektivität« (BI 266), und zwar im Sinne einer negativen Freiheit. Negativ *frei* sei der Ironiker sokratischen Typs, weil er sich qua Negation des Bestehenden von Vorgaben emanzipiert, die ihn begrenzen. Bloß *negativ* frei sei er, weil er nichts als verneint. Was positiv an die Stelle des Negierten treten soll, sei eine für die Ironie prinzipiell unbeantwortbare Frage. »Die Ironie richtet nichts auf«, schreibt Kierkegaard (BI 266). Als Kraft der Negation aber könne sie durchaus ein wichtiger Motor in Zeiten geschichtlicher Umbrüche sein.

5 Zwar bemängelt Kierkegaard an Hegel, dieser sei aufgrund seiner polemischen Stellung gegen die Schlegelsche Ironie dem Begriff der Ironie im Allgemeinen wie auch der sokratischen Ironie im Besonderen nicht gerecht geworden (vgl. BI 270-276). Dennoch folgt seine Charakterisierung der beiden Ironien in allen hier interessierenden Zügen im Wesentlichen der Hegelschen. Bemerkenswert ist in diesem Zusammenhang, dass Kierkegaard gegenüber Hegel an Sokrates' Satz »Ich weiß, dass ich nichts weiß« eine Ambivalenz herausstreicht, die diesen Satz selbst noch als ironischen kenntlich machen soll. Es sei zwar richtig, wie Hegel bemerkt habe, dass es Sokrates mit diesem Satz Ernst gewesen ist. Aber Sokrates' Ernst mit dem Nichts (des Unwissens) sei doch zugleich nicht frei von einer gewissen ironischen Leichtigkeit. Sokrates nehme das Nichts seines Unwissens nämlich nur in dem Maße ernst, wie es sich praktisch gegen das jeweils Gegebene mobilisieren lasse. Jedoch nehme er dieses Nichts weder theoretisch noch persönlich ernst; weder also entwickele er sich zum spekulativen Philosophen, noch verzweifele er existentiell (BI 275). Weil es ihm mit seiner Unwissenheit in diesem Sinne zugleich ernst (er war wirklich unwissend) als auch kein ernst gewesen sei (er legte sich über diesen Umstand weder persönlich noch philosophisch Rechenschaft ab), könne der in dem Satz »Ich weiß, dass ich nichts weiß« sich ausdrückende sokratische Standpunkt ironisch genannt werden. Ebendiese Bestimmung des sokratischen Standpunkts im Sinne einer Negativität gegenüber dem Bestehenden, die sich über ihr Defizit nicht hinreichend Rechenschaft ablegt, deckt sich aber in ihrem systematischen Kern mit der Hegels (vgl. hierzu noch einmal oben, Kap. II, Abschn. 1).

Wenn sich seine Ironie nämlich nicht bloß gegen diesen oder jenen Aspekt, sondern gegen das Selbstverständnis einer ganzen Epoche richtet, wie dies bei Sokrates der Fall gewesen sei, sei der Ironiker sogar eine Figur mit revolutionärem Potential. Zwar erfolge die ironische Negation des Bestehenden auch in solchen Fällen nicht im Vorgriff auf ein besseres Morgen. Der Ironiker sokratischen Typs bekämpfe das Bestehende vielmehr, indem er es sich gegen sich selbst wenden lasse. Gerade dadurch aber könne er, wenn auch nie bewusst, zum Vollstrecker des Weltgeistes beziehungsweise der »Weltironie« werden, wie Kierkegaard mit Hegel formuliert (vgl. ebd.). Für Sokrates habe nicht nur die gesamte sittliche Welt Griechenlands ihren Sinn verloren; auch habe er das griechische Selbstverständnis dadurch zum Einsturz gebracht, dass er so tat, als nähme er es (noch) ernst, um es sich so in seiner Unhaltbarkeit demonstrieren und schließlich selbst destruieren zu lassen.

Obwohl also bereits die sokratische Ironie von Kierkegaard als eine radikal negative Figur beschrieben wird, die der Praxis, deren Teil sie ist, *insgesamt* fremd gegenüberstehen soll, wird die romantische Ironie durch eine noch radikalere Negativität charakterisiert. Während er der sokratischen Ironie immerhin noch zugesteht, sich gegen eine historisch bestimmte Wirklichkeit zu richten, wirft Kierkegaard der romantischen Ironie, namentlich derjenigen von Friedrich Schlegel und Ludwig Tieck, vor, sich gegen die Wirklichkeit als solche zu wenden. Wie die sokratische wird auch die romantische Ironie als eine negative Kraft bestimmt; anders als jene aber richte sich diese nicht mehr gegen etwas Bestimmtes – und sei es etwas so Umfassendes wie das Selbstverständnis einer ganzen Epoche. Vielmehr richte sich die negative Kraft der romantischen Ironie gegen Bestimmung überhaupt. Hätte Kierkegaard mit dieser hegelianischen Diagnose Recht, so verlöre die romantische Ironie bereits durch diesen Zug gegenüber der sokratischen ihre historische Berechtigung. Anders als die sokratische kann die romantische Ironie nach dieser Bestimmung nämlich per definitionem nicht »im Dienste des Weltgeistes gestanden« haben (BI 280). Statt sich gegen das unplausibel gewordene Selbstverständnis seiner Zeitgenossen zu richten, soll sich der romantische Ironiker vielmehr überhaupt von seiner geschichtlichen Wirklichkeit zurückziehen, um »poetisch zu leben«. Nicht um der Möglichkeit anderer Wirklichkeiten willen also negiert der romantische Ironiker in Kierkegaards Bild die Wirklichkeit, sondern um einer Wirklichkeit willen, die selbst nichts als Möglichkeit, bloß »Poesie« ist. Wird dem sokratischen Ironiker immerhin noch das Zeug zum negativistischen Revolutionär zuerkannt, so erscheint der romantische nur noch als ein gegenüber der Wirklichkeit überhaupt bornierter Ästhet. Im Vergleich zu der Subjektivität, die sich in der sokratischen Ironie bekundet, handelt es sich denn auch bei der mit der romantischen Ironie assoziierten, wie Kierkegaard formuliert, um eine »überspannte Subjektivität, eine zweite Potenz der Subjektivität« (BI 281).

Wie Hegel deutet Kierkegaard die Negativität der romantischen Ironiker als Symptom einer unter dem Einfluss Fichtes stehenden Subjektphilosophie, die er für die falsche Vorstellung des Ich als »Allbegründendes« (vgl. BI 279) kritisiert. Und wie Hegel wirft Kierkegaard den Romantikern vor, die Fichtesche Philosophie unmittelbar mit ihrer konkreten Praxis kurzgeschlossen zu haben: Sie hätten »das empirische und endliche Ich mit dem ewigen Ich« ebenso verwechselt wie »die metaphysische Wirklichkeit mit der geschichtlichen Wirklichkeit« (BI 280). So totalisieren die Romantiker Kierkegaard zufolge die »subjektive Freiheit, welche in jedem Augenblick die Möglichkeit zu neuem Anfang in der Gewalt hat und nicht durch vorhergehende Verhältnisse beengt wird« (BI 257), indem sie das Ich als einen absoluten, einen voraussetzungslosen Anfang setzen, von dem her sich die Welt konstruieren lassen soll (vgl. BI 279). Schon bei Fichte ergibt sich nach Kierkegaards von Hegel beeinflusster Deutung aus dieser Prämisse jedoch das Problem, dass die subjektive Freiheit, den Anfang zu setzen, letztlich bloße Prätention bleiben müsse, weil ihr gewissermaßen der Anker in der Welt genommen ist: »[E]ine Exaltation mit der Stärke eines Gottes, imstande, die ganze Welt aus den Angeln zu heben, aber schlechthin nichts zum Anpacken habend.« (BI 279) Aus demselben Grund, so Kierkegaard, muss auch der romantische Impuls zur poetischen Konstruktion von Wirklichkeit letztlich wirkungslos bleiben. Denn der romantische Ironiker soll in der totalisierten Freiheit zum Anfangen stecken bleiben, ohne je praktisch anzufangen – denn das hieße, sich zu begrenzen. Jeder seiner Entwürfe ist dem Ironiker nach dieser Deutung bloß eine weitere Möglichkeit und als solche zu gleichgültig und flüchtig, um von ihm tatsächlich ergriffen, verwirklicht zu werden. Der romantische Ironiker mag demnach zwar damit kokettieren, über Moral und Sitte zu stehen, aber er wird nie in der Sphäre des Handelns daraus die Konsequenz ziehen, sich tatsächlich über Moral und Sitte hinwegsetzend Position zu beziehen (vgl. BI 289 f.).

Kierkegaard kritisiert allerdings nicht bloß, dass die Konstruktionen des gegenüber aller Wirklichkeit indifferenten Romantikers nie mehr als »Poesie« und seine Freiheit daher auch nie mehr als ästhetische Freiheit, also eine auf den Bereich bloß möglicher, poetischer Welten beschränkte Freiheit sein kann. Darüber hinaus wirft er auch noch den poetischen Konstruktionen des romantischen Ironikers selbst vor, von der spezifischen Weltfremdheit ihrer Produzenten affiziert zu werden. Denn die poetische Welt des romantischen Ironikers ist Kierkegaard zufolge radikal auf dessen Subjektivität reduziert. Nicht nur ist sie allein Ausdruck seiner Subjektivität, überdies kreist sie einzig um deren bloß subjektive, nämlich private oder zufällige Seite. Hegelianisch ist auch dieses Argument zunächst: Weil der romantische Ironiker alle Bestimmung zurückweist, soll er sich am Ende einzig noch an der trüben Unmittelbarkeit der eigenen zufälligen Regungen orientieren können. Die romantische Ironie soll das Subjekt nicht in ein freies Verhältnis zur Wirklichkeit setzen, sondern es vielmehr radikal auf sich zurückwerfen. Die Freiheit des poetischen Lebens soll sich als Befangenheit des Subjekts in sich selbst – und damit als eine Form der Unfreiheit – erweisen.

2. Selbststeigerung und Selbstvergessenheit

Vor dem Hintergrund dieser Gemeinsamkeiten zeichnen sich indes bereits in der Dissertation auch Differenzen zu Hegel deutlich ab. Die Kritik an der Unfreiheit der »überspannten« Subjektivität des romantischen Ironikers wird nämlich von Kierkegaard anders akzentuiert als von Hegel. Während dieser vor allem die Entfremdung des Ironikers von der Sittlichkeit hervorgehoben hatte, kritisiert Kierkegaard an der romantischen Ironie primär, dass die mit ihr assoziierte Konzeption des poetischen Lebens die Ausbildung von etwas wie einem eigenen Selbst untergräbt. »[U]nter ›poetisch leben‹«, schreibt er, verstand die Ironie etwas anderes und etwas mehr, als was jeder vernünftige Mensch unter dieser Wendung sich denkt, der da einige Achtung für den Wert eines Menschen besitzt, einigen Sinn für das Ursprüngliche, das einem Menschen eigen ist. Sie verstand darunter nicht den künstlerischen Ernst, welcher dem Göttlichen im Menschen zu Hilfe kommt und schweigsam und stille auf die Stimme des der Individualität Eigentümlichen lauscht, die Bewegungen dieses Eigentümlichen erspäht, um dieses nun im Individuum so recht zur Herrschaft gelangen zu lassen und die gesamte Individualität sich harmonisch zu einer plastisch in sich abgerundeten Gestalt entwickeln zu lassen. Sie verstand darunter nicht das, woran der fromme Christ denkt, wenn er sich bewußt wird, das Leben sei ein Erzogen-, ein Gebildetwerden, wodurch er jedoch wohl zu merken nicht zu etwas ganz anderm werden soll [...]. Die Ironie erhob dergestalt nicht allein einen Einspruch wider alle die Erbärmlichkeit, die nichts andres ist als ein jämmerliches Erzeugnis ihrer Umgebung, wider alle die Dutzendmenschen, an denen die Welt leider so reich ist, sondern sie wollte etwas mehr. (BI 286)

Was die romantische Ironie nach Kierkegaard anstrebt, ist die Überwindung auch noch jener Grenze, die das der jeweiligen Individualität »Eigentümliche« oder »Ursprüngliche« dem poetischen Leben setzen sollte (vgl. BI 187). Für Kierkegaard ergibt sich daraus, dass der Ironiker nicht nur halt-, sondern auch substanzlos sein muss: So soll er, indem er sich und seine Welt ständig neu erfindet, das Projekt der Herausbildung einer unverwechselbaren Persönlichkeit aufgeben. Weil er alles sein kann, soll er schließlich nichts mehr wirklich sein.[6] Der Ironiker, so Kierkegaard, entwickelt nicht »sich selbst«, vielmehr verflüchtigt er sich in beliebige Rollen. Der fortgesetzte Durchlauf durch immer neue *personae* soll das Potential seiner eigenen Persönlichkeit leer und unentwickelt zurücklassen. Bereits damit meint Kierkegaard ein Argument formulieren zu können, das den romantischen Ironiker im Kern seines Selbstverständnisses treffen soll. Denn im Blick auf den Zustand seiner Persönlichkeit soll der romantische Ironiker mit seinem offensichtlich unfreien Gegenteil, dem »vollendeten Prosamenschen«, konvergieren (BI 287). Während dieser keine Persönlichkeit ausbildet, weil

6 Dieses Motiv, nach dem einer nur in dem Maße *alles* sein kann, wie er selber *nichts* ist, kennen wir bereits aus Platons Theaterkritik (vgl. oben, Kap. I, Abschn. 9); es wird auch in Rousseaus Kritik des Schauspielers wiederkehren (vgl. unten, Kap. V, Abschn. 1). Denis Diderot hat es auf die Formel des »Paradox des Schauspielers« gebracht.

er sich zu sehr vom Vorgegebenen bestimmen und das Potential seiner Persönlichkeit in Konformismus untergehen lässt, bildet jener Kierkegaard zufolge keine Persönlichkeit aus, weil er sich über *jede* Vorgabe, auch noch die seiner Eigentümlichkeit, hinwegsetzt und sich daher selbst beliebig wird. Demgegenüber kann es wahre Subjektivität für Kierkegaard allein dann geben, wenn die Wirklichkeit zum Subjekt in einem doppelten Verhältnis steht, »teils als eine Gabe, die sich nicht verschmähen lässt, teils als eine Aufgabe, die verwirklicht werden will« (BI 281). In der Weltlosigkeit des romantischen Ironikers hingegen spiegelt sich nach Kierkegaard eine sich selbst unklare, nämlich als Selbststeigerung missverstandene Selbstvergessenheit. Ginge es nach Kierkegaard, so sollte »poetisch leben« indes »nicht besagen, daß man sich selber dunkel wird, daß man sich selber ausschwitzt in einer widerlichen Schwüle, sondern es will besagen, daß man sich selbst klar und durchsichtig wird, nicht in endlicher und egoistischer Zufriedenheit, sondern in seiner schlechthinnigen und ewigen Giltigkeit« (BI 304).

Der Vorwurf der als Selbststeigerung missverstandenen Selbstvergessenheit an den romantischen Ironiker ist nun aber zweideutig. So überblendet Kierkegaard den hegelianischen Einwand gegen das den Romantikern zugeschriebene Selbstmissverständnis des empirischen Ich als absolutes mit dem Vorwurf, dass der Ironiker die Idee der Selbstverwirklichung aufgibt. Nur im ersten Fall ist der Ironiker als jemand verstanden, der jegliche Bestimmung zurückweist, um stattdessen, um es hegelianisch zu formulieren, im schwülen Brüten des Fürsichseins zu verbleiben; im zweiten Fall kann er dagegen als jemand verstanden werden, der eine bestimmte Version der Idee von Selbstverwirklichung zurückweist; jene Version nämlich, der zufolge Selbstverwirklichung nach dem Modell des inneren Wachstums oder der Entfaltung als eine Verwirklichung *von etwas* – einer gegebenen Eigentümlichkeit, eines dem Individuum Ursprünglichen – begriffen werden muss.[7] Beide

7 So unterscheidet etwa Rahel Jaeggi zwischen Selbstverwirklichung als Verwirklichung von *etwas* und Selbstverwirklichung als Vorgang »tätiger Weltaneignung«, in dem das Subjekt nicht *sich*, sondern »sich *in dem, was es tut*«, verwirklicht. Vgl. Rahel Jaeggi, *Entfremdung. Zur Aktualität eines sozialphilosophischen Problems*, Frankfurt/M. 2005, bes. S. 244, 247. Vgl. auch Michael Theunissens verwandte Unterscheidung zwischen einem hegelianischen und einem nachhegelianischen

Fälle sind zu unterscheiden – obwohl Kierkegaard nahelegt, dass die ästhetisch-ironische Zurückweisung der so verstandenen Idee von Selbstverwirklichung aus einem falsch abstrakten Freiheitsverständnis unmittelbar folgt. Zu unterscheiden sind die beiden Fälle, weil im zweiten Fall durchaus Entwürfe in der Welt realisiert werden – nur sind es, gemessen an dem Ideal eines zu Durchsichtigkeit, gar ewiger Gültigkeit zu verwirklichenden Selbst viel zu viele und deshalb, aus der Perspektive dieses Ideals, zugleich beliebige Entwürfe. Das Subjekt zieht sich hier jedoch offenkundig nicht vor jeglicher Bestimmtheit zurück; vielmehr setzt es sich, weil es die Bestimmtheit durch das ihm vermeintlich Ursprüngliche beziehungsweise Eigentümliche zurückweist, zu vielen Einflüssen und damit einhergehenden Möglichkeiten seiner selbst aus. Das Problem der so verstandenen Ironie ist gerade nicht der narzisstische Rückzug vor der Welt, sondern umgekehrt die Auslieferung an deren Fülle. Und dies ist, das hat Kierkegaard klar gesehen, nicht die Fülle einer organischen Ganzheit, sondern es ist die Fülle einer unübersichtlichen Vielfalt. Wenn das Subjekt nicht mehr als eines in der Welt steht, das *sich* (als etwas) in und durch diese Welt verwirklicht, muss diese ebenfalls als offen und kontingent erfahren werden.[8] Die romantische Ironie löst die Welt in einzelne, nicht notwendig organisch miteinander verbundene Situationen auf, denen wechselnde subjektive Zustände, Bestimmtheiten und Bestimmungen entsprechen können.

Nun identifiziert Kierkegaard offenbar, auch darin Hegels Romantikkritik sehr verpflichtet, die Durchlässigkeit der ironischen Subjekte auf die Einflüsse einer ebenso offenen wie veränderlichen Welt einseitig als Abhängigkeitsverhältnis (und ebendarin als Konsequenz aus einem falschen Freiheitsverständnis). Allerdings betont

Begriff von Selbstverwirklichung: Michael Theunissen, *Selbstverwirklichung und Allgemeinheit*, Berlin, New York 1982. Ich habe oben (Kap. I, Abschn. 6) begründet, warum ich für einen Begriff von Freiheit, der diesen im Austausch von Subjekt und Welt lokalisiert, den Begriff der Selbstbestimmung vorziehe. Er hält den im Kontext dieser Untersuchung zentralen Umstand fest, dass sich das Subjekt der tätigen Weltaneignung immer wieder auch selbst neu aneignen – neu bestimmen muss.

8 Vgl. zum Zusammenhang, in dem die Krise eines substantialistischen Begriffs von Subjektivität mit der Erfahrung der Kontingenz der Welt steht: Peter Bürgers »Zwischenbetrachtung: Zur Dialektik der Selbstverwirklichung«, in: ders., *Prosa der Moderne*, Frankfurt/M. 1988, S. 258-272, hier S. 258.

er dieses Problem anders als Hegel: Weil der Ironiker auch noch die Bestimmung durch das ihm Eigentümliche aufgegeben hat, muss er sich distanzlos an unterschiedlichste Einflüsse ausliefern und somit zum Opfer der beliebigen, durch sie ausgelösten Stimmungen werden. Während die Stimmung »in einem gesunden Leben [...] lediglich eine Steigerung desjenigen Lebens [ist], das sich ansonst in einem regt und rührt«, schreibt Kierkegaard, lösen sich beim Ironiker, »da in ihm kein fester innerer Zusammenhang ist, die entgegengesetztesten Stimmungen einander ab« (BI 290). Die Virtuosität, mit welcher der romantische Ironiker je nach Anlass mal diese, mal jene Stimmung in sich zu kultivieren versteht, vermag nach Kierkegaards Diagnose denn auch weder seine Abhängigkeit von den Anlässen in der Welt überhaupt zu verdecken, noch können die in Abhängigkeit von solchen Anlässen erbeuteten Stimmungsintensitäten je ganz hinreichen, um den Abgrund der Leere zu füllen, der unter ihrer Oberfläche lauert. Als einziges Moment des Stetigen und Zusammenhängenden im Leben des Ironikers identifiziert Kierkegaard konsequenterweise die immer wieder aus diesem Abgrund heraus sich meldende Langeweile (vgl. BI 291).

Der romantische Ironiker, der sich selbst auf dem Gipfel subjektiver Freiheit wähnt, »frönert«, wie Kierkegaard meint, in Wahrheit also »in der fürchterlichsten Knechtschaft« (BI 290f.). Die Subjektivität des romantischen Ironikers ist damit auch nach Kierkegaards existenzphilosophischer Reformulierung der hegelschen Kritik keine starke, freie, sondern eine ausgesprochen schwache, der Unmittelbarkeit der Stimmungen wie der Zufälligkeit von Stimmungsauslösern in der Welt unterworfene Subjektivität. Die Freiheit des poetischen Lebens solle nicht autonom, sondern heteronom bestimmt sein; sie sei – in diesem Sinn – *bloß* Willkürfreiheit: ihr Subjekt solle sich durch zufällig ausgelöste Stimmungen bestimmen lassen, statt deren Willkür zu bewältigen.

Nun ist die Bewältigung der Willkür von Stimmungen zentrales Element eines rationalistischen Begriffs von Selbstbestimmung.[9] Wiewohl die Kritik an einem ebenso abstrakten wie subjektivistischen Freiheitsverständnis nicht zuletzt eine Kritik an einer

9 »Bestimmung erinnert zunächst an die Stimmung; deren Willkür und Subjektivität sie zu bewältigen hat«, schreibt etwa Hermann Cohen in einem Abschnitt über den Begriff der Selbstbestimmung in seiner *Ethik des reinen Willens*, Berlin 1907, S. 245.

Verdrängung der vielfältigen Weisen ist, in denen das Subjekt je bestimmt ist und bestimmt wird, ziehen weder Hegel noch Kierkegaard aus ihrer Kritik an der abstrakten Freiheitskonzeption die Konsequenz, das Bestimmtsein durch zufällige Konstellationen und unwillkürliche Strebungen in einen nichtrationalistischen Begriff von Selbstbestimmung zu integrieren. Denn dies setzte, wie wir im letzten Kapitel gesehen haben (vgl. Abschn. 9 u. 10), die Einsicht voraus, dass die Erfahrung des Fremden im Eigenen keineswegs zugleich bedeutet, die Fähigkeit zur Selbstbestimmung zu verlieren – und damit die Möglichkeit, sich zu dem zu verhalten, was durch veränderte Gegebenheiten und zufällige Gelegenheiten in einem ausgelöst wird. Vielmehr ist diese Erfahrung sogar als Bedingung dafür zu verstehen, dass Selbstbestimmung – immer wieder neu – möglich und (im Namen der Freiheit respektive ihrer dialektischen Bewegung) auch nötig ist.

Wie Hegel führt jedoch auch Kierkegaard offensichtlich ein historisches Rückzugsgefecht. Was nämlich bei Kierkegaard, wie auf andere Weise auch bei Hegel, in der Kritik der ironischen Willkürfreiheit zurückgewiesen wird – die Auflösung der Einheit des Subjekts wie der Welt –, ist nichts anderes als die Signatur der demokratischen Moderne. Anders als Hegel, der auf dieses Problem mit der Theorie einer Vermittlung von subjektiver Freiheit und sittlicher Allgemeinheit zu antworten versucht,[10] sucht Kierkegaard angesichts des modernen Zeitgeists Halt in der Einheit des Subjekts selbst, die ihrerseits erst ethisch, dann in einem weiteren Schritt religiös fundiert wird.

Es ist nun an der Zeit, die Stadienlehre genauer in den Blick zu nehmen, in der Kierkegaard seine Distanzierung von Hegel mit wachsender Ausdrücklichkeit in Szene setzt und die eigene Position schrittweise entwickelt. Sie beginnt im ersten Teil seines *Entweder – Oder* auf der ersten Stufe, der ästhetischen Existenz, mit einer Kritik des romantischen Ironikers (Abschn. 3), die jene Akzentverschiebung von einem sittlichkeitstheoretischen zu einem selbstverwirklichungstheoretischen Einwand gegen die ästhetische Existenz erhärtet, die sich bereits in der Ironieschrift andeutet. Gegen die ästhetische Existenz wird dann im zweiten Teil von *Entwe-*

10 Wie wir im letzten Kapitel gesehen haben, ist an diesem Versuch indes weniger die Idee einer solchen Vermittlung selbst problematisch als die Weise, wie Hegel sie im Lichte seiner ironiekritischen Prämissen formuliert.

der – Oder zunächst der Entwurf einer ethischen Lebensweise in Stellung gebracht, die aber ihrerseits mit Problemen behaftet ist, die in Kierkegaards nicht unironischem Porträt des diese Stufe verkörpernden Gerichtsrats Wilhelm zunächst eher implizit angezeigt werden (Abschn. 4-7), um in den dann folgenden Schriften – *Die Wiederholung* und *Furcht und Zittern* – explizit gemacht zu werden: Gegen die ethische Konzeption von Freiheit als Identität der subjektiven Freiheit mit dem sittlichen Allgemeinen wird erneut das Recht der – ästhetisch konnotierten – Ausnahme eingeklagt (Abschn. 8). Kierkegaard selbst versucht dieser Herausforderung indes nicht durch eine Revision der ersten Stufe, derjenigen der ästhetischen Existenz, gerecht zu werden. Vielmehr versucht er, die der ästhetischen und der ethischen Existenz zuvor diagnostizieren Probleme durch eine dritte Stufe, die der religiösen Existenz, zu lösen – dies geschieht unter anderem in *Der Begriff Angst*, *Stadien auf des Lebens Weg* und *Die Krankheit zum Tode* (Abschn. 9-10). Es wird sich jedoch zeigen, dass diese Lösung selbst Schwierigkeiten mit sich bringt, die sich allein durch eine Neubewertung der ersten Stufe der Stadienlehre, der ästhetischen Existenz und der mit ihr assoziierten Moralität nämlich, beheben lassen (Abschn. 11). Doch zunächst: Wie sieht Kierkegaards eigenes Bild dieser ersten Stufe aus?

3. Der impotente Verführer

Das »Tagebuch des Verführers« gilt zu Recht als systematisches Zentrum von Kierkegaards im ersten Teil von *Entweder – Oder* entfalteter Kritik an der ästhetischen Lebensform.[11] Nicht zufällig liest es sich in weiten Teilen wie eine Illustration von Kierkegaards ironiekritischen Thesen.[12] So handelt es sich hier nicht um das Do-

11 Sören Kierkegaard, *Entweder – Oder. Erster Teil*, in: ders., *Gesammelte Werke*, 1. Abt., Düsseldorf, Köln 1956, hier S. 324-484. Im Folgenden im Text zitiert als EO I.

12 Das illustrative Verhältnis der Dichtung zur Philosophie hat Adorno an Kierkegaards pseudonymen Schriften generell kritisiert: Theodor W. Adorno, *Kierkegaard. Konstruktion des Ästhetischen*, in: ders., *Gesammelte Schriften*, Bd. II, Frankfurt/M. 1979, S. 13 f. Die literarische Form wird aus pädagogischen Gründen gewählt: der Leser soll – mäeutisch – in die (letztlich christliche) Wahrheit »hineingetäuscht« werden. Zu Kierkegaards Mäeutik vgl. auch Wilfried

kument eines gewöhnlichen Verführers; vielmehr ist es ein Porträt der ästhetischen Lebensform als solcher: das (fiktive) Zeugnis von jemandem, dessen Leben »ein Versuch gewesen [ist] zur Lösung der Aufgabe, poetisch zu leben« (EO I 327). Was dieser Verführer erbeutet, ist nicht in erster Linie Sex, sondern Stimmungen. Sein Objekt ist für ihn nicht von praktisch-sexuellem, sondern von ästhetisch-erotischem Interesse. Durch ihre sexuelle Hingabe verlieren die Mädchen (und es sind immer Mädchen) für den Verführer alle Attraktivität; sexuelle Hingabe ist zwar das, was der Begriff der Verführung als *telos* vorgibt; aber sie interessiert ihn kaum noch, allenfalls wiederum als Anlass für die melancholische Stimmung des Abschieds. Für den von Kierkegaard in Anlehnung an Juan oder Giovanni »Johannes« getauften Verführer ist, anders als bei jenen, der Weg das Ziel. Auf diesem findet er die eigentliche Befriedigung, genauer: den eigentlichen Genuss. Denn Genuss ist, worauf »sein ganzes Leben berechnet« ist (EO I 328). Dieser ist nun laut Kierkegaard in doppelter Hinsicht »ästhetisch« zu nennen. Zum einen genießt Johannes die Wirklichkeit ästhetisch, nämlich im Modus der Stimmungsintensitäten, die ihre wechselnden Reize in ihm auslösen. Zum anderen genießt er die nachträgliche ästhetische Reflexion auf diesen Zusammenhang, und zwar im Modus der Dichtung. Bereits durch den ersten Aspekt des ästhetischen Weltverhältnisses wird die Wirklichkeit zum bloßen Anlass subjektiver Stimmungen degradiert; durch den zweiten »ertrinkt« sie vollends in Poesie (vgl. EO I 328).

Das moralische Problem dieser Haltung zur Welt kann hinsichtlich ihrer Konsequenzen für die Liebe besonders deutlich werden. Wie alle Verführer ist zunächst natürlich auch Johannes ein Liebesvermeider. Denn ihm ist es um die Stimmung der Verliebtheit zu tun, nicht um Liebe. Es geht ihm um sich selbst, nicht um sein konkretes Gegenüber. Auch dieses ist ihm, wie potentiell alles andere auch, nur Anlass zum subjektiven Erleben von Stimmungsintensitäten: ästhetisches Objekt, das schließlich ganz seiner Realität beraubt wird, um im Leben des Verführers nur noch im Modus der Dichtung fortzuexistieren: als dessen Fiktion. Psychologisch gesehen ist Kierkegaards Verführer damit zutiefst narzisstisch. Der Andere wird so lange umgeformt, bis er zum Eigenen geworden ist. In

Greve, *Kierkegaards maieutische Ethik. Von »Entweder/Oder II« zu den »Stadien«*, Frankfurt/M. 1990, bes. S. 15-34.

der Beziehung zum erwählten Mädchen ist der Verführer folglich auch nicht auf die Anerkennung ihrer Besonderheit gerichtet – das wäre eine Bedingung für Liebe. Vielmehr zielt er einzig auf den narzisstischen Rausch an seinen eigenen Projektionen. »[N]icht die zarten und treuen Umarmungen des Verstehens« bestimmen daher das Verhältnis zu ihm, sondern, wie Kierkegaard Johannes selbst sagen lässt, »Abstoßungen des Mißverstehens« (EO I 379). In diesem Sinne ist es strikt sein Mädchen: als Tabula rasa subjektiver Projektionen ist es nichts als sein Objekt. Ebendeshalb ist es für ihn auch jederzeit durch andere junge Dinger zu ersetzen. Die Mädchen haben für Johannes kein eigenes Existenzrecht. Vielmehr müsse das »Weib«, so lässt Kierkegaard den Verführer in seinem Tagebuch philosophieren, eben weil es aus sich heraus nichts ist, »kategorial« als »Sein für anderes« gedacht werden (EO I 466). Diese theoretische Überzeugung bestimmt seine Praxis: Mädchen sind für ihn lediglich (ästhetisches) Objekt, niemals Subjekt.

Die verdinglichende Gewalt, die in der Verweigerung subjektiver Anerkennung steckt, hallt im Namen jenes Mädchens nach, das im Zentrum des Tagebuchs steht. Es heißt Cordelia – wie King Lears dritte Tochter. Wie Kierkegaards Cordelia ist auch die von Shakespeare, das hat Stanley Cavell eindrücklich gezeigt,[13] Opfer einer Liebesvermeidung, die sich in der Ersetzung ethischer durch ästhetische Relationen manifestiert. Die Tragödie nimmt ihren Lauf, als King Lear seine Töchter zwingt, ihm ihre Liebe öffentlich, theatral, unter Beweis zu stellen. Was soll die arme Cordelia, die wahrhaft liebende Tochter, zu dieser Zumutung schon anderes sagen als – zu sich – »Liebe und sei still«?[14] Anders als Lear jedoch wünscht sich Johannes nichts weniger, als dass seine Cordelia ihr Herz auf den Lippen trage. Vielmehr ist gerade ihre Anlage zur wesentlich untheatralen Tugendhaftigkeit für ihn von ästhetischem Reiz. Während dem naiven Lear ein Kategorienfehler unterläuft, als er auf die Bühne zitiert, was im grellen Licht öffentlicher Zurschaustellung verderben muss – ein Kategorienfehler, der ihn bald ins Unglück stürzen wird –, genießt Johannes im vollen Bewusstsein dieses Zusammenhangs die tugendhafte Anlage der Erwählten rein ästhetisch. Darin liegt sein zynisches Glück (vgl. EO I 362).

13 Stanley Cavell, »The Avoidance of Love: A Reading of *King Lear*«, in: ders., *Must We Mean What We Say? A Book of Essays*, Cambridge 1976, S. 267-353.

14 William Shakespeare, *King Lear*, Stuttgart 1973, S. 19.

Von besonderem Reiz ist die in sich gekehrte Unschuld Cordelias für Johannes deshalb, weil sich ästhetisch nur ungestört genießen lässt, was sich seiner ästhetischen Qualitäten selber nicht bewusst ist: »Ein junges Mädchen«, bemerkt er, »das damit gefallen will, daß sie interessant ist, will zu allernächst sich selbst gefallen. Dies ist von der Seite der Aesthetik her einzuwenden gegen die Allerweltskoketterie. Ein ander Ding ist es mit aller jener uneigentlichen Koketterie, welche die eigene Bewegung der Natur ist, z. B. mit der weiblichen Schamhaftigkeit, die stets die schönste Koketterie ist.« (EO I 365 f.) Schon bei Jean-Jacques Rousseau steht die Theorie der weiblichen Scham im Mittelpunkt seines puritanischen Entwurfs einer »natürlichen« Erotik, welche die heterosexistische »Ordnung von Angriff und Verteidigung« intakt lässt.[15] Die weibliche Scham ist bei Rousseau das ultimative, nämlich untheatralische erotische Signal, eine »uneigentliche Koketterie«, mit der die Verteidigung implizit zum Angriff auffordert. Wobei die Initiative für einen solchen Angriff selbstredend auf Seiten des Mannes liegen soll. Vor diesem Hintergrund aber wird die Dekadenz des kierkegaardschen Verführers nur umso deutlicher. Denn Johannes' listenreicher Angriff zielt nicht auf Eroberung. Dem kierkegaardschen Verführer geht es nicht eigentlich darum, Beute zu machen (außer natürlich derjenigen von subjektiven Stimmungen). So kommentiert der Herausgeber des Tagebuchs im Vorwort:[16] »In dem gleichen Sinne, in dem man sagen könnte, daß sein Weg durchs Leben keine Spuren hinter sich ließ (denn seine Füße waren so beschaffen, daß die

15 Jean-Jacques Rousseau, »Brief an Herrn d'Alembert über seinen Artikel ›Genf‹ im VII. Band der Enzyklopädie und insbesondere über den Plan, ein Schauspielhaus in dieser Stadt zu errichten«, in: ders., *Schriften*, Frankfurt/M. 1988, I, S. 419.

16 Es handelt sich hier um den unbekannten Ästhetiker A selbst, dem alle anderen Schriften des ersten Teils von *Entweder – Oder* zugeschrieben werden, der aber mit Bezug auf das »Tagebuch des Verführers« lediglich als dessen Herausgeber auftritt. Viktor Eremita, der Herausgeber der gesammelten Papiere von *Entweder – Oder*, hält dies freilich bloß für einen »alten novellistischen Kniff« (vgl. EO I 9); zu vieles deute darauf hin, dass A auch der Autor des Tagebuchs sei. Die distanzierende Vorrede mache vielmehr den Eindruck, »als wäre A selber vor seinem Dichtwerk bange geworden« (EO I 10). Dadurch aber spiegelt das Vorwort zugleich jene fasziniert distanzierte Haltung zur ästhetischen Lebensform, die auch Viktor Eremita einnimmt. Entsprechend kommentiert dieser, dass das Vorwort zum »Tagebuch des Verführers« dazu beitrage, seine »eigne Stellung überaus verwickelt zu machen: der eine Verfasser kommt nun dazu, in dem andern drinzustecken wie Kästchen in einem chinesischen Kästchenspiel« (EO I 9).

Spur unter ihnen haften blieb, auf diese Art mache ich mir die beste Vorstellung von seiner unendlichen Reflektiertheit in sich selber), in dem gleichen Sinne fiel vor ihm kein Opfer«. (EO I 330)

Die Gewalt, die Johannes Cordelia zufügt, ist offenbar von anderer Art. Allerdings liegt sie nicht allein und nicht primär in ihrer Verdinglichung zum ästhetischen Objekt. Vielmehr entfremdet er sie durch die ästhetische Erziehung zur Reflexion ihrer Weiblichkeit und damit sich selber. Das entscheidende Problem im Verhältnis, das Johannes zu Cordelia unterhält, ist nicht die Asymmetrie der Geschlechterpositionen, sondern deren ästhetische Perversion. »Hart ist es für sie [für Cordelia]«, heißt es im Vorwort, »daß er sie betrogen hat; noch härter, wäre man beinahe versucht zu sagen, daß er in ihr die vielzüngige Reflexion aufgeweckt, daß er sie aesthetisch hinreichend dazu entwickelt hat, nicht mehr in Demut einer einzigen Stimme zu lauschen, sondern die vielen Reden zu gleicher Zeit zu vernehmen« (EO I 331f.). Die Entwicklung der vielzüngigen Reflexion, die in Cordelia ebenjenes gesteigerte Möglichkeitsbewusstsein wachruft, das auch den ironischen Verführer berauscht, ist nun perfiderweise zugleich dafür verantwortlich, dass Cordelia die Idee von Weiblichkeit aufgibt, die sie ursprünglich für Johannes attraktiv gemacht hatte. So freut er sich anfänglich an dem Umstand, dass Cordelia offensichtlich eine »ganz für sich alleinstehende Gestalt«, eine isolierte Figur ist (EO I 365). Ein Mann, sinniert er in diesem Zusammenhang, darf das nicht sein, »nicht einmal ein Jüngling darf es; denn da seine Entwicklung wesentlich auf Reflexion beruht, muss er in Beziehung zu andern getreten sein« (ebd.). Mädchen hingegen sollen sich in ihrer Jugend möglichst selbst genug sein, ohne jedoch ein Selbst zu haben, das sich genug sein könnte. Das, wodurch und worin ein Mädchen sich selbst genug ist, ist folglich, schließt Johannes, eine »Illusion«. Genau dieser Zustand vorreflexiver, das heißt: vorsubjektiv illusionärer Selbstgenügsamkeit aber ist des Verführers Weiblichkeitsideal; er ist der Inbegriff ihres Objektstatus. Nichts »Verderblicheres«, ist Johannes überzeugt, gibt es daher für ein junges Mädchen als »viel Umgang mit andern jungen Mädchen«: »Es ist des Weibes tiefste Bestimmung, Gesellschaft für den Mann zu sein; aber durch den Umgang mit ihrem eignen Geschlecht lenkt sich leicht eine Reflexion darauf, welche sie aus einer Gesellschaft zu einer Gesellschaftsdame werden läßt. [...] Wenn ich mir das Ideal eines Mädchens denken soll, müßte sie stets allein in der Welt stehen und dadurch auf sich selbst angewiesen sein, vor allem aber keine Freundinnen haben.« (EO I 366) Am Ende jedoch, und darin besteht das eigentliche Vergehen des Verführers an dem Mädchen, hat er Cordelia zur Reflexion verführt. Weil ihr Verhältnis zu ihm einzig in Latenzen besteht, hat sie nichts als ihre eigene Reflexion, um dessen unwirklicher Wirklichkeit habhaft zu werden. Ihr Verhältnis zu ihm ist erzwungenermaßen so ästhetisch wie das seine zu ihr (vgl. EO I 329). Die ästhetische Transformation Cordelias, die sein Verhältnis zu ihr zeitigt, ist dem Verführer nur allzu deutlich bewusst. Denn der Verlust ihrer vorreflexiven Unschuld macht sie für ihn unattraktiv. »Unschuld«, heißt es in der letzten Tagebucheintragung, »ist beim Manne ein negatives Moment, beim Weibe ist es ihres Wesens Gehalt.« Cordelia hat sie durch ihn verloren. »Wäre ich ein Gott«, schreibt er in der mehr melancholisch denn mitleidig gestimmten Abschiedsnotiz, »so täte ich für sie, was Poseidon für eine Nymphe getan: ich verwandelte sie in einen Mann« (EO I 483).

Diese Wendung ist natürlich in unserem Kontext höchst aufschlussreich. Mit der Reflexion verlässt das Mädchen den mit Weiblichkeit assoziierten Objektstatus und partizipiert an einer Bedingung für die mit Männlichkeit assoziierte Subjektivität. Zugleich aber überspringt sie, wie der Herausgeber des Tagebuchs suggeriert, durch die ästhetische Erziehung, die ihr durch den Verführer zuteil geworden ist, die Möglichkeit, zum »vollen« Subjekt zu werden. Vielmehr entwickelt sie aus ihrer sozialen Isolation heraus eine »überspannte« Subjektivität, eine, wie Kierkegaard in seinem Ironie-Buch formuliert hatte, Subjektivität in »zweiter Potenz« (vgl. BI 280), die sie weiterhin in sich selbst befangen hält. Sie gewinnt mithin keine Subjektivität, sondern bloß die Steigerung von deren Illusion.[17] Denn indem sie sich ihrer »einen Stimme«, der Stimme des ihr Eigentümlichen, entfremdet, um »die vielen Reden zu gleicher Zeit zu vernehmen« (EO I 332), soll sie ihre Selbstverwirklichung verfehlen. Stattdessen, so wird es uns von Kierkegaard nahegelegt, verliert sie sich in einer Unbestimmtheit, die auch das

17 Damit ist die Verführung nach Kierkegaard gerade nicht, wie Konrad Paul Liessmann in seiner Apologie des Verführers und seiner ästhetischen Lebensform meint, eine »Verführung des anderen zu sich selbst«. Vgl. Konrad Paul Liessmann, *Ästhetik der Verführung. Kierkegaards Konstruktion der Erotik aus dem Geiste der Kunst*, Frankfurt/M. 1991, S. 82 f.

substanzlose Selbst des Verführers kennzeichnen soll. Die strukturelle Gemeinsamkeit, die das Selbst der ironischen Reflexion dergestalt mit dem vorreflexiven Selbst der Mädchen in Verbindung setzt, gibt der Diagnose von dessen Defizit auch eine geschlechtertheoretisch bemerkenswerte Note. Zum einen erscheint die Subjektivität des Verführers nun als nicht minder illusionär als die seiner Objekte. Zum anderen wird die Subjektivität des Verführers damit, entgegen seiner Selbsteinschätzung, ausgezeichnet als eine nicht ganz männliche, eine effeminierte, weil, so die Logik der hier wirksamen Zuschreibungen, im Tiefen leere und deshalb heteronom bestimmte Subjektivität. Im Zentrum von Kierkegaards Kritik an der ästhetischen Existenz steht also der Vorwurf, dass es ihr Vertreter – aufgrund eines Selbstmissverständnisses – versäumt, sein Selbst zu verwirklichen. Genau an diesem Problem setzt dann auch die Argumentation des Ethikers aus dem zweiten Teil von *Entweder – Oder* an.

4. Der behelmte Wille und seine Verzweiflung am Ästhetischen

Der Verführer verwirklicht nicht »sich selbst« und daher, so will es Kierkegaards Darstellung, auch nicht seine Freiheit. Deshalb soll die ästhetische Existenz defizitär sein. Wer für die Freiheit lebt, bemerkt der protestantische Gerichtsrat Wilhelm im zweiten Teil von *Entweder – Oder* in einem Brief an seinen ironischen Gegenspieler, kann niemals sich selbst verlieren.[18] »Oder kannst Du Dir etwa Entsetzlicheres denken«, fragt er ihn, »als [...] daß Dein Wesen sich in eine Vielfältigkeit auflöste, daß Du wirklich zu Mehreren würdest, gleich jenen unglücklichen Dämonen eine Legion würdest, und Du solchermaßen des Innersten, des Heiligsten in einem Menschen verlustig gegangen wärest, der bindenden Gewalt der Persönlichkeit?« (EO II 170). Der Ironiker nämlich tut nach Wilhelm genau dies: Er zerstört die bindende Kraft seiner Persönlichkeit, weil er sich den auf diese zentrifugal wirkenden »dunklen Gewalten« in sich, den Begierden des Augenblicks, überlässt (EO II

18 Vgl. Sören Kierkegaard, *Entweder – Oder. Zweiter Teil*, in: ders., *Gesammelte Werke*, 2. u. 3. Abt., Düsseldorf, Köln 1957, S. 187. Im Folgenden im Text zitiert als EO II.

175). Konsequenterweise nennt Wilhelm, implizit Platons einflussreiches Bild des Tyrannen zitierend,[19] den römischen Kaiser Nero als extremes Beispiel für einen von Augenblicksbegierden getriebenen, sich selbst dabei verlierenden Menschen (vgl. EO II 196-200). Zwar identifiziert Wilhelm den Ironiker nicht direkt mit dem nur lustgeleiteten Tyrannen (vgl. EO II 217f.). Der eine, notiert er, genießt unmittelbar, der andere reflektiert; der eine genießt das Leben, der andere sich selbst (vgl. EO II 203). Jedoch soll die Reflexion den Ironiker keineswegs aus der Sphäre der Unmittelbarkeit herausführen, auf die das Leben des Tyrannen (in der platonischen Lesart) beschränkt ist. Denn die Reflexion ist nach Wilhelm nur eine weitere Spielart des Genusses und als solche, wie der unmittelbare Genuss des Tyrannen, wesentlich abhängig von kontingenten Umständen. Denn »[d]ie Bedingung für den Genuß ist [...] eine äußere, die nicht in des einzelnen Menschen Macht steht« (ebd.). Der Ironiker soll sich angesichts dieser Abhängigkeit nur damit aushelfen können, dass er die Bedingungen, von denen er sich kurzzeitig bestimmen lässt, immer auch wieder negiert, um aus dieser Geste des »Fortwerfens« ebenfalls Genuss zu ziehen. »Aber«, so argumentiert Wilhelm weiter, »es versteht sich von selbst: wer sich selbst im Fortwerfen der Bedingungen genießt, ist ebenso abhängig von ihnen wie der, welcher sie genießt« (ebd.). Unter diesen Bedingungen wird der Ironiker ebenso wie der Tyrann, und das ist für Wilhelm der entscheidende Punkt, nie dazu kommen, seine »Persönlichkeit zu erschließen« (ebd.).

Ob dem Ironiker unterstellt werden kann, dass er sich, anders als der (platonisch verstandene) Tyrann, zu seinen in Abhängigkeit von kontingenten Umständen sich meldenden Bestrebungen reflexiv verhalten kann, ist, mit anderen Worten, vor dem Hintergrund von dessen mangelnder Ausrichtung an der für Wilhelm so zentralen – und deutlich restplatonischen – Idee einer »ewigen Gültigkeit der Persönlichkeit« (EO II 201, BI 304) eine sekundäre Frage. Gemessen am Maßstab der Ewigkeit gehört der Ironiker wie der Tyrann der Sphäre der bloßen Unmittelbarkeit an. Denn wer sich an der ewigen Gültigkeit seiner selbst ausrichtet, soll darin frei sein, dass er in seinem Wollen nicht mehr wesentlich erschüttert, von keinen endlichen Reizen mehr zur substantiellen Veränderung und

19 Vgl. hierzu noch einmal oben, Kap. I, Abschn. 2.

Veranderung des eigenen Selbst verführt werden kann. Mit dieser platonischen Position macht auch Wilhelm freilich seinem Namen alle Ehre: Denn Wilhelm, das ist, wie die Etymologie informiert, der mit dem Willen behelmte.

Weil der Ironiker sein Leben nicht von den endlichen Einflüssen zu lösen vermag und dieses also, so jedenfalls schließt der kierkegaardsche Ethiker, letztlich in Unfreiheit zubringt, wird er von diesem als böse qualifiziert. Das ästhetisch Böse nämlich besteht für Wilhelm in einer nicht vollständig realisierten Freiheit. Der Ironiker soll böse sein, weil er sich mit einem Schattenbild von Freiheit begnügt, weil er die Unfreiheit frei wählt. Aus ebendiesem Grunde aber muss bei ihm zugleich ein – wie auch immer dumpfes – Bewusstsein von der eigenen Unfreiheit vorausgesetzt werden können. Symptom dafür soll die schwermütige Langeweile sein, die, wie es in Wilhelms Darstellung scheint, alle Affären und sonstigen episodischen Einlassungen von Johannes wie ein Schatten begleitet. Denn von der über alle Bedingtheit und Bestimmtheit erhabenen Perspektive des Ironikers aus, so die Diagnose Wilhelms, soll jeder Reiz, auf den er sich einlässt, schon zu Beginn wie ein »ärmliches Spielzeug« erscheinen, dessen er fast schon überdrüssig ist (vgl. EO II 216). Das Böse bestehe also beim Ironiker in dem Selbstbetrug, sich die Verzweiflung an der ästhetischen Existenz, trotz des latenten Bewusstseins von deren »Nichtigkeit«, nicht einzugestehen. Durch diesen Selbstbetrug nämlich muss er es versäumen, zu einer anderen, einer zur Freiheit, und das heißt bei Wilhelm: einer zu sich selbst entschiedenen Existenz überzugehen (vgl. EO II 206 f., 218 f.). »[V]erzweifle!«, ruft Wilhelm dem Ästhetiker deshalb zu (EO II 224).

Allerdings klingt Wilhelm dabei selbst ein wenig verzweifelt. Die eigentümliche Resistenz des Ironikers, der Aufforderung zur Verzweiflung nachzukommen, der schon damals absehbare historische Erfolg der ästhetischen Existenz sowie schließlich der Umstand, dass selbst noch die Schwermut vom damaligen Zeitgeist umarmt wurde,[20] lassen Wilhelms längliche Briefe tendenziell ins Leere laufen. Dies mag allerdings weniger mit der Borniertheit der Zeitgenossen zu tun haben als damit, dass die von Hegel inspirierte

20 »Diese Krankheit, oder richtiger diese Sünde [die der Schwermut]«, klagt Wilhelm, »ist in unsrer Zeit recht allgemein; es ist z. B. diejenige, unter der das ganze junge Deutschland und Frankreich seufzt« (EO II 201).

Diagnose der überspannten Subjektivität, mit der Wilhelm diesen Zeitgeist zu treffen versucht, ihren Gegenstand verfehlt. Dass die ästhetische Existenz tatsächlich eine eigene Ethik impliziert, wenn man sie nicht mehr länger mit einem falschen, weil subjektivistischen Freiheitsverständnis identifiziert, lässt sich mit und gegen Kierkegaard nicht zuletzt auf der Folie der Defizite der ethischen Existenz zeigen, für welche die Hegel-Karikatur des Gerichtsrats Wilhelm einsteht: *mit* Kierkegaard, insofern er selbst um Defizite der wilhelmschen Ethik weiß; *gegen* Kierkegaard, weil dieses Bewusstsein bei ihm keineswegs zu einer grundsätzlichen Rehabilitierung und damit zu einer Neukonzeption der ästhetischen Existenz führt, sondern die Einführung einer dritten Stufe motiviert: die der »religiösen Existenz« (vgl. Abschn. 10). Bleiben wir jedoch zunächst bei der Ethik!

5. Reue und Pflicht: Die Freiheit, das zu wählen, was man schon ist

Sofern die Kritik der ästhetischen Existenz in der Diagnose ihrer Abhängigkeit von kontingenten Umständen besteht, muss die Überwindung dieser Abhängigkeit natürlich das Programm des Ethikers sein. Der erste Schritt dazu soll bereits durch die Verzweiflung an dieser Abhängigkeit gemacht sein. Denn sie, so fasst Wilfried Greve die Idee des Ethikers zusammen, soll dem Subjekt aufschließen, »daß es nicht mit seinen endlichen Zuständen identisch ist [...]; sie bezeugt dem Selbst, daß es statt dessen mit sich identisch ist *in* allen seinen endlichen Zuständen«.[21] Das an seiner Abhängigkeit von kontingenten Umständen und den auf diese reagierenden »endlichen Zuständen« seiner selbst verzweifelnde Subjekt soll sich mit anderen Worten als »ewiges« entdecken, und zwar im Sinne einer alle endlichen Zustände transzendierenden Identität mit sich. Es soll ein Bewusstsein seiner selbst als »Einheitspunkt aller konkreten Bestimmtheiten«[22] gewinnen und damit zugleich frei werden. Gleichwohl ist der volle Begriff der vom Ethiker projektierten Freiheit erst dann erreicht, wenn das Subjekt sein »ewiges Selbst« positiv und konkret ergreift. Denn die Idee einer Ewigkeit

21 Vgl. Greve, *Kierkegaards maieutische Ethik*, S. 84.
22 Ebd.

des Selbst – und das heißt: die ethische Idee von Freiheit – darf, soll sie nicht die Probleme der ästhetischen Existenz wiederholen, nicht als abstrakte Unendlichkeit missverstanden wird. Dem Ethiker muss es also gelingen, die Vorstellung einer in der Verzweiflung aufscheinenden Ewigkeit des Selbst mit dessen konkreter und endlicher Existenz zu vermitteln.

Für den Versuch einer solchen Vermittlung steht Wilhelms dialektische Theorie der Selbstwahl. Dialektisch ist diese Theorie zu nennen, weil sie »mit einem Schlage folgende zwei dialektische Bewegungen« vollzieht: »Das, was gewählt wird, ist nicht da und entsteht durch die Wahl; das, was gewählt wird, ist da, sonst wäre es keine Wahl. Wofern nämlich das, was ich wähle, nicht da wäre, sondern durch die Wahl schlechthin entstünde, würde ich nicht wählen, sondern würde erschaffen; aber ich erschaffe mich nicht, ich wähle mich.« (EO II 229) So tritt in der Selbstwahl das Ich als das, wie Kierkegaard Wilhelm in einer existenzphilosophischen Umwidmung der Hegelschen Terminologie sagen lässt, »Absolute« (vgl. bes. EO II 223, 227) hervor, das es latent immer schon war; das Selbst realisiert sich als absolutes, sofern es bewusst (gesetzt) wird. In diesem Sinne spricht Wilhelm auch davon, dass sich das Ich in der Selbstwahl selbst »empfängt« (EO II 188). Die Dialektik von Setzen und Gesetztsein hat für Wilhelm darüber hinaus eine religiöse Bedeutung. Denn das Bewusstsein des eigenen Gesetztseins impliziert für ihn ein Bewusstsein des setzenden Gottes (vgl. z. B. EO II 178). Sofern ihm Gott als Quelle des Absoluten im Subjekt und damit zugleich auch als Ursprung der Freiheit gilt, ist deren vollständige Verwirklichung für Wilhelm identisch mit der Erfüllung des göttlichen Willens. Sie ist deshalb Verpflichtung.[23] In diesem Sinne Verpflichtung kann die Selbstverwirklichung, noch einmal, aber nur deshalb sein, weil die Selbstwahl mit dem Bewusstsein des eigenen Selbst als Einheitspunkt aller Bestimmung noch nicht an ein Ende gelangt ist. Damit das Ich seiner Endlichkeit nicht unvermittelt gegenübersteht und so den Fehler und das Schicksal des romantischen Ironikers wiederholt, muss die »Freiheit *vom* Endlichen [...] zur Freiheit *im* Endlichen« konkretisiert werden.[24] Denn Freiheit ist nur, das vor allem soll ja die Auseinandersetzung

23 Damit, dem Verpflichtungscharakter der Selbstverwirklichung nachzukommen, erschöpft sich allerdings Wilhelms Gottesverhältnis auch schon. Vgl. ebd., S. 86 f.

24 Ebd.

mit dem Ästhetiker aus Wilhelms Perspektive demonstrieren, als konkrete. Die Freiheit vom Endlichen kann jedoch nur dann zu einer Freiheit im Endlichen konkretisiert werden, wenn dieses aus der Perspektive der Freiheit angeeignet wird. Dies soll nun nach Wilhelm dadurch geschehen, dass sich das Subjekt selbst annimmt und für sich einsteht, und zwar als konkretes. Der Wählende muss auch in diesem Sinne einer Dialektik von Setzen und Gesetztsein genau der werden, der er bereits ist. »Der Mensch«, so Wilhelm, »wird [durch die Wahl] nicht ein anderer denn er zuvor gewesen, nein, er wird er selbst; das Bewußtsein schließt sich zum Ringe, und er ist er selbst« (EO II 189).

Allerdings, und das ist entscheidend, bedeutet die Übernahme von Verantwortung für die eigene Konkretion einen Perspektivwechsel auf diese: Sie impliziert »Reue« (vgl. bes. EO II 186f., 230) für die zuvor gelebte Unfreiheit, und das heißt, wie wir gesehen haben, bei Wilhelm zugleich: für das Böse einer solchen Existenz. Denn böse war der Ironiker aus der Perspektive des Ethikers ja nicht etwa deshalb zu nennen, weil er sich verbrecherisch gegen kollektive Vorstellungen vom Guten wendet, sondern deshalb, weil er in einer Sphäre der Indifferenz, der Unentschiedenheit sich selbst und der Welt gegenüber verharrt (vgl. EO II 177, 180, 189). Komplementär ist dann natürlich die Selbstwahl des Ethikers, seine Entschiedenheit zu sich, selbst schon ein Gutes, das zugleich auch den Maßstab der Unterscheidung zwischen gut und böse mit setzt: die Orientierung an einer ›wahrhaften‹ Verwirklichung von Freiheit (vgl. EO II 237f.). Reue ist damit allerdings auch mit dem Einbekenntnis verbunden, dass das Böse dem Menschen »wesentlich zugehört« (EO II 239). Nicht nur ist es, wie das Beispiel des Ästhetikers nach Wilhelm zeigen soll, eine Möglichkeit des Menschen, die Wahl zu unterlassen, und das heißt: ein Leben in Unfreiheit zu führen – überdies ist jedes Leben, auch das des Ethikers, vor dem Akt der Wahl unfrei und in diesem Sinn schuldig. Die ästhetische Existenz ist folglich, so Wilhelms evolutionäre These, ein notwendiges Durchgangsstadium für den Ethiker (vgl. EO II 257f.). Selbstwahl bedeutet, die vor dem Wahlakt noch nicht realisierte Freiheit zu bereuen. Die Verwirklichung der Freiheit und das Aufsichnehmen von Schuld sind für den Protestanten Wilhelm mithin in ein und derselben Bewegung zusammengeschlossen: »[N]ur indem man selbst bereut, wird man konkret«, schreibt er, und allein als konkretes Individuum ist man ein freies Individuum. [...] Erst, wenn man in der Wahl sich selbst auf sich genommen, sich mit sich selbst bekleidet, sich selbst ganz und gar durchdrungen hat, dermaßen, daß jegliche Bewegung vom Bewußtsein einer Selbstverantwortung begleitet ist, erst dann hat man sich ethisch gewählt, erst dann hat man sich selbst bereut, erst dann ist man konkret, erst dann ist man in seiner ganzen Vereinzelung (Isolation) in unbedingtem Zusammenhang mit der Wirklichkeit, der man zugehört. (EO II 264[25])

Durch Reue erlangt man nach Wilhelm jene »Durchsichtigkeit« (ebd.), die Kierkegaard bereits in seiner Dissertationsschrift dem Ironiker entgegengehalten hatte. »Der Hauptunterschied, um den alles sich dreht«, betont Wilhelm, »ist, daß das ethische Individuum sich selbst durchsichtig ist und nicht ›ins Blaue hinein‹ lebt, wie das aesthetische Individuum es tut. Mit diesem Unterschied ist alles gegeben.« (EO II 275) Zwar gibt er interessanterweise zu, dass es »in einem jeden Menschen etwas [gibt], das ihn bis zu einem gewissen Maße daran hindert, sich selber völlig durchsichtig zu werden« (EO II 171). Doch ist die Reue Wilhelm zufolge dasjenige Mittel, das den Einzelnen immerhin in die Nähe dieses Ideals der Selbsttransparenz bringen kann. Denn Reue, so das Argument, vermag zwischen dem vormals Heterogenen einen Zusammenhang zu stiften: den Zusammenhang einer Sündengeschichte nämlich, als deren Protagonist das »ewige Selbst« erkannt wird. Eben durch diese Aneignung der eigenen Vergangenheit wird, triumphiert Wilhelm, »sogar das mir Widerfahrene durch mich von Notwendigkeit in Freiheit gewandelt« (EO II 267).

In einer Auseinandersetzung mit Kierkegaard hat Dieter Thomä jedoch darauf hingewiesen, dass die in der Konzeption der Reue geforderte »Bereitschaft, das eigene ›ganze Dasein‹ zu übernehmen«, mit der »Ignoranz gegenüber dem Problem [einhergeht], wie überhaupt das zu verantwortende ›ganze Dasein‹ zur Vorlage kommt«.[26] Die – vor allem aus psychoanalytischer Perspektive – doch recht naive Annahme einer unverstellten Zugänglichkeit oder Durchsichtigkeit der eigenen Vergangenheit in ihrer Totalität soll indes nicht nur die Authentizität der Reue, sondern auch die Kontinuität des »ewigen Selbst« mit sich sicherstellen. Nur als prinzipiell sich

25 Vgl. zu der religiösen Dimension von Reue vor allem EO II 230-232.

26 Vgl. Dieter Thomä, *Erzähle Dich selbst. Lebensgeschichte als philosophisches Problem*, Frankfurt/M. 2007, S. 49-62, hier S. 51.

selbst zugängliches, in der Totalität seiner Handlungsvollzüge und Bestrebungen sich selbst durchsichtiges kann das Selbst als »ewiges« behauptet werden. Denn in dem Moment, in dem sich die Sündengeschichte bloß als ein weiterer Entwurf herausstellte, den das Selbst sich von sich macht, weil es den neutralen Punkt nicht gibt, von dem aus es sich selbst in seiner Totalität betrachten kann, wäre seine ewige Gestalt bereits vom Endlichen korrumpiert – und die Sündengeschichte gehörte nicht mehr in den Bereich der ethischen Reue, sondern in den der »poetischen« Konstruktion.

Nun markiert die Reue bei Wilhelm aber nur die vergangenheitsorientierte Seite der Wahlbewegung. Die andere, die zukunftsorientierte Seite der Wahlbewegung trägt den im Kontext der wilhelmschen Ethik weniger kantianisch denn hegelianisch zu hörenden Titel »Pflicht«. Denn mit der Reue ist die ethische Existenz erst an ihrem Anfang. Der durch die Reue gestiftete Zusammenhang der eigenen Existenz soll nun als Aufgabe der Selbstverwirklichung vor ihr stehen; und diese Aufgabe versteht Wilhelm im Sinne einer Erfüllung sittlicher Verhältnisse (vgl. EO II 288). Ging es in der ethischen Konzeption der Reue darum, die eigene Unmittelbarkeit und Zufälligkeit retrospektiv in Freiheit zu verwandeln, indem die Vergangenheit in ihrer Totalität als sündige Vergangenheit des »ewigen Selbst« angeeignet wird, so geht es in der Konzeption der Pflicht nun darum, die Unmittelbarkeit und Zufälligkeit der eigenen Existenz praktisch hinter sich zu lassen und ein »ewiges Selbst« zu *werden*. Dies aber bedeutet, die durch Reue erreichbare Selbsttransparenz zu externalisieren, und das heißt: in der Praxis offenbar werden zu lassen. Nach Wilhelms hegelianischer Deutung heißt dies genauer: Das Selbst hat die Überwindung der eigenen Unmittelbarkeit und Zufälligkeit nicht nur zur religiös verstandenen Pflicht; vielmehr soll sich diese in der sozialen Pflichterfüllung manifestieren.

So soll das Problem der Zufälligkeit und Unmittelbarkeit der ästhetischen Existenz dadurch bewältigt werden, dass die zufällige Individualität der Einzelnen in der Allgemeinheit der Pflicht aufgehoben wird. Das Selbst des Ethikers (wie jedes Menschen) mag zwar als »unmittelbares zufällig bestimmt« sein, seine »Aufgabe« aber ist, »das Zufällige und das Allgemeine ineinander zu arbeiten« (EO II 273). Und das heißt bei Wilhelm nichts anderes, als dass der Einzelne diejenigen Pflichten als ein Eigenes übernehmen soll, die er als von sittlichen Verhältnissen Bestimmter schon vorfindet. Die hinsichtlich des Verbleibs der subjektiven Freiheit problematischen Züge bei Hegel zuspitzend, ist Kierkegaards Wilhelm der Auffassung, dass die Pflicht das Individuum in dem Maße, wie sie nicht als etwas bloß von außen Auferlegtes, sondern als »Ausdruck für sein innerstes Wesen« (EO II 271) angenommen wird, schließlich zur »substantiellen Freiheit« befreit (vgl. Rph § 146). In der durch die sittliche Pflichterfüllung erreichten »Einheit des Allgemeinen und des Einzelnen« soll sich die »höchste Giltigkeit der Person« (EO II 281), ihre »wahre Lebenskunst« (EO II 274) erweisen.

Nun besteht natürlich ein großer Unterschied zwischen Hegel und Kierkegaards Wilhelm in dem bereits erwähnten Umstand, dass das Absolute von Letzterem ins Subjekt verlegt wird. So nennt Wilhelm ausgerechnet die von Hegel im Kontext seiner Kritik an der Moralität so problematisierte Instanz des Gewissens als das »Geheimnis« der Identität von Allgemeinem und Besonderem (vgl. EO II 272 f.). Nach Wilhelm ist das Gewissen »sowohl die ethische Instanz des Individuums« als auch »die konkreteste Ausdrucksform der objektiven Ordnungsschemata«;[27] womit das Gewissen nun nicht mehr als die Instanz eines potentiellen Konflikts zwischen reflexiver Freiheit und sittlichem Allgemeinen als vielmehr im Gegenteil als die Instanz von deren prinzipieller Übereinstimmung gedeutet wird. Die Gewissensentscheidung ist bei Wilhelm identisch mit der Entscheidung für das Allgemeine. In dieser Perspektive erscheint Kierkegaards Ethik, trotz ihres Einsatzes bei der Subjektivität, tatsächlich eher als eine existenzphilosophische Radikalisierung der problematischen Aspekte bei Hegel und weniger als deren Kritik. Denn das existenzphilosophische Ideal der Selbsttransparenz erweist sich in seiner Formulierung bei Wilhelm als Korrelat sozialer (Total-)Integration. Sie verwirklicht sich im »Offenbarwerden« vor Anderen – und dies geschieht einzig in der sittlichen Pflichterfüllung. Konsequenterweise nennt Wilhelm die Bereiche von Arbeit und Ehe als privilegierte Sphären eines solchen Offenbarwerdens, und das heißt zugleich: als privilegierte Orte für die in der sittlichen Pflicht sich verwirklichende Freiheit. Allerdings gibt Kierkegaard dabei keineswegs ein getreues Bild der Hegelschen Sittlichkeitslehre. Nicht nur beschränkt sich Wilhelms Ethik auf

27 Greve, *Kierkegaards maieutische Ethik*, S. 108.

jene sittlichen Verhältnisse, in denen die Integration des Einzelnen besonders sichtbar wird,[28] überdies betont er dabei allein jenen Zug von Hegels Rechtsphilosophie, welcher die subjektive Freiheit so in der sittlichen Substanz »versenkt«,[29] dass von ihr nicht mehr viel übrig bleibt. So berechtigt der Hinweis auf die entsprechenden Argumente bei Hegel ist (vgl. Kap. II, Abschn. 12), so wenig kann ein solcher doch der internen Komplexität der Sittlichkeitskonzeption aus dem dritten Teil der *Grundlinien* gerecht werden. In ebendieser Reduktion markiert sich jedoch bereits der Abstand Kierkegaards zu seinem ethischen Pseudonym wie zu dessen Vorbild, der in den Schriften nach *Entweder – Oder* vollends sichtbar werden wird.

6. Ein Sexismus für einen anderen

In Wilhelms Ethik treten denn auch die Kosten für ein Freiheitsverständnis, das diese im Sinne einer Totalvermittlung des Individuums mit den »Pflichten der Verhältnisse, denen es angehört« (Rph §150), fasst, besonders deutlich hervor. Dies gilt bereits für Wilhelms pflichtenethische Konzeption der Arbeit;[30] noch ein-

28 Allerdings fügt er in dieser Perspektive mit der Freundschaft ein Verhältnis hinzu, das Hegel nicht in seine Theorie der Sittlichkeit aufgenommen hatte, das dort zu integrieren aber durchaus plausibel ist. Für eine zeitgenössische, um die Dimension der Freundschaft ergänzte Theorie der Sittlichkeit im Anschluss an Hegel vgl. Axel Honneth, *Leiden an Unbestimmtheit. Eine Reaktualisierung der Hegelschen Rechtsphilosophie*, Stuttgart 2001, bes. S. 113.

29 Otto Pöggeler, *Hegels Kritik der Romantik*, München 1998, S. 221.

30 So soll es Wilhelms restplatonischer Vorstellung zufolge nicht auf den Beruf ankommen – solange es der jeweils eigene (der »eigenen Natur« entsprechende) Beruf ist, soll der Einzelne an einer »vernünftigen Ordnung der Dinge« partizipieren, in der jeder »seinen Platz ausfüllt«, um dergestalt Allgemeines und Individuelles zu versöhnen – und dadurch frei zu sein (vgl. EO II 312). In einer solchermaßen freiheitstheoretisch verbrämten Pflichtenlehre liegt nicht nur eine naturalisierende Verleugnung sozialer Ungerechtigkeit, insofern die ungleiche Verteilung der Plätze in einer Gesellschaft durch den Rekurs auf die Natur der Einzelnen begründet wird. Eine solche Pflichtenlehre negiert überdies die historische Dimension gelebter Erfahrung überhaupt, insofern diese die Möglichkeit einschließt, unter veränderten Bedingungen zu einer anderen Einschätzung der eigenen Identität zu kommen und damit auch zu einer anderen Einschätzung dessen, was dieser – in beruflicher und anderer Hinsicht – gemäß wäre (vgl. hierzu auch noch einmal meine Auseinandersetzung mit Platon, Kap. I, Abschn. 7 u. 8 oben).

schlägiger in unserem Zusammenhang ist aber sein Lob der Ehe. Sofern nämlich die Verwirklichung von Freiheit sich in der sittlichen Pflichterfüllung manifestieren soll, die zugleich als soziale Offenbarung der durch Reue erreichbaren Selbsttransparenz verstanden ist, ist die Ehe für Wilhelm das Paradigma einer solchen Verwirklichung, handelt es sich doch um eine Institution, die auf wechselseitige Offenbarung baut. Blickt man in dieser Hinsicht aber genauer auf das ethische Programm, so zeigt sich, dass es Wilhelm gar nicht in erster Linie um den konkreten Anderen, namentlich: seine Ehefrau, geht, als vielmehr um sein – und zwar im Wortsinn: *sein* – Verhältnis zum Allgemeinen. Offenbarung meint auch hinsichtlich der Ehe primär Offenbarung in und durch die sittliche Pflichterfüllung – und nicht, wie zuweilen nahegelegt (etwa EO II 111, 117), die Offenbarung jeweiliger Singularität in der Anerkennungsbeziehung der Liebenden. In der Ehe soll es mit anderen Worten gar nicht vornehmlich auf die jeweilige Objektwahl ankommen; vielmehr soll es die Ehe als Institution ermöglichen, dass der Einzelne am Allgemeinen teilhat, um die Zufälligkeit, auch die der Partnerwahl, zu überwinden und dadurch frei zu werden.[31] Nach Wilhelms Vorstellung scheinen die Eheleute mithin weniger sich denn die Ehe selbst zu heiraten.

Damit nimmt Wilhelms Ehekonzeption eine eigentümliche Zwischenstellung zwischen vormodernen und modernen Vorstellungen von der Ehe ein. Einerseits erinnert das Primat der Institution vor der Objektwahl an vormoderne Ehekonzeptionen, die nicht auf personalisierter Liebe, sondern auf den Interessen von Traditions-, Macht- und Ordnungserhalt regierender oder produzierender Haushalte gründeten; andererseits steht bei Wilhelm die Entscheidung für das Allgemeine im Zeichen der modernen Idee von Selbstverwirklichung. Letztere muss auf sein Verständnis der Ehe durchschlagen. Sie kann auch Wilhelm zufolge nicht mehr

31 Hegel erkennt demgegenüber immerhin an, dass die Ehe letztlich »nur auf zufälligen Empfindungen beruht« und deshalb auch »geschieden werden« kann (Rph §176 Z); wobei er darauf hinweist, dass es – sofern eine Ehe gegen ihren zufälligen Ursprung dennoch ein sittliches Verhältnis behauptet – zu ihrer Auflösung einer dritten sittlichen Autorität bedarf, die feststellt, ob das sittliche Verhältnis der Ehe bloß durch »temporäre Stimmungen« gefährdet ist oder aufgrund einer »totalen Entfremdung« der Eheleute tatsächlich geschieden werden muss (Rph §176).

von äußeren Faktoren bestimmt sein, vielmehr ist sie bei ihm auf subjektive Entscheidung gestellt. Entsprechend besteht ihr Sinn für ihn nicht mehr primär in der Ausfüllung gesellschaftlicher Rollen, sondern in individueller Erfüllung, was hinsichtlich der Ehe die Liebe einschließt. Wilhelm muss also gegen seinen ästhetischen Gegenspieler zeigen, inwiefern seine Konzeption der Ehe zugleich der modernen Konzeption einer auf personalisierter Liebe gründenden Ehe gerecht wird. Er muss mit anderen Worten den Beweis antreten, dass seine Vorstellung von der Ehe unauflöslich mit einem überzeugenden Konzept von Liebe verbunden ist.

Diesen Nachweis versucht Wilhelm in seinem ersten Brief zu erbringen, den er der Verteidigung der Ehe widmet. Hier tritt Wilhelm nicht nur gegen die Liebesvermeidung des ironischen Verführers an, sondern grundsätzlicher noch gegen einen Zeitgeist, der das Ideal der romantischen Liebe durch Ironie implodieren lässt. Obwohl die Ironie gegenüber diesem Ideal durchaus nicht ganz unberechtigt ist, wie auch Wilhelm zunächst zugibt. Denn das romantische Ideal einer ebenso unmittelbaren wie unveränderlichen und darin ewigen Liebe kann gewöhnlich der Prüfung durch die Zeit nicht standhalten. Aber die zeitgeistig ironische Haltung gegenüber diesem Ideal führt, so Wilhelms kulturkritische Diagnose, nicht dazu, ein Besseres an dessen Stelle zu setzen. Vielmehr habe sich die Ironie verselbständigt und mit ihr eine melancholische Haltung gegenüber der Liebe, die deren Ewigkeitsanspruch einerseits als illusorisch verspottet, um einen solchen andererseits in einzelnen Momenten euphorischer Verliebtheit einlösen zu wollen – in Momenten mithin, denen das ernüchternde Ende bereits eingeschrieben ist. Was dagegen, ginge es nach Wilhelm, an die Stelle der romantischen Idee ewiger Liebe treten soll, ist nicht deren Negation, sondern deren Transformation in der Ehe. Eine solche Transformation aber kann für ihn nur mithilfe des Glaubens gelingen.

Voraussetzung dieser Transformation ist, worauf Wilhelm insistiert, die erste Liebe, und zwar deshalb, weil deren Einheit von Freiheit und Notwendigkeit noch nicht durch Reflexion »gestört« ist. Sie ist unmittelbar (vgl. EO II 48). Diese Unmittelbarkeit nennt Wilhelm ganz konsistent das »Ästhetische« der ersten Liebe. Der Index von Ewigkeit, den die erste Liebe in ihrer Unmittelbarkeit trägt, bedarf laut Wilhelm zu seiner Rettung vor der zersetzenden

Kraft ironischer Reflexion der Verklärung durch den christlichen Glauben. Dies soll durch die Dankbarkeit der Verliebten gegenüber Gott geschehen, die »wie alles Beten mit einem Moment von Handlung verbunden« sei, nämlich der »innerlichen«, den Willen zu fassen, an der Liebe festzuhalten. »Dadurch«, so Wilhelm, »ist das Wesen der ersten Liebe nicht verändert worden, es ist an sie keine Reflexion herangetreten [...], sie ist lediglich aufgenommen in eine höhere Konzentrizität« (EO II 50). Die zentrale Rolle, die dem christlichen Glauben hier zuzukommen scheint, verbleibt allerdings strikt in den Grenzen der Wilhelmschen Willensethik: Weil sich Wilhelms Gottesverhältnis generell im Bewusstsein der Verpflichtung zur Selbstverwirklichung erschöpft, schrumpft auch die praktizierte Religion zu einem Hilfsmittel auf dem Weg zur entsprechenden Pflichterfüllung zusammen. An die Stelle der »illusorischen Ewigkeit der Phantasie«, mit der der Ästhetiker den Ewigkeitsanspruch des erotischen Moments überhöht, soll bei Wilhelm mithilfe des Glaubens die »Ewigkeit des Bewußtseins« treten: »Wille, Entschluß, Vorsatz« (EO II 62). Ebendies ist für ihn die »Ewigkeit der Ewigkeit« (ebd.).

In dem Maße aber, wie sich das Bewusstsein als ewiges entwirft, bewegt es sich zugleich weg vom konkreten Anderen: »So wird dem Liebenden zugemutet«, schreibt Adorno treffend in einem Kierkegaard-Kommentar, »er solle gegen alle Vernunft – genauer: gegen alle psychologische Erfahrung, gegen alle Menschenkenntnis, die als weltlich verpönt ist – den Glauben an den einmal geliebten Menschen festhalten, auch wenn diesem Glauben jeder objektive Grund entzogen wurde. Ein großartiger Widerstand gegen den Weltlauf ist darin [...] deutlich [...].«[32] Dieser Widerstand, der sich in der Tat gegen die Dimension geschichtlich gelebter Erfahrung überhaupt richtet, zeigt sich besonders drastisch an Wilhelms ablehnender Haltung gegen die Emanzipation der Frau.[33] Bemerkenswerterweise ist er sich in diesem Punkt nämlich mit seinem Gegenspieler ganz einig. Wilhelms Lob der Ehefrau teilt mit Jo-

32 Theodor W. Adorno, »Kierkegaards Lehre von der Liebe«, in: ders., *Gesammelte Schriften*, Bd. II, Frankfurt/M. 1979, S. 217-236, hier S. 220.

33 Für eine umfassende Zusammenstellung der entsprechenden Passagen vgl. Céline Léon, »(A) Woman's Place Within the Ethical«, in: Céline Léon, Sylvia Walsh (Hg.), *Feminist Interpretations of Søren Kierkegaard*, University Park/PA 1997, S. 103-130.

hannes' Lob der Mädchen die Vorstellung, dass Frauen wesentlich der Sphäre der Unmittelbarkeit angehören; und beide sind, wenn auch aus sehr unterschiedlichen Motivationslagen heraus, der Auffassung, dass Frauen auch in dieser verbleiben sollten und sich nicht etwa durch Reflexion ihrer Natur entfremden und in »unweibliche Gesellschaftsdamen« verwandeln sollten. Entsprechend geht Wilhelms Idealisierung der Ehefrau mit einer entscheidenden Einschränkung einher: Das »Weib« ist ihm »vollkommen« nur in seiner »Unvollkommenheit« (vgl. EO II 333). Die Frau mag zwar »ästhetischer« und in ihrer von Wilhelm vielfach gerühmten »Demut« sogar Gott näher sein als der Mann (vgl. EO II 56, 70) – aber diese Nähe ebenso wie ihre ästhetische Qualität ist lediglich eine Implikation ihrer Beschränkung, aufgrund ihrer Abhängigkeit vom Mann wesentlich der Sphäre der Endlichkeit zuzugehören. Weil das Selbst der Frau ein bloß relatives, auf den Mann bezogenes sein soll, ist das Selbst als »absolutes« oder »ewiges«, daran lässt Wilhelm keinen Zweifel, männlich.

Der entscheidende Unterschied zwischen Wilhelm und Johannes liegt folglich nicht im Frauenbild. Beide bestimmen Weiblichkeit aus ihrer jeweiligen Perspektive als »Sein für anderes«;[34] beide entwerfen aus unterschiedlichen Gründen eine vorreflexive Einfältigkeit als weibliche Qualität; beiden ist die Emanzipation der Frau zuwider. Während die einfältigen Mädchen bei Johannes zum Medium seiner poetischen Produktionen gemacht werden, soll die Einfältigkeit der Ehefrau dem Ethiker helfen, eine zweite, nämlich »edle Einfalt« (EO II 82) in der ehelichen Pflichterfüllung zu gewinnen, durch die er die mit der ästhetischen Existenz assoziierte Reflexion überwindet.[35] Die Ehefrau hat bei Wilhelm – ähnlich wie die jungen Dinger für den Verführer – somit eine primär mediale Funktion, die ihre Subjektivität entwertet. Der hinsichtlich

34 Der Frau, so die entsprechende Formulierung bei Wilhelm, gehöre es »wesentlich zu, für andre zu beten« (EO II 336).

35 »[E]s gehört eine große Seele dazu«, schreibt Wilhelm etwa, »seine Seele aus dem Kleinlichen herauszuretten; aber man kann es, wenn man will, denn Wollen, das ist die große Seele, und wer da liebt, der will. Dem Manne kann es besonders schwer fallen, und deshalb wird in dieser Hinsicht das Weib für ihn so große Bedeutung haben. Sie ist dazu geschaffen, mit dem Kleinen zu tun zu haben, und versteht es, diesem eine Bedeutung zu geben, eine Würde, eine Schönheit, die bezaubern. Das macht frei von Gewohnheiten, von der Tyrannei der Einseitigkeiten, vom Joch der Launen [...].« (EO II 72)

des Geschlechterverhältnisses entscheidende Unterschied der ethischen Lebensform gegenüber der ästhetischen liegt denn auch aus Wilhelms Perspektive woanders: Die ethische Existenz habe den Vorteil, dass die Frauen in der für sie vorgesehenen, dem Mann unterlegenen Position »festgehalten« werden können, während die ästhetische Reflexion sie dieser Position notwendig entfremde (vgl. EO II 98).

Wie im Fall der ästhetischen Existenz sagt der *gender plot* freilich auch im Fall der ethischen etwas Grundsätzliches über das mit ihr assoziierte Freiheitsverständnis aus. Die geschichtliche Qualität der konkreten Ewigkeit, die Wilhelm gegen die abstrakte Unendlichkeit des Ironikers geltend machen will, bedeutet, das wird im Blick auf Wilhelms Bild der ehelichen Liebe besonders deutlich, lediglich eine immer wieder erneuerte Affirmation des Willens zur sittlichen Pflichterfüllung, ohne dass dieser oder das Verständnis der entsprechenden Pflicht vom Vollzug des gemeinsamen Lebens grundsätzlich infrage zu stellen sei. Der geschichtliche Charakter der Ehe soll sich nach Wilhelms Modell darauf reduzieren, das gemeinsam Erlebte dem »ewigen Bewusstsein«, das heißt: dem einmal gefassten Willen zur ehelichen Pflichterfüllung, unterzuordnen. In genau diesem Sinn spricht Wilhelm davon, dass das wechselseitige Verstehen der Eheleute »ebenso sehr mit einem Schlage da ist, wie immerfort von neuem wird« (EO II 125). Ein solches Konzept ehelichen Einverständnisses ist jedoch ebenso ahistorisch, weil in der ewigen Bestätigung eines einmal gefassten Willens befangen, wie dem Phänomen der Liebe, das es erläutern soll, unangemessen. Es reduziert die Liebe, die nicht zuletzt eine Emotion ist, auf eine Tathandlung[36] (das Fassen des Willens, an der Liebe festzuhalten, transformiert nach Wilhelm die erste, die unmittelbare Verliebtheit in Liebe), und es ersetzt die intersubjektive Dimension der Liebe durch einen gemeinsamen, aber im Blick auf die Geschlechterrollen gleichwohl asymmetrischen Bezug aufs Allgemeine. Ein solches »Verstehen« aber ist gar kein Verstehen des Anderen mehr. Liebe wird durch Pflicht ersetzt. Damit ist Wilhelms Versuch, die Liebe vor dem ironischen Zeitgeist zu retten, ebenso gescheitert wie sein Anspruch, das pflichtenethische Ehekonzept mit dem modernen Primat der Liebe zu versöhnen.

36 Zu einer Kritik an Kierkegaard in diesem Punkt vgl. auch Thomä, *Erzähle dich selbst*, S. 59f.

Bereits an dieser Stelle bietet sich die Diskussion einer Alternative an, die sich dem Entweder-oder zwischen Pflichtenethik und subjektivistischer Ästhetik entzieht, vor das uns Kierkegaards Schrift stellt. Die Emanzipation der Frau und die Liebeskonzeption, die daraus hervorging, führen nämlich besonders anschaulich ein ganz anderes, ein geschichtlich dynamisiertes Modell von Freiheit vor Augen, das die Unfreiheit, die mit der Weltlosigkeit von Kierkegaards Verführer einhergeht, ebenso überwindet wie die Unfreiheit, die sich aus der Verpflichtung auf das Bestehende ergibt, welche sein Wilhelm predigt. Die Diskussion dieser Alternative, die eine andere Deutung der ästhetischen Existenz und ihrer Reflexion impliziert, soll auch deshalb an dieser Stelle geführt werden, weil Kierkegaard, wie wir noch sehen werden (Abschn. 8-10), selbst einen ganz anderen Weg einschlägt, um die von ihm diagnostizierten Defizite der ästhetischen wie dann auch der ethischen Existenz zu beheben.

7. Die Liebe geschiedener Gesellschaftsdamen

Die Rettung der Liebe durch die Zeit kann nicht durch ihre Aufhebung in die Ewigkeit der Pflicht erfolgen, die sie am Ende verdrängt. Sie rettet sich, sollte man meinen, sofern sie sich als Liebe rettet, allein durch den Test der Zeit selbst: in der Reflexion der Liebenden auf die Kraft ihrer Liebe unter sich verändernden Bedingungen. Ein entsprechend dynamisiertes Verständnis von Liebe geht historisch mit der Emanzipation der Frau, und das heißt: mit der Denaturalisierung asymmetrischer Geschlechterverhältnisse Hand in Hand. Die Konsequenzen, die dieser in der Romantik beginnende Prozess für den auf Liebe gründenden Begriff von Ehe hat, mag ein Seitenblick auf das Kino des 20. Jahrhunderts verdeutlichen. Als in den 30er und 40er Jahren des 20. Jahrhunderts schnell redende, emanzipierte Frauen (Gesellschaftsdamen allesamt) die Leinwand erobern, wird ein neues Genre geboren: die von Stanley Cavell so getaufte »Komödie der Wiederverheiratung«.[37] Mit diesem Genre wird ein Verständnis der Ehe gefeiert, das auf dem lebendigen, und das heißt: die Möglichkeit der Trennung einschlie-

37 Stanley Cavell, *Pursuits of Happiness. The Hollywood Comedy of Remarriage*, Cambridge, London 1981.

ßenden Verhältnis gleichberechtigter Eheleute gründet. »Wahrhaft heiraten heißt wiederheiraten.«[38] Wenn der Verführer »sich die Einsen zum Erzählprinzip der erotischen Liebe nimmt, das erste Mal ist das einzige, das zählt, und das immer wieder«, so ist das Erzählprinzip der modernen Ehe, wie Gertrud Koch im Anschluss an Stanley Cavell formuliert, eben gerade »keine Potenz der Eins, sondern der Zwei: das der Wiederverheiratung. Die Liebe überlebt frühestens beim zweiten Mal.«[39] Damit ist nicht nur dem Verführer widersprochen, sondern ebenso dem Patriarchen Wilhelm, dessen Liebeskonzept, wenn auch auf andere Weise, ebenfalls der Eins verhaftet bleibt: Für ihn ist es die erste Liebe, die zählt – und dies (mithilfe von Glauben und Pflichtbewusstsein) ein für allemal. Dagegen mag man ein geradezu utopisches Moment der Hollywood-Komödien darin sehen, dass es hier jeweils bei der Zwei bleibt. Sie enden, wie Cavell betont, mit einer fundamentalen, weil nun vor dem Hintergrund anerkannter Emanzipation erfolgenden Versöhnung zwischen Mann und Frau.[40] Entscheidend ist in unserem Zusammenhang jedoch weniger das utopische Ende dieser Komödien, sondern vielmehr die Entwicklungen, die ihm vorausgehen. Indem die Hollywood-Komödien des frühen 20. Jahrhunderts die Liebesgeschichte mit einer Trennungsgeschichte beginnen lassen, spitzen sie die Konsequenzen zu, die das romantische Thema der Veränderung für das Verständnis von Liebe und Ehe hat. Denn in dieses Verständnis tritt mit der Romantik Geschichte ein, und zwar in einer Weise, die das Korsett der konkreten Ewigkeit vorgegebener Pflichten und sozialer Rollen sprengt. Nicht zufällig ist dies ein wichtiges Thema bereits der romantischen Literatur.

Das moderne Bewusstsein um die Historizität der Liebe ist aber zugleich auch eine Konsequenz aus dem, was ich im ersten Kapitel die demokratische Ontologie des Guten genannt habe: es ist Teil eines Bewusstseins, für das die Möglichkeit der Frage nach dem Guten (auch der Partnerwahl) in den Begriff des Guten selbst eingegangen ist. Entscheidend für die Liebe ist nicht allein der einmal

38 Stanley Cavell, *Conditions Handsome and Unhandsome. The Constitution of Emersonian Perfectionism*, Chicago, London 1990. S. 104, Übers. JR.

39 Vgl. Gertrud Koch, »Man liebt sich, man liebt sich nicht, man liebt sich. Stanley Cavells Lob der Wiederverheiratung«, in: *Texte zur Kunst* 52 (2003), S. 110-118, hier S. 114.

40 Cavell, *Pursuits of Happiness*, S. 19.

gefasste Entschluss, an ihr festzuhalten, sondern die Frage, ob sich dieser im Vollzug des gemeinsamen Lebens zu bestätigen und das heißt: ob sich die Liebe zu entwickeln vermag. Das zu sagen beinhaltet, die Möglichkeit ihres Aufhörens in den Horizont der Liebe einzulassen. Dies sowie die Gleichberechtigung der Partner ist eine Bedingung ihrer Freiheit. Insofern ist nicht nur das Vorkommen emanzipierter Gesellschaftsdamen, sondern auch die weitgehende Normalität von Scheidungen in den demokratischen Gesellschaften gegen kulturpessimistische Verfallsdiagnosen als Ausdruck von Freiheit zu verteidigen. Dass die Ehe heute, gerade sofern sie in Liebe gründet, im Horizont der Möglichkeit ihrer Scheidung geschlossen wird, heißt jedoch nicht, dass sie ihren Sinn verloren hat. Vielmehr kommt erst in diesem Horizont, das heißt: im Horizont möglicher Veränderung die Dramatik des Versprechens heraus, dem Anderen auch in schwierigen Zeiten treu zu bleiben. Es impliziert einen dynamisierten, einen aktiven Begriff von Treue, der sich nicht in der Gedankenlosigkeit und Bequemlichkeit äußerlicher Pflicht beruhigt.[41]

Ist das Ehekonzept Wilhelms an der Idee von Transparenz und Offenbarung ausgerichtet, so geht das (bezeichnenderweise nicht mehr notwendig an die Institution der Ehe gebundene) Konzept der modernen Liebesbeziehung mit der Anerkennung einer wesentlichen Intransparenz nicht nur des Geliebten für den Liebenden, sondern auch des Liebenden für sich selbst einher. Wir können uns niemals bis auf den Grund durchschauen – denn dieser ist, wie Helmuth Plessner formuliert, »ewige Potentialität«[42] und als solcher weniger »Urgrund« denn »Ungrund«.[43] Weil uns unsere Natur, so können wir im Anschluss an die letzten beiden Kapitel sagen, lediglich im Ereignis einer Störung unserer jeweiligen sozialen Identität, im Ereignis einer Unterbrechung der Gewohnheiten unserer zweiten Natur zugänglich ist, ist sie als solche nichts als Potentialität. Dies ist der Grund oder, mit Plessner, der Ungrund dafür, dass wir niemals vollständig und endgültig mit den begrenzten Gestalten unserer sozialen Identitäten zur Deckung kommen

41 Vgl. Hannah Arendts Überlegungen zur zukunftsichernden Macht des Versprechens in *Vita Activa oder Vom tätigen Leben*, München 1981, S. 311-317.

42 Helmuth Plessner, *Grenzen der Gemeinschaft. Eine Kritik des sozialen Radikalismus*, Frankfurt/M. 2002, S. 59.

43 Ebd., S. 62.

können, dass wir konstitutiv für Entwicklung, für Veränderung offen sind. Dies affiziert natürlich auch unsere sozialen Verhältnisse. »Jedes Zusammenleben«, so Plessner, »trägt den Keim des Aneinandervorbeilebens in sich, weil die Seelen mehr sind, als was sie wirklich sind.«[44]

Die anthropologische Einsicht in die Potentialität am (Ab-)Grund unserer Existenz bedeutet jedoch nicht, dass der Gedanke der Offenbarung für das von ihr getragene moderne Liebeskonzept gar keine Rolle mehr spielt. Im Gegenteil. Während Wilhelms Idee der Offenbarung, wie wir gesehen haben, gerade nicht primär auf den konkreten Anderen bezogen ist, sondern letztlich die soziale Offenbarung des (männlichen) Selbst in und durch die Pflicht meint, lässt sich der Gedanke einer wechselseitigen Offenbarung gleichberechtigter Partner durchaus in die hier verteidigte historisch-dynamische Liebeskonzeption integrieren. Offenbarung ist dabei allerdings weder das letzte Ziel noch das einzig wichtige Element von Liebe; Offenbarung ist jetzt vielmehr zu einem Moment depotenziert, das auf sein Gegenteil – Verhaltung, Distanz – bezogen bleibt. Sosehr wir uns in der Liebe nach Offenbarung sehnen, nach einer Anerkennung unserer selbst so, »wie wir wirklich sind«, so sehr litten wir auch in der Liebe unter einer, mit Plessner, »verendlichenden«[45] Festlegung unserer selbst im Urteil des Anderen. In der Liebe brauchen wir ebenso die Anerkennung unserer Potentialität, die Anerkennung einer grundsätzlichen Freiheit, die wir nicht nur gegenüber uns selbst haben, sondern damit zugleich auch gegenüber den Bildern, die uns unsere liebsten Spiegel zurückwerfen. Umgekehrt lieben wir am Anderen nicht nur sein jeweiliges So-Sein (seine jeweiligen Bestimmtheiten). Liebe ist, zumal in ihren erotischen Dimensionen, immer auch Liebe der Potentialität des Anderen, seiner unbekannten Seiten, seiner in der Latenz schlummernden Möglichkeiten. Mit Plessner wäre die lebendige Liebe als ein dynamischer Prozess zu verstehen, der sich in der Doppelbewegung zwischen einer »Abstoßung, welche anzieht«, und einer »Anziehung, die schließlich abstößt«, hält.[46] Die Liebe trägt den Antagonismus von Offenbarung und Verhaltung in einem Prozess aus, der nichts anderes ist als ihr historisches Leben.

44 Ebd., S. 59.
45 Ebd., S. 64.
46 Ebd., S. 68.

Eine solche Doppelbewegung ist vermutlich sogar die einzige Weise, wie der wesentlichen »Zweideutigkeit der Seele«, ihrem Schillern zwischen »Potentialität und Aktualität, Strom und Gestalt«, Gerechtigkeit widerfahren kann.[47] Ebendeshalb ist Liebe diejenige Relation, in der dem Menschen die umfassendste Form von Anerkennung zuteil wird.[48]

Als solchermaßen lebendige passt die Liebe weder in das Schema von Kierkegaards Ästhetik noch in das seiner Ethik. Denn sie weicht weder der Bestimmung aus – sie verdinglicht den Anderen nicht, indem sie ihn verrätselt (oder, was auf das Gleiche hinausläuft, indem sie ihn zur Projektionsfläche entleert), noch flieht sie vor der Möglichkeit der Veränderung des Anderen, indem sie ihn auf einer lieb oder bequem gewordenen Bestimmung festzuhalten versucht (und so ebenfalls verdinglicht). Sie wird dem Anderen und sich selbst gerecht allein in einer Beziehung, in der der Versuch wechselseitigen Verstehens gemacht wird, und dies immer wieder, eben weil der Möglichkeit von Veränderung Raum gegeben, weil der Möglichkeit von Entwicklung stattgegeben wird. Das Geheimnis der sogenannten wahren Liebe liegt vielleicht sogar darin, dass sie sich gerade dort zeigt, wo sie keinem Begriff, den man sich vorab von ihr gemacht haben mag, mehr entspricht. Darin, dass sie,

47 Ebd., S. 64.

48 Entsprechend hat Axel Honneth seine frühere Einschätzung, dass es Formen der sozialen Wertschätzung sind, in denen wir die anspruchsvollste Form von Anerkennung erfahren, inzwischen korrigiert. Die »individuierteste« Form von Anerkennung müsse in Begriffen von Liebe und Zuneigung beschrieben werden. Vgl. Axel Honneth, *Gerechtigkeit und Gesellschaft. Potsdamer Seminar*, Berlin 2008, S. 67. Zu Honneths früherer Hierarchisierung von Anerkennungsformen vgl. Axel Honneth, *Der Kampf um Anerkennung. Zur Grammatik sozialer Konflikte*, Frankfurt/M. 1994, bes. S. 211. Mit Plessner wäre dann zu ergänzen, dass die Besonderheit von Liebe und Zuneigung gerade auch gegenüber der »Individuierung« durch soziale Wertschätzung darin besteht, dass hier etwas (mit) anerkannt wird, was dort *per definitionem* keinen Raum erhalten kann: die über jeweilige soziale Rollen hinausschießende Potentialität des Einzelnen. Ebendeshalb sollten die Anerkennungsformen von Liebe und Freundschaft, die, wie Gerhard Gamm formuliert, »ihr Maß *nicht* am *generalisierten Anderen*, sondern am *signifikanten Anderen* [nehmen], das heißt an dem Anderen, der unausdeutbar ist, weil er sich von sich unterscheidet« (S. 223), aber nicht zum Modell *aller* Anerkennung gemacht werden, wie Gamm suggeriert, wenn er die Unterscheidung verschiedener Anerkennungssphären als eine Form der Verdinglichung kritisiert. Vgl. Gamm, »Die Unausdeutbarkeit des Selbst«, S. 219.

wie man bezeichnenderweise häufig auch sagt, alle Erwartungen übertrifft, unterläuft die wahre Liebe die fatale Logik des Wunsches, die das Glück, das der Andere für mich ist, auf die Erfüllung zuvor feststehender Vorstellungen reduziert.

Einer solchen Liebeskonzeption entspricht offenkundig keine Lebensform, die sich vor jeder Bestimmtheit in einen Raum des bloß Möglichen, in einen Raum reiner Poesie zurückzieht. Im Gegenteil: Es entspricht dem eine Lebensform, die gerade aufgrund der Unmöglichkeit, unsere soziale Identität in Natur zu gründen, auf die Notwendigkeit verwiesen ist, immer wieder neu zu entscheiden. Die reflexive Distanz gegenüber den zuvor gültigen Entscheidungen ist dabei nicht mit einer Distanz gegenüber unserer Praxis überhaupt, unserer Lebensform im ganzen zu verwechseln. So stellen die zuweilen ironisch agierenden Gesellschaftsdamen nicht von oberhalb der Praxis die Gültigkeit aller Pflichten infrage; sie weisen vielmehr innerhalb einer bestehenden Praxis die Gültigkeit bestimmter Pflichten zurück – so beispielsweise das Pflichtprogramm der einfältig-demütigen Ehefrau. Der Schritt zu dieser Infragestellung erfolgt hier offenbar durchaus begründet. In eine reflexive Distanz gegenüber bisherigen Überzeugungen und Entscheidungen treten wir nie einfach grundlos. Dieser Schritt wird vielmehr zumeist von Momenten ausgelöst, in denen wir die Erfahrung von Bestrebungen machen, die mit diesen nicht (oder nicht mehr) zusammenstimmen. Dies kann die schlagende Erfahrung der Evidenz einer neuen Liebe sein, durch die wir uns plötzlich neu sehen, es kann aber auch die mehr schleichende Erfahrung des Ausbleibens von Emotionen sein, die unseren Entscheidungen früher Evidenz verliehen hatten, eine latente Aggression gegen das früher emphatisch Gewollte, ein diffuser Wunsch nach Anderem. In solchen und ähnlichen Erfahrungen manifestiert sich eine Krise – eine *krisis*, eine Wendung – im bisherigen Selbstbezug, die zu einer Reflexion und unter Umständen dann auch zu einer tatsächlichen Veränderung bisheriger Selbst- und Weltverhältnisse motivieren kann, mögen diese politischer und/oder privater Art sein. Ob solche Veränderungen sich tatsächlich realisieren lassen, steht jedoch nicht allein in der Macht der Einzelnen. Dies gilt bereits für Veränderungen im privaten Bereich, klarerweise aber dann, wenn die Veränderung meines Selbstbilds in Konflikt mit gesellschaftlich fixierten Rollenvorgaben gerät. Am Beispiel der Emanzipation der Frau lässt sich verdeutlichen, dass deren Verwirklichung nicht schon mit der privaten Entscheidung einer einzelnen Frau gegeben ist. Es bedurfte einer breiteren Bewegung, welche die Entfremdungserfahrung der Einzelnen als soziales Unrecht kenntlich machte, um auf dieser Basis gesellschaftliche Veränderungen zu fordern.

Jedenfalls teilen die von Wilhelm und Johannes gleichermaßen gefürchteten Gesellschaftsdamen – jene Frauen also, die sich nicht nur von ihrer untergeordneten gesellschaftlichen Rolle, sondern auch von dem einen oder anderen Partner emanzipiert haben mögen – gerade nicht das Schicksal Cordelias. Sie sind weder auf der ersten Stufe isoliert (sie haben gemeinhin viele Freundinnen) noch auf der zweiten (sie isolieren sich nicht von der Welt). Im Gegenteil: Sie kommen zu sich – und dies immer wieder neu – nur, weil und indem sie auf Andere und für eine sich verändernde Welt durchlässig sind. Das Selbst der emanzipierten Gesellschaftsdamen ist damit klarerweise kein »ewiges«. Die Selbstbestimmung der Frau impliziert vielmehr einen systematischen Gegenentwurf zum Freiheitskonzept des Ethikers, der nicht durch dessen Kritik am hegelianischen Klischee des romantischen Ironikers vom Tisch zu wischen ist. Hier zeigt sich erneut, dass die Kritik der Romantik voreilig zur Unfreiheit verzeichnet, was als Freiheit im Namen ihrer dialektischen Bewegung verteidigt werden sollte. Anders als bei einer Freiheitskonzeption, die auf der Konstruktion eines »ewigen Selbst« basiert, die in der vergangenheitsorientierten Operation der Reue gegen alle psychologische Einsicht vorausgesetzt und in der zukunftsorientierten Konzeption sittlicher Pflichterfüllung gegen alle lebendige Erfahrung durchgesetzt werden muss, haben wir es hier mit einer Konzeption von Freiheit zu tun, die in dem Maße möglich, also geschichtlich konkret werden kann, wie sie das Korsett ewiger Gültigkeit abgeworfen hat. Es sollte sich nach dem bislang Gesagten von selbst verstehen, dass dieser Gegenentwurf sich weder auf die Moderne noch auf Frauen beschränkt. Was mit ihm auf dem Spiel steht, ließ sich an der Emanzipation der Frau lediglich besonders anschaulich machen.

Aufgrund seiner Freiheitskonzeption beschränkt Wilhelm daher auch nicht nur seine Frau (indem er sie für beschränkt erklärt), sondern auch sich selbst, das heißt: die ethische Lebensform überhaupt. Das wird nicht nur dort deutlich, wo er (sich) jegliches Experiment im Leben als unethisch untersagt (vgl. EO II 270), sondern auch hinsichtlich seiner Theorie der Ausnahme. Sie macht noch einmal explizit, dass Wilhelms Begriff von Freiheit sich in der Affirmation des Bestehenden erschöpft. Der Fall der Ausnahme, bei dem ein Mensch »auf Schwierigkeiten stößt«, »das Allgemein-Menschliche in seinem individuellen Leben auszudrücken« (EO II 351), gilt ihm einzig als Unvollkommenheit, die zu überwinden man alles aufwenden muss. Falls dies dennoch nicht gelingt, soll, wie Wilhelm sich zurechtlegt, die Trauer um dieses Scheitern zum Ausdruck des Allgemeinen im Herzen der Ausnahme werden (vgl. EO II 353).

Dass in der Konzeption von Freiheit als Identität mit dem Allgemeinen nicht nur etwas zutiefst Spießbürgerliches, sondern auch ein höchst problematischer Idealismus steckt, deutet sich allerdings in *Entweder – Oder* selbst an: zu ausgestellt ist die philisterhafte Selbstgefälligkeit Wilhelms, zu offensichtlich von ihm heruntergespielt die Möglichkeit, dass Einzelne sich hinsichtlich der ethischen Forderung nach Identität mit dem Allgemeinen als »zahlungsunfähig«[49] erweisen könnten, als dass Kierkegaards Position zur Freiheit mit der seines Wilhelm identifiziert werden könnte. Die Hegel-Karikatur Wilhelm entstellt vielmehr die Kosten zur Kenntlichkeit, die sich aus einer unzureichenden Integration der subjektiven Freiheit in die Konzeption der Sittlichkeit ergeben müssen: die Forderung einer Totalvermittlung von subjektiver Freiheit und sittlicher Allgemeinheit bleibt bloß (idealistische) Forderung; die entsprechende Konzeption von Sittlichkeit erweist sich als zu statisch. Die in der Überzeichnung bereits latent anwesende Distanz Kierkegaards zur Ethik seines Wilhelm bestätigt sich denn auch aus der Perspektive derjenigen Schriften, die auf *Entweder – Oder* folgen.

Allerdings ist es nicht Kierkegaards Weg, Hegels in der Kritik der romantischen Ironie gipfelndes Zerrbild der Moralität zu korrigieren, um so zu einem dynamischeren Verständnis der Vermittlung von subjektiver Freiheit und sittlicher Allgemeinheit (und damit zu einer Reformulierung der Sittlichkeit als demokratischer) zu kommen, wie wir dies im letzten Kapitel unternommen haben. Vielmehr bleibt Kierkegaard Hegels Kritik der Romantik weitgehend treu. Diese Treue bei gleichzeitiger Betonung derjenigen Pro-

49 So Kierkegaards eigene Formulierung, zit. nach Michael Theunissen, *Der Begriff Ernst bei Søren Kierkegaard*, Freiburg, München 1958, S. 124.

bleme, die sich aus der idealistischen Annahme einer Totalvermittlung von subjektiver Freiheit und sittlicher Allgemeinheit ergeben müssen, hat zur Folge, dass Kierkegaard einen ganz anderen Weg wählt.[50] Durch ihre Aufmerksamkeit zunächst auf das Problem der Ausnahme und dann das der Sünde setzen Kierkegaards pseudonyme Schriften nach *Entweder – Oder* die ästhetische Existenz zwar in gewisser Hinsicht gegenüber der ethischen ins Recht, aber doch, wie sich in den kommenden Abschnitten zeigen wird, keineswegs so, dass damit eine Revision der früheren Kritik am ästhetischen Stadium verbunden wäre, so dass diese auf die Ebene der Ethik durchschlagen könnte. Vielmehr versucht Kierkegaard die von ihm diagnostizieren Probleme sowohl der ästhetischen wie der ethischen Existenz auf einer weiteren Stufe zu lösen: derjenigen der Religion. Der erste Schritt in diese Richtung führt zum Problem der Ausnahme.

8. Ästhetische und aristokratische Ausnahme

»Auf Dauer wird man ihrer überdrüssig, dieser ewigen Rederei von dem Allgemeinen und dem Allgemeinen, die sich wiederholt bis hin zur langweiligsten Fadheit«, notiert Kierkegaards Pseudonym Constantin Constantius in *Die Wiederholung*. »Ausnahmen«, fährt er fort,

> sind da. Kann man sie nicht erklären, so kann man auch das Allgemeine nicht erklären. Man merkt die Schwierigkeit im allgemeinen nicht, weil man auch das Allgemeine nicht mit Leidenschaft denkt, sondern mit gemütlicher Oberflächlichkeit. Die Ausnahme hingegen denkt das Allgemeine mit energischer Leidenschaft. Tut man dies, so tritt eine neue Rangordnung zutage, und das arme Ding, die Ausnahme, wenn anders sie etwas

50 Insofern muss das Entweder-oder, vor das die gleichnamige Schrift ihre Leser zu stellen scheint, am Ende als Weder-noch gelesen werden. Wiewohl der Umstand, dass das Entweder-oder eine Kategorie der Ethik ist, eine Entscheidung für die Ethik nahezulegen schien, erweist sich deren Formulierung in der wilhelmschen Variante selbst als defizitär. Das Weder-noch aus *Entweder – Oder* verlangt nach einer Aufhebung in ein Drittes. Für diese Lesart spricht auch, dass es bereits Viktor Eremita, der Herausgeber von *Entweder – Oder*, in seinem Vorwort für »ein Glück« hält, dass die Papiere nichts darüber mitteilen, ob die eine Lebensanschauung die andere am Ende überzeugt hat (EO I 15).

taugt, kommt, dem stiefmütterlich zurückgesetzten Mädchen im Märchen gleich, wiederum zu Ehre und Ansehn. Solch eine Ausnahme ist ein Dichter [...].[51]

Dies könnte jedoch auch Wilhelm noch zugegeben haben. Es kann auch für Wilhelm den von Constantius geschilderten Fall geben, dass sich eine ästhetische Existenz nicht – und zwar beim besten Willen nicht – nach ethischem Rezept ins Allgemeine aufheben lässt. Es handelt sich dann nämlich um eine »berechtigte Ausnahme«, die insofern »in dem Allgemeinen versöhnt« ist, als sie seine Regel bestätigt (W 93). So ist der junge Dichter, dessen Schicksal Constantius erzählt, völlig zermürbt durch den Umstand, dass es ihm aufgrund seiner melancholischen Anlage nicht gelingen will, sein lediglich poetisches Verhältnis zu dem auserwählten Mädchen in ein wirkliches Verhältnis zu transformieren und sich selbst damit in einen Ehemann nach Wilhelmschen Vorbild. Jedoch leidet der junge Mann weniger an der eigenen Schwermut als an dem Unrecht, das er dem Mädchen mit seiner Unfähigkeit zufügt. Er fühlt sich schuldig. In dem Moment, in dem sich das Mädchen mit einem Anderen liiert, fällt diese Last jedoch von ihm ab, und er ist frei zu seiner ästhetischen Ausnahmeexistenz. Diese ebenso zufällige wie harmlose Auflösung des Ausnahmeproblems ist allerdings nicht das Bemerkenswerte dieses Falls. Entscheidend ist vielmehr die Entwicklung vor dieser Antiklimax.

Auf dem Höhepunkt seiner Verzweiflung wendet sich der junge Mann nämlich der Religion zu, und zwar genauer: dem Buch Hiob. Die Geschichte des frommen und unschuldigen Hiob, dem sein gesamter Besitz, seine zehn Kinder und seine Gesundheit genommen werden und der dennoch nicht vom Glauben abfällt, beeindruckt ihn zutiefst und zunächst nur aus krude identifikatorischem Interesse: Wie Hiob hält auch er sein Leid für unverschuldet (vgl. W 70). Dann aber beginnt er sich auch für die Freiheit zu interessieren, die sich in der Figur des Hiob manifestiert und die sich gerade dort erhebt, wo alle weltliche Erklärung und damit auch alle Ethik an eine Grenze gelangt. Während Hiobs Bekannte ihn dazu bewegen wollen, eine Schuld einzugestehen, damit die schlimmen Widerfahrnisse als Strafen einen weltlich nachvollziehbaren Sinn erhalten, hält er an seiner Unschuld fest und gelangt dadurch in

51 Sören Kierkegaard, *Die Wiederholung*, in: ders., *Gesammelte Werke*, 5. Abt., Düsseldorf, Köln 1955, S. 1-97, hier S. 94. Im Folgenden im Text zitiert als W.

ein umso tieferes, die weltliche Rationalität übersteigendes Gottesverhältnis, das ihn der Welt und seinem eigenen Leid frei gegenübersetzt.[52]

Allerdings bleibt der junge Mann letztlich, wie Constantius später kommentiert, zu sehr Dichter, als dass ihn die Lektüre des Buchs Hiob tatsächlich dazu hätte bewegen können, selbst den Schritt von der ästhetischen in die religiöse Existenz zu tun. Nachdem sich sein Leid durch zufällige Umstände auflöst, bleibt die zeitweilige religiöse Inspiration bloß als Stimmung in ihm zurück (vgl. W 95 f.). Dennoch, und das ist der hier interessierende Punkt, enthält die ästhetische Ausnahmeexistenz Constantius' Darstellung zufolge in sich das Potential, religiöse Ausnahme zu werden – jedenfalls dann, wenn sie aus ethischer Perspektive »berechtigt« genannt werden kann, das heißt: sofern sie am sittlich Allgemeinen orientiert und vom Willen zur Vermittlung mit ihm erfüllt ist. Unter diesen Bedingungen bildet der Dichter »den Übergang [...] zu den eigentlich aristokratischen Ausnahmen, den religiösen Ausnahmen« (W 94). Während die »berechtigte« ästhetische Ausnahme aber noch eine Ausnahme *in* der Ethik ist, weil sie letztlich das sittliche Allgemeine bestätigt, erscheint die religiöse Ausnahme, zumindest vorderhand, als eine Ausnahme auch noch *von* der Ethik, weil sie deren weltliche Logik außer Kraft setzt.

Das Spannungsverhältnis von Ethik und Religion am Beispiel einer in Constantius' Sinn wahrhaft »aristokratischen« Ausnahme ist das Thema der von Kierkegaard nicht zufällig zeitgleich zu *Die Wiederholung* veröffentlichten Studie *Furcht und Zittern*.[53] Der pseudonyme Verfasser Johannes de Silentio schildert hier eindrücklich die Geschichte Abrahams, von dem Gott fordert, dass er nach Morija ziehe, um ihm dort Isaak, seinen über alles geliebten Sohn, zu opfern. Abraham bricht auf, um Gottes Gebot zu erfüllen; als er aber das Messer gegen Isaak zieht, wird durch göttliche Intervention ein Widder an dessen Stelle gesetzt. Wenn man Abraham verstehen will, so de Silentio, darf man seine Geschichte jedoch nicht

52 »Jede menschliche Erklärung«, heißt es von Hiob, »ist ihm lediglich ein Mißverständnis, und alle seine Not ist ihm in Beziehung auf Gott gleichsam nur ein Sophismus, den er selber freilich nicht auflösen kann, bei dem er sich aber dessen getröstet, daß Gott ihn auflösen kann.« (W 77)

53 Sören Kierkegaard, *Furcht und Zittern*, in: ders., *Gesammelte Werke*, 4. Abt., Düsseldorf, Köln 1950. Im Folgenden im Text zitiert als FZ.

von ihrem glücklichen Ausgang her zu einer Prüfung verharmlosen (vgl. FZ 54). Sie muss im Blick auf die äußerste »Spannkraft« (W 80) von Abrahams Situation vor der glücklichen Auflösung verstanden werden, oder man wird sie überhaupt nicht verstehen.

Dann aber, so de Silentio, wird der Versuch, die Figur Abrahams zu verstehen, zu einem viel schwierigeren Unterfangen, als das, Hegels Denken zu verstehen (vgl. FZ 30). Die im Wortsinn unfassbare Größe Abrahams bestehe nämlich gerade darin, dass sich sein Handeln nicht mit den Kategorien der Ethik, nicht mit dem sittlich Allgemeinen und daher überhaupt nicht vermitteln lasse. Weder entspricht sein Handeln der Sitte – tatsächlich lautet der ethische Ausdruck für das, was Abraham zu tun vorhat, schlicht »Mord am eigenen Sohn« –, noch aber lässt sich Abrahams höherer Beweggrund, das Gottesgebot des Sohnesopfers, verallgemeinern. Abraham steht als radikal Einzelner zu Gott, oder, wie es bei de Silentio heißt: Er steht »als Einzelner in einem absoluten Verhältnis zum Absoluten« (FZ 59). »Dieser Standpunkt«, so de Silentio weiter, »läßt sich nicht vermitteln; denn alle Vermittlung geschieht gerade in kraft des Allgemeinen [...]« (ebd.). Nun habe Hegel zwar in den *Grundlinien* zu Recht die Anfechtung des Allgemeinen durch das Besondere als eine »moralische Form des Bösen« bezeichnet. Gleichwohl könne er dem Phänomen der religiösen Ausnahme durch die falsche Gleichsetzung des Allgemeinen mit dem Göttlichen ebenso wenig gerecht werden wie durch die totalisierende Gleichsetzung von allem, was sich der Vermittlung ins Allgemeine entzieht, mit dem Bösen (vgl. FZ 58).

Für de Silentios Versuch, die Überlegenheit eines Einzelnen gegenüber dem Allgemeinen vor den Prämissen einer hegelianisch inspirierten Ethik zu rechtfertigen, ist indes der Hinweis entscheidend, dass der Einzelne nur »durch das Allgemeine hindurch« ein solcher, dem Allgemeinen überlegener Einzelner werden kann (FZ 59). So betont de Silentio immer wieder, dass der Abstand, der sich zwischen Abraham und der sozialen Welt auftut, kein Ausdruck einer willkürlichen Abkehr von der Sitte ist. Abraham liebt seinen Sohn und das sittliche Verhältnis, das er zu ihm unterhält. Und Abrahams Glauben ist auch nicht durch ein Kalkül auf ein besseres Jenseits getragen, das es ihm erleichtern würde, das geforderte Opfer zu bringen: Er »glaubte gerade für dieses Leben« (FZ 18). Eine im religiösen Sinn aristokratische Ausnahme sieht daher auf den ersten Blick auch, wie de Silentio bemerkt, dem Spießbürger zum Verwechseln ähnlich (vgl. FZ 37); sie findet durchaus »Behagen am Dasein« (FZ 39).

Dennoch gewinnt die aristokratische Ausnahme ihre Bindung an die Welt nicht kraft der Vermittlung mit dem Allgemeinen, nicht mit den Mitteln der Wilhelmschen Ethik also, sondern mit den Mitteln des Glaubens, »kraft des Absurden« (z. B. FZ 36). So resigniert Abraham einerseits: Er fügt sich in den Gedanken, Isaak zu opfern, nimmt Abstand von der Welt und von dem, was ihn an diese bindet; andererseits aber vertraut er gegen alle »menschliche Berechnung« (FZ 34), dass er den Sohn nicht werde opfern müssen.[54] Erst dieses Vertrauen adelt Abraham zum »Glaubensritter« (vgl. FZ 47f.). Sein im Glauben fundiertes Dasein ist eines, das gegen alle Unwahrscheinlichkeit – eben: absurderweise – auf die Erfüllung der endlichen Existenz vertraut. Das unterscheidet den Gläubigen von dem angesichts solcher Unwahrscheinlichkeit Resignierenden. Aufgrund dieses Vertrauens findet der Gläubige zur Welt. Dass der Gläubige nicht nur eine Freiheit von der Welt gewinnt, sondern zugleich eine Freiheit zur Welt, ist die im Vergleich zur Hiob-Diskussion in *Die Wiederholung*, die aus der Perspektive eines Ästhetikers allein den gegenüber der Wirklichkeit resignativen Zug des Glaubens betont, entscheidende Umakzentuierung in *Furcht und Zittern*. Nach de Silentios Interpretation kann Abraham allein deswegen nach der Zerreißprobe am Berg mit dem Sohn unbeschwert weiterleben, weil er Isaak dort »in kraft des Absurden« zu keinem Zeitpunkt aufgibt. Aufgrund seines absurden Gottvertrauens ist der Gläubige ein »Stammhalter der Endlichkeit«, während derjenige, der aufgrund der Einsicht in die Unwahrscheinlichkeit weltlicher Erfüllung resigniert, zu einem »Ausländer«, einem »Fremdling« in der Welt werden muss (FZ 52).

Wie der Fall des jungen Dichters aus *Die Wiederholung* bestätigt somit letztlich auch noch der in *Furcht und Zittern* besprochene Fall Abrahams jedoch die Prämissen der – hier nun ausdrücklich mit Hegel assoziierten – Ethik. So wird die Ausnahmeexistenz des Dichters darin »berechtigt« genannt, dass er am sittlich Allgemeinen orientiert und noch im Scheitern vom Willen zur Vermittlung

54 »In kraft des Absurden« glaubt Abraham an die Rettung Isaaks, denn »es war ja doch das Absurde, daß Gott, der dies [Opfer] von ihm heischte, im nächsten Augenblick sein Heischen widerrufen würde« (FZ 34).

mit ihm erfüllt ist, und kann die religiös motivierte Ausnahmexistenz Abrahams allein darin »aristokratisch« genannt werden, dass sie »durch das Allgemeine hindurch« erfolgt. Entsprechend betont de Silentio mit Hegel, dass sich jeder, der sich gegen die Entäußerung der Innerlichkeit, gegen das soziale Offenbarwerden sträubt, weil er sich »in der Bestimmung der Innerlichkeit als Gefühl, Stimmung etc.« zurückbehalten will, gegen das Allgemeine »versündigt«, wendet aber ein, dass es das Phänomen einer legitimen Innerlichkeit gibt, »die inkommensurabel für das Äußere ist« (FZ 75).

Zwar impliziert das Zugeständnis einer derart legitimen, nämlich religiös motivierten Innerlichkeit auch eine Verteidigung der Ironie. Denn es ist eine weitere Dimension von Abrahams Ausnahmesituation, dass sich seine Lage Anderen nicht vermitteln, und das heißt nun auch ganz konkret: nicht kommunizieren lässt – weswegen noch das Pseudonym, das Abrahams Fall wortreich bespricht, das Schweigen im Namen trägt. Wortreich zu schweigen, etwas unausgesprochen zu lassen, zugleich aber nicht nichts zu sagen ist eine der rhetorischen Bestimmungen der Ironie, weshalb de Silentio wie der ironische Verführer aus *Entweder – Oder* den Vornamen Johannes trägt. Darin spiegelt Johannes de Silentio die Ironie Abrahams. Gleichwohl verschiebt sich die Bedeutung der Ironie im Kontext der aristokratischen Ausnahme signifikant. Denn Abrahams Ironie wird von der des Ästhetikers darin unterschieden, dass sie um der konkreten Existenz und der dort herrschenden sittlichen Verhältnisse willen eingesetzt wird.[55] Wie die religiös fundierte Existen-

55 Den Unterschied dieser zweiten Ironie zur ersten, der Romantik zugeschriebenen, demonstriert de Silentios Interpretation des Dialogs von Isaak und Abraham auf dem Berg Morija. Dort angekommen, fragt Isaak, wo das Lamm zum Brandopfer sei, und Abraham antwortet: »Gott wird sich ein Lamm ersehen zum Brandopfer, mein Sohn!« Diese Antwort, kommentiert de Silentio, »hat die Gestalt der Ironie, denn es ist immer Ironie, wenn ich nichts sage und dennoch etwas sage. Isaak fragt Abraham, weil er vermeint, daß Abraham wissend sei. Hätte Abraham nun geantwortet: Ich weiß nichts, so hätte er eine Unwahrheit gesagt. Etwas sagen kann er nicht; denn was er weiß, kann er nicht sagen.« Zugleich aber ist diese Ironie, anders als die der Romantik zugeschriebene, Silentio zufolge gerade kein Ausdruck einer Distanz zur sittlichen Welt; Abrahams ironische Äußerung ist kein Ausdruck einer Distanzierung von dem sittlichen Verhältnis, das er zu Isaak unterhält. Im Gegenteil, sie bezeugt Abrahams »in kraft des Absurden« aufrechterhaltene Bindung an dieses Verhältnis: »Hätte Abraham lediglich die Resignation auf Isaak vollzogen und nicht mehr, so hat er eine Unwahrheit gesagt; denn er weiß ja, daß Gott Isaak zum Opfer heischt, und er weiß, daß

zinnerlichkeit Abrahams wird auch seine Ironie in entscheidender Hinsicht beschränkt: Die »Bevollmächtigung« für zurückhaltende Innerlichkeit und Ironie erhält der Einzelne nur, sofern er »in kraft des Absurden« an die sittliche Existenz gebunden bleibt (FZ 127).

9. Von gewöhnlichen Sündern

Ein wirklicher Schritt über die wilhelmianisch-hegelianische Ethik hinaus ist folglich erst dann getan, wenn die religiöse Existenz die Idealität der ethischen Vermittlung mit der sittlichen Allgemeinheit nicht mehr voraussetzt, die zu übersteigen dann allein den aristokratischen Ausnahmen vorbehalten bliebe. Einen solchen Schritt über die Ethik hinaus zu tun bedeutet allerdings nichts anderes, als dass die religiöse Existenzsphäre die ethische nicht mehr als ein Durchgangsstadium voraussetzen kann, sondern zu ihr eine Alternative vorstellt, das heißt: eine eigene Ethik begründet. Erst an dieser Stelle der Stadienlehre wird die Differenz zwischen Kierkegaard und Hegel beziehungsweise dem pflichtenethischen Idealisten, für den Hegel bei Kierkegaard steht, explizit. Tatsächlich wird in *Der Begriff Angst*[56] das Projekt formuliert, die Ethik nicht mehr nur von der aristokratischen Ausnahme her zu relativieren, sondern von der ethisch marginalisierten Wirklichkeit der Sünde her in ihren Grundannahmen zu erschüttern. »Im Kampf um die Verwirklichung der Aufgabe der Ethik«, heißt es hier, »erweist sich die Sünde nicht als etwas, das rein zufällig einem zufälligen Individuum angehört, sondern die Sünde zieht sich tiefer und tiefer zurück als eine tiefere und tiefere Voraussetzung, als eine Voraussetzung, die über das Individuum hinausreicht. Nun ist alles für die Ethik verloren [...].« (BA 15 f.) Die Sünde ist hier also nicht mehr als eine bloße Ausnahme verstanden, welche die Regelhaftigkeit des sittlich Allgemeinen nicht tangieren kann, vielmehr erscheint sie aus der Perspektive der Religion als ein konstitutives Moment jeder Existenz. Die christliche Dogmatik wird in diesem Zusam-

er selber in eben diesem Augenblick bereit ist, ihn zu opfern. Er hat also jeden Augenblick, nachdem er diese Bewegung gemacht hat, die nächste gemacht, die Bewegung des Glaubens in kraft des Absurden.« (FZ 136)

56 Sören Kierkegaard, *Der Begriff Angst*, in: ders., *Gesammelte Werke*, 11. und 12. Abt., Düsseldorf, Köln 1952, S. 1-169. Im Folgenden im Text zitiert als BA.

menhang als diejenige Wissenschaft ausgemacht, die der grundsätzlichen Anwesenheit der Sünde im Einzelnen durch das Konzept der Erbsünde Rechnung zu tragen vermag. Unter ihrer Voraussetzung soll eine »neue Ethik« möglich sein, die wie die »erste« die Idealität als Aufgabe stellt, aber nicht »von oben herab, sondern von unten hinauf« (BA 18). Zwar hatte auch Wilhelm betont, dass die auf der ästhetischen Existenzstufe nicht realisierte Freiheit eine notwendige Stufe in jedem Leben ist und daher immer als Schuld bereut werden muss. Nun könnte man bereits gegen die wilhelmianische Konzeption der Reue, der zufolge jemand in der Lage sein soll, das Ganze seines bisherigen Lebens vor sich zu bringen und sich selbst durchsichtig zu werden,[57] den Vorwurf des Idealismus erheben. Kierkegaards Problem mit dieser Ethik liegt jedoch nicht so sehr hier, sondern im Idealismus der Pflichtenlehre, welche die Gegenwart und die Zukunft des Einzelnen bestimmen und die vergangenheitsorientierte Bewegung der Reue ablösen soll. Die Überlegenheit des religiösen Existenzentwurfs gegenüber dem ethischen soll sich mithin im Blick auf das von der idealistischen Pflichtenlehre unterschätzte Problem der *Gegenwart* der Sünde erweisen.[58]

»Im System«, bemerkt Frater Taciturnus in den *Stadien auf des Lebens Weg*, »bereut man ein für allemal in § 17, und geht dann über zu § 18.«[59] Eine derartige Ethik aber mache sich der »systematischen Abkürzung der pathologischen Lebensmomente« schuldig – und versäume es dadurch, Ethik zu sein (ST 476). Wie Constantius in *Die Wiederholung* dokumentiert auch Taciturnus in den *Stadien* die Geschichte eines jungen Mannes, der aufgrund seiner melancholisch-dichterischen Natur beim besten Willen und trotz aller Anstrengung unfähig ist, seiner Geliebten ein Ehemann nach dem Muster der Wilhelmschen Ethik zu sein. Natürlich wiederum nicht zufällig erhält der junge Mann in den *Stadien* den Decknamen Quidam, was so viel heißt wie irgendjemand oder jedermann. Sein Fall wird damit anonymisiert – in systematischer Hinsicht geht es

57 Vgl. hierzu noch einmal oben, Abschn. 5.

58 Für eine Diskussion der Differenz zwischen Hegel und Kierkegaard im Blick auf die Differenz zwischen Spekulation und Religion vgl. Richard Kroner, »Kierkegaards Hegelverständnis«, in: Michael Theunissen, Wilfried Greve (Hg.), *Materialien zur Philosophie Søren Kierkegaards*, Frankfurt/M. 1979, S. 425-436.

59 Sören Kierkegaard, *Stadien auf des Lebens Weg*, in: ders., *Gesammelte Werke*, 15. Abt., Düsseldorf, Köln 1958, S. 481. Im Folgenden im Text zitiert als ST.

jedoch offenbar darum, dass Quidams Unfähigkeit, der ethischen Forderung zu entsprechen, normalisiert werden soll. Anders als in *Die Wiederholung* löst sich das Problem der Schuld, das dem bloß poetisch Liebenden gegenüber der Geliebten entsteht, für den Protagonisten der Geschichte aus den *Stadien* nicht durch einen äußeren Zufall auf. Vielmehr versucht er sich – dies ist festgehalten in einem »morgendlichen Tagebuch« – aus seiner Schuld herauszuarbeiten, indem er der Geliebten über zwei Monate hinweg seine Liebe verbirgt, um ihr die ihre auszutreiben. Die auf den ersten Blick unsittliche Tat – die Täuschung der Geliebten – erweist sich in dieser Perspektive als die eigentlich moralische Handlung, weil sie die Geliebte aus einer dem Unglück geweihten Beziehung zu befreien bestrebt ist.

Gegenüber Wilhelms Konzeption des Gewissens, die es auf eine unproblematische Übereinstimmung des Einzelnen mit dem Allgemeinen einer bestehenden Sittlichkeit reduziert hatte, bedeutet dies eine wichtige Umakzentuierung: Das Gewissen wird nun nicht mehr der ethischen, sondern der ästhetischen Existenz zugeordnet. Es wird von Taciturnus, darin der moralitätskritischen Einordnung des Gewissens bei Hegel sehr viel näher, als eine Instanz charakterisiert, für die sich das Gute nicht einfach aus den allgemeinen Regeln einer bestehenden Sittlichkeit ableitet, sondern erst aus der Reflexion auf die Besonderheit einer bestimmten Situation ergibt. Wie bei Hegel steht indes auch bei Taciturnus die moralische Gewissensreflexion in einem internen Zusammenhang mit der Ironie beziehungsweise der ästhetischen Existenz. Weil die moralische Reflexion aus sich heraus keinen Maßstab für die Entscheidung über Gut und Böse generieren könne, münde sie in haltlose Reflexionsschlaufen, die das darin auf sich selbst zurückgestoßene Subjekt nicht zur Welt und zur Handlung führen, sondern im Gegenteil von der Dimension der Praxis entfremden. Während Johannes, der romantisch-ironische Verführer aus *Entweder – Oder*, den Höhepunkt dieser Entfremdung verkörpert – eben weil er sich im Namen seines Selbstgenusses überhaupt über »Gesetz und Sache« (vgl. Rph § 140) stellt,[60] steht der weitgehend unironische Dichter Quidam für die Probleme, die Hegel der Moralität diagnostiziert –

60 Vgl. zu dem Zusammenhang, in dem für Hegel das offen böse ironische Bewusstsein mit der moralischen Reflexion steht, noch einmal oben, Kap. II, Abschn. 6.

für die Probleme also, in kierkegaardscher Terminologie, einer den ästhetischen Existenzen erreichbaren Ethik. An Quidams Schicksal soll deutlich werden, dass die moralische Reflexion zu einer Befangenheit des Subjekts in sich führen muss.

Entsprechend ist dem »morgendlichen« Tagebuch ein »mitternächtliches« beigegeben, das den im matitunalen Optimismus nächtens zunichte macht. Quidams mitternächtliche Eintragungen dokumentieren nämlich, wie er alle Gewissheit hinsichtlich des moralischen Erfolgs seiner Täuschungsaktion wieder verliert. Er ist sich nicht sicher, ob er das Mädchen wirklich vor dem Unglücklichwerden bewahren kann, ob sie sich tatsächlich von ihm wird lösen können. Ob er am Ende schuldig bleibt oder nicht, kann sich nur zeigen. Weil derart die Schuld des Tagebuchschreibers von außen bestimmt wird, nämlich von der »Aufklärung der Wirklichkeit« (ST 479) abhängig ist, ist sein Schicksal am Ende, stellt Taciturnus lakonisch fest, je nach Auflösung auch entweder ein komisches oder tragisches.

Von selbst also kann sich Quidam aus seinen Gewissensqualen nicht befreien. Denn auf der Basis der moralischen Reflexion, so Taciturnus' im Kern hegelianische Argumentation, kann die Frage der Schuld ebenso wenig eindeutig geklärt werden wie die ihrer Wiedergutmachung oder Überwindung. Gleichwohl erscheint ihm die Gewissensreflexion als das Höchste, was die Ethik unter nichtidealen, nämlich von der ästhetischen Ausnahme affizierten Bedingungen hervorbringen kann. Wem die von Wilhelm geforderte Versöhnung von Besonderem und Allgemeinen in der Pflicht nicht gelingt – und das gilt nach den *Stadien auf des Lebens Weg* für alle und jeden –, dem bleibt nach Taciturnus' Diagnose auch für seine Gegenwart und Zukunft nichts als eine Form der totalisierten Reue, nämlich die von Gewissensbissen angetriebene Selbstverstrickung in die endlosen Spiralen der moralischen Reflexion. Weil die moralische Reflexion aus sich heraus die Schuldfrage nicht lösen kann, so sollen wir aus der Quidam-Geschichte lernen, wird sie sich schließlich in Deutungen der Wirklichkeit und in einem Durchspielen von möglichen Handlungsalternativen verheddern; und zwar so sehr, dass zuletzt der Weg zur Praxis ganz verbaut wird. Angesichts des Anspruchs jeder Ethik, an Handlung ausgerichtet zu sein, bedeutete eine solche Entfremdung von der Praxis freilich den »höchste[n] [....] Selbstwiderspruch« (BA 121). Ich werde im letzten Abschnitt dieses Kapitels erneut, nun allerdings in Auseinandersetzung mit denjenigen Motiven, die im Blick auf Kierkegaard hervortreten, auf die Verzerrungen zu sprechen kommen, die dieses hegelianische Bild der Moralität kennzeichnen.[61]

An dieser Stelle ist jedoch zunächst festzuhalten, dass die Moralität und damit auch die mit ihr assoziierte ästhetische Existenz bei Kierkegaard nun, auf dieser Stufe seiner Stadienlehre, gegen den Idealismus der ersten, der Pflichtenethik ins Recht gesetzt wird.[62] Das erklärt auch die Wertschätzung, die Kierkegaards verschiedene ethikkritische Pseudonyme dem Sokrates und seiner Ironie entgegenbringen.[63] Der sokratische Ernst, »der den Menschen aus dem Getriebe der ›anderen‹ und der geschäftigen Weltlichkeit in die Einsamkeit des Selbstseins zurückruft«, gilt ihnen nicht nur als »die höchste Weise des Ernstes, deren der Mensch außerhalb der Offenbarung fähig ist«; er ist sogar »unabdingbare Voraussetzung der gläubigen Existenz«.[64] Allerdings bleibt Kierkegaard gleichwohl bei der hegelianischen Diagnose, dass der Standpunkt der Moralität notwendig zu einer Entfremdung von aller Praxis führen muss. Es geht Kierkegaard also keineswegs um eine Verteidigung der Moralität gegen Hegels Diagnose ihrer Pathologien, sondern um eine andere Lösung für die Probleme, in welche die Moralität auch und gerade dort noch führen soll, wo sie nicht auf die frivol-selbstvergessene Spitze der romantischen Ironie getrieben ist. Kierkegaard findet die Lösung für die Probleme der Moralität im christlichen Glauben, und zwar vor allem im Konzept der Sünde. Mit dieser Lösung, so wird sich zeigen, entfernt sich Kierkegaard jedoch meilenweit von Hegels Projekt einer Vermittlung von subjektiver Freiheit und sittlicher Allgemeinheit. An ihr offenbart sich endlich die seit der Ironieschrift mitlaufende Differenz zwischen Hegel und

61 Vgl. hierzu auch noch einmal meine Auseinandersetzung mit Hegels Moralitätskritik in Kapitel II, besonders meine Verteidigung der moralischen Reflexion in Abschn. 5 u. 11.

62 Peter Fenves spricht im Blick auf Kierkegaards *Der Begriff Angst* sogar von einer gewissen »Rückkehr zu Kant«: Vgl. Peter Fenves, *Chatter. Language and History in Kierkegaard*, Stanford 1993, S. 70.

63 Vgl. dazu besonders die Auseinandersetzung mit dem »durch Jahrtausende hindurch bewunderten Ironiker« Sokrates in Sören Kierkegaard, *Philosophische Brocken*, in: ders., *Gesammelte Werke*, 10. Abt., Düsseldorf, Köln 1952, S. 1-107, hier S. 107. Im Folgenden im Text zitiert als PB.

64 Theunissen, *Der Begriff Ernst bei Søren Kierkegaard*, S. 128.

Kierkegaard in ihrer ganzen Tragweite: Kierkegaard nämlich sieht die Aufgabe der zweiten, der religiös fundierten Ethik überhaupt nicht mehr in dieser Vermittlung, sondern allein in der Verwirklichung des »ewigen Selbst«.

10. Der Sprung des Glaubens

Dass die moralische Gewissensreflexion auf Unschuld spekuliert, erscheint aus der Perspektive des religiösen Sündenbewusstseins nur als »schlaue Sophistik der Angst« (BA 116). Gegenüber der zur Moralität kristallisierten Ethik bedeutet das Sündenbewusstsein einen Sprung. Und zwar einen Sprung weg von der Möglichkeit der Schuld (mit ihrem je nach dem entweder tragischen oder komischen Ausgang) hin zur Wirklichkeit der Sünde. Die Wirklichkeit der Sünde aber ist, und das ist entscheidend, unabhängig von »äußerlichen Begebenheiten und Gegebenheiten«, das »durch und durch sündige Sein« des jeweils Einzelnen.[65] In der Tat ein radikaler Sprung: Denn die Wirklichkeit der Sünde verkehrt die auf der Basis der Moralität im Blick auf gut und böse, wahr und unwahr (immer wieder neu) zu erkennende Wirklichkeit des Menschen im ganzen zur Unwahrheit. Entsprechend kann der Sprung ins Sündenbewusstsein auch *per definitionem* nicht im Modus der Reflexion erfolgen. Als »durch und durch sündig« erfährt sich der Mensch allein in seiner Beziehung zu Christus; und an dessen Existenz – genauer an dem »schlechthinnigen Paradox« (vgl. PB 34), dass der ewige Gott zu einer bestimmten historischen Zeit ein Mensch geworden sein soll, kommt die Reflexion an eine Grenze. Es kann nicht verstanden, sondern lediglich geglaubt, nämlich als das Unbegreifliche angenommen werden. Daran soll sich zugleich zeigen, dass »der Glaube keine Erkenntnis ist, sondern ein Freiheitsakt, eine Willensäußerung« (PB 80).

Um sich die Radikalität der Verschiebung klarzumachen, die Kierkegaard hier in freiheitstheoretischer Hinsicht vornimmt, ist ein Blick auf die Auseinandersetzung mit dem Phänomen der Willensschwäche einschlägig, die Anti-Climacus in *Die Krankheit zum Tode* führt. Ausgangspunkt ist ihm dabei die uns bereits aus dem

65 Ebd., S. 172.

ersten Kapitel bekannte platonische Auffassung,[66] der zufolge es Willensschwäche nicht geben kann: Entweder hat eine Person ein Wissen von der besseren Handlung und wird diese auch ausführen, oder sie befindet sich im Unwissen und vollzieht deshalb die schlechtere Handlung.[67] Anti-Climacus weist diese Auffassung zurück. Sie unterstelle nämlich fälschlich, dass ein solches Wissen automatisch auf die Ebene der Handlung durchschlägt. In Wirklichkeit, so bemerkt er zu Recht, entspännen sich in diesem »kleinen Bißchen von Übergang von Verstandenhaben zu Handeln« »recht weitläufige Geschichten« (KT 93). Denn der Wille sei »dialektischer Art« (ebd.). Zwar komme es im Konfliktfall zwischen Erkenntnis und »niederer Natur« nicht immer gleich zu dem Äußersten, dass die jeweilige Person das Gegenteil dessen tue, was sie als das Gute erkannt habe. Viel häufiger sei ein schleichender Prozess des Herauszögerns der guten Handlung, in dem sich schließlich auch die Erkenntnis so weit verdunkle, dass sie stillschweigend auf die Seite des natürlichen Willens wechsle und nun das als gut erkenne, was dieser wolle (vgl. KT 93 f.).

Der Umstand, dass hier einmal dies, einmal jenes als gut erkannt wird, ist für Anti-Climacus freilich kein möglicher Ausdruck einer historisch dynamisch verstandenen Dialektik der Freiheit, wie ich sie in den beiden vorhergehenden Kapiteln verteidigt habe.[68] Der Prozess einer wie auch immer schleichenden Veränderung von Welt- und Selbstverhältnissen ist vielmehr für ihn, wie für den idealistischen Wilhelm, lediglich Ausdruck eines Willens-, Selbst- und Freiheitsverlusts, den es zu vermeiden gilt. Wie jener ist auch dieser überdies davon überzeugt, dass von der Moralität in dieser Hinsicht nicht nur keine Lösung zu erwarten ist, sondern dass diese in einem internen Zusammenhang zu einem solchen Freiheitsverlust zu sehen ist. Denn die Sphäre der Moralität steht ihm einseitig für den Verlust von Orientierungen, so dass am Ende eine Sophistik dominieren soll, mittels deren die Einzelnen (sich selbst) den Willen ihrer »niederen Natur« als das Gute verkaufen. Wilhelms pflichtenethische Antwort auf dieses Problem steht Anti-

66 Irreführenderweise nennt Kierkegaard diese Auffassung »sokratisch« (vgl. KT 94).

67 Vgl. hierzu noch einmal die Diskussion der platonischen Auffassung von Willensschwäche in Kap. I, Abschn. 3-5.

68 Vgl. bes. Kap. I, Abschn. 5, und Kap. II, Abschn. 10.

Climacus jedoch nicht zur Verfügung. Sie gilt ihm als zu idealistisch. Tatsächlich hält er die Moralität sogar der wilhelmianischen Ethik gegenüber für überlegen. Die Probleme, die der Moralität dennoch zugeschrieben werden, können, so die Konsequenz aus dieser Voraussetzung, nur gelöst werden, wenn die Besonderheit des Einzelnen gegenüber dem sittlichen Allgemeinen anerkannt wird und diese gleichwohl an einem objektiven Maßstab des Urteils über Gut und Böse orientiert bleibt. Diesen Maßstab, das ist die Lösung der zweiten, der religiösen Ethik, liefert Gott. Denn, so Anti-Climacus, »kein Mensch vermag aus eignem Vermögen und von sich selber her auszusagen, was Sünde ist, eben deshalb weil er in der Sünde ist [...]« (KT 94).

In dem Maße aber, wie sich das Problem der Unterscheidung von Gut und Böse in christlicher Sicht als eines der Sünde stellt, ist es überhaupt kein Problem der Erkenntnis, keine Sache der Deutung konkreter Selbst- und Weltverhältnisse mehr, sondern eine Sache des Glaubens – und nur in dem und durch den Bezug auf Gott »aufzuklären« (KT 94). Sünde ist, wie Anti-Climacus nicht müde wird zu betonen, christlich verstanden ein Zustand, keine einzelne Handlung: zum einen der Zustand, der dem »Freiheitsakt« des Glaubens als Zustand latenter Verzweiflung vorausgehen soll, zum anderen der Zustand der nach diesem »Freiheitsakt« gesetzten »Wirklichkeit der Sünde«, wobei deren Anerkennung durch den mitgesetzten Glauben an die Sündenvergebung nun nicht mehr von Verzweiflung begleitet sein soll. Weil Sünde in beiden Phasen nicht diese oder jene Handlung bezeichnet, bildet aus christlicher Perspektive auch nicht die Tugend den Gegensatz zur Sünde, sondern der Glaube (vgl. KT 81). Den Glauben gilt es deshalb zu ergreifen, und zwar an der zwischen Erkenntnis und natürlichem Willen entstehenden und, wie Anti-Climacus meint, zutiefst haltlosen »Dialektik des Willens« vorbei. Bei dem Entschluss zum Glauben soll es sich insofern um einen »reinen« Willensakt handeln, als dieser weder in Erkenntnis noch im natürlichen Willen, sondern im Bezug auf das »schlechthinnige Paradox« gründet. Wenn in diesem Zusammenhang von der Leidenschaft des Glaubens die Rede ist, so sind damit klarerweise nicht die unmittelbaren Leidenschaften des natürlichen Willens gemeint, sondern eine gleichsam zweite Unmittelbarkeit, die dem Bezug aufs Paradox des Gottessohnes selbst entspringen soll (vgl. PB 56).

Mit dem reinen Willensakt des Glaubens, der zugleich die »Wirklichkeit der Sünde« setzt, sei nun zugleich, und hier betreten wir den innersten Bereich der religiös fundierten Ethik, ein »Bruch« etabliert, durch den das »Individuum ein Anderes« wird.[69] Im Sündenbewusstsein wird sich der Einzelne nämlich »seiner Verschiedenheit von dem Allgemein-Menschlichen bewußt« (UN II 297). Die eigene Existenz durch die Kategorie der Sünde bestimmen zu lassen »ist verschärftes Pathos, sowohl weil sie sich nicht denken läßt als auch weil sie isoliert« (UN II 298). Denn »[d]ie Kategorie der Sünde ist die Kategorie der Einzelnheit« (KT 120). Insofern der Mensch Sünder ist, und das ist jeder (gläubige) Mensch, steht er als Einzelner vor Gott (vgl. KT 123). Die aristokratische Ausnahme avanciert somit zum Paradigma religiöser Existenz überhaupt, dies allerdings nun natürlich nicht mehr hinsichtlich ihres Ausnahmestatus, sondern hinsichtlich des Pathos, das mit der isolierten Stellung zu Gott einhergeht. Mit der Leidenschaft des Glaubens geht notwendig eine leidenschaftliche Innerlichkeit einher, die für Kierkegaards religiöse Pseudonyme, ganz anders als für seinen an sozialer Offenbarung orientierten Wilhelm, der Inbegriff gelungener Selbstverwirklichung ist. Die zweite Ethik ist damit an ihrem Ziel: Glaube und Selbstverwirklichung erläutern einander; in diesem Sinn heißt es in *Die Krankheit zum Tode* auch: »Je mehr Gottesvorstellung, desto mehr Selbst; je mehr Selbst, desto mehr Gottesvorstellung.«[70] (KT 79)

In der und durch die leidenschaftliche Innerlichkeit des Glaubens soll tatsächlich glücken, was im Rahmen der ersten Ethik scheitert. Die leidenschaftliche Innerlichkeit des Glaubens wird (1) als eine Freiheit verstanden, die nicht abstrakt, sondern konkret sein

69 Sören Kierkegaard, *Abschließende unwissenschaftliche Nachschrift zu den Philosophischen Brocken II*, in: ders., *Gesammelte Werke*, 16. Abt., Düsseldorf, Köln 1958, S. 297. Im Folgenden im Text zitiert als UN II.

70 Diese Form der Selbstverwirklichung in dem und durch das Gottesverhältnis kann als wesentlich antisoziale konsequenterweise auch keine Geschlechterdifferenz mehr kennen. So bemerkt Anti-Climacus in einer Fußnote: »Im Verhältnis zu Gott, in dem solch ein Unterschied wie der zwischen Mann und Weib entschwindet, gilt für den Mann wie für das Weib, dass die Hingabe das Selbst ist, und dass durch die Hingabe das Selbst empfangen wird. Dies gilt gleichermaßen für Mann und Weib, wiewohl«, beeilt er sich allerdings in der Linie der Argumentation aus der ersten Ethik hinzuzusetzen, »in der Wirklichkeit recht oft das Weib allein durch den Mann hindurch sich zu Gott verhält« (KT 49).

soll, weil sie den Einzelnen in seiner Konkretion als Sünder betrifft, wobei diese Konkretion allerdings gerade nicht mehr von seinem konkreten Tun abhängt. Die Innerlichkeit des Glaubens soll (2) subjektive Freiheit und Wirklichkeit miteinander vermitteln. Die religiöse Innerlichkeit ist frei von der »Geschäftigkeit« der sozialen Welt (in welche die erste Ethik sie »hineinarbeiten« wollte), und sie ist frei zur Wirklichkeit; wobei die Wirklichkeit, zu der die religiöse Innerlichkeit frei wird, nun gerade nicht mehr die Wirklichkeit der Sittlichkeit ist, sondern die paradoxe Wirklichkeit des Gottmenschen, die als die eigentlich wahre Wirklichkeit ausgezeichnet wird – so dass in ihrem Zeichen alle Formen von Weltaneignung, von Objektivitäts- und Evidenzproduktion, zu der die Menschen von sich aus fähig sind, bloß noch als Erscheinungsformen von Unwahrheit und Uneigentlichkeit auftreten. Entsprechend gilt es, die Äußerlichkeit des Weltverhältnisses beständig in die Innerlichkeit des Gottesverhältnisses zu überführen, und das heißt: aus der Perspektive der alles durchgreifenden »Wirklichkeit der Sünde« anzueignen. In der Innerlichkeit des Glaubens soll (3) die Vermittlung von Endlichkeit und Ewigkeit gelingen – und zwar ebenfalls in paradoxer Form. »Denn«, so Theunissen, »die Spannung zwischen Zeitlichkeit und Ewigkeit, die das paradox ›zusammengesetzte‹ Sein des Gottmenschen durchwaltet, kehrt in der Existenz jedes Christen wieder, der im zeitlichen Ablauf seines Lebens sich für oder gegen Christus und damit für oder gegen seine eigene Ewigkeit entscheiden muss.«[71] Die Ewigkeit des christlichen Selbst ist dabei nichts anderes als seine im leidenschaftlichen Gottesbezug gewonnene Innerlichkeit. In diesem Bezug soll das glaubende Selbst schließlich (4) sich selbst durchsichtig werden, indem es sich »durchsichtig in der Macht [gründet], welche es gesetzt hat« (KT 10). Der Glaube soll den erhabenen Punkt bereitstellen, von dem aus der Einzelne sich in seiner Sündenexistenz als eine Ganzheit vor sich bringen kann. Durch die leidenschaftliche Innerlichkeit des Glaubens soll er sich jene »wesentliche, unwandelbare Kontinuität« erwerben, die ihm im Rahmen der idealistischen Pflichtenlehre unerreichbar und im Modus der in Selbstverlust führenden moralischen Reflexion unmöglich sein soll.[72] Weil sich das Selbst in durchsichtiger

71 Theunissen, *Der Begriff Ernst bei Søren Kierkegaard*, S. 130.

72 Für die Relation von Selbstverhältnis und Gottesverhältnis im religiösen Stadium vgl. auch Michael Theunissen, »Das Menschenbild in der ›Krankheit zum

Kontinuität, also als »ewiges Selbst«, nur im Glauben gewinnt, wird dieser auch emphatisch bestimmt als »Wiedergeburt« (PB 17).

Allerdings kehrt das Problem des Idealismus, das der ersten Ethik vorgeworfen wurde, auf der Ebene der zweiten wieder, und zwar nicht zuletzt angesichts eines weitgehend »dämonischen«, dem religiös bestimmten Guten widerstrebenden ironischen Zeitgeists. Tatsächlich könnte der Abstand zwischen diesem Zeitgeist und dem Selbstverwirklichungsprogramm der religiösen Existenz nicht größer sein. Weit davon entfernt, an der mit ihm einhergehenden ästhetischen Existenz zu verzweifeln, verschwendet der Zeitgeist sich an »Äußerlichkeiten«[73] (vgl. BA 122-141). Sogar die Christenheit selbst bleibt, wie Anti-Climacus lamentiert, im Blick auf den Standard der leidenschaftlichen Innerlichkeit weitgehend hinter ihrem Begriff zurück (vgl. KT 116). Dem Idealismus der ersten Ethik, der darin bestanden hatte, vom Einzelnen zu fordern, die jeweilige Besonderheit restlos im sittlich Allgemeinen aufgehen zu lassen, wird hier mit einem religiösen Idealismus gekontert, der vom Einzelnen fordert, durch einen reinen Willensakt, gegen alle Bindung an Äußerlichkeiten also, den Sprung in die Isolation des Gottesverhältnisses zu tun. Ein solcher Sprung aber kann erneut nur gefordert werden: »[E]s soll geglaubt werden.« (KT 117)

Statt aus dem Scheitern der ersten Ethik die Konsequenz zu ziehen, das verzerrte Bild der Moralität und der mit ihr assoziierten ästhetischen Existenz zu korrigieren, um so einem dynamischen Begriff der Vermittlung von subjektiver Freiheit und sozialer Praxis Raum zu geben, setzt Kierkegaards religiöse Existenzphilosophie die verzerrende Kritik am Subjektivismus des moralischen Standpunkts ebenso weiter voraus wie das statische Bild des Sozialen, das ihr, man sollte meinen: undialektisch, entgegengesetzt wird.[74]

Tode«, in: Theunissen, Greve (Hg.), *Materialien zur Philosophie Søren Kierkegaards*, S. 504 f.

73 »Ein Selbst«, so Anti-Climacus, »ist [...] unendlich verschieden von der Äußerlichkeit« (KT 52).

74 Als Kritik an Kierkegaards zu statischem Bild der Ethik, das keine Ausnahmen zulässt und daher in einer höherliegenden Sphäre überwunden werden muss, vgl. auch: Elmer H. Duncan, »Kierkegaards teleologische Suspension des Ethischen. Eine Studie über Ausnahmefälle«, in: Theunissen, Greve (Hg.), *Materialien zur Philosophie Søren Kierkegaards*, S. 262-279. Allerdings verbindet Duncan seine Kritik nicht mit einer Kritik an dem Bild, das Kierkegaard von der ästhetischen Existenz (der Moralität) zeichnet.

Die Antwort kann dann natürlich weder in der Reflexion noch im Sozialen mit der in ihm möglichen Sinn- und Objektivitätsproduktion[75] liegen, sondern muss in einer ganz anderen Ordnung, eben einem (göttlichen) Jenseits von Reflexion und Sozialem gefunden werden. Dies ist jedoch ein so radikaler Schritt, eben ein »Sprung« in die Transzendenz, dass die gewöhnlichen Sterblichen am Ende lediglich mal mehr, mal aber auch weniger angstvoll in den Abgrund starren können, der sich zwischen ihnen und dem abstrakten »Du sollst« des Glaubens auftut.

Tatsächlich ist die Weigerung, die religiös geforderte »Anstrengung des Ernstes«[76] auf sich zu nehmen, nicht die Ausnahme, sondern, zumal im ironiefreundlichen Zeitalter der Moderne, die Regel. Wenn man aber – mit einer Geste, die den Umgang der ethikkritischen Pseudonyme mit der ersten Ethik imitiert – diesen Umstand nicht als kulturellen Verfall deutet, sondern als Symptom für den problematischen Idealismus der zweiten Ethik, dann wird eine Neubewertung der Sphäre der Moralität ebenso nötig wie eine Neubewertung der bei Hegel und Kierkegaard ihren Höhepunkt markierenden ästhetischen Existenz.[77] Es stellt sich dann die Grundsatzfrage: Gibt es eine Ethik der ästhetischen Existenz?

11. Wiederholungen

Beim Versuch, die Umrisse einer Ethik der ästhetischen Existenz zu skizzieren, kommt alles darauf an, die ästhetische Existenz, und das heißt näher: das unter dem Titel der Ironie diskutierte Bewusstsein von dem Subjektivismusverdacht zu befreien, der ihm seit Hegel anhaftet. Dann aber erscheint dies Bewusstsein, wie wir schon im letzten Kapitel in der Auseinandersetzung mit Hegel gesehen haben, keineswegs mehr als Chiffre einer Entfremdung von der sozialen Praxis im ganzen. Vielmehr verweist die unter dem Titel der Ironie von ihren Kritikern voreilig verworfene Sensibilität auf loka-

75 Vgl. Adorno, *Kierkegaard*, S. 46.

76 Theunissen, *Der Begriff Ernst bei Søren Kierkegaard*, S. 148.

77 Damit widerspricht man natürlich dem Autor von *Die Krankheit zum Tode*, der sich dort mit einem Arzt vergleicht, welcher sich eher an seinen eigenen Einsichten orientiert als an den Einschätzungen, die die Patienten selber über ihr Befinden äußern mögen (vgl. KT 19).

le Erfahrungen der Entfremdung von je konkreten Bestimmungen, die nicht in die Endlosschleifen haltloser Reflexion führen, sondern Anlass zu Neubestimmungen geben. Das ironische Bewusstsein lässt sich, so verstanden, als notwendige Begleiterscheinung eines historisch dynamisierten Freiheitsbegriffs verteidigen, der die grundsätzliche Instabilität unserer praktischen Orientierungen ebenso aufgenommen hat wie die sich daraus ergebende Notwendigkeit, immer wieder neu über diese Orientierungen zu entscheiden. Dies ist ein Freiheitsbegriff, der die Einzelnen weder im Sozialen untergehen lässt (wodurch dieses selbst alle Lebendigkeit verlieren müsste) noch vom Sozialen in erhabener Innerlichkeit (in einem asozialen Jenseits) isoliert.

In diesem Zusammenhang darf nicht unerwähnt bleiben, dass der frühe Kierkegaard am Ende seiner Dissertation selbst die Ironie in ethischer Hinsicht zu retten versucht. Dieser Rettungsversuch, der die Ironie tatsächlich nicht als Inbegriff einer falsch verstandenen, sondern als wichtigen Bestandteil einer richtig verstandenen Freiheit neu bestimmt, steht unter dem Stichwort der »beherrschten Ironie« (vgl. BI 328-335). Unter dieser Überschrift wird die ironische Distanz zur Praxis nicht mehr als Modell für ein ganzes Leben verstanden; vielmehr wird sie »zum Moment herabgespannt« (BI 330). Als solchermaßen begrenzte wird die Ironie von Kierkegaard gelobt: Insofern sie »die Seele aus dem Gebundensein ihres Lebens im Endlichen« zu befreien vermag, sei sie nicht nur der »absolute[...] Anfang des persönlichen Lebens« (BI 331), sondern überhaupt für dieses eine wichtige »Wegleiterin« (BI 333). Wie der Zweifel für die Wissenschaft habe die Ironie »für das persönliche Leben« (BI 331) nämlich die Funktion, vom Einzelnen »Rechenschaft« zu fordern (BI 332). In dieser Hinsicht wird die Ironie sogar als der Königsweg zu »Wahrheit, Wirklichkeit, Inhalt« (BI 331) bestimmt. Indem sie die unreflektiert von der Wissenschaft oder von anderswoher übernommenen Überzeugungen irritiert, so das Argument, bringt sie den Einzelnen dazu, sich zu diesen Überzeugungen zu verhalten und diese entweder zu verabschieden oder sich zu eigen zu machen. In dieser Funktion, schreibt Kierkegaard, ist die Ironie »von äußerster Wichtigkeit, auf daß das Leben Gesundheit und Wahrheit gewinne« (BI 333). Die Ironie »zeigt sich in ihrer Wahrheit gerade dadurch, daß sie lehrt, die Wirklichkeit zu verwirklichen« (ebd.).

So überzeugend der Schritt erscheinen mag, die ironische Distanz zur Praxis nicht als Modell für das Subjekt, sondern als produktives Moment in seinem praktischen Lebensvollzug zu bestimmen, so darf doch andererseits nicht übersehen werden, dass Kierkegaard seine Versöhnung von Ironie und Ethik unter den Begriff der Beherrschung stellt. Damit die Ironie eine derart positive Funktion im Leben erfüllen kann, muss sie beherrscht werden. Dafür bedarf es der Souveränität eines »in sich abgerundeten« (vgl. BI 330) Lebens, das »positiv frei ist in der Wirklichkeit, der [es] angehört« (BI 330f.). Allein einem solchen »Herrn« (vgl. BI 329) soll die Ironie »dienstbarer Geist« sein können (BI 330). Die Unstimmigkeit, dass Kierkegaard hier voraussetzt, was doch auf der anderen Seite erst mittels der Ironie erlangt werden soll, ist vielleicht das offensichtlichste Anzeichen für die Schwierigkeiten, die auftreten müssen, will man die Ironie mit der Idee eines souverän in sich abgerundeten Selbst versöhnen.

Demgegenüber war die romantische Ironie nach Kierkegaards hegelianischer Darstellung der Inbegriff einer Durchlässigkeit des Subjekts für Äußerlichkeiten, durch deren Einfluss es sich früher oder später von sich selber entfremden muss. Tatsächlich macht sich in der romantischen Ironie eine, wie Paul de Man formuliert, »Gebrochenheit des Subjekts bzw. eine Pluralität von Ebenen innerhalb des Subjekts«[78] geltend, die der Idee einer souverän in sich abgerundeten Subjektivität widerstreitet: die Gespaltenheit des Subjekts in einerseits die Vorstellung, die es sich von sich selbst macht, und andererseits seine »Natur«, deren unwillkürliche Äußerungen zu solchen Vorstellungen in einer gewissen Spannung stehen, ja ihnen zuweilen sogar offen widersprechen können. So macht de Man mit Baudelaire die Erfahrung des Hinfallens, das zugleich ein Herausfallen aus der falschen Vorstellung totaler Naturbeherrschung ist, zum Paradigma des ironischen Bewusstseins.[79] Das ironische Bewusstsein um die Spannung zwischen Selbstbild und Natur des Menschen bringt freilich nur dann notwendig ein »unglückliches Bewusstsein«[80] hervor, wenn man, wie de Man, aus dieser Spannung folgert, dass jedes Selbst- und Weltverhältnis im-

78 Vgl. Paul de Man, »Die Rhetorik der Zeitlichkeit«, in: ders., *Die Ideologie des Ästhetischen*, Frankfurt/M. 1993, S. 83-130, hier S. 110.

79 Vgl. ebd., S. 111f.

80 Ebd., S. 121.

mer bloß eine »Täuschung«, eine »Illusion« sein kann. Wäre dem so, könnte sich gegenüber der insgesamt als »nichtauthentisch« enttarnten »Empirie« am Ende wohl tatsächlich nur noch eine negativ auf sie bezogene ironische »Fiktion« behaupten. Die »permanente Parekbase«, wie de Man mit Schlegel sagt,[81] die permanente Markierung der »radikalen Differenz«[82] von Realität und Fiktion also, erschiene dann als einzig akzeptable Möglichkeit. Es wäre damit zugleich besiegelt, dass die Ironie nie zur Welt zurückführen kann. Unter solchen Bedingungen könnten dem entsprechend unglücklichen Bewusstsein wohl tatsächlich nur noch Götter helfen.[83] Schon für den bei de Man paradigmatischen (Hin-)Fall der instrumentellen Vernunft aber ergibt sich diese Konsequenz nur dann, wenn man unplausiblerweise davon ausgeht, dass sich alle diskursive Vernunft im Grunde als instrumentell erweisen muss: Jede positive Selbstaufklärung der Vernunft erwiese sich unter dieser Voraussetzung in letzter Instanz bloß als weitere Täuschung, zu der es keine, jedenfalls keine weltliche Alternative, sondern allenfalls ironische Distanz geben kann.

Eine solche Voraussetzung leuchtet jedoch nicht ein.[84] Weist man sie aber zurück, ergibt sich ein anderes Bild des Verhältnisses von Ironie und Realität. Versteht man die für die Ironie offenbar konstitutive Entfremdungserfahrung nicht als eine Entfremdung von der sozialen Praxis als solcher, sondern als ein Moment in der sozialen Praxis, so ist damit nicht bestritten, dass prinzipiell jede Bestimmung von dieser Erfahrung betroffen werden kann, sondern lediglich, dass die für die Ironie konstitutive Erfahrung richtig

81 Ebd., S. 116. Damit ist Friedrich Schlegels Formel »Die Ironie ist eine permanente Parekbase« zitiert. Vgl. Fragment 668 in: Friedrich Schlegel, *Kritische Ausgabe*, Bd. XVIII, München, Paderborn u. a. 1963, S. 85.

82 De Man, »Die Rhetorik der Zeitlichkeit«, S. 115.

83 »Welche Götter werden uns von allen diesen Ironien erretten können?«, zitiert de Man denn auch Friedrich Schlegel aus dessen Aufsatz »Über die Unverständlichkeit«. Wie für Kierkegaard habe auch für den späten Schlegel die Erlösung vom unglücklichen Bewusstsein nur durch einen Sprung aus der Sprache in den Glauben kommen können. Vgl. Paul de Man, »Die Rhetorik der Zeitlichkeit«, S. 121; Friedrich Schlegel, »Über die Unverständlichkeit«, in: ders., *Studienausgabe in sechs Bänden*, Bd. II, München, Paderborn u. a. 1988, S. 235-242, hier S. 240.

84 Vgl. hierzu etwa Jürgen Habermas' Kritik an einer derart radikalisierten Vernunftkritik in seiner *Theorie des kommunikativen Handelns*, Bd. 1, Frankfurt/M. [4]1987, S. 489-534.

beschrieben ist, wenn man sie so versteht, dass sie sich zeitgleich und kontextunabhängig gegen alle Elemente unseres Selbst- und Weltbezugs, also gegen unsere Praxis, unsere »Empirie«, im ganzen richtet. Damit ist zugleich ernst genommen, was die Kritik der Ironie an dieser (in der hier interessierenden ethischen Dimension) hervorgehoben hatte: dass sie mit einer Erfahrung des Anderen im Eigenen verbunden ist, die selbst nicht in der Verfügungsgewalt des Subjekts liegt. Eine solche Erfahrung stellt sich nicht andauernd und überall ein; sie ist eine der möglichen Wirkungen des Austauschverhältnisses, in dem das Subjekt immer schon mit einer prinzipiell veränderlichen Welt steht. Die Krise im Selbstbezug, die eine Erfahrung der inneren Diskrepanz zwischen Selbstbild und diesem gegenüber exzentrischen Bestrebungen mit sich bringt, entfremdet nicht von der Dimension artikulierter Selbst- und Weltverhältnisse und von deren Wahrheitsanspruch überhaupt, sondern führt im Gegenteil wieder auf diese zurück: Die Krise des Selbstbezugs ist ein prominenter Anlass, sich die »Wahrheitsfrage« in existentieller Hinsicht erneut vorzulegen, sich Rechenschaft über seine Prinzipien abzulegen und gegebenenfalls entsprechende Veränderungen im Leben vorzunehmen – mit dem Ziel, das (spätestens) in der Krisensituation abhandengekommene Gefühl innerer Stimmigkeit, mit anderen Worten: ein Gefühl verwirklichter Freiheit, wiederherzustellen.

Solche Veränderungen scheinen nun die Ironie in dem Maße zu beenden, wie man diese, mit de Man, einseitig mit der Erfahrung einer Dissonanz im Subjekt assoziiert. Das unter dem Begriff der Ironie gefasste Bewusstsein erschöpft sich aber nicht im Bezug auf diese Erfahrung; es impliziert auch, das demonstrieren die schillernden Ironiker, eine bestimmte Weise des Umgangs mit ihr: Der Ironiker bestimmt sich aufgrund seiner Erfahrungen mit sich und der Welt immer wieder neu. Das ironische Bewusstsein ist nicht nihilistisch, wie die Kritik voreilig schließt, weil sie die situativen Neubestimmungen mit einer Indifferenz gegenüber dem situativ Vertretenen kurzschließt. Das ironische Bewusstsein ist vielmehr fallibilistisch: Es weiß um die Möglichkeit, dass sich das, was es heute im besten Wissen und Gewissen als das Bessere bestimmen mag, morgen als das Schlechtere erweisen kann. Das Bewusstsein von der prinzipiellen Fallibilität aller Bestimmungen entbindet jedoch nicht von der Aufgabe, welche vorzunehmen – es sei denn um den Preis der Freiheit. Der Ironiker, der eben nicht im »schwülen Brüter des Fürsichseins« verharrt, sondern sich im Austausch mit der Welt immer wieder neu bestimmt, zahlt diesen Preis offensichtlich nicht. Seine Akte der Selbstbestimmung sind indes, anders als es Kierkegaards Konzept der »beherrschten Ironie« will, keine Akte eines in sich abgerundeten, souveränen Subjekts, vielmehr gewinnt er sich in dieser oder jener Bestimmung erst in und durch solche Akte, und dies immer wieder neu.[85]

Der ironische Weg zur Freiheit, so könnte man deshalb auch sagen, ist die Wiederholung. Wiederholung ist dabei allerdings nicht im kierkegaardschen Sinne als Übergang auf eine höhere Stufe (von Unmittelbarkeit zu Geist) verstanden, sondern eher umgangssprachlich als eine Abfolge von mehrfachen Vollzügen eines Typs, hier: von Akten der Selbstbestimmung, in denen Unmittelbarkeit und Geist immer wieder neu vermittelt werden. Eben weil uns unsere innere Natur nie als solche durchsichtig ist, sondern sich immer nur im Austausch mit der veränderlichen Welt ereignet und also als Potentialität eine Quelle möglicher Veränderung bleibt, können wir nur immer wieder neu die Herausforderung annehmen, uns im Austausch mit der Welt zu bestimmen. Es gibt nicht das, wonach Kierkegaard sich sehnt: die eine abschließende, schließlich zur wahren Selbstverwirklichung befreiende Wiederholung, sondern es gibt allein wiederholte Akte der Selbstbestimmung, welche die grundsätzliche Instabilität unserer praktischen Orientierungen nie ein für allemal ausschalten können. Entsprechend kann es aus der Perspektive des dieser Bedingung gedenkenden ironischen Bewusstseins, wie de Man zu Recht, aber aus den falschen Gründen betont, auch nie zu einer abschließenden »Versöhnung von Idealem und Realem« kommen. Für Friedrich Schlegel, so de Man in diesem Zusammenhang, ist die den »ironischen Geist« charakterisierende »Dialektik von Selbstschöpfung und Selbstvernichtung [...] ein endloser Prozeß, der zu keiner Synthese führt. Der positive Name, mit dem [Schlegel] die Unendlichkeit dieses Prozesses auszeichnet, ist Freiheit: Freiheit als Widerwille des Geistes, irgendein im Verlauf des Prozesses erreichtes Stadium als endgültig zu akzeptieren, denn damit würde seine unendliche Beweglichkeit ein Ende finden.«[86]

85 Vgl. zur Struktur der Selbstbestimmung auch noch einmal Kap. I, Abschn. 8.
86 De Man, »Die Rhetorik der Zeitlichkeit«, S. 118. Vgl. Schlegel, »Kritische Fragmente [aus dem Lyceum]«, Nr. 37.

Aufgrund seiner Einsicht in die prinzipielle Fallibilität jeder konkreten Bestimmung des Guten sind dem ironischen Bewusstsein in der Tat alle Ewigkeitsbehauptungen suspekt; es ist wesentlich zukunftsoffen. Als solchermaßen zukunftsoffener ist der »Begriff Ironie«, das hat Kierkegaard richtig gesehen, dem »Begriff Angst« verschwistert. »Das Mögliche«, heißt es in *Der Begriff Angst*, »entspricht ganz und gar dem Zukünftigen. Das Mögliche ist für die Freiheit das Zukünftige, und das Zukünftige ist für die Zeit das Mögliche. Beiden entspricht im individuellen Leben Angst. Ein genauer und korrekter Sprachgebrauch verknüpft daher Angst und das Zukünftige.« (BA 93) Das ironische Bewusstsein ist von einem Bewusstsein um die Endlichkeit aller Entscheidungen, um die Endlichkeit allen Handlungswissens begleitet. Es weiß daher auch darum, dass sich die Dinge zuweilen auf tragische Weise gegen die eigene Intention wenden können. In diesem Sinne muss die prinzipielle Unbestimmtheit, welche die Schuldfrage des Quidam in den *Stadien* bestimmt, tatsächlich verallgemeinert werden: Für jedermann besteht grundsätzlich die Möglichkeit, gegen die eigenen besten Intentionen schuldig zu werden; ob dies der Fall ist oder nicht, ist dabei an äußere Bedingungen geknüpft. Das Gelingen unseres Handelns ist von Faktoren abhängig, die sich niemals, zumindest von keinem endlichen Wesen, vollständig kontrollieren lassen. Das ironische Bewusstsein (wie ich es hier verteidigen möchte) hat die unter bestimmten Umständen durchaus beängstigende Möglichkeit, dass sich unsere besten Absichten durch eine Ironie des Schicksals in Schuld verkehren können, als eine konstitutive Möglichkeit allen Handelns eingesehen. In diesem Sinn lebt das ironische Bewusstsein in der Gegenwart der Tragödie.[87] Die Möglichkeit des Scheiterns unserer Handlung, deren äußerster Horizont die tragisch-ironische Verkehrung der guten Absicht ins Gegenteil der schlimmsten Wirkung ist, ist für das ironische Falli-

87 In seiner Lektüre von *König Ödipus* zeigt Christoph Menke, dass die tragische Erfahrung – wie ihre Gegenwart – in der »Endlichkeit des Handlungswissens überhaupt« gründet: »Ödipus begeht unabsichtlich Vatermord und Inzest mit der Mutter, weil ihm ein Wissen fehlt, das nicht immer und jedem fehlen muß – nicht alles Handeln entgleist –, aber immer und jedem fehlen kann. Es ist daher nicht der Mangel dieses Handelns und damit dieses Handelnden, sondern der Mangel *des* Handelns und damit eines *jeden* Handelnden, der erklärt, warum Ödipus seinen großen Fehler begeht.« Christoph Menke, *Die Gegenwart der Tragödie. Versuch über Urteil und Spiel*, Frankfurt/M. 2005, S. 84f.

bilitätsbewusstsein indes nicht das Ende, sondern der Beginn von Ethik und Moral: Dass das, was gut ist (und bleibt), nicht allein von ihm abhängt, ist für dies Bewusstsein kein Grund, aus aller Praxis auszusteigen, vielmehr ist es der Motor seiner geschichts- und kontextsensiblen Wiederholungen. Die Moralität des ironischen Bewusstseins führt also nicht zu einer selbstwidersprüchlichen Entfremdung von aller Praxis, wie Kierkegaard mit Hegel suggeriert; vielmehr bringt es ein richtiges, über die eigene Endlichkeit aufgeklärtes Verständnis moralischen Handelns mit sich. Seine Aufmerksamkeit auf Situationen, Konstellationen und Entwicklungen bewahrt dieses Bewusstsein nämlich nicht zuletzt vor jener falschen Selbstsicherheit, mit dem manche selbsterklärte Menschenfreunde unverblümt für sich in Anspruch nehmen, gerecht oder gut zu *sein*.[88] »[E]s gehört zur Moral, nicht bei sich selber zu Hause zu sein«, schreibt Adorno in den *Minima Moralia*.[89] »Wenn Moral aber«, kommentiert Alexander García Düttmann diese Stelle,

> nicht bei sich selber zu Hause ist [...], wenn »Fehlbarkeit« konstitutiv ist für das moralische Handeln, es zu einem solchen macht, dann nicht nur deshalb, weil Sittlichkeit als unreflektiertes Zu-Hause-Sein, als Selbstverständlichkeit des Verhaltens und Handelns, nicht eigentlich moralisch ist, sondern ebenfalls deshalb, weil kein vernünftiger Grundsatz, keine Gesetzmäßigkeit, keine Gesinnung und keine Entscheidung die Einheit der moralischen Handlung zu stiften vermögen.[90]

Ironie ist, wenn man trotzdem handelt, und zwar – immer wieder neu – im besten Wissen und Gewissen. Dass Fehlbarkeit dem Handeln, nicht zuletzt auch dem moralischen Handeln, aufgrund der Endlichkeit alles Handlungswissens konstitutiv innewohnt, ist

88 Im Kontext seiner Überlegungen zum Begriff der Gerechtigkeit hat Jacques Derrida auf das Problem hingewiesen, das in einer naiv-direkten oder unmittelbaren Inanspruchnahme von (ihrem Begriff nach unendlichen) Prädikaten wie »gut« oder »gerecht« auf eine stets endliche Praxis liegt: »[M]an kann die Gerechtigkeit nicht thematisieren oder objektivieren, man kann nicht sagen ›dies ist gerecht‹ und noch weniger ›ich bin gerecht‹, ohne bereits die Gerechtigkeit, ja das Recht zu verraten.« Jacques Derrida, *Gesetzeskraft. Der »mystische Grund der Autorität«*, Frankfurt/M. 1991, S. 21.

89 Theodor W. Adorno, *Minima Moralia. Reflexionen aus dem beschädigten Leben*, in: ders., *Gesammelte Schriften*, Bd. IV, Frankfurt/M. 1979, S. 43.

90 Vgl. Alexander García Düttmann, *So ist es. Ein philosophischer Kommentar zu Adornos »Minima Moralia«*, Frankfurt/M. 2004, S. 67 f.

eine Einsicht, die nicht im Gegensatz zur Erfahrung der Freiheit steht. Im Gegenteil: Nur weil uns die Welt nie anders als in der Beschränktheit unserer endlichen Perspektiven gegeben ist, gibt es auch die Möglichkeit, Neues zu entdecken und zu denken, die eigenen Sichtweisen zu verändern, anders zu handeln. Dem entspricht offenbar ein Verständnis von Freiheit, das diese nicht mit der Souveränität des »ewigen Selbst« verwechselt. Das ironische Subjekt widerspricht mit seinen wiederholten Selbstbestimmungen einer sittlichkeitstheoretischen ebenso wie einer innerlichkeitstheoretischen Reduktion von Freiheit. Es gewinnt sich einzig in einem lebendigen Austausch mit der Welt, in dem sich die Möglichkeit einer freien Aneignung der Praxis, an der es immer schon teilhat, nicht zuletzt in jenen Momenten öffnet, die es aus seinem vertrauten Selbst- und Weltverständnis herausrücken – in Momenten also, in denen es gerade keine »in sich abgerundete« Subjektivität, kein in diesem Sinn souveränes Subjekt mehr gibt.

Mit Carl Schmitts Kritik der Romantik wird die freiheitstheoretische Diskussion der letzten beiden Kapitel nun in eine dezidiert politische Perspektive gerückt. Nicht nur aus chronologischen Gründen und weil sie noch einmal Motive der romantikkritischen Tradition zusammenfasst, sondern auch, weil sie diese explizit mit einer Kritik an der (liberalen) Demokratie verbindet, steht die Auseinandersetzung mit Schmitt am Ende dieses zweiten Teils. Schmitts politische Kritik der Romantik führt nämlich bereits auf einen Zusammenhang zwischen freiheitstheoretischer Ästhetisierungskritik und Demokratietheorie, der auch im dritten Teil, dann allerdings ausdrücklich von der Seite der Demokratietheorie her, im Zentrum stehen wird.

IV. Souveränität im Zeichen der Romantik: Schmitt

Carl Schmitts Kritik der politischen Romantik ist in der Forschung bis heute wenig beachtet worden. Zu Unrecht, wie ich meine. Denn die Kritik der Romantik stellt einen wichtigen Aspekt von Schmitts Diagnose des liberalen Zeitalters als eines von »Neutralisierungen« und damit einen wichtigen Aspekt seiner Kritik an der liberalen Demokratie dar. Dies ist zunächst im Hinblick auf die Ideengeschichte des Ästhetisierungsdiskurses interessant. Denn bei Schmitt zeigt sich das Fortwirken hegelianischer und kierkegaardianischer Motive im ethisch-politischen Denken des 20. Jahrhunderts besonders eindrücklich. Systematisch entscheidender aber ist der Blick auf Schmitt in freiheitstheoretischer Hinsicht. Denn an ihm demonstriert sich die enge Verbindung, in der die subjekttheoretischen Überlegungen zur Freiheit der ästhetischen Existenz mit dem Problem der Freiheit politischer Selbstregierung stehen. In dieser Hinsicht aufschlussreich ist insbesondere die Zweideutigkeit, die Schmitts Kritik der Romantik dadurch annimmt, dass er sie in den allgemeineren Rahmen einer Kritik der liberalen »Neutralisierung des Politischen« einfügt. Hier sollen sich nämlich zwei Motive miteinander verbinden: die Kritik an der ästhetisch-romantischen und die an einer rationalistischen Neutralisierung des Politischen. Es wird sich jedoch zeigen, dass Schmitts Argumentation gegen die rationalistische Neutralisierung des Politischen selbst gewisse Anleihen bei der romantischen Insistenz auf der Unergründlichkeit des Subjekts macht, die – gegen Schmitts eigene theoriepolitische Intentionen – eine Perspektive auf den für Schmitt zentralen Begriff der Souveränität eröffnen, in der dieser eine ganz andere, dynamischere Bedeutung entfaltet als die von Schmitt selbst explizierte. Vor allem in seinem Konzept der Volkssouveränität bindet Schmitt die souveräne Entscheidung nämlich an die Idee einer homogenen Einheit, die mit dem romantischen Theorem der Unergründlichkeit des Subjekts unvereinbar ist, auf das sich Schmitt aber immer dann zumindest implizit bezieht, wenn es darum geht, den liberalen Rationalismus zurückzuweisen. Die Konsequenz aus dieser Widersprüchlichkeit zu ziehen ist Schmitt selbst allerdings aus politischen Gründen wie aufgrund der von Hegel und Kierkegaard übernommenen romantikkritischen Prämissen verschlossen geblieben. Aus der Zurückweisung dieser Prämissen und damit der Kritik am romantisch geprägten Zeitgeist der liberalen Demokratien ergibt sich indes, wie ich im Folgenden argumentieren werde, eine eigene, (liberal-)demokratische Perspektive auf den von Schmitt gegen diesen Zeitgeist in Stellung gebrachten Begriff politischer Souveränität – eine Perspektive zudem, in der die systematischen Defizite von Schmitts aggressivem Antiliberalismus offen zutage treten können.

1. Ästhetisierung und Neutralisierung

Im Vorwort zur zweiten Auflage seiner Untersuchung *Politische Romantik* benennt Carl Schmitt die Schwierigkeit, auf die er eine »sachliche Antwort«[1] geben will: die Schwierigkeit, die Romantik politisch einzuordnen. Nach Schmitt ist die Romantik nämlich gerade nicht, wie eine bis heute einflussreiche Forschungsrichtung annimmt, »eo ipso eine gegenrevolutionäre Bewegung«, sie ist »nicht politischer Katholizismus«.[2] Vielmehr ist die Romantik, wie Schmitt beobachtet, von einer eigentümlichen Mehrdeutigkeit gekennzeichnet: »Es ist ebenso romantisch«, schreibt Schmitt, »einen Staat zu preisen, weil er eine schöne Königin hat, wie Revolutionshelden als ›kolossalische Menschen‹ zu bewundern« (PR 12). Wenn jede denkbare politische Position mit dem Prädikat des Romantischen versehen werden kann, dann scheint die Unbestimmtheit im Begriff etwas über das Wesen der Romantik selbst auszusagen. Um der »Undefinierbarkeit« (PR 10) der politischen Romantik auf die Spur zu kommen, muss man folglich, schließt Schmitt, über eine Untersuchung von politischen Positionen hinausgehen, die sich selbst romantisch nennen.

1 Carl Schmitt, *Politische Romantik*, Neusatz auf Basis der 1925 erschienenen 2. Auflage, Berlin [6]1998, S. 21. Im Folgenden im Text zitiert als PR.

2 Karl Heinz Bohrer, *Die Kritik der Romantik. Der Verdacht der Philosophie gegen die literarische Moderne*, Frankfurt/M. 1989, S. 286; vgl. auch PR 61. Das Romantische widerspricht nach Schmitt vielmehr der religiösen Entscheidung ebenso wie der politischen. Die Romantiker glaubten demnach, so Schmitt, »Katholiken werden zu können, ohne sich entscheiden zu müssen«; mit einer echten Entscheidung für den Katholizismus hingegen wäre »die romantische Situation beendet« gewesen (PR 76).

Schmitts erste Annäherung an das Problem ist soziologischer Art. Will man die politische Bedeutung des diffusen Bilds der Romantik verstehen, muss man von »der sozialen Eigenart der Menschen« sprechen, »welche die Träger der Bewegung waren« (PR 12). Und Träger der romantischen Bewegung war, wie Schmitt den französischen Historiker und Kritiker Hippolyte Taine zitiert, »das neue Bürgertum. Seine Epoche beginnt im 18. Jahrhundert. [...] Mit der Demokratie, mit dem neuen Geschmack des neuen bürgerlichen Publikums entsteht die neue romantische Kunst.« (PR 14) Bereits dieser Hinweis erklärt für Schmitt etwas an der Ungreifbarkeit der romantischen Bewegung. Wie die romantische Kunst muss nämlich Schmitt zufolge auch die sie hervorbringende »liberale, bürgerliche Demokratie« als eine »in sich selbst höchst widerspruchsvolle Sache« begriffen werden (vgl. ebd.). Unsicher zwischen der »überlieferten Monarchie und dem sozialistischen Proletariat« stehend, habe das liberale Bürgertum keine eigene, keine bestimmte und in diesem Sinne: substantielle gesellschaftliche Form gefunden. Die liberale, bürgerliche Demokratie habe vielmehr lediglich der weiteren »Auflösung der alten Gesellschaft zur heutigen Massendemokratie« den Weg bereitet (PR 15). Im Verlauf dieser Entwicklung sei noch die Herrschaft des Bürgertums selbst »beseitigt« worden, jedoch ohne dass dadurch die Unbestimmtheit aufgehoben worden sei, in deren Zeichen die liberale Demokratie seit ihren Anfängen im 18. Jahrhundert stehe. »Heute«, schreibt Schmitt 1925, »ist die Auflösung der überlieferten Bildung und Form gründlich weitergeführt, aber die neue Gesellschaft hat noch keine eigene Form gefunden« (ebd.).

Den Prozess einer Auflösung aller überlieferten Formen ohne positive Setzung eines Neuen charakterisiert Schmitt nun interessanterweise näher als »Ästhetisierung«. Die »Expansion des Ästhetischen« (PR 16), die mit der Romantik im 18. Jahrhundert einsetze und im Rahmen der liberalen Demokratien auch noch das 20. Jahrhundert bestimme, verhalte sich nämlich umgekehrt proportional zum Verschwinden substantieller Form. Wiewohl Schmitt den »eigenartigen ästhetischen Reiz« romantischer »Produktivität« nicht abstreitet, ist ihm die Romantik »als Ganzes der Ausdruck einer Zeit, die, wie auf andern geistigen Gebieten, auch in der Kunst keinen großen Stil aufbringt und, im prägnanten Sinne, keiner Repräsentation mehr fähig ist« (ebd.). Alles, so der Befund, wird ästhetisch, aber nichts ist mehr repräsentativ im »prägnanten Sinne«.[3] Die Kunst verabsolutiere sich nämlich in dem Maße, wie sie aller repräsentativen Aufgaben ledig und auf nichts als auf sich selbst verpflichtet ist. »[J]ede große und strenge Form der Sichtbarkeit« wird dann »gerade aus Kunst abgelehnt«. »Dadurch«, argumentiert Schmitt weiter, »wird es ihr möglich, sich in tumultuarischer Buntheit aller Formen einfühlend zu bemächtigen und sie doch nur als ein belangloses Schema zu behandeln [...]« (PR 17). Weil die Kunst keiner übergeordneten Instanz mehr untersteht (weder Gott noch dem Staat), verhalte sie sich aber nicht nur parasitär gegenüber vormals repräsentativen Formen. Vielmehr verweise sie damit zugleich auf eine neue Quelle ihres Existenzrechts: den privaten Geschmack.[4] Mit der Romantik verliere alles bislang Gültige seine fraglose Verbindlichkeit, um stattdessen ins Belieben von Privatleuten gestellt zu werden, wo es ästhetisch Wirkung macht oder eben auch nicht. Politisch relevant ist diese Entwicklung für Schmitt deshalb, weil die Aushöhlung vormals repräsentativer Formen keine bloß formale Angelegenheit sein kann; vielmehr wird mit der

3 In der Linie dieser Argumentation steht eine bis heute wirksame Linie deutscher Kulturkritik. Wiewohl Bohrer Schmitt in *Die Kritik der Romantik* wegen eines antimodernen Kunstbegriffs kritisiert, dem zufolge Kunst »repräsentativ« im Sinn der »Widerspiegelung positiver Inhalte« sein soll (S. 292), scheint er aus seiner ästhetischen Apologie romantischer Desintegration nicht die politische Konsequenz ziehen zu wollen. So ist Bohrer immer wieder mit einer Kritik an der »Hässlichkeit« der Bundesrepublik hervorgetreten, die er nicht zuletzt einem Mangel an »ästhetischer Form«, an »gesellschaftlicher Selbstdarstellung« zuschreibt (vgl. Karl Heinz Bohrer, *Nach der Natur. Über Politik und Ästhetik*, München, Wien 1988, bes. S. 15). Ähnlich ambivalent argumentiert Walter Grasskamp. Auch er bezeichnet die Demokratie deshalb als »unästhetisch«, weil sie keine »geschlossene ästhetische Repräsentation hervorbringt«. Während Grasskamp einerseits die ästhetische Desintegration westlicher Demokratien als »Greuel« kritisiert, warnt er zwar andererseits im Anschluss an Fritz Stern vor den antidemokratischen Implikationen einer solchen Kritik, ohne jedoch daraus die Konsequenz zu ziehen, den demokratischen Widerstand gegen eine einheitliche »Ästhetik des Staates« analytisch vom Problem der kapitalistischen Privatisierung des öffentlichen Raums und seiner Gestaltung zu trennen. Vgl. Walter Grasskamp, *Die unästhetische Demokratie. Kunst in der Marktgesellschaft*, München 1992, hier bes. S. 9, 133 f.; Fritz Stern, *Kulturpessimismus als politische Gefahr*, Stuttgart 2005.

4 Für die These, dass die Demokratie vor dem Hintergrund einer »Revolution des Geschmacks« verstanden werden müsse, die mit dem Problem des Relativismus einhergeht, vgl. auch Luc Ferry, *Der Mensch als Ästhet. Die Erfindung des Geschmacks im Zeitalter der Demokratie*, Stuttgart 1992.

Form die Sache selbst ausgehöhlt – mit dem Effekt, so Schmitt, dass das von der romantischen Bewegung erfasste Bewusstsein am Ende gar nichts mehr als substantiell wahrnimmt. »Weithin«, lautet entsprechend seine Diagnose des von der Romantik geprägten Zeitgeists, »werden alle kirchlichen und staatlichen Institutionen und Formen, alle rechtlichen Begriffe und Argumente, alles Offizielle, auch die Demokratie selbst, seitdem sie verfassungsmäßige Form ist, als leere und irreführende Verkleidungen empfunden, als Schleier, Fassade, Attrappe oder Dekoration« (PR 15 f.). Zuweilen gehe zwar diese Wahrnehmung mit einer Sehnsucht nach Wesen und Wahrheit hinter den Verkleidungen einher, aber auch diese bringe nichts Substantielles mehr hervor; vielmehr müsse die Sehnsucht hier selbst in ihrer ästhetischen Natur erfasst werden: Es soll sich um die in praktischer Hinsicht folgenlose Sehnsucht der »schönen Seele« handeln.

Durch ihre ästhetisierenden Effekte markiert die Romantik nun für Schmitt eine wichtige Etappe in der sogenannten »Stufenfolge von Neutralisierungen«, einer Abfolge, wie man in einer ersten allgemeinen Bestimmung sagen könnte, geistig-moralischen Substanzverlusts. »In Wirklichkeit«, schreibt Schmitt in »Das Zeitalter der Neutralisierungen und Entpolitisierungen«,

> bedeutet die Romantik des 19. Jahrhunderts – wenn wir das ein wenig dadaistische Wort Romantik nicht in romantischer Weise zum Vehikel der Verwirrungen machen wollen – nur die Zwischenstufe des Ästhetischen zwischen dem Moralismus des 18. zum Ökonomismus des 19. Jahrhunderts, nur einen Übergang, der vermittels der Ästhetisierung aller geistigen Gebiete bewirkt wurde, und zwar sehr leicht und erfolgreich. Denn der Weg vom Metaphysischen und Moralischen zum Ökonomischen geht über das Ästhetische, und der Weg über den noch so sublimen ästhetischen Konsum und Genuß ist der sicherste und bequemste Weg zur allgemeinen Ökonomisierung des geistigen Lebens und zu einer Geistesverfassung, die in Produktion und Konsum die zentralen Kategorien menschlichen Daseins findet.[5]

Nun markieren Schmitts »Stufen der Neutralisierung« aber nicht nur einen fortschreitenden Substanzverlust im Geistig-Moralischen zugunsten des Ökonomischen, sondern zugleich einen zunehmen-

5 Carl Schmitt, »Das Zeitalter der Neutralisierungen und Entpolitisierungen«, in: ders., *Der Begriff des Politischen*, Nachdruck der Ausgabe von 1963 mit dem Text von 1932, einem Vorwort und drei Corollarien, Berlin [7]2002, S. 79-95, hier S. 83.

den Verfall des Staates und des Politischen, der vom absoluten Staat des 17. und 18. Jahrhunderts über den liberalen Staat des 19. Jahrhunderts bis hin zum totalen Staat des 20. Jahrhunderts verläuft. Während im Totalitarismus Staat und Gesellschaft vollends zusammenfallen, verwischt der liberale Staat nach Schmitts Kritik seine Konturen in dem Maße, »in welchem das, was er zu gewährleisten hat, als vernünftige Selbstverständlichkeit ausgegeben wird«.[6] Die Neutralisierung des Politischen heißt in der Linie dieses Arguments nicht Ersetzung des Politischen durch das Ökonomische, sondern Verdeckung der politischen Macht durch eine neutralistische Ideologie des Rechts. Die politische Macht unterstelle sich einem rationalistischen Gesetzesbegriff, dem zufolge das Gesetz nicht nur neutral aus der Natur der Dinge hervorgehen, nämlich in seiner Geltung durch ein am vernünftigen Konsens orientiertes Verfahren gleichsam bloß aufgefunden werden soll. Darüber hinaus soll sich auch noch dessen Anwendung im einzelnen Fall neutral und also problemlos aus der Natur der Dinge ergeben. Im Blick auf die Stiftung wie die Anwendung des Gesetzes geht es Schmitt hingegen um den Nachweis, dass es in beiden Dimensionen eines irreduzibel performativen Moments, eines Moments der Dezision bedarf. Es ist bereits darauf hingewiesen worden, dass man Schmitts Einsicht in den Umstand, dass das performative Moment der Entscheidung auch aus dem demokratischen Diskurs nicht wegzubringen ist, nicht voreilig mit seinem Antiliberalismus identifizieren sollte.[7] Gleiches gilt sicher für seine Warnung vor einer ökonomischen Überformung des Politischen.[8] Ob sich aber diese Einsicht und jene Warnung im Rahmen einer Theorie der (liberalen) Demokratie ernst nehmen lässt, hängt nicht zuletzt davon ab, ob man Schmitts These überzeugend zurückweisen kann, dass das liberale Zeitalter insgesamt als eines von Neutralisierungen charakterisiert werden muss.

Dafür ist zunächst die ästhetisierungs- beziehungsweise romantikkritische Neutralisierungsthese näher in den Blick zu nehmen,

6 So die prägnante Formulierung von Hans Blumenberg, *Die Legitimität der Neuzeit*, Frankfurt/M. 1996, S. 102.

7 Vgl. vor allem Jacques Derrida, *Gesetzeskraft. Der »mystische Grund der Autorität«*, Frankfurt/M. 1991.

8 Vgl. hierzu meine Überlegungen zur sogenannten Postdemokratie unten, Kap. VI, Abschn. 9.

die sowohl die ökonomische als auch die rechtstheoretische Neutralisierung des Politischen vorbereiten soll. Als geistige Avantgarde der beginnenden liberalen Demokratie gilt Schmitt die romantische Bewegung geradezu als Inbegriff eines existentiell unernsten, der »Perzeption eines Entweder-Oder« (PR 76) sich überhaupt entziehenden Zeitgeists.[9] Vor dem Hintergrund des in den letzten Kapiteln Entwickelten lässt sich jedoch argumentieren, dass der romantisch geprägte Zeitgeist, wie er für die liberalen Demokratien charakteristisch ist, keineswegs in einem abstrakten Gegensatz zur Dramatik existentieller Entscheidungen steht, wie Schmitt suggeriert. Wenn aber das liberale Zeitalter nicht als Ganzes unter die Neutralisierungsdiagnose gestellt werden kann, besteht grundsätzlich die Möglichkeit, bestimmte Formen von Neutralisierung in seinem Rahmen zu kritisieren – und zwar so, dass sich damit nicht nur Schmitts Antiliberalismus zurückweisen, sondern darüber hinaus auch der Unbestimmtheit der (liberalen) Demokratie ein genuin politischer – nichtneutralistischer – Sinn geben lässt.

Sofern sich diese Möglichkeit aus einer alternativen Deutung des romantischen Zeitgeists ergibt, ist in einem ersten Schritt Schmitts Kritik der Romantik ausführlicher zu diskutieren (Abschn. 2-4). Sie setzt, wie die von Hegel und Kierkegaard, subjekt- und freiheitstheoretisch an.

2. Der Anblick einer Apfelsine

»[D]ie Definition des Romantischen«, so Schmitt, muss »vom romantischen Subjekt« und dessen »Beziehung zur Welt« ausgehen (PR 6). Die Formel, auf die Schmitt diese Beziehung bringt, lautet: »Romantik ist subjektivierter Occasionalismus, d.h. im Romantischen behandelt das romantische Subjekt die Welt als Anlaß und

9 »Es ist [...] ein merkwürdiges Phänomen«, schreibt Schmitt, »dass der europäische liberale Staat des 19. Jahrhunderts sich selbst als *stato neutrale ed agnostico* hinstellen und seine Existenzberechtigung gerade in seiner Neutralität erblicken konnte. Das hat verschiedene Gründe und lässt sich nicht mit einem Wort und nicht aus einer einzigen Ursache erklären. Hier interessiert es als Symptom einer allgemeinen kulturellen Neutralität überhaupt; denn die Lehre vom neutralen Staat des 19. Jahrhunderts steht im Rahmen einer allgemeinen Tendenz zu einem geistigen Neutralismus, der für die europäische Geschichte der letzten Jahrhunderte charakteristisch ist.« Schmitt, »Das Zeitalter der Neutralisierungen«, S. 87.

Gelegenheit seiner romantischen Produktivität.« (PR 18) »Die Romantik«, erläutert Schmitt diese Formel weiter,

> ist subjektivierter Occasionalismus, weil ihr eine occasionelle Beziehung zur Welt wesentlich ist, statt Gottes aber nunmehr das romantische Subjekt die zentrale Stelle einnimmt und aus der Welt und allem, was in ihr geschieht, einen bloßen Anlaß macht. [...] Aus immer neuen Gelegenheiten entsteht eine immer neue, aber immer nur occasionelle Welt, eine Welt ohne Substanz und ohne funktionelle Bindung, ohne feste Führung, ohne Konklusion und ohne Definition, ohne Entscheidung, ohne letztes Gericht, unendlich weitergehend, geführt nur von der magischen Hand des Zufalls, *the magic hand of chance*. (PR 19 f.)

Schmitt folgt Hegel und Kierkegaard in dem Befund, dass das romantische Bewusstsein jedes echte *commitment*, jede Form ernsthafter Selbstverpflichtung ausschließt zugunsten eines bloß experimentellen Verhältnisses zur Welt, dem alle Orientierung nur von oberflächlicher Geltung sein kann; wirksam nämlich nur bis zu dem Augenblick, in dem sich der nächste Einfluss geltend macht.[10] Jeder Selbst- und Weltentwurf ist dann allein auf den Sand flüchtiger Eindrücke gebaut und daher selbst zu instabil und zu gleichgültig, um sich tatsächlich in gelebte Wirklichkeit, in Identität und Position umzusetzen. Wie bei Hegel und Kierkegaard dominiert in Schmitts Darstellung der Romantik die Polemik gegen ein »poetisches« Freiheitsverständnis, das die Subjekte der normativ strukturierten Praxis ihrer Lebenswelt entfremde und – darin letztlich regressiv – an nichts als ihren eigenen, von Zufällen abhängigen Stimmungen ausrichte.

Die Entfremdung von der sozialen Praxis, die grundsätzliche Distanz zu allen in ihr etablierten Bedeutungszusammenhängen wird von Schmitt denn auch als die Bedingung des romantischen Okkasionalismus bestimmt. Damit der Zufall eine derart führende Rolle im Leben einnehmen könne, wie dies bei den Romantikern

10 Schmitt selbst gibt Hinweise auf die Tradition, in die er sich stellt. Hegel, heißt es anerkennend, habe die »Romantik exekutiert« (PR 83). Er habe mit »genialer Sicherheit« die »Unzulänglichkeit« des Fichteschen Systems erkannt, aus dem das falsche Selbstverständnis des romantischen Subjekts hervorging (PR 91). Kierkegaard auf der anderen Seite gilt Schmitt zwar in irreführender Überblendung von dessen ästhetischen Pseudonymen mit ihm selbst als »der einzig Große« unter den Romantikern, dennoch hält er ihm die protestantisch-christliche »Beendigung der romantischen Situation« zugute (PR 76, Fn. 81).

der Fall sei, bedürfe es eines Bewusstseins, das von den in einer Lebensform bestehenden Bedeutungszusammenhängen absieht und die Wirklichkeit, wie Schmitt formuliert, »punktualisiert« (PR 85): Jeder Augenblick in der Zeit und jedes Detail im Raum gelte diesem Bewusstsein als potentieller Anfang, als »Konstruktionspunkt«, aus dem sich eine poetische Welt aus Stimmung und Phantasie errichten lässt (vgl. ebd.). Damit werde die tatsächliche Realität des jeweiligen Anlasses selber unwichtig – denn dem romantischen Bewusstsein sei es einzig um sich, seine Stimmungen und seine poetische Produktivität zu tun, nicht um die Wirklichkeit des jeweiligen Objekts, an dem diese sich aufrichtet. Die Objekte interessierten demnach nicht um ihrer selbst oder ihrer praktischen Bedeutung willen, sondern einzig als zufälliger Anlass, eben: als *occasio*. Derart ihrer Realität beraubt – zum »substanzlos[en], wesenlos[en], funktionslos[en]« Anlass degradiert (PR 93) –, seien sie beliebig austauschbar. Auf der Basis einer bloß okkasionellen Haltung zur Welt, folgert Schmitt, kann am Ende gar kein qualitativer Unterschied zwischen ihnen mehr von Bedeutung sein: »Es wird absichtlich ignoriert, was der König oder die Königin in Wirklichkeit sind; ihre Funktion besteht vielmehr darin, Anknüpfungspunkt für romantische Gefühle zu sein. Mit der Geliebten ist es nicht anders. Daher ist es, romantisch genommen, gar nicht möglich, zwischen dem König, dem Staat oder der Geliebten zu unterscheiden. Im Zwielicht der Gefühle gehen sie ineinander über.« (PR 127)

Eine »Entwirklichung« der Wirklichkeit (PR 85) betreibt der Okkasionalismus Schmitt zufolge aber nicht nur dadurch, dass ihm deren Elemente nur ebenso zufällige wie beliebige Anlässe zum »stimmungsmäßigen Erleben« (PR 106) sind, sondern auch durch die phantasievolle Intensivierung und Verarbeitung dieses Erlebens. Das Objekt, das die romantische Stimmung und die sie moderierende Phantasietätigkeit auslöst, steht, wie Schmitt feststellt, in keinem kausalen Verhältnis zu seiner Wirkung. So könne man den Begriff der *occasio* zwar mit Vorstellungen wie »Anlaß, Gelegenheit, vielleicht auch Zufall« umschreiben, seine »eigentliche Bedeutung« erhalte er jedoch durch den Gegensatz zu dem Begriff der *causa*, »den Zwang einer berechenbaren Ursächlichkeit« oder eines normativen Zusammenhangs (PR 18). Der jeweilige konkrete Anlass sei zwar als Anknüpfungspunkt für das romantische Bewusstsein vorhanden – und insofern werde die Außenwelt von den Romantikern auch nicht schlechtweg negiert (vgl. PR 105). Was dieser Anlass aber beim romantischen Subjekt bewirke, sei absolut unberechenbar, entziehe sich kausalen Beschreibungen: »Ein absolut inadäquates Verhältnis besteht [...] zwischen *occasio und Wirkung*; es ist – da jede konkrete Einzelheit *occasio* eines unberechenbaren Effekts sein kann, etwa der Anblick einer Apfelsine für Mozart der Anlaß, das Duett ›*la ci darem la mano*‹ zu komponieren – völlig inkommensurabel, jeder Sachlichkeit sich entziehend, a-rational, die Relation des Phantastischen.« (PR 92)

Zwar macht Schmitt hier ein produktives oder aktives Moment in der Reaktion auf die *occasio* geltend. Es wird hier ein Ereignis beschrieben – ein unberechenbares Geschehen –, das sich gerade nicht aus der *occasio* selbst respektive aus deren Zufälligkeit ableiten lässt. Vielmehr gründet es in der spezifischen Produktivität oder Aktivität, die auf den Anlass folgt. »Alle Zufälle unseres Lebens sind Materialien, aus denen wir machen können, was wir wollen«, zitiert Schmitt Novalis in diesem Zusammenhang (PR 85). Weil Schmitt dieses »Machen« jedoch einem bloß »poetischen« Interesse an der Intensivierung von Stimmungserlebnissen zuordnet, spricht er ihm sogleich jede praktische Bedeutung wieder ab: »Die lust- und unlustbetonte Reaktion auf einen Reiz«, so Schmitt, »ist [...] keine Aktivität. Ein Mensch wird nicht dadurch zur tätigen Persönlichkeit im moralischen Sinne, dass er noch so intensiv Lust oder Unlust empfindet, auch dann nicht, wenn ihn sein Zustand zu eindrucksvollen Umschreibungen veranlasst.« (PR 107) Die zufällig ausgelösten Stimmungen würden von den romantischen Ironikern nämlich lediglich »mit philosophischen und wissenschaftlichen Kombinationen und assoziationsreichen Worten« umkleidet (PR 88). Die romantische Produktivität erscheint dann als ein sich mit Welthaltigkeit bloß tarnendes Ausweichen vor der Sphäre der Praxis als solcher: »[N]iemals war [der Romantiker] entschlossen, die Welt seines stimmungsmäßigen Erlebens zu verlassen und an dem, was sich in der gewöhnlichen Wirklichkeit ereignete, etwas zu ändern.« (PR 106) Denn dies implizierte Entscheidung, Festlegung, Begrenzung und damit: die Aufgabe ebenjener abstrakten Position subjektiver Unendlichkeit, die er in der Nachfolge von Hegel und Kierkegaard für den Kern des romantischen Bewusstseins hält.[11]

11 Der Kritik an einem ebenso subjektivistischen wie falsch abstrakten (Miss-) Verständnis von Freiheit, die Schmitt wie seine Vorgänger an die Adresse der

Wird an dieser Position in einer de facto immer konkreten Welt festgehalten, muss dies notwendig mit einer (okkasionalistischen) Haltung einhergehen, der die Welt bloß als Mittel dient, »jedem Definitivum auszuweichen« (PR 83). Insofern sich die romantische Produktivität vor der Welt der Praxis zurückzieht, aber zur Bewirtschaftung des sie tragenden Stimmungshaushalts dennoch von ihren Impulsen abhängig bleibt, kann sie allenfalls als eine »räsonierende Resonanz« (PR 112), als »affektmäßige[r] Widerhall einer notwendigerweise fremden Tätigkeit« (PR 102) qualifiziert werden.

Die einzige Produktivität, die das Subjekt der Romantik entwickeln kann, so folgt aus dieser Diagnose, »ist ästhetischer Art« (PR 110). Ihr Ergebnis ist »eine nicht durch Aktivität, sondern in Stimmung und Phantasie veränderte Welt« (PR 93). Ihren eigentlichen Ort habe die romantische Produktivität daher in der Kunst. Während Schmitt ihr hier sogar eine gewisse Berechtigung zuspricht (obwohl die romantischen Produktionen freilich in einem deutlichen Gegensatz zu seinem Ideal einer repräsentativen Kunst stehen[12]), erscheint ihm die Wirkung dieser Produktivität in nichtäs-

Romantiker richtet, entspricht auch seine von Hegel übernommene Einschätzung, dass die Romantiker ohne Selbstironie gewesen seien, weil sie zwar die ganze Welt, nie aber ihre eigene Position ironisiert hätten (vgl. PR 83). Im Blick auf Friedrich Schlegel jedoch hatte sich diese Einschätzung als Fehleinschätzung erwiesen (vgl. oben, Kap. II, Abschn. 9).

12 Denn die romantische Kunst kommt nach Schmitt nicht nur durch ein okkasionalistisches Weltverhältnis zustande; sie zielt auch selbst darauf, bei ihrem Publikum ein »Spiel der Assoziationen« in Gang zu setzen. Das ideale romantische Kunstwerk orientiere sich deshalb an der Musik, weil Musik besonders leicht zum Anknüpfungspunkt von Stimmungen und Phantasien werden könne: Jede Melodie, jeder Akkord, jeder einzelne Ton lasse sich mit einer ganzen Welt von Assoziationen und Andeutungen in Beziehung bringen. Es gehe den Romantikern darum, »für einen Inhalt ohne begriffliche Grenzen« eine »Umschreibung« zu finden, »die keine Begrenzung, keine Aufhebung der subjektiven Freiheit ist und eine Fülle von assoziativen Möglichkeiten wahrt« (PR 111). Erfüllt werde dies schließlich im Gesamtkunstwerk, einer im Zeichen musikalischer Uneindeutigkeit stehenden »allgemeine[n] Vermischung« der Kunstgattungen (vgl. ebd.). Der Gegensatz einer intermedial entgrenzten und uneindeutigen Kunst (in deren Zeichen die ästhetische Gegenwart von heute übrigens in dem Maße steht, wie sie auch noch den Totalitätsanspruch des Gesamtkunstwerks hinter sich gelassen hat) zu Schmitts Ideal einer repräsentativen und formal geschlossenen Kunst könnte natürlich größer nicht sein. Zu Schmitts Erkenntnis, dass die künstlerische Moderne die romantische Tradition fortsetzt, sowie zu seiner Ablehnung ebendieses Zusammenhangs vgl. auch Karl Heinz Bohrer, »Das

thetischen Bereichen nur umso problematischer: Im Theoretischen bringe sie nichts als »Quasi-Argumentationen« hervor (vgl. PR 107), deren »substanzlose Formeln sich jedem Sachverhalt anpassen können« (PR 109); im Praktischen entspreche ihr ein Quasi-Handeln, für das der Opportunismus und die Intrige paradigmatisch sind. »Das Problem des Occasionalismus«, schreibt Schmitt, »ist [deshalb] nicht nur metaphysisch, sondern ebenso sehr ethisch. Es betrifft die alte Frage nach der Willensfreiheit des Menschen, d. h. nach dem Grad und dem Inhalt seiner Aktivität.« (PR 101) Dieses Problem – das Problem der Willensfreiheit – führt nun ins eigentliche Zentrum von Schmitts Kritik an der politischen Romantik.

3. Fremde Kraft

Die romantische Produktivität ist nach Schmitt im »Kern Passivität« (PR 119). Die Idee einer romantischen Aktivität sei nicht nur deshalb eine *contradictio in adjecto* (vgl. PR 166), weil »[j]ede politische Aktivität – mag sie nur die Technik der Eroberung, Behauptung oder Erweiterung politischer Macht zum Inhalt haben oder auf einer rechtlichen oder moralischen Entscheidung beruhen – [...] der wesentlich ästhetischen Art des Romantischen [widerspricht]« (PR 164). Passiv und, wie Schmitt bezeichnenderweise auch sagt, »unmännlich« (PR 129) sei der Romantiker vor allem deshalb, weil seine Freiheit von der Wirklichkeit an eine Unterwerfung unter die Zufälligkeit von *occasiones* in der Wirklichkeit gebunden bleibe. Schon in Kierkegaards hegelianischer Analyse erschien der romantisch-ironische Verführer, wie wir gesehen haben, alles andere als souverän – als ein »König ohne Land« (EO II 268), dessen falsch verstandene Freiheit von jeder Bestimmung ihn am Ende an den zufälligen Einfluss von Anderen und Anderem ausliefert. Auch Schmitt will zeigen, dass sich der Romantiker, dem alles immer nur als geistiges Mittel diene, »die Souveränität des Ich zu steigern« (PR 75), bei näherer Betrachtung – auch und gerade in politischer Hinsicht – als ausgesprochen unsouverän, als schwach und abhängig erweist. Nicht nur sei die Produktivität der Roman-

Romantisch-Phantastische als dezentriertes Bewußtsein. Zum Problem seiner Repräsentanz«, in: ders., *Die Grenzen des Ästhetischen*, München 1998, S. 9-36, hier bes. S. 293 f.

tiker aufgrund ihres ästhetischen Charakters völlig unvereinbar mit irgendeinem moralischen, rechtlichen und politischen Maßstab (vgl. PR 129), auch seien die Romantiker aufgrund ihrer poetisch-okkasionalistischen Einstellung überhaupt unfähig zur normativen Bewertung (PR 120). Ihnen fehle die »Fähigkeit, zwischen Recht und Unrecht zu entscheiden«, und damit nichts weniger als »das Prinzip jeder politischen Energie« (PR 119). »Wo [echte] politische Aktivität beginnt, hört [daher] die politische Romantik auf.« (PR 165) »Alles Romantische«, lautet Schmitts abschließendes Urteil, »steht im Dienste anderer, unromantischer Energien, und die Erhabenheit über Definition und Entscheidung verwandelt sich in ein dienstbares Begleiten fremder Kraft und fremder Entscheidung« (PR 168).

Den direktesten politischen Ausdruck dieses Problems sieht Schmitt konsequenterweise in einem »nach allen Seiten schielende[n] Opportunismus« (PR 128). Allerdings handelt es sich hierbei nicht um einen strategisch auf den eigenen Vorteil bedachten Opportunismus, sondern um einen Opportunismus der reinen Entscheidungsschwäche, der sich auch noch von Anderen vorgeben lässt, wie der eigene Vorteil jeweils auszulegen ist. »Sozial und geistig ohne jeden Halt«, so seine vernichtende Beschreibung, »unterlagen sie jedem starken Komplex, der in ihrer Nähe mit dem Anspruch auftrat, als wahre Realität genommen zu werden. Sie konnten sich daher, ohne ein moralisches Bedenken, ohne ein anderes Verantwortungsgefühl als das eines diensteifrigen, servilen Funktionärs, für jedes politische System benutzen lassen [...].« (PR 111 f.) Auch der intrigante Charakter, den er den Romantikern diagnostiziert, wird von ihm in dieser Richtung interpretiert. Zwar beruhe das Selbstbewusstsein der Romantiker nicht zuletzt darauf, dass sie die Fäden des Geschehens in der Hand zu halten und Andere zu Werkzeugen ihres Willens (vgl. PR 89) zu machen meinen. Doch blieben sie von den Zufällen abhängig, an die sich ihr phantasievolles Ränkeschmieden anlehnt: Der romantische Intrigant meine zwar, mit der Welt zu spielen, in Wahrheit aber spiele der Zufall mit ihm (vgl. PR 89). Bei Schmitt nun wird diese Deutung, die doch immerhin die romantische Aktivität als ein wie auch immer situationsangepasstes Handeln beschreibt, das einen wie auch immer flüchtigen Willen voraussetzt und wie auch immer strategische Entscheidungen impliziert, mit einer weiteren überblendet, der zufolge bei den Romantikern noch nicht einmal ein solcher Wille vorausgesetzt werden kann. Der Romantiker verhalte sich nicht etwa deshalb intrigant, weil er situativ ein bestimmtes Interesse durchsetzen will; vielmehr habe er gar kein eigenes Interesse, das er in der Wirklichkeit – auf welchen Wegen auch immer – durchsetzen will. Die Intrigen des Romantikers spielten nämlich immer nur »eine Wirklichkeit gegen eine andre aus [...], um die jeweilig gegenwärtige, begrenzende Wirklichkeit zu paralysieren« (PR 82). Statt aus dem Hinterhalt eine neue Wirklichkeit zu schaffen, gehe es ihm lediglich darum, die gegenwärtige Wirklichkeit kontingent zu setzen. Dabei sei das »Anderswo und Anderswann« (PR 100), in dessen Namen die Distanzierung des Gegebenen erfolge, völlig austauschbar; seine Funktion bestehe einzig in der »Negation des Heute und Hier« (PR 81). Der »Eindruck innerer Unwahrhaftigkeit«, den ein solches Subjekt mache, hat demnach weniger mit der Vermutung seiner strategischen Hinterlist zu tun als damit, dass hier einer »in der organischen Passivität, die zu seiner occasionalistischen Struktur gehört, produktiv sein will, ohne aktiv zu werden« (PR 165).

Politisch problematisch ist das romantische »Intrigenspiel der Realitäten« (PR 100) folglich nicht aus bestimmbaren politischen Gründen, sondern für die Politik als solche. Die romantische Intrige ist nach Schmitt mit anderen Worten niemals politische Intrige, sondern ästhetische Intrige gegen die Politik. Sie setzt eine Pseudoaktivität an die Stelle der politischen, so wie sie an die Stelle bisher gültiger Prinzipien und Formen keine neuen setzt, sondern die jeweils gegebenen bloß suspendieren soll. Alle Entscheidung, alle handelnde Konfrontation mit dem Gegebenen wird umgangen – neutralisiert. Während der romantische Opportunismus einer reinen Affirmation des jeweils Hegemonialen gleichkommt, ist die romantische Intrige nach Schmitts Interpretation zwar immerhin zu einer Subversion des Bestehenden fähig, allerdings ohne selbst Neues zu setzen – und ohne zu prüfen, ob es das Bestehende tatsächlich verdient, unterminiert oder relativiert zu werden. Die Produktivität der Romantiker führe daher nie zu einer anderen Wirklichkeit, sondern allein zu ihrer »Entwirklichung«, während sie zugleich von ihr, genauer: von den Vorgaben »fremder Tätigkeit« abhängig bleibt.

4. Das Fremde im Eigenen und die Entscheidung

In den letzten beiden Kapiteln habe ich der Kritik der Romantik indessen eine andere Deutung der romantischen Ironie entgegengehalten, die auf freiheitstheoretische Motive fokussiert, welche von Hegel und Kierkegaard zwar mit der Romantik assoziiert werden, denen aber der Subjektivismusvorbehalt nichts anhaben konnte. Weil Schmitt lediglich diejenigen Züge aus dem kritischen Bild der Romantik wiederholt und verdichtet, die von der Kritik am Subjektivismus tatsächlich betroffen sind, ist es an dieser Stelle nötig – ebenfalls in einer abgekürzten und verdichteten Form –, an einige Züge aus meiner Argumentation zu erinnern. Wie in den Auseinandersetzungen mit Hegel und Kierkegaard in den vorangegangenen Kapiteln geht es mir auch an dieser Stelle weniger um eine Verteidigung der historischen Romantiker selbst – dies umso weniger, als Schmitts zentrales Gegenüber nicht Friedrich Schlegel, sondern Adam Müller ist –, sondern um den Umstand, dass die Polemik gegen die Romantik eine produktivere Deutung eines wechselvollen und in diesem Sinne: ästhetisch schillernden Lebens verstellt, dessen Freiheit zur Revision von Orientierungen nicht mit dem Verlust von Orientierungen überhaupt gleichgesetzt werden kann und das sich deshalb auch nicht durch eine nihilistische Haltung der Indifferenz gegenüber dem situativ Vertretenen auszeichnet, sondern durch ein ausgeprägtes Fallibilitätsbewusstsein. Schmitts Blindheit gegenüber dieser alternativen Deutung interessiert hier freilich nicht zuletzt deshalb, weil er mit seiner Kritik der Romantik zugleich das kulturelle Selbstverständnis der liberalen Demokratien zu treffen versucht. Ihm erscheint, wie wir gesehen haben, der romantisch geprägte Zeitgeist der liberalen Demokratien als der Inbegriff eines Zeitalters der Neutralisierung aller Entscheidung. Versteht man das in das Selbstverständnis der liberalen Demokratien eingegangene romantisch geprägte Freiheitsverständnis nicht mehr als praktische Konsequenz aus einer falschen Subjektphilosophie, sondern im Gegenteil, wie ich dies in den vorangegangenen Kapiteln vorgeschlagen habe, als ein Freiheitsverständnis, das die Möglichkeit zur Selbstbestimmung des Subjekts antisubjektivistisch in der Erfahrung seiner Spaltung fundiert, ergibt sich freilich ein ganz anderes Bild.

Man hat es dann nämlich nicht mehr mit einem Subjekt zu

tun, das im distanziert punktualisierenden Blick auf die Wirklichkeit über seine Anlässe verfügt, sondern vielmehr mit einem immer schon in Praxiszusammenhänge eingelassenen Subjekt, das aufgrund seiner prinzipiellen mimetischen Offenheit auf die Welt stets auch von neuen, fremden Impulsen affizierbar bleibt. Solche Impulse können im Subjekt zuweilen Bestrebungen auslösen, die zu seinem bisherigen Selbstverständnis in einem Spannungsverhältnis stehen. So etwas passiert nicht ständig, und es führt, wie wir gesehen haben, auch nicht in jedem Fall zu einer Veränderung der zuvor maßgeblichen Orientierungen. Gegen Schmitts Kritik am subjektivierten Okkasionalismus des romantischen Bewusstseins ist zunächst jedoch hervorzuheben, dass die Frage, welcher Impuls für das Subjekt eine solche Rolle spielt, hier gerade nicht unter der Regie des Subjekts steht – ebenso wenig das, was der Impuls in ihm auslösen mag. Auch in diesem Sinn kann freilich »alles zum Anlaß für alles werden«, so dass, wie Schmitt formuliert, »alles Kommende, alle Folge in einer abenteuerlichen Weise unberechenbar« werden (PR 19).

Dass das Subjekt für »fremde Kräfte« durchlässig ist, heißt aber jetzt keineswegs, und das ist der im Blick auf Schmitt noch gewichtigere Punkt, dass es sich damit schon einer »fremden Entscheidung« unterwirft. Vielmehr ist der Umstand, dass das Subjekt durch seine mimetische Offenheit auf Andere und Anderes in eine Distanz zu seinem bisherigen Selbstverständnis treten kann, die Bedingung der Möglichkeit für einen vollen Begriff von Selbstbestimmung. Nur weil ich – aufgrund von äußeren Einflüssen – in einen Abstand zu mir selbst geraten kann, kann ich mir die »Wahrheitsfrage«, die Frage nach der Geltung der mich bisher bestimmenden Prinzipien, vorlegen und so unter Umständen zu einer neuen Entscheidung über mich, und das heißt: über die für mein Selbstverständnis konstitutiven Prinzipien kommen; zu einem neuen Akt der Selbstbestimmung. Der Akt der Selbstbestimmung steht dann nicht in einem äußerlichen Verhältnis zur Affizierbarkeit durch »fremde Kräfte«, sondern wird vielmehr durch diese motiviert. Dabei ist die Selbstbestimmung aus dem Einfluss der »fremden Kräfte« jedoch nicht einfach abzuleiten; sie ist nicht kausal durch diese verursacht. Wie die Äußerungen der inneren Natur, als die ich solche im Austausch mit der Welt sich meldenden Bestrebungen bestimmt habe, die nicht schon aus unserem bisherigen sozialen

Selbstverständnis ableitbar sind und die uns deshalb aus unserem gewohnten Selbstverständnis herausrücken,[13] ist vielmehr auch der durch sie motivierte Akt der Selbstbestimmung in gewisser Weise ereignishaft zu nennen. Ereignishaftes taucht mit anderen Worten an mehreren Stellen desjenigen Prozesses auf, den ich (mit Adornos Wort) als den einer Dialektik der Freiheit bezeichnet habe.

Insofern sich das Subjekt unter dem Einfluss einer Begebenheit oder Gelegenheit in einer Hinsicht erfährt, die es bislang von sich noch nicht kannte, erzeugt dies einen Riss in seinem bisherigen Selbstbild, und dies kann man ereignishaft nennen. Insofern sich aber das Subjekt zu diesem Ereignis noch einmal deutend verhält, tritt zum Moment der (Neu-)Entdeckung des eigenen Selbst eines der (Neu-)Entscheidung über sich selbst hinzu, und auch dies kann man ereignishaft nennen. Jedem Akt der Selbstbestimmung ist aufgrund der Spaltungserfahrung, auf die er reagiert, ein Zusammenspiel von konstativen und performativen Aspekten eigentümlich: Er erfolgt stets im Namen eines Subjekts, das es vor der Entscheidung noch nicht oder nicht mehr gibt. Die Subjektivierung, die sich durch diesen Akt vollzieht, ist daher auch streng genommen nicht der Akt eines Subjekts. Es handelt sich hier nicht um den Akt eines einheitlichen, souverän über sich verfügenden Subjekts, sondern ebenfalls um ein Ereignis: um das Ereignis nämlich, in dem sich, wie Derrida formuliert, das Subjekt »im Moment der Ausnahme von sich«[14] ergreift. Ereignishaft ist der Akt der Selbstbestimmung schließlich hinsichtlich des Umstands, dass keine identitätstiftende Entscheidung, so überlegt sie auch getroffen sein mag, die Bedingung ihrer Endlichkeit überwinden kann. Deshalb gibt es im Augenblick der identitätstiftenden Entscheidung immer ein Moment der Überstürzung,[15] das sie für mögliche Revisionen offenhält.

Durch diese Deutung von Selbstbestimmung kann nun ein Zusammenhang von *occasio* und *causa* in den Blick kommen, der in Schmitts Polemik gegen den subjektivierten Okkasionalismus verdeckt bleibt. Denn aus jedem Akt der Selbstbestimmung – egal ob ich mich durch die neue Erfahrung meiner selbst verändern oder

13 Zum Begriff der inneren Natur vgl. noch einmal oben, Kap. I, Abschn. 7 u. 8, sowie Kap. II, Abschn. 8.

14 Vgl. Jacques Derrida, *Politik der Freundschaft*, Frankfurt/M. 2002, S. 105.

15 Vgl. hierzu auch noch einmal oben, Kap. I, Abschn. 5.

im Gegenteil an meinen alten Prinzipien festhalten will – ergeben sich Konsequenzen, die handelnd zu ziehen sind. Aus der Feststellung etwa, dass ich mich verändert habe oder, wie man bezeichnenderweise auch sagt, dass sich meine Situation verändert hat, folgt gemeinhin eine ganze Reihe von praktischen Maßnahmen, mit denen ich meine Handlungen mit meinem veränderten Selbst- und Weltverständnis kongruent zu machen suche. Ebenso beinhaltet die Reaffirmation meiner alten Prinzipien, dass ich mir über die praktischen Konsequenzen, die aus ihnen folgen, deutlicher bewusst werde, als dies vor der Erfahrung der Selbstdifferenz der Fall war. Das aber heißt: Mit dem Akt der Selbstbestimmung respektive mit der diesem Akt stets impliziten Situationsdeutung wird eine *causa*, ein normativer Zusammenhang, mitgesetzt. Dieser lässt sich weder direkt aus der *occasio* noch aus den Wirkungen ableiten, die sie im Subjekt auslöst. Obwohl seine Setzung von der *occasio* abhängig bleibt – es gäbe den Akt einer (Neu-)Entscheidung über mein Selbst, den Akt der normativen (Neu-)Ausrichtung meines Handelns nicht ohne einen externen Anlass, der mich aus meinem bisherigen Selbstverständnis herausrückt –, folgt er doch nicht unmittelbar aus der *occasio* und ihren unberechenbaren Effekten, sondern erst aus meiner Entscheidung. Mehr noch: Durch diesen Akt bleibt die *occasio* nicht, was sie war. Sie verwandelt sich durch diese Entscheidung retrospektiv von einem kontingenten Einfluss in der Welt, auf den ich irgendwie reagiere, ohne dass dies für mich weiter signifikant wäre, zum Ursprung eines neuen oder reaffirmierten Selbstverständnisses. Die *occasio*, kann man auch sagen, muss, um *occasio* in diesem starken, einen normativen Zusammenhang begründenden Sinn zu sein, ergriffen werden. Dennoch haben wir es hier mit einer »ursprünglich affizierten«,[16] einer, wenn man so will, nicht ganz männlichen Entscheidung zu tun, in der wir uns dazu bestimmen, uns von bestimmten Motiven bestimmen zu lassen, und zwar so, dass sich die »leitenden Direktiven unseres Lebens [...] als etwas [ergeben], das – im doppelten Sinn der Wendung – *mit unserem Willen geschieht*«.[17]

Nach dieser Umformulierung des romantisch-demokratischen

16 Vgl. Derrida, *Politik der Freundschaft*, S. 105.

17 Martin Seel, »Sich bestimmen lassen. Ein revidierter Begriff der Selbstbestimmung«, in: ders., *Sich bestimmen lassen. Studien zur theoretischen und zur praktischen Philosophie*, Frankfurt/M. 2002, S. 279-298, hier S. 293.

Selbst- und Weltverhältnisses steht, dies vor allem gilt es gegen Schmitt festzuhalten, die *occasio* nicht in einem abstrakten Gegensatz zur *causa*, steht das Affiziertwerden von »fremder Kraft« nicht in einem Widerspruch zur Kraft der Entscheidung und der mit ihr immer mit gesetzten Normativität; vielmehr provoziert sie diese, und dies immer wieder neu. Nur weil das Subjekt nie abschließend mit sich selbst identisch sein kann, nur weil es prinzipiell für die Welt und deren vielfältige Impulse offen bleibt, kann es zu der normativen Praxis, in die es eingelassen ist, kann es zu seiner jeweiligen sozialen Identität in einen Abstand treten. Dieser Abstand zu sich selbst ist allerdings nichts, was sich tatsächlich zu einer Position verdinglichen ließe (auch in dieser Hinsicht ist die Idee eines poetischen Abstands auf Praxis überhaupt imaginär). Vielmehr wird dieser Abstand zu sich selbst als eine Krise im Selbstbezug erfahren, die zu einer Neubestimmung der eigenen existentiellen Situation herausfordert, die ihrerseits, je nachdem, entweder eine Bestätigung oder aber eine Revision bisheriger normativer Orientierungen impliziert. So verstanden ist das romantisch-demokratische Bewusstsein nicht schlechthin unvereinbar mit allem, »was dem Leben und dem Geschehen Konsequenz und Ordnung gibt« (PR 18), aber es steht in einem dynamisierten Verhältnis zu Konsequenz und Ordnung. In dieser Dynamik allein, so noch einmal meine These, ist die Möglichkeit gelebter Freiheit beschlossen.

Wenn also das (liberal-)demokratische Freiheitsverständnis in einer Weise verstanden werden kann, dass es keineswegs jede »Perzeption eines Entweder-Oder« (PR 76) neutralisiert, dann kann das entsprechende Selbstverständnis auch nicht mehr als ideologischer Nährboden für die Neutralisierung des Politischen angegeben werden. Im Gegenteil ergeben sich aus dieser Perspektive, wie ich in den nächsten Abschnitten zeigen will, Argumente, die sich gegen den diktatorischen Antiliberalismus wenden lassen, mit dem Schmitt das »Zeitalter der Neutralisierungen« hat beenden wollen.[18]

18 Anders als Friedrich Balke, der Schmitts ästhetisierungskritische Neutralisierungsdiagnose, nach der wir in einem okkasionalistischen Zeitalter leben, zu der These einer grundlegenden »Transformation der Wissens- und Kommunikationsordnung« ausbaut, in deren Horizont sich Begriff und Phänomen der Souveränität so zersetzen sollen, dass sich Schmitts Theorie der Souveränität nur noch wie eine defensive Reaktion auf einen faktischen Wandel ausnehmen kann,

Um das zeigen zu können, sind mehrere Schritte nötig. Zunächst will ich auf die Nähe aufmerksam machen, die das eben skizzierte Freiheitsverständnis zu Schmitts politischer Anthropologie unterhält (Abschn. 5). Bereits vor diesem Hintergrund eröffnet sich gegen Schmitts eigene theoriepolitische Absicht die Perspektive auf einen (liberal-)demokratischen Begriff der Souveränität. Weil Schmitt aus systematischen und politischen Gründen diese Nähe nicht hat sehen wollen, blieb ihm selbst diese Perspektive jedoch verschlossen. Bevor dieser alternative Begriff der Souveränität allerdings gegen Schmitt konturiert werden kann, ist seine Kritik am Liberalismus in ihren verschiedenen Facetten genauer auseinanderzulegen. Ich werde mich dabei auf das Verhältnis von ästhetisierungskritischer und rationalismuskritischer Neutralisierungsthese konzentrieren, weil die Kritik an der ökonomischen Neutralisierung des Politischen bei Schmitt, wie wir gesehen haben, lediglich als eine Implikation der ästhetisierungskritischen Diagnose vorgestellt wird: Der Subjektivismus, den Schmitt den Romantikern in der Nachfolge Hegels und Kierkegaards vorhält, mündet in eine »Ökonomisierung des geistigen Lebens«, weil er dieses Leben einzig am (konsumistischen) Genuss von Privatleuten ausrichten soll. Wenn aber der romantische Zeitgeist der liberalen Demokratien gar nicht auf Subjektivismus verrechnet werden kann, dann wird nicht nur der Schluss von jenem Zeitgeist auf eine durchgreifende »Ökonomisierung des geistigen Lebens« problematisch.[19] Vielmehr wird die diesem Schluss vorgeschaltete Diagnose einer ästhetisch-romantischen Neutralisierung aller, und also auch der politischen, Entscheidung selbst fraglich. Nun entwickelt Schmitt seinen eigenen Begriff des Politischen sowie das für diesen zentrale Konzept der Souveränität vor allem im Horizont seiner Kritik an der rationalistischen Neutralisierung des Politischen. Die Verteidigung liberal-demokratischer Politik darf daher nicht

gehe ich davon aus, dass die ästhetisierungskritische Neutralisierungsdiagnose u.a. deshalb zurückgewiesen werden muss, weil sie die spezifische Bedeutung verstellt, die der Souveränität für die liberalen Demokratien zukommt. Vgl. Friedrich Balke, *Der Staat nach seinem Ende. Die Versuchung Carl Schmitts*, München 1996, bes. S. 27.

19 Ich werde am Ende dieses Buches (Kap. VI, Abschn. 9) auf das Spannungsverhältnis zurückkommen, in dem das hier verteidigte Demokratieverständnis zu dem unter dem Titel »Postdemokratie« diskutierten Problem einer Ökonomisierung des Politischen steht.

bei einer Verteidigung des romantischen Zeitgeists stehen bleiben, der ihr entsprechen soll. Vielmehr hat sie sich der Diagnose des Zusammenhangs zu stellen, in dem dieser Zeitgeist zu jener anderen Dimension einer Neutralisierung des Politischen stehen soll, die Schmitt den liberalen Demokratien ebenfalls vorhält: der Neutralisierung politischer Macht durch einen rationalistischen Begriff des Rechts. Die Kritik an dieser Neutralisierung, so wird sich zeigen, liegt zwar auf einer ganz anderen Ebene als seine Kritik an der Ästhetisierung (Abschn. 6). Schmitt argumentiert indes in einer doppelten Frontstellung gegen beide Neutralisierungsdiagnosen, die ästhetisch-romantische wie die rationalistische; und es ist diese doppelte Frontstellung, welche die verschiedenen Versionen seiner antiliberalen Theorie der Souveränität motiviert – sei es den Souveränitätsbegriff der *Politischen Theologie* (Abschn. 7), sei es den (dezidiert faschismuskompatiblen) Begriff der Volkssouveränität, den er in seiner *Verfassungslehre* entwickelt (Abschn. 9). Wenn der Souveränitätsbegriff im Rahmen einer Theorie der (liberalen) Demokratie reformuliert werden kann (Abschn. 10), so muss dies folglich vor dem Hintergrund einer sachlichen Auseinandersetzung auch mit Schmitts Kritik an einer rationalistischen Neutralisierung des Politischen geschehen (Abschn. 8).

Der erste Schritt meiner Argumentation setzt vorerst jedoch nicht bei Schmitts Theorie der Souveränität selbst an, sondern bei seinem mehrdeutigen Versuch, diese in einer politischen Anthropologie zu fundieren.

5. Politische Anthropologie

»Jede politische Idee«, schreibt Schmitt in der *Politischen Theologie*,[20] »nimmt irgendwie Stellung zur ›Natur‹ des Menschen und setzt voraus, daß er entweder ›von Natur gut‹ oder ›von Natur böse‹ ist« (PT 61). Als entscheidende Protagonisten dieser Auseinandersetzung macht Schmitt den atheistischen Anarchismus mit seinem »Axiom vom guten Menschen« (PT 62) auf der einen und die katholische Gegenrevolution mit ihrem Dogma der Erbsünde auf der

20 Carl Schmitt, *Politische Theologie. Vier Kapitel zur Lehre von der Souveränität*, Neusatz auf Basis der 1934 erschienenen 2. Auflage, Berlin [8]2004. Im Folgenden im Text zitiert als PT.

anderen Seite aus. Der katholische Staatsphilosoph Juan Donoso Cortés, den Schmitt ins Zentrum seiner Abhandlung stellt, hatte dieses Dogma – offenbar provoziert durch die Gegenseite – zu einer Lehre von der absoluten Sündhaftigkeit und Verworfenheit der menschlichen Natur radikalisiert. Aus dieser Lehre ergibt sich Donoso Cortés' zum Anarchismus konträres politisches Programm: »[A]ngesichts des radikal Bösen gibt es nur eine Diktatur« (PT 69). In der Gegenüberstellung von diktatorischem Katholizismus und atheistischem Anarchismus, von Juan Donoso Cortés (sowie Joseph de Maistre) auf der einen und Pierre-Joseph Proudhon (sowie Michail Bakunin) auf der anderen Seite, geht es, wie Schmitt formuliert, um nichts Geringeres als um »die blutige Entscheidungsschlacht« (PT 63) zwischen unterschiedlichen Auffassungen von Gut und Böse – wobei sich diese Zuschreibungen über Kreuz verkehren. Was aus der einen Perspektive als gut erscheint, erscheint aus der anderen als böse und umgekehrt:

> [W]enn de Maistre sagt, jede Regierung ist notwendig absolut, so sagt ein Anarchist wörtlich dasselbe; nur zieht er, mit Hilfe seines Axioms vom guten Menschen und der korrupten Regierung, den entgegengesetzten praktischen Schluß, daß nämlich eben deshalb jede Regierung bekämpft werden müsse, weil jede Regierung Diktatur ist. Jede Prätention einer Entscheidung muß für den Anarchisten böse sein, weil das Richtige sich von selbst ergibt, wenn man die Immanenz des Lebens nicht mit solchen Prätentionen stört. (PT 69 f.)

Für Schmitt steht mit der »radikale[n] Antithese« (PT 70) von Autorität und Anarchie das Politische selbst auf dem Spiel. Und in ebendieser Hinsicht werden die Konfliktparteien von ihm alles andere als symmetrisch angeordnet. Denn das anarchistische Axiom vom guten Menschen bringt nach Schmitt eine Auflösung des Politischen mit sich: Mit der Vorstellung eines »paradiesischen Diesseits unmittelbaren, natürlichen Lebens und problemloser ›Leib‹haftigkeit« wird »jede moralische und politische Entscheidung« paralysiert (PT 68). Der Anarchismus ist damit die äußerste Spitze eines »Kampf[s] gegen das Politische« (PT 68), der den von Immanenzvorstellungen geprägten »neutralistischen« Zeitgeist insgesamt auszeichnen soll. Es ist die Diagnose eines solchermaßen in die Defensive gekommenen Politischen, die begründet, weshalb Schmitt für Donoso Cortés' apokalyptischen »Wahnsinn« (PT 63) einige Sympathie aufbringt. Denn dieser Wahnsinn ist ihm vor allem Ausdruck von dessen äußerster Entschiedenheit. Es stehen sich in Schmitts Darstellung also nicht zwei gleichwertige politische Parteien gegenüber, sondern es tritt der extremste Parteigänger des Politischen gegen den extremsten Vertreter des antipolitischen Kampfes an. Nach diesem Bild ist es freilich allein dem Extremismus der Anarchisten zu verdanken, dass sie dennoch an der Logik des Politischen partizipieren: Sie müssen sich immerhin entschieden gegen die Entscheidung entscheiden (Vgl. PT 70).

Offenkundig interessiert sich Schmitt für diese Auseinandersetzung nicht primär deshalb, weil er selbst eine entschiedene These zur Anthropologie hätte, sondern deshalb, weil es einzig hier, im Konflikt um die wahre Natur des Menschen, noch entschiedene Positionen zu geben scheint. In *Der Begriff des Politischen* macht Schmitt klar, dass sein Bezug auf die politische Anthropologie deskriptiver Natur ist, wobei sein Interesse an ihr nicht bloß empirisch, sondern systematisch motiviert ist. »Alle echten politischen Theorien«, heißt es dort, »[setzen] den Menschen ›als böse‹ [voraus], d.h. [sie betrachten ihn] als keineswegs unproblematisches, sondern als ›gefährliches‹ und dynamisches Wesen.«[21] Diese Annahme gehöre zur politischen Theorie wie die Annahme der Erziehbarkeit des Menschen zur Pädagogik (vgl. BP 63). Politische Theoretiker sind nach Schmitt also aus begrifflichen Gründen gezwungen, den Menschen als böse vorauszusetzen. Die Notwendigkeit dieser Voraussetzung begründet Schmitt im Zusammenhang seiner Überlegungen zum Begriff des Politischen jedoch nun bemerkenswerterweise nicht theologisch. Vielmehr setzt er sich hier von der klassischen politischen Theologie, für welche die Annahme eines wesentlich sündhaften Menschen bereits eine entschiedene Entscheidung für die Diktatur begründet, ab. Die für die politische Theologie zentrale Unterscheidung von Gut und Böse wird nämlich von ihm auf eine andere umgestellt, die jetzt die für das Denken des Politischen eigentlich maßgebliche sein soll: Die »spezifisch politische Unterscheidung, auf welche sich die politischen Handlungen und Motive zurückführen lassen«, so lautet eine be-

21 Carl Schmitt, »Der Begriff des Politischen«, in: ders., *Der Begriff des Politischen*, Nachdruck der Ausgabe von 1963 mit dem Text von 1932, einem Vorwort und drei Corollarien, Berlin ^{7}2002, S. 3-78, hier S. 61. Im Folgenden im Text zitiert als BP.

rühmt gewordene Formulierung in *Der Begriff des Politischen*, »ist die Unterscheidung von *Freund* und *Feind*« (BP 26). Dabei soll die Unterscheidung von Freund und Feind zunächst Ähnliches leisten wie die zwischen Gut und Böse. Sie soll den intensivsten Gegensatz bezeichnen, von dem her »das Leben der Menschen seine spezifische *politische* Spannung« gewinnt (BP 35).

Zugleich jedoch wird die Unterscheidung zwischen Freund und Feind, anders als die zwischen Gut und Böse, die im Zentrum der politischen Theologie steht, nicht mehr substantiell gedacht: Konflikte können sich zu Freund-Feind-Gruppierungen *intensivieren* (vgl. BP 38 f.), die Unterscheidung zwischen Freund und Feind ist eine »reale Möglichkeit« (BP 64), Freund und Feind sind mithin dynamisch verstandene Kategorien. Vor diesem Hintergrund aber muss sich auch die systematische Rolle verschieben, die der Bestimmung des Menschen als eines »gefährlichen« und »dynamischen« Wesens zukommt – und mit ihr die Anthropologie, die sie begründet. Die politische Philosophie bedarf der anthropologischen Voraussetzung des »Bösen« nämlich nun lediglich noch als eines *Potentials* gegen die »Sekurität des *status quo*« (BP 93),[22] als einer unberechenbaren Kraft, welche die *Möglichkeit* von Feindschaft zu denken erlaubt. Damit geht Schmitt zu der extremen Alternative, welche die *Politische Theologie* bestimmt hatte, auf Distanz. Denn wer die anthropologische Quelle von Differenzen entdecken will, die das Potential haben, sich zur Feindschaft zu intensivieren, kann dies zwar offenkundig nicht mit den Mitteln des »Axioms vom guten Menschen« tun: Wenn »die Sphäre des Politischen letzten Endes von der realen Möglichkeit eines Feindes bestimmt wird, können politische Vorstellungen und Gedankengänge nicht gut einen anthropologischen Optimismus zum Ausgangspunkt nehmen. Sonst würden sie mit der Möglichkeit des Feindes auch jede spezifisch politische Konsequenz aufheben.« (BP 63 f.) Aber es bedarf dafür auch keiner durchweg pessimistischen oder gar apokalyptischen Anthropologie. Vielmehr bedarf es einer Anthropologie, die den Menschen dynamisch bestimmt. Dies aber kann gerade keine Anthropologie sein, die diesen auf Sündhaftigkeit festlegt, sondern muss im Gegenteil eine Anthropologie sein, die von der Unbe-

22 Vgl. Leo Strauss, »Anmerkungen zu Carl Schmitt, Der Begriff des Politischen« (1932), in: Heinrich Meier, *Carl Schmitt, Leo Strauss und »Der Begriff des Politischen«. Zu einem Dialog unter Abwesenden*, Stuttgart 1998, S. 97-125, hier S. 121.

stimmtheit des Menschen ausgeht. Schmitt findet sie bei Helmuth Plessner. Wollte man Plessners Bestimmung des Menschen als eines wesentlich unbestimmten, unergründlichen Wesens in die, wie Schmitt nun ausdrücklich sagt, »primitive Sprache jener naiven, mit der Unterscheidung ›Böse‹ und ›Gut‹ arbeitenden politischen Anthropologie übersetzen, dürfte Plessners dynamisches ›Offenbleiben‹ mit seiner wagnisbereiten Wirklichkeits- und Sachnähe, schon wegen seiner positiven Beziehung zur Gefahr und zum Gefährlichen, dem ›Bösen‹ näher sein als dem Guten« (BP 60).

Nun legt zwar der Begriff des Offenbleibens gerade keine Tendenz in die eine oder die andere Richtung fest. Dennoch bleibt richtig, dass Plessners Anthropologie mit ihrer Betonung einer Potentialität am (Un-)Grund aller sozialen Identität zugleich die Quelle sozialer Differenzen benennt, die zu Konflikten mit und in der Moral führen können,[23] welche ihrerseits das Potential haben, sich zu einer Freund-Feind-Differenz zu intensivieren. Eine solche Anthropologie steht indes, wie ich argumentiert habe, keineswegs im Gegensatz zu, sondern umgekehrt in einer Linie mit der romantischen Sensibilität.[24] Eine solche Anthropologie lässt sich weder, wie dies im Streit zwischen Donoso Cortés und den Anarchisten der Fall ist, zum Gegenstand und Kriterium der Freund-Feind-Unterscheidung machen, noch steht sie in der Alternative von Anarchie und Diktatur. Weder geht sie von einem von Natur aus guten Menschen aus, der deshalb keiner Regierung bedürfte, noch von der moralischen Verworfenheit des Menschen, um daraus dessen »Herrschaftsbedürftigkeit«[25] und somit die Notwendigkeit der Diktatur abzuleiten. Vielmehr schon scheint sie eine gewisse – von Schmitt allerdings offenkundig nicht intendierte – Affinität zu der unentschiedenen Position der Liberalen zu haben.[26] Die Libera-

23 Vgl. oben, Kap. II, Abschn. 11.

24 Dann nämlich, wenn man die romantische Aufmerksamkeit auf die Äußerungen der inneren Natur und ihr Bewusstsein um die produktive Rolle, die diese im Leben spielen können, nicht mehr im Rahmen der Kritik am Subjektivismus behandelt. Vgl. hierzu insbesondere meine Auseinandersetzung mit Hegels Bestimmung der romantischen Ironie als böse in Kap. II, Abschn. 8-11.

25 Vgl. Strauss, »Anmerkungen zu Carl Schmitt«, S. 117.

26 Rüdiger Krammes Projekt, zu zeigen, »daß Plessners Versuch einer politischen Anthropologie in der Lage ist, die ›Leerstelle‹ einer basalen Anthropologie in Schmitts politischer Theorie einzunehmen«, wäre dann unter den Vorbehalt zu stellen, dass die Grundbegriffe dieser Anthropologie zwar so beschaffen sind,

len, heißt es in der *Politischen Theologie*, nähmen in der »blutigen Entscheidungsschlacht« um die Natur des Menschen, die zwischen Katholizismus und Anarchismus entbrannt ist, keine entschiedene Position ein. Für Schmitt wie für seine Gewährsmänner aus der katholischen Staatsphilosophie sind sie damit »gerichtet« (PT 63): »Am entscheidenden Punkt die Entscheidung suspendieren, indem man leugnet, daß hier überhaupt etwas zu entscheiden sei, mußte ihnen [de Maistre und Donoso Cortés] als eine seltsame pantheistische Verwirrung erscheinen.« (PT 66) Die Möglichkeit, dass die Weigerung, eine der beiden Seiten zu ergreifen, in einem internen Zusammenhang mit einer grundsätzlich anderen Anthropologie stehen könnte, die sich der »primitiven Sprache« einer »naiven, mit der Unterscheidung ›Böse‹ und ›Gut‹ arbeitenden politischen Anthropologie« entzieht, diskutiert Schmitt in der *Politischen Theologie* offenkundig aus Gründen seines politischen Ressentiments gegen den Liberalismus nicht.

Weil der Liberalismus der Entscheidung über die Natur des Menschen ausweiche, so argumentiert Schmitt stattdessen weiter, sei auch sein Verhältnis zur Souveränität ausschließlich durch Widersprüche bestimmt. Der Liberalismus – für Schmitt Inbegriff einer entpolitisierten und daher pervertierten Demokratie – erkenne die Souveränität inklusive ihres nicht auf die Deklaration objektiver Gegebenheiten reduzierbaren Moments an, bestehe aber gleich-

dass sie den sachlichen Grund von Schmitts Insistenz auf dem Souveränitätsbegriff erläutern helfen, nicht aber notwendig auch der diktatorischen Auslegung desselben zuarbeiten. Plessners Anthropologie und Schmitts politische Theorie sind in dieser Hinsicht gerade nicht einfach ineinander übersetzbar, auch wenn Plessners später Aufsatz »Macht und menschliche Natur« eine solche These nahelegen mag. Rüdiger Kramme, *Helmuth Plessner und Carl Schmitt. Eine historische Fallstudie zum Verhältnis von Anthropologie und Politik in der deutschen Philosophie der zwanziger Jahre*, Berlin 1989, S. 159; zur These der Nähe zwischen Plessner und Schmitt vgl. auch Friedrich Balke, »Zur politischen Anthropologie Carl Schmitts«, in: Hans-Georg Flickinger (Hg.), *Die Autonomie des Politischen. Carl Schmitts Kampf um einen beschädigten Begriff*, Weinheim 1990, S. 37-65, hier S. 42. Für eine Plessner gegen Plessner verteidigende Kritik an der These einer solchen Übersetzbarkeit vgl. auch Axel Honneth, »Plessner und Schmitt. Ein Kommentar zur Entdeckung ihrer Affinität«, in: Wolfgang Eßbach, Joachim Fischer, Helmut Lethen (Hg.), *Plessners »Grenzen der Gemeinschaft«. Eine Debatte*, Frankfurt/M. 2002, S. 21-28; sowie zu einer nachdrückliche Betonung der Differenz zwischen Schmitt und Plessner auch: Hans-Peter Krüger, *Zwischen Lachen und Weinen*, Bd. I, Berlin 1999, bes. S. 240-246.

zeitig darauf, dass die Souveränität von der Zustimmung des Volkes oder von dessen Vertretern abhängig bleibt (vgl. PT 63 f.). Ebendies ist, wie noch zu zeigen sein wird (Abschn. 10), in der Tat eine zutreffende formale Bestimmung des (liberal-)demokratischen Souveränitätsbegriffs, der gegen den Souveränitätsbegriff aus Schmitts früher dezisionistischer Phase, den der *Politischen Theologie*, ebenso verteidigt werden kann und muss (Abschn. 7) wie vor allem auch gegen Schmitts späteres Konzept der Volkssouveränität aus der *Verfassungslehre* (Abschn. 9). Es ist allerdings an dieser Stelle bereits deutlich, dass die »Widersprüchlichkeit« des Liberalismus in Fragen der Souveränität offenkundig nicht mit den von Schmitt für ihre Neutralisierung des Politischen kritisierten Theorien gleichgesetzt werden kann, die den Begriff der Souveränität überhaupt aus der Politischen Theorie austreiben wollen. Letztere aber sind das eigentliche Gegenüber der *Politischen Theologie*.

6. Schmitt und Kierkegaard

In der *Politischen Theologie* kritisiert Schmitt vor allem Positionen, die auf unterschiedliche Weise versuchen, das setzende Moment aus der Souveränität herauszunehmen und diese auf eine rein deklaratorische, auf die bloße Feststellung objektiver Gegebenheiten verpflichtete Funktion zu beschränken – und damit als Souveränität abzuschaffen. So verdecke die rousseauistische Idee der Volkssouveränität mit ihrer These von der Identität der Regierenden mit den Regierten das »dezisionistische und personalistische Element des bisherigen Souveränitätsbegriffs«, weil sie eine Einheit voraussetze, die, statt im Kampf widerstreitender Interessen durch eine souveräne Entscheidung gesetzt zu werden, gleichsam bereits organisch vorhanden sein soll (vgl. PT 52 f.) – eine Voraussetzung, die von nationalistischen Ideologien mit ihren Vorstellungen vom organischen Staatsganzen weiter gefüllt worden sei (vgl. PT 53). Auf diese Kritik an der Vorstellung einer vorpolitischen Gemeinschaftsvorstellung wird noch genauer einzugehen sein (Abschn. 9) – Schmitt wird sie nämlich an signifikanter Stelle, in seiner eigenen Theorie der Volkssouveränität, wieder zurücknehmen. Auf andere Weise wird der Souveränitätsbegriff aber nach Schmitt, und dies ist der hier zunächst interessierende Punkt, durch jene rationalistische Neutralisierung des Politischen verdrängt, die Schmitt – in offenkundiger Spannung zur Bestimmung des Liberalismus als in souveränitätstheoretischer Hinsicht widersprüchlich – der liberalen Demokratie vorhält. Schmitts Hauptgegner ist in diesem Zusammenhang Hans Kelsen, der den Begriff der Souveränität durch die Annahme einer Identität von Staat und Rechtsordnung zu »verdrängen« suche (vgl. PT 29). Eine solche Identität lässt sich nach Schmitt jedoch nur dann konstruieren, wenn »alle soziologischen Elemente aus dem juristischen Begriff ferngelassen [werden], damit in unverfälschter Reinheit ein System von Zurechnungen auf Normen und auf eine letzte einheitliche Grundnorm gewonnen [werden kann]« (PT 26). Im Namen der Objektivität und aus »Furcht vor Willkür« werde hier »jede Ausnahme aus dem Bereich des menschlichen Geistes« verbannt (vgl. PT 46 f.).

Noch vor einer genaueren Diskussion dieser Neutralisierungsthese (Abschn. 8) kann hier festgehalten werden, dass sie nicht auf einer Ebene mit der ästhetisierungskritischen Neutralisierungsthese liegt, die Schmitt in der *Politischen Romantik* entwickelt. Während er sich dort gegen ein subjektivistisches Missverständnis von Freiheit als bloßer, nämlich bloß subjektiver Willkürfreiheit wendet, der als Bestimmungsgrund nichts anderes bleibt als das, was das Subjekt den kontingenten Regungen seiner wechselnden, heteronom bestimmten Stimmungen entnehmen kann, setzt die rechtsphilosophische Neutralisierungskritik an einer ganz anderen Stelle an. Gegenstand ist hier nicht mehr die Willkürfreiheit des seine empirische Freiheit als abstrakte missverstehenden romantischen Subjekts, sondern im Gegenteil die der rationalistischen Gesetzesvorstellung unterliegende »Furcht vor Willkür«. Diese Differenz manifestiert sich nicht zuletzt in dem Umstand, dass Kierkegaard im Zusammenhang von Schmitts Kritik am Rationalismus des liberalen Rechtssystems zur wichtigen Referenz wird. Während Schmitts Kritik der Romantik sich sowohl auf Hegel als auch auf Kierkegaard bezieht, bezieht sich seine Kritik des Rationalismus allein auf Kierkegaard, und zwar auf diejenigen Argumentationsstränge bei Kierkegaard, die sich gegen Hegel wenden.[27] So ver-

27 Seine Parteinahme für Kierkegaards existenzphilosophisches Denken der Ausnahme markiert denn auch den entscheidenden Unterschied der politischen Theorie Schmitts zu derjenigen Hegels. Jean-François Kervégan hat darauf hingewiesen, dass sich zwar auch zwischen Hegel und Schmitt Gemeinsamkeiten

weist der Katholik Schmitt an entscheidender Stelle des Abschnitts zur »Definition der Souveränität« auf den »protestantischen Theologen«, der bewiesen habe, »welcher vitalen Intensität die theologische Reflexion auch im 19. Jahrhundert fähig sein kann« (PT 21). Der Abschnitt endet mit einer Verbeugung vor Kierkegaards Philosophie der Ausnahme und einer Zitatcollage aus *Die Wiederholung.*[28] »Gerade eine Philosophie des konkreten Lebens«, so Schmitt in einer an Kierkegaards Rhetorik angelehnten eigenen Formulierung,

> darf sich vor der Ausnahme und vor dem extremen Falle nicht zurückziehen, sondern muß sich im höchsten Maße für ihn interessieren. Ihr kann die Ausnahme wichtiger sein als die Regel, nicht aus einer romantischen Ironie für das Paradoxe, sondern mit dem ganzen Ernst einer Einsicht, die tiefer geht als die klaren Generalisationen des durchschnittlich sich Wiederholenden. Die Ausnahme ist interessanter als der Normalfall. Das Normale beweist nichts, die Ausnahme beweist alles; sie bestätigt nicht nur die Regel, die Regel lebt überhaupt nur von der Ausnahme. In der Ausnahme durchbricht die Kraft des wirklichen Lebens die Kruste einer in Wiederholung erstarrten Mechanik. (PT 21)

Die rechtsphilosophische Argumentation ähnelt in ihrer Stoßrichtung somit Kierkegaards Kritik an der ersten (der wilhelmianischen) Ethik. Vor dem Hintergrund der im letzten Kapitel rekon-

feststellen lassen (etwa hinsichtlich der Auffassung, dass kein Staat ohne Politik und keine Politik ohne Gegner denkbar ist), dass es aber einen wichtigen Unterschied darstelle, ob die politische Ordnung, wie bei Hegel, als Erscheinungsform einer wirkungsmächtigen Vernunft oder, wie bei Schmitt, als Folge einer existentiellen Entscheidung gedacht wird. Vgl. hierzu Jean-François Kervégan »Politik und Vernünftigkeit. Anmerkungen zum Verhältnis zwischen Carl Schmitt und Hegel«, in: *Der Staat* 27 (1988), S. 371-391; sowie ders., *Hegel, Carl Schmitt. Le politique entre spéculation et positivité*, Paris 1992.

28 »Die Ausnahme«, zitiert Schmitt Kierkegaard, »erklärt das Allgemeine und sich selbst. Und wenn man das Allgemeine richtig studieren will, braucht man sich nur nach einer wirklichen Ausnahme umzusehen. Sie legt alles viel deutlicher an den Tag als das Allgemeine selbst. Auf die Länge wird man des ewigen Geredes vom Allgemeinen überdrüssig; es gibt Ausnahmen. Kann man sie nicht erklären, so kann man das Allgemeine nicht erklären. Gewöhnlich merkt man die Schwierigkeit nicht, weil man das Allgemeine nicht einmal mit Leidenschaft, sondern mit einer bequemen Oberflächlichkeit denkt. Die Ausnahme dagegen denkt das Allgemeine mit energischer Leidenschaft.« (PT 21; vgl. W 93, 94 sowie den Beginn von Abschn. 8 in Kap. III oben.)

struierten Stadienlehre Kierkegaards, tritt die Differenz zwischen ästhetisierungs- und rationalismuskritischer Neutralisierungsthese deutlich hervor; die jeweiligen Einwände richten sich nicht auf ein und denselben ideologischen Komplex. Mit Kierkegaard teilt Schmitt nicht nur den aus den Prämissen der Romantikkritik sich ergebenden »Ekel« vor einer »Welt ohne Ernst«,[29] sondern zugleich auch den Zweifel an aller unproblematisch vorausgesetzten Normalität. Wie Kierkegaard argumentiert Schmitt also in einer doppelten Frontstellung: gegen einen unernsten, weil der Dimension normativer Praxis überhaupt entfremdeten Zeitgeist einerseits, gegen einen Trend zur Vernachlässigung der Ausnahme in der Theoriebildung andererseits. Und wie Kierkegaard sieht sich auch Schmitt aufgrund dieser doppelten Frontstellung gezwungen, einen dritten Weg einzuschlagen. Der Weg zurück, der Weg einer Revision seiner ästhetisierungskritischen Prämissen, hätte indes eine fundamentale Revision seines »neutralistischen« Bilds der liberal-demokratischen Kultur bedeutet – und damit eine andere Deutung auch der »widersprüchlichen« Haltung des Liberalismus zur Souveränität nötig gemacht. Schmitt wählt aus politischen und systematischen Gründen einen anderen Weg, entwickelt jedoch zwei Varianten der entsprechenden Alternative: Sie lautet zunächst auf den Namen »Politische Theologie«, später auf den einer – (im faschistischen Sinne) diktatorisch verstandenen – »Demokratie«. Die Diktatur ist für Schmitt nämlich nicht das Gegenteil, sondern ein Fall, und zwar der gegenüber den in sich widersprüchlichen liberalen Demokratien authentische Fall von Demokratie.[30] Bevor die liberale Demokratie samt ihrem »widersprüchlichen« Verhältnis zur Souveränität gegen Schmitts faschistisches Demokratieverständnis verteidigt werden kann, ist es nötig, zumindest kurz auch den ersten, als politische Theologie formulierten Weg in den Blick zu nehmen. Dass der Rekurs auf die Theologie letztlich nicht entscheidend ist, zeigt sich bereits in der *Politischen Theologie* daran, dass er bei Schmitt, ganz anders als bei Kierkegaard, offenkundig alles andere als religiös motiviert

29 Vgl. Strauss, »Anmerkungen zu Carl Schmitt«, S. 118 f.

30 Vgl. bes. die Vorbemerkung über den »Gegensatz von Parlamentarismus und Demokratie« in: Carl Schmitt, *Die geistesgeschichtliche Lage des heutigen Parlamentarismus*, Nachdruck der 1926 erschienenen 2. Auflage, Berlin [8]1996, S. 5-23, hier S. 22.

ist. Ihm geht es nicht um den Sprung des Glaubens, sondern um den Sprung der Politik im grundlosen Akt absoluter Souveränität.

7. Politische Theologie

»Alle prägnanten Begriffe der modernen Staatslehre sind säkularisierte theologische Begriffe«, schreibt Schmitt in der *Politischen Theologie*. »Nicht nur ihrer Entwicklung nach, weil sie aus der Theologie auf die Staatslehre übertragen wurden, indem zum Beispiel der allmächtige Gott zum omnipotenten Gesetzgeber wurde, sondern auch in ihrer systematischen Struktur, deren Erkenntnis notwendig ist für eine soziologische Betrachtung dieser Begriffe. Der Ausnahmezustand hat für die Jurisprudenz eine analoge Bedeutung wie das Wunder für die Theologie.« (PT 43) Dass es jedoch den Ausnahmefall – sei es in der Form einer Durchbrechung der Naturgesetze oder in der eines unmittelbaren Eingriffs des Souveräns in die geltende Rechtsordnung – ebenso wenig geben soll wie das Wunder, ist die Position des Rationalismus. Hans Blumenberg hat zu Recht auf das »methodisch Merkwürdige« aufmerksam gemacht, dass Schmitt für seine Argumentation gegen die rationalistische Neutralisierung des Politischen überhaupt so viel »Wert auf den Säkularisierungsnexus legt«.[31] Näherliegend wäre es gewesen, so Blumenberg, den »umgekehrten Begründungszusammenhang« herzustellen, indem Schmitt »die theologische Phänomenalität der politischen Begriffe als Folge der absoluten Qualität politischer Realitäten interpretierte«.[32] Dies umso mehr, als er sich für die »Verwertung« der Analogie von Ausnahmezustand und Wunder durch die katholischen Staatsphilosophen der Gegenrevolution interessiert, mit denen diese »die persönliche Souveränität des Monarchen ideologisch« stützten (PT 43). »Analogien«, kommentiert Blumenberg, sind nämlich »eben gerade keine Umwandlungen. Wäre jeder metaphorische Rückgriff in den dynastischen Sprachschatz der Theologie ›Säkularisierung‹ im Sinne einer Transformation, dann ständen wir alsbald vor einer Masse von Säkularisaten, die den Titel ›Romantik‹ tragen müßte.«[33]

31 Blumenberg, *Die Legitimität der Neuzeit*, S. 102.
32 Ebd.
33 Ebd., S. 103.

Tatsächlich ergibt sich der Sinn der entsprechenden Analogiebildungen für Schmitt nicht aus dem wissenschaftlichen Nachweis des säkularen Nachlebens theologischer Begriffe, sondern im Blick auf die politische Situation der Ausnahme. Dazu noch einmal Blumenberg: »Wenn Carl Schmitt die Staatsphilosophie de Maistres charakterisiert als *Reduzierung des Staates auf das Moment der Entscheidung, konsequent auf eine reine nicht räsonierende und nicht diskutierende, sich nicht rechtfertigende, also aus dem Nichts geschaffene absolute Entscheidung* [PT 69], so ist dies nicht die Säkularisierung der *creatio ex nihilo*, sondern die metaphorische Interpretation der Lage nach dem revolutionären Nullpunkt.«[34] Die politische Theologie ist in Wahrheit »Theologie als Politik«,[35] deren Analogie zwischen göttlicher Macht und politischer Souveränität das Problem lösen soll, dass der Souverän mit der »Fähigkeit zur Entscheidung [zugleich auch] die Legitimität der Entscheidung beizubringen hat«.[36] Entsprechend dient bei de Maistre, wie Schmitt referiert, der metaphorische Rückgriff aufs theologische Vokabular der Herstellung eines Eindrucks der »Infallibilität« respektive der »Unfehlbarkeit« der politischen Entscheidung (vgl. PT 60). Im Hinblick auf derartige Operationen aber hat Schmitts Säkularisierungsthese die ideologische Funktion, den »Zynismus einer offen ›theologischen Politik‹«[37] zu verdecken, indem sie lediglich vorzufinden vorgibt, was sie aus politischen Gründen ansonsten hätte erfinden müssen: die Quasigöttlichkeit eines absoluten, weil an keinen Rechtfertigungszusammenhang gebundenen Souveräns, der handelt, »als wäre [er] unfehlbar« (vgl. PT 60).

Als de facto metaphorische ist die politische Theologie Carl Schmitts aber selbst nicht mehr vor einem Einwand gefeit, den er gegen die Romantiker erhoben hatte: auch er greift hier auf ein »Surrogat aus anderen Zeiten« (vgl. PR 16) zurück – namentlich auf eine voraufklärerische Begrifflichkeit –, um durch deren Säkularisierung der politischen Souveränität der Moderne den Anschein von Substanz zu verleihen. Allerdings könnte dies theologische Modell einer absoluten, sich nicht rechtfertigenden, unteilbaren und mit dem Anspruch der Unfehlbarkeit auftretenden Souveränität

34 Ebd.
35 Vgl. ebd, S. 108.
36 Ebd. S. 112.
37 Ebd.

nicht weiter vom romantisch geprägten Selbstverständnis liberal-demokratischer Gesellschaften entfernt sein. Um die liberalen Demokratien nicht nur gegen eine antiliberale politische Theologie, sondern auch gegen das antidemokratische Demokratieverständnis verteidigen zu können, das Schmitt bald an die Stelle der politischen Theologie setzen wird, um seine Alternative zum liberalen Demokratieverständnis zu formulieren, gilt es nun, ein genaueres Verständnis des Einwands gegen die rationalistische Neutralisierung des Politischen zu gewinnen, gegen den diese Alternative in Stellung gebracht wird. Es gilt, mit anderen Worten, gegen die Konklusionen, die Schmitt aus seiner Kritik an der rationalistischen Neutralisierung des Politischen zieht, zunächst noch einmal bei dem sachlichen Grund seines Beharrens auf der Souveränität anzusetzen. Dieser Grund besteht, wie Christoph Menke zusammenfasst, »in der Kritik an einer politischen Ordnung, die sich in dem Sinn für neutral hält, dass sie sich der Konfrontation mit, auch der Durchsetzung gegenüber ihrem anderen für enthoben hält«.[38] Dieses Andere ist, wie Schmitt mit Kierkegaard sagt, das »konkrete Leben« (PT 21).

8. Das »konkrete Leben« und die Entscheidung

Das Moment der souveränen Entscheidung wird in der rationalistischen Auffassung des Rechtsstaats dadurch neutralisiert, dass das Gesetz weder gestiftet, vielmehr in seiner normativen Geltung gewissermaßen bloß aufgefunden werden soll, noch im strikten Sinn angewendet, sondern bloß tautologisch als eine geltende Norm geltend gemacht werden soll.[39] Dem entspricht die Idee eines normativ geschlossenen Rechtssystems, in dem Ausnahmen dem Selbstverständnis dieses Systems nach nicht mehr vorkommen können. Und wo keine Ausnahmen mehr denkbar sind, gibt es auch keine Souveränität mehr, die über diese zu entscheiden hätte. Diese Voraussetzung aber gilt Schmitt als Ideologie. Nicht nur basiert jedes

38 Christoph Menke, »Gnade und Recht. Carl Schmitts Begriff der Souveränität«, in: ders., *Spiegelungen der Gleichheit. Politische Philosophie nach Adorno und Derrida*, Frankfurt/M. 2004, S. 300-323, hier S. 302.

39 Vgl. Carl Schmitt, *Legalität und Legitimität*, Berlin ^{7}2005, S. 8. Im Folgenden im Text zitiert als LL.

Rechtssystem auf einer politischen Entscheidung, auch enthält das konkrete Leben stets die Möglichkeit, Ausnahmen hervorzubringen, über die im Zuge der Verwirklichung des Rechtssystems zu entscheiden ist. Das Recht bleibt damit nicht nur hinsichtlich seiner Ursprünge, sondern auch hinsichtlich seiner Verwirklichung auf die souveräne Entscheidung angewiesen. Und im Extrem- oder, wie Schmitt auch sagt, im »Ernstfall« des Ausnahmezustands verweist diese Abhängigkeit auf die Instanz des politischen Souveräns. Dieser ist gemeint, wenn Schmitt im ersten, programmatischen Satz der *Politischen Theologie* schreibt: »Souverän ist, wer über den Ausnahmezustand entscheidet.« (PT 13) Denn hier handelt es sich offenkundig um die Souveränität der Exekutive. Und in diesem Zusammenhang klingt freilich erneut auch die politische Intention auf Rechtfertigung einer, wie Schmitt sagt, »höchsten Autorität« an, die »imstande ist, das Recht aufzuheben«: der Figur des Diktators.[40] Dennoch entfaltet Schmitt sein Argument gegen die »normativistische Fiktion eines geschlossenen Legalitätssystems« (LL 10) »ursprünglich nicht durch eine Analyse politischer, sondern *juridischer* Entscheidungen«.[41] In der Tat stellt er dem rationalistischen Verständnis des liberalen Rechtsstaats zunächst eine rechtstheoretische Argumentation entgegen, die nicht nur im Blick auf die Stiftung – die Formulierung und Verabschiedung – von Gesetzen, sondern auch und vor allem im Blick auf deren Anwendung in der Rechtspraxis selbst ein Moment der souveränen Entscheidung betont.

Dies geschieht zunächst bezogen auf den gewöhnlichen Fall der richterlichen Entscheidung, bei der die Anwendung des Gesetzes die Regel nicht aufhebt oder suspendiert. Bereits bei den gewöhnlichen Fällen bricht sich die Allgemeinheit der Regel an der Konkretion des Lebens, nämlich am Einzelfall. Das rechtliche Interesse an der Entscheidung sei »in der Eigenart des Normativen begründet und ergibt sich daraus, dass ein konkretes Faktum konkret beurteilt werden muß, obwohl als Maßstab der Beurteilung nur ein rechtliches Prinzip in seiner generellen Allgemeinheit gegeben ist. So liegt jedes Mal eine Transformation vor.« (PT 37) »Jeder Rechtsgedan-

40 Carl Schmitt, *Die Diktatur. Von den Anfängen des modernen Souveränitätsbegriffs bis zum proletarischen Klassenkampf*, Neusatz auf der Basis der 1928 erschienenen 2. Auflage, Berlin ^{6}1994, S. XVIII.

41 Menke, »Gnade und Recht«, S. 301.

ke überführt die niemals in ihrer Reinheit Wirklichkeit werdende Rechtsidee in einen anderen Aggregatzustand und fügt ein Moment hinzu […].« Kein »juristischer Schluß« sei »bis zum letzten Rest aus seinen Prämissen ableitbar«, weshalb »der Umstand, dass eine Entscheidung notwendig ist, ein selbständiges determinierendes Moment bleibt« (PT 36). Die Rechtsnorm kann nicht selbst festlegen, wie sie auf den jeweiligen Fall angewendet wird, und das heißt: welche Bedeutung sie im Blick auf den Einzelfall gewinnt. Die Rechtspraxis bleibt auch in ihrer Anwendungsdimension auf den subjektiven Akt der Entscheidung angewiesen – woraus sich, wie Derrida im Anschluss an diese Überlegungen eindrücklich herausgearbeitet hat, für die richterliche Entscheidung eine gewisse Dramatik ergibt. Weil sich die Entscheidung nie aus der Rechtsnorm ableiten lässt, sondern im je konkreten Fall, wie Derrida mit Stanley Fish sagt, *fresh judgment* sein muss, gibt es im Moment der Entscheidung keine Garantie darüber, ob es sich tatsächlich um eine gerechte, um eine legitime Entscheidung handelt.[42] Das kann sich immer nur *ex post* zeigen. Dass sich die Entscheidung nicht aus der Rechtsnorm ableiten lässt, sondern sich auf Deutungen stützen muss (sowohl der Norm als auch des Falles, in dessen Licht sie interpretiert wird), besagt überdies, dass jede Entscheidung, wie auch immer überlegt sie getroffen sein mag, *als* Entscheidung den Prozess der Deutung abschneidet. »Die Entscheidung«, schreibt Schmitt, »wird im Augenblick unabhängig von der argumentierenden Begründung und erhält einen selbständigen Wert« (PT 37).

Für Schmitts Souveränitätsbegriff ist jedoch zentral, dass jede juridische Entscheidung nicht nur eine Deutung der Norm, sondern auch der Situation impliziert, auf die diese angewendet werden soll. Entschieden werden muss also nicht nur, *wie*, sondern auch, *ob* eine Norm überhaupt auf eine Situation Anwendung finden kann. Der Ausnahmezustand liegt allerdings nicht schon dann vor, wenn statt der einen Norm eine andere, statt des einen Gesetzes ein anderes angewendet werden muss, sondern dann, wenn *das Gesetz als solches* keine Anwendung mehr findet.[43] Die Entscheidung bezieht sich dann aber nicht bloß auf die Möglichkeit der Rechtstransformation im Lichte einzelner Fälle, sondern auf die Suspension des Rechts, und das heißt: auf die Aufhebung der Rechtspraxis als sol-

42 Vgl. Derrida, *Gesetzeskraft*, S. 47.

43 Vgl. Menke, »Gnade und Recht«, S. 304.

cher. Die Entscheidung darüber ist folglich keine juridische, sondern eine politische Entscheidung; es ist die Entscheidung nicht des Richters, sondern des politischen Souveräns.[44] Insofern die souveräne politische Entscheidung die Frage betrifft, ob die juridische Praxis überhaupt, als solche, Anwendung finden kann, bezieht sie die Rechtsanwendung mithin »reflexiv«[45] auf ihre eigene Voraussetzung zurück. Diese Voraussetzung nennt Schmitt »Normalität«; ist sie nicht mehr gegeben, liegt der Ausnahmefall vor: »In seiner absoluten Gestalt«, so Schmitt,

> ist der Ausnahmefall dann eingetreten, wenn erst die Situation geschaffen werden muß, in der Rechtssätze gelten können. Jede generelle Norm verlangt eine normale Gestaltung der Lebensverhältnisse, auf welche sie tatbestandsmäßig Anwendung finden soll und die sie ihrer normativen Regelung unterwirft. Die Norm braucht ein homogenes Medium. [...] Es gibt keine Norm, die auf ein Chaos anwendbar wäre. Die Ordnung muß hergestellt sein, damit die Rechtsordnung einen Sinn hat. Es muß eine normale Situation geschaffen werden, und souverän ist derjenige, der definitiv darüber entscheidet, ob dieser normale Zustand wirklich herrscht. Alles Recht ist »Situationsrecht«. (PT 19)

Von politischer Souveränität ist in diesem rechtstheoretischen Zusammenhang interessanterweise nun nicht mehr im Sinne einer höchsten und unabgeleiteten Autorität, einer unbegründeten Macht zur Entscheidung die Rede. Die Souveränität wird nicht als Macht bestimmt – »Macht beweist nichts für das Recht« (PT 26) –, sondern durch das, worüber sie entscheidet: die Situation.[46] In ihrer Bindung an eine ihr vorgegebene Situation mag man – um den Abstand dieser Bestimmung zu derjenigen zu markieren, die unter dem Titel des Dezisionismus mit einer unbedingten Macht zur Entscheidung assoziiert wird – eine geradezu okkasionalistische Bestimmung der Souveränität sehen.[47] Jedoch erfolgt die souveräne Entscheidung

44 Darauf weist Francesca Raimondi nachdrücklich hin: Vgl. dies., *Die Zeit der Demokratie. Entscheiden und Handeln nach Carl Schmitt und Hannah Arendt*, Diss., Goethe-Univ. Frankfurt/M. 2011, hier das Kapitel »Souveränität nach dem Souverän (Carl Schmitt)«, bes. Absch. II. 2.

45 Menke, »Gnade und Recht«, S. 306.

46 Vgl. ebd., S. 305.

47 Vgl. Karl Löwith, »Der okkasionelle Dezisionismus von Carl Schmitt«, in: ders., *Sämtliche Schriften*, Bd. VIII, Stuttgart 1984, S. 32-71, hier S. 40.

nicht im Blick auf beliebige Situationen und in diesem Sinne willkürlich; nicht jede Situation qualifiziert sich als Ausnahmesituation. Dennoch erschöpft sich die Souveränität nicht in der Wahrnehmung einer solchen Situation. Der Feststellung der Ausnahmesituation eignet nicht nur ein konstativer, sondern auch ein performativer Zug: die Entscheidung, ob eine Ausnahmesituation vorliegt, bleibt deshalb »Entscheidung im eminenten Sinne« (PT 13).

Die souveräne Entscheidung über den Ausnahmezustand ist »im eminenten Sinne« *politische* Entscheidung, insofern sie die Geltung der Rechtsordnung auf die Voraussetzung der Normalität einer sozialen Ordnung als ihr »homogenes Medium« bezieht. Sie ist gefährdet, wenn nicht mehr klar ist, »worin das öffentliche oder staatliche Interesse, die öffentliche Sicherheit und Ordnung« besteht (ebd.), weil die Einheit oder eben: Homogenität des Gemeinwesens wegfällt. Der paradigmatische Fall des Ausnahmezustands ist daher der Bürgerkrieg. Ihn festzustellen heißt nach den Kategorien aus *Der Begriff des Politischen*, die Entscheidung über Freund und Feind zu treffen. Die »innerstaatliche Feinderklärung« ist das »Zeichen des Bürgerkriegs«, und das heißt: »der Auflösung des Staates als einer in sich befriedeten, territorial in sich geschlossenen und für Fremde undurchdringlichen, organisierten politischen Einheit« (BP 47). Damit ist gesagt, worin die Normalität oder Homogenität einer politischen Einheit besteht: Sie ist mit einem befriedeten Zustand von »Ruhe, Sicherheit und Ordnung« gleichzusetzen; ihr Zeichen ist die Abwesenheit des Feindes (vgl. BP 46). Dies bedeutet nicht, dass im Zustand der Normalität gar keine Konflikte auftauchen können, aber diese spielen sich auf dem Boden grundsätzlich geteilter Überzeugungen ab, so dass sie sich auf diesem Boden, das heißt näherhin: im Rahmen einer von den Konfliktparteien gleichermaßen akzeptierten Rechtsordnung lösen lassen. Genau das ist im Ausnahmezustand nicht mehr der Fall. Die Situation ist hier durch einen Konflikt gekennzeichnet, der eine solche – Schmitt sagt: existentielle – Dimension erreicht hat, dass er »weder durch eine im voraus getroffene generelle Normierung, noch durch den Spruch eines ›unbeteiligten‹ und daher ›unparteiischen‹ Dritten entschieden werden« kann (BP 27). Als Feind wird bestimmt, wer den normativen Rahmen der bestehenden Rechtsordnung nicht akzeptiert, in dem der Konflikt entschieden werden könnte. Die Deklaration des Ausnahmezustands bleibt jedoch nicht einfach bei der Feststellung einer aufgelösten Homogenität stehen. Sie geschieht stets im Vorgriff auf bestimmte Maßnahmen zur Beseitigung dieses Zustands. Den Ausnahmezustand zu deklarieren heißt deshalb zwar einerseits, sich von der zuvor gültigen normativen Ordnung frei zu machen; andererseits aber impliziert diese Feststellung die Konsequenz eines auf die Wiederherstellung von Ordnung und Normalität ausgerichteten Handelns. In diesem Sinne steht die souveräne Entscheidung »außerhalb der normal geltenden Rechtsordnung und gehört doch zu ihr« (PT 14). Darin ist der Ausnahmezustand »vom juristischen Chaos, von irgendeiner beliebigen Anarchie« zu unterscheiden (PT 20).

Der Einwand gegen den Liberalismus lautet nun nicht, dass dieser sich gegen die Möglichkeit des Ausnahmezustands überhaupt blind macht. Im Gegenteil: »In einem Verfassungsstaat«, zitiert Schmitt Lorenz von Stein, »ist die Verfassung Ausdruck der gesellschaftlichen Ordnung selber. Sowie sie angegriffen wird, muß sich daher der Kampf außerhalb der Verfassung und des Rechts, *also mit der Gewalt der Waffen* entscheiden.« (BP 47) Der Einwand zielt vielmehr darauf, dass der Liberalismus sich gegen die Konsequenzen blind macht, die aus dieser Möglichkeit für die Idee der Wertneutralität und Geschlossenheit des liberalen Legalitätssystems folgen. Der Liberalismus mache sich, so lautet Schmitts Vorwurf im Kern, blind für die Dimension des Normativen, die er doch implizit voraussetzt. Das verwickele die liberalen Demokratien vor allem in den Widerspruch, das »Prinzip der Chancengleichheit« als universalistisches Prinzip zwar zu behaupten, es faktisch aber einschränken zu müssen:

> Denn man kann die gleiche Chance selbstverständlich nur demjenigen offenhalten, von dem man sicher ist, daß er sie einem selber offenhalten würde; jede andere Handhabung eines derartigen Prinzips wäre nicht nur im praktischen Ergebnis Selbstmord, sondern auch ein Verstoß gegen das Prinzip selbst. Aus dieser Notwendigkeit heraus muß die im legalen Machtbesitz stehende Partei kraft ihres Besitzes der staatlichen Machtmittel über jede konkrete und politisch wichtige Anwendung und Handhabung der Begriffe Legalität und Illegalität von sich aus bestimmen und befinden. (LL 34)

Die herrschende Partei tritt jedoch dadurch in einen Widerspruch zu jenem anderen »wesentlichen Inhalt des Prinzips der gleichen Chance, daß seine konkrete Auslegung und Handhabung nicht einseitig, sondern von jeder Partei in voller Gleichberechtigung vorgenommen wird« (ebd.). Die Gleichheit, die von den liberalen Demokratien behauptet wird, ist folglich keine unbestimmt universelle, sondern eine beschränkte und bestimmte Gleichheit. Sie trägt eine vom neutralistischen Selbstverständnis der liberalen Demokratien bloß verdeckte normative Dimension. Dies zeigt sich in besonders dramatischer Form am Ausnahmezustand: »In ihm dringt durch alle [...] Fiktionen und Vernebelungen hindurch die einfache, rechtswissenschaftliche Wahrheit zutage, dass Normen nur für normale Situationen gelten und die vorausgesetzte Normalität der Situation ein positivrechtlicher Bestandteil ihres ›Geltens‹ ist.« (LL 66)

Schmitts eigene – und gerade in diesem Aspekt: diktatorische – Perspektive auf das Problem der politischen Einheit zeigt sich nun daran, dass er die Einheit, auf der »jede Demokratie, auch die parlamentarische«, beruht, näherhin als eine »durchgehende, unteilbare Homogenität« versteht (LL 40). Die Einheit, die jede Rechtsordnung voraussetzen muss – und die im Ausnahmefall durch einen Akt der Souveränität wiederhergestellt werden soll –, soll *substantielle* Einheit sein.[48] In diesem Zusammenhang ist Schmitts antiliberale Theorie der Demokratie zu sehen. Im offensichtlichen Widerspruch zu dem Einwand, den er in der *Politischen Theologie* selber gegen die rousseauistische Idee einer vorausgesetzten und also vorpolitischen organischen Einheit formuliert hatte, schließt er nun – vor allem in seiner *Verfassungslehre*[49] – ausdrücklich an Rousseau an.

48 Entsprechend folgt aus Schmitts Theorie des Freund-Feind-Verhältnisses zwar ein »Pluralismus der Staatenwelt« (BP 54). Jedoch kann Schmitt zufolge »innerhalb ein und derselben politischen Einheit an die Stelle der maßgebenden Freund- und Feindgruppierung [kein] Pluralismus treten [...], ohne daß mit der Einheit auch das Politische selbst zerstört wäre« (BP 45). Man sollte Schmitt daher nicht, wie Chantal Mouffe jüngst vorgeschlagen hat, zu einem Vordenker einer intern pluralistisch organisierten Demokratie machen. Vgl. Chantal Mouffe, *Über das Politische. Wider die kosmopolitische Illusion*, Frankfurt/M. 2007.

49 Carl Schmitt, *Verfassungslehre*, Neusatz auf Basis der 1928 erschienenen 1. Auflage, Berlin ⁹2003. Im Folgenden im Text zitiert als V.

In diesem Zusammenhang erscheint nicht mehr der politische Souverän (weder in seiner absoluten noch in seiner okkasionalistischen Bestimmung), sondern die Souveränität des Volkes als Quelle echter politischer Legitimität, die gegen die neutralistische Legalität und Geschlossenheit des liberalen Rechtsstaats ausgespielt wird. In einer Demokratie, so Schmitt in der *Verfassungslehre* explizit, geht die »Staatsgewalt vom Volke« und »nicht von einer außerhalb des Volkes und über ihm stehenden Person oder Stelle« aus: »Wenigstens solange die Möglichkeit besteht, dass ein anderer als das Volk selbst maßgeblich darüber entscheidet, was in concreto Gottes Wille ist, enthält die Berufung auf den Willen Gottes ein Moment undemokratischer Transzendenz.« (V 238) Echte Demokratie gründet demnach in der »Ablehnung aller politischen Einflüsse und Einwirkungen, die nicht der substantiellen Homogenität des eigenen Volkes entspringen« (ebd.). Die Idee, dass die Souveränität vom Volk ausgeht, beinhaltet nach Schmitt allerdings keineswegs auch die Identität von Regierenden und Regierten: »[D]ie Verschiedenheit von Regieren und Regiertwerden, Befehlen und Gehorchen bleibt bestehen, solange überhaupt regiert und befohlen wird, d. h. solange der demokratische Staat als Staat vorhanden ist« (V 236). Diese Verschiedenheit »kann sogar«, so Schmitt weiter, in der Demokratie »im Vergleich zu anderen Staatsformen in der *Sache* ungeheuer verstärkt und gesteigert werden« (ebd.). Entscheidend ist vielmehr, dass die »*Personen*, die regieren und befehlen, in der substantiellen Gleichartigkeit des Volkes verbleiben. Finden sie die Zustimmung und das Vertrauen des Volkes, zu dem sie gehören, so kann ihre Herrschaft strenger und härter, ihre Regierung entschiedener sein als die irgendeines patriarchalischen Monarchen oder einer vorsichtigen Oligarchie.« (Ebd.) Solange die »*sachliche* Verschiedenheit zwischen Regieren und Regiertwerden nicht in eine qualitative Unterscheidung und Absonderung der regierenden Personen« übergeht, ist für Schmitt die – darin genauer: faschistische – Diktatur eine demokratische Option (V 237).

Schmitt bezieht sich also offenbar nicht unmittelbar auf Rousseaus Idee einer Identität von Regierenden und Regierten; vielmehr deutet er diese Identität im Sinne einer substantiellen Einheit von Führer und Volk um. Der explizite Rückgriff auf Rousseaus Begriff der Volkssouveränität erfolgt denn auch an einer anderen Stelle. Schmitt knüpft nämlich an Rousseaus Konzeption des Volkes als unrepräsentierbare Präsenz an. Insofern die Idee der Volkssouveränität impliziere, dass das Volk vor oder über der Verfassung steht, stehe es auch »außer oder über jeder verfassungsgesetzlichen Normierung«. »Neben allen solchen Normierungen bleibt das Volk als unmittelbar *anwesende* – nicht durch vorher umschriebene Normierungen, Geltungen und Fiktionen vermittelte – wirkliche Größe vorhanden.« (V 242) In dieser im Blick auf Normierungen negativen Bestimmung muss das Volk aber zugleich – sofern es Souverän sein soll – substantielle Einheit sein. Dass das Volk nicht repräsentiert werden kann, begründet Schmitt entsprechend nicht damit, dass es als eine wesentlich heterogene Größe verstanden werden muss, die mit keiner Repräsentation, keiner Normierung je abschließend zur Deckung kommen kann, sondern damit, dass das Volk nur im eigentlichen Sinne Volk ist, wenn es anwesend ist, wenn es sich versammelt. »Erst das wirklich versammelte Volk ist Volk, und nur das wirklich versammelte Volk kann das tun, was spezifisch zur Tätigkeit dieses Volkes gehört: es kann *akklamieren*, d. h. durch einfachen Zuruf seine Zustimmung oder Ablehnung ausdrücken, Hoch oder Nieder rufen, einem Führer oder einem Vorschlag zujubeln, den König oder irgendeinen anderen hochleben lassen oder durch Schweigen oder Murren die Akklamation verweigern.« (V 243 f.) Auf der »Wahrheit«, dass das Volk sich allein durch seine Präsenz in der Versammlung konstituiert, »beruht«, so Schmitt, »der richtige Gedanke, der *Rousseaus* berühmte These trägt, dass das Volk nicht repräsentiert werden könne. Es kann nicht repräsentiert werden, weil es anwesend sein muß, und nur etwas Abwesendes, nicht ein Anwesendes repräsentiert werden kann.« (V 243)

Die liberalen Demokratien hingegen zeichnen sich Schmitt zufolge dadurch aus, »das versammelte Volk als solches zu ignorieren, weil es [...] zu der Eigenart der bürgerlich-rechtsstaatlichen Verfassung gehört, den Souverän zu ignorieren, ob nun der Monarch oder das Volk dieser Souverän ist« (V 244). Zwar bestehe in den liberalen Demokratien Versammlungsfreiheit, aber das versammelte Volk sei gerade nicht das verfassungsgesetzlich als Volk anerkannte Volk. Als souverän werde das Volk in den liberalen Verfassungsdemokratien vielmehr einzig im Blick auf seine Funktion bei Wahlen und Abstimmungen anerkannt, im Hinblick auf Vorgänge also, für welche die Versammlung gerade nicht konstitutiv ist. Auf dem Wege der (noch dazu) geheimen Einzelabstimmung aber könne sich kein eigentlicher Volkswillen bilden, keine *volonté générale*, sondern nur eine Summe von Einzelwillen, eine *volonté de tous* (vgl. V 246). In *Legalität und Legitimität* weist Schmitt darauf hin, dass er die Methode »der Willensbildung durch einfache Mehrheitsfeststellung« für »sinnvoll und erträglich« nur dann hält, »wenn eine substantielle Gleichartigkeit des ganzen Volkes vorausgesetzt werden kann. In diesem Fall«, so Schmitt, »liegt nämlich keine *Überstimmung* der Minderheit vor, sondern die Abstimmung soll eine latent vorhandene und vorausgesetzte *Übereinstimmung* und Einmütigkeit zutage treten lassen.« (LL 29) Entfalle die Voraussetzung der unteilbaren nationalen Gleichartigkeit, so schlage der »gegenstandslose, inhaltsleere Funktionalismus rein arithmetischer Mehrheitsfeststellungen« in das »Gegenteil von Neutralität oder Objektivität« um: in die »nur quantitativ größere oder geringere Vergewaltigung der überstimmten und damit unterdrückten Minderheit« (ebd.).

Schmitt hält den liberalen Demokratien mithin nichts Geringeres vor, als sich der eigentlichen Gestalt der Volkssouveränität zugunsten von scheinneutralen Verfahren zu deren Feststellung zu verschließen, von Verfahren, die nur mehr schlecht als recht zu verdecken vermögen, dass sie ein Machtverhältnis zum Ergebnis haben, das in einem Widerspruch zum Prinzip der Chancengleichheit steht. Für Schmitt stellt sich 1932 daher die »grundlegende Alternative: Anerkennung substanzhafter Inhalte und Kräfte des deutschen Volkes *oder* Beibehaltung und Weiterführung der funktionalistischen Wertneutralität mit der Fiktion gleicher Chance für unterschiedslos alle Inhalte, Ziele und Strömungen« (LL 90 f.). Auf welche Seite Schmitt sich geschlagen hat, ist hinlänglich bekannt.

Jedoch steht die Annahme »substanzhafter Inhalte und Kräfte des deutschen Volkes« in einem markanten – man möchte sagen: handfesten – Widerspruch zur Anthropologie Plessners, mit deren Hilfe Schmitt in *Der Begriff des Politischen* begründet hatte, dass es überhaupt zu »Assoziationen und Dissoziationen« innerhalb einer politischen Einheit kommen kann. Vielmehr wird diese Einheit in Schmitts rousseauistischem Begriff der Volkssouveränität nun schlicht vorausgesetzt; sie ist nicht das Ergebnis einer politischen Setzung, sondern vorpolitische Substanz, die bezeichnenderweise lediglich der »Anerkennung« bedürfen soll. Diese These setzt freilich eine ganz andere Anthropologie voraus, eine nämlich, der zufolge der Mensch selbst substantiell durch die Substanz, durch die Zugehörigkeit zur Gemeinschaft bestimmt sein muss, soll die Einheit des Volkes – und nur als einheitliches ist das Volk Souverän – gegeben sein. Entsprechend heißt es in der später übergangenen dritten Fassung von *Der Begriff des Politischen* aus dem Jahr 1933, dass der »Mensch in der politischen Teilnahme ganz und existenziell erfaßt wird«.[50] Diese Formulierung steht Plessners Bestimmung des Menschen als eines »›primär Abstand nehmenden Wesens‹, das in seinem Wesen unbestimmt, unergründlich und ›offene Frage‹ bleibt« (BP 60), jedoch diametral entgegen.

Vor dem Hintergrund der oben angesprochenen, aber von Schmitt aufgrund seiner antiliberalen und romantikkritischen Prämissen übersehenen Nähe, die zwischen Plessners Anthropologie und dem romantisch geprägten liberal-demokratischen Selbstverständnis besteht, möchte ich nun – diesen Teil abschließend – auf Schmitts kritische Diagnose zurückkommen, dass die liberale Demokratie durch ein »widersprüchliches« Verhältnis zur Souveränität bestimmt sei.

10. Politik als Kritik der Politik

In seiner Untersuchung zu den *Grenzen der Gemeinschaft*, in der er nicht zuletzt eine Kritik am »sozialen Radikalismus« Rousseaus formuliert, warnt Plessner – wenn auch nicht in expliziter Absetzung von Schmitt – davor, Schmitts in der *Politischen Theologie* am Problem des Ausnahmezustands formulierte Einsicht in die Notwendigkeit der Entscheidung und damit eines subjektiven Moments bei der Herstellung politischer Einheiten zum Anlass zu nehmen, in die Utopie vorpolitischer Gemeinschaftsvorstellungen zurückzufallen:

> Die Wiederkehr des Menschen auf höchster Stufe gesellschaftlicher Abstraktion, diese Unterstellung des Ganzen unter irrationale Lebensgewalt um seiner inneren Rationalisierung willen erweckt Hoffnungen auf Umbildung der Politik im gemeinschaftsethischen Sinne. Und ist doch zu-

50 Carl Schmitt, *Der Begriff des Politischen*, Hamburg ³1933, S. 21.

gleich das stärkste Gegenargument gegen die Utopie. Denn Mehrheit von Menschen bedeutet Mehrheit von Standorten, Blickweisen, Ansichten, also Zeitverlust beim Ausgleich der Verschiedenheiten, der seinerseits notwendig ist, um die Initiativgewalt zu entbinden.[51]

Nach Plessner ist es gerade der »Ausgleich der Verschiedenheiten«, der nach Entscheidung verlangt. Und diese Entscheidung kann auch in einer liberalen Demokratie, anders als es die von Schmitt mit reichlich Polemik bedachte liberale »Illusion« einer »Auflösung aller Machtbeziehungen in diskursive Beziehungen« nahelegt, nicht auf die Zustimmung aller Betroffenen warten. »Entscheidung muss sein.«[52] Und zwar nicht nur aufgrund der stets gegebenen Dringlichkeit, zu handeln, die auf einen rationalen Konsens nicht warten kann, sondern auch aufgrund der strukturellen Endlichkeit noch der umsichtigsten praktischen Entscheidung im Horizont der, wie Plessner sagt, »Unabsehbarkeit der Wirklichkeit«,[53] ihrer Zukunftsoffenheit. Sie vor allem steht der »Wahrscheinlichkeit eines schließlichen Ausgleichs« der Verschiedenheiten »entgegen«.[54] Jede solche Entscheidung ist damit notwendig *souveräne* Entscheidung.

Nun wird auch der Zusammenhang zwischen einem romantisch verstandenen Begriff von Selbstbestimmung, wie ich ihn in diesem Kapitel noch einmal verteidigt habe (siehe oben, Abschn. 4), und dem Problem politischer Souveränität, das die letzten Abschnitte bestimmt hat, deutlich. Sofern nämlich Selbstbestimmung aufgrund der prinzipiellen mimetischen Offenheit des Subjekts für

51 Helmuth Plessner, *Grenzen der Gemeinschaft. Eine Kritik des sozialen Radikalismus*, Frankfurt/M. 2002, S. 117.

52 Ebd., S. 116.

53 Ebd., S. 117.

54 Ebd. An der Einsicht in das diskursabbrechende Moment der Dezision ändert sich auch »durch die Berufung auf die Legitimität der Entscheidungs*verfahren* [nichts Wesentliches]«, wie Albrecht Wellmer gegen Jürgen Habermas betont, »denn erstens kann auch ein legitimes Verfahren zu falschen Entscheidungen führen, zweitens sind auch die Verfahren Teil der Rechtsordnung: auch über sie muss entschieden worden sein. Auf welchen festen Punkt man auch immer zu rekurrieren versucht, an jedem solchen Punkt – und sei es der konstituierende Akt einer verfassungsgebenden Versammlung – taucht wieder das Moment einer Recht-*schaffenden* Dezision auf, die auf den sie legitimierenden [›schließlichen‹] Konsens nicht hat warten können und die gleichwohl die Möglichkeit einer Rechtfertigung gewaltsamer Sanktionen einschließt.« Albrecht Wellmer, »Menschenrechte und Demokratie«, in: ders., *Revolution und Interpretation. Demokratie ohne Letztbegründung*, Assen 1999, S. 17-42, hier S. 25f.

eine veränderliche Welt nie abschließend vorgenommen werden kann, sondern für den Einzelnen eine Aufgabe bleibt, die sich im Leben wiederholt stellt, ist auch ein »Ausgleich der Verschiedenheiten« nie abschließend möglich. Denn Veränderungen im Selbstverständnis Einzelner können soziale Konsequenzen derart haben, dass sie nach einem neuen »Ausgleich der Verschiedenheiten« verlangen. Aufgrund der irreduziblen Potentialität am (Un-)Grund aller sozialen Identität enthüllt sich dann aber notwendig auch der politische, der souveräne Chrarakter jeder Entscheidung über einen solchen Ausgleich. Es zeigt sich damit zugleich, dass die Souveränität des Politischen, richtig verstanden, nicht antidemokratisch, sondern eine wesentliche Strukturbestimmung der (liberalen) Demokratie ist. Denn die Souveränität des Politischen erweist sich in dieser Perspektive nun als ein genaues Korrelat des demokratischen Subjekts und seiner Freiheit.

Der Hinweis auf die unabsehbare Dynamik des »konkreten Lebens«, die nach Plessner in der Unbestimmtheit am Grund aller sozialen Identität wurzelt und nach Entscheidung verlangt, widerspricht gleichzeitig jedoch eklatant der Vorstellung eines mit sich übereinstimmenden Volkssouveräns. Denn aus der Einsicht in das unbestimmt, unergründlich und »offene Frage« bleibende Wesen der einzelnen Mitglieder eines Gemeinwesens folgt, dass der Volkssouverän gerade nicht als unmittelbar positiv anwesender gedacht werden kann. Vielmehr konstituiert sich die Volkssouveränität immer nur, wie ich im nächsten Kapitel zu Rousseau näher ausführen werde, als vermittelte – im Medium ihrer Repräsentation, die zugleich einen »Ausgleich der Verschiedenheiten« herstellt. Das heißt zugleich, dass zwischen dem Volk und seinen politischen Repräsentationen eine strukturelle Differenz besteht, die stets das Potential hat, zum Konflikt zu werden.

Wie der substantialistischen Fassung der Volkssouveränität aber widerspricht der interne Zusammenhang, in dem die anthropologische Einsicht in die Unbestimmtheit am Grund aller sozialen Identität zum Problem der souveränen Entscheidung steht, auch der Fiktion eines von Machtbeziehungen freien, weil absolut neutralen und deshalb zugleich geschlossenen Legalitätssystems. Wenn der Zusammenhang zwischen dynamischer Anthropologie und politischer Souveränität jedoch für die liberalen Demokratien charakteristisch ist, dann ist das rationalistische Missverständnis demokratischer Politik im strikten Sinne als Selbstmissverständnis aufzufassen, das einige Bezirke des (liberal-)demokratischen Diskurses kennzeichnen mag, aber nicht für ihn im ganzen und schon gar nicht für die (liberal-)demokratische Praxis als solche maßgeblich ist. Dass dieses Selbstmissverständnis nicht überall herrscht, konzediert Schmitt selbst dort, wo er den Liberalismus nicht für die Verdrängung aller Souveränität aus der Politik kritisiert, sondern für dessen »widersprüchliches« Verhältnis zur Souveränität. Der Liberalismus, so noch einmal Schmitts Charakterisierung, erkennt die Notwendigkeit der Souveränität inklusive ihres nicht auf die Deklaration objektiver Gegebenheiten reduzierbaren Moments an, besteht aber zugleich darauf, dass diese von der Zustimmung des Volkes oder von deren Vertretern abhängig bleibt (vgl. PT 63 f.).

In der Tat muss das (liberal-)demokratische Rechtssystem, wie Schmitts Kritik zu Recht, aber mit der falschen Konsequenz betont hatte, als ein in »einem System von Institutionen und Praktiken [normativ] *konkretisierte[s]*«[55] verstanden werden, das in einem strukturellen Spannungsverhältnis zum Universalismus des Prinzips der Chancengleichheit steht, auf das sich dieses Rechtssystem gleichwohl verpflichtet. Daraus ergibt sich allerdings ein strikter Widerspruch nur dann, wenn man das (liberal-)demokratische Rechtssystem tatsächlich als neutralistisch geschlossenes missversteht. Was aber der Idee einer solchen Geschlossenheit in der (liberal-)demokratischen Praxis widerspricht, ist die Rückbindung rechtlicher und politischer Dezisionen an die demokratische Öffentlichkeit, wodurch die jeweiligen Konkretisierungen der demokratischen Gleichheit an die Möglichkeit ihrer Bestreitung durch andere, konkurrierende Vorstellungen ihrer Verwirklichung ausgesetzt bleiben.

Schmitt konnte freilich eine solche »Doppeltheit von zwei verschiedenartigen Rechtfertigungssystemen« (LL 64) nur als eine »unsystematische Halbheit« (LL 63) wahrnehmen, die der rationalistischen Idee einer legalistischen Geschlossenheit des Rechtssystems ebenso widerspricht wie seiner eigenen Konzeption der Volkssouveränität und die deshalb beide Seiten zersetzt. Demgegenüber lässt sich die Doppelkodierung des demokratischen Diskurses – »als ein Netzwerk von Institutionen und förmlich geregelten Entschei-

55 Vgl. ebd., S. 29.

dungsverfahren auf der einen Seite, als ein Netzwerk von Öffentlichkeiten auf der anderen Seite«[56] – im Sinne einer institutionalisierten Permeabilität des demokratischen Rechtssystems und der es stützenden Politik auf ihr Anderes hin verteidigen. Dies Andere ist dann allerdings nicht eine in sich geschlossene und präsentisch gedachte Volkssouveränität, die bei Schmitt konzeptuell an die Stelle des Souveräns rückt, sondern eine aus Gründen ihrer unabsehbaren Potentialität unrepräsentierbare, offen und pluralisiert zu denkende Öffentlichkeit. Es stehen sich hier nicht zwei Souveräne in einem »Kampf zwischen zwei Arten dessen, was Recht ist«, gegenüber (LL 64). Vielmehr ist die Öffentlichkeit dasjenige Medium, das die Souveränität rechtlicher und politischer Entscheidung an das sie legitimierende Prinzip der demokratischen Teilhabe zurückbindet. Weil sich aber die Öffentlichkeit nicht zur Substanz eines Volkes verdinglichen lässt, bleibt die Möglichkeit eines Konflikts um die Bedeutung demokratischer Repräsentation und Partizipation, um die Bedeutung demokratischer Gleichheit immer bestehen – und damit die Möglichkeit einer Revision der sie konkretisierenden rechtlichen und politischen Entscheidungen immer gegeben. Denn in ihren sehr unterschiedlichen Erscheinungsformen, die keineswegs, wie Schmitt meint, wenn er den Begriff der Öffentlichkeit seinem Konzept der Volkssouveränität subsumiert (vgl. V 243), auf die Form der Versammlung allein reduziert werden können, wirkt die Öffentlichkeit nicht nur auf Entscheidungen ein; sie ist auch das Medium einer Prüfung und Kritik getroffener Entscheidungen: »Die Öffentlichkeit ist somit jene Sphäre, in der der Diskurs auch über den Moment der Entscheidung hinaus fortgesetzt werden kann, und zwar so, daß die kommunikative Macht der öffentlichen Meinung auch die Revision von Entscheidungen erzwingen kann.«[57] In *diesem* Sinn ist Schmitts Feststellung durchaus richtig, dass es »keine liberale Politik schlechthin [gibt], sondern immer nur eine liberale Kritik der Politik« (BP 69), denn die Möglichkeit der Kritik nicht nur politischer Entscheidungen, sondern auch des Rechtssystems im Hinblick auf die in ihm spezifizierte Bedeutung des Prinzips der Chancengleichheit ist nichts anderes als die Möglichkeit der (Re-)Politisierung bereits getroffener Entscheidungen.

Bei allem Streit auch und nicht zuletzt über die Frage, wie die

56 Ebd.

57 Ebd., S. 30.

Rückbindung politischer und rechtlicher Entscheidungen an die Öffentlichkeit jeweils gewährleistet wird – oft muss gerade sie erstritten werden, müssen bestimmte Formen von Öffentlichkeit erst um Anerkennung kämpfen, um auf solche Entscheidungen Einfluss nehmen zu können –, räumen doch die (liberalen) Demokratien ihrem eigenen Selbstverständnis nach die Möglichkeit einer solchen Politisierung prinzipiell ein. Für die (liberal-)demokratische Rechtspraxis hat das zur Folge, dass die Einsicht in die Fallibilität von politischen und rechtlichen Entscheidungen – seien sie solche der Gesetzgebung oder der Anwendung – wesentlich zu ihr gehört. »Heute«, schreibt Schmitt in *Legalität und Legitimität* in kritischer Absicht, »wird es kaum noch Parlamentsmehrheiten geben, die von ihren Gesetzesbeschlüssen im Ernst glauben, dass sie ›für alle Dauer‹ gelten werden. Die Situation ist so wenig berechenbar und so abnorm, dass die gesetzliche Normierung ihren früheren Charakter verliert und zur bloßen Maßnahme wird.« (LL 80) Von der »Maßnahme des bürokratischen Verwaltungsstaats« (LL 18) unterscheidet sich der (liberal-)demokratische Gesetzesbeschluss jedoch durch seinen internen Bezug auf die Öffentlichkeit und damit auf das Problem der Legitimität, von dem Schmitt aufgrund seines Kurzschlusses von einem legalistisch-neutralistischen Selbstmissverständnis der liberalen Rechtspraxis auf diese selbst fälschlicherweise annahm, es werde verdrängt.

Wenn sich gegen Schmitt jedoch argumentieren lässt, dass es gerade die Frage der Legitimität rechtlicher und politischer Entscheidungen ist, die in diese das Bewusstsein ihrer Fallibilität einträgt, dann ergibt sich daraus unmittelbar auch ein nichtneutralistischer Sinn der demokratischen Unbestimmtheit, die Schmitt in seiner Kritik der politischen Romantik mit der Diagnose einer generellen Neutralisierung von Entscheidungen in Verbindung gebracht hatte. Dass die (liberale) Demokratie keine ihr eigene Form findet, ist dann nämlich weniger das Symptom einer generellen Unentschiedenheit als (nicht zuletzt) der Ausdruck dafür, dass sie die Reflexion auf den (schon aus anthropologischen Gründen stets) prekären Status der in aller Rechtspraxis vorausgesetzten Normalität in ihren Begriff des Rechts mit aufgenommen hat: Sie hat ihn, könnte man mit und gegen Schmitt auch sagen, politisiert. Weil es in einem kulturellen Selbstverständnis gründet, nach dem es einen »schließlichen Ausgleich der Verschiedenheiten« nicht geben kann, ist dem (liberal-)demokratischen Rechtssystem nicht der Ausnahmezustand, sondern die Ausnahme zur Regel geworden.

Mit dieser Bemerkung ist allerdings nicht gesagt, dass die liberalen Demokratien nur noch Ausnahmen und keinen Ausnahmezustand mehr kennen. Aber der Ausnahmezustand bestimmt sich hier nicht im Blick auf eine Feindschaft gegenüber einer als »substantielle Übereinstimmung« gedachten politischen Einheit – eine solche ließe sich tatsächlich wohl nur unter den Bedingungen einer Diktatur realisieren –, sondern umgekehrt im Blick auf eine existentielle Feindschaft gegenüber der Zukunftsoffenheit liberal-demokratischer Politik.[58] Dieses Problem zeigt sich heute im Kampf gegen den Terrorismus – denkt man etwa an die dem Prinzip der Selbstkritik und Veränderbarkeit demokratischer Ordnungen prinzipiell widersprechende fundamentalistische Idee eines Gottesstaats.[59] Derselbe Kampf gegen den Terrorismus hat allerdings auch gezeigt – denkt man an die inflationäre Verwendung des Attributs »terroristisch« für alle möglichen Formen radikaler Kritik –, dass die Verwechslung von Ausnahmen mit dem Ausnahmezustand zu einer, mit Derrida: »Autoimmunisierung« der Demokratie gegenüber ihrer eigenen Zukunftsoffenheit führen kann – zu einer Art Selbstmord der Demokratie also, der dem von Schmitt angesprochenen Selbstmord der politischen Ordnung durch eine zu große Offenheit (vgl. LL 34) genau komplementär ist.[60] In dieser Spannung stehen die (liberalen) Demokratien heute.

Schmitt, so hat sich gezeigt, beraubt sich aufgrund seiner ästhetisierungskritischen Prämissen selbst der Möglichkeit, die freiheitstheoretischen Motive, die in seinem Souveränitätskonzept auch angelegt sind, konsequent zu denken. Damit hat sich unter der Hand auch das Feld der vorliegenden Untersuchung verschoben.

58 In diesem Sinne, könnte man mit Thorsten Bonacker auch formulieren, gewinnt die Kontingenz in der Demokratie selbst normative Kraft. Vgl. Thorsten Bonacker, *Die normative Kraft der Kontingenz. Nichtessentialistische Gesellschaftskritik nach Weber und Adorno*, Frankfurt/M. 2000.

59 Vgl. hierzu auch Jacques Derrida, »Autoimmunisierungen, wirkliche und symbolische Selbstmorde. Ein Gespräch mit Jacques Derrida«, in: Giovanna Borradori (Hg.), *Philosophie in Zeiten des Terrors*, Berlin 2004, S. 117-178, hier S. 150 f.

60 Vgl. hierzu Jacques Derrida, *Schurken. Zwei Essays über die Vernunft*, Frankfurt/M. 2003, bes. S. 134.

Denn es ist nun evident, dass die Überlegungen zur Ästhetisierung der Freiheit, die die vorangegangenen Kapitel unter einem subjekttheoretischen Fokus durchgeführt hatten, unmittelbar auch für die Freiheit politischer Selbstregierung relevant sind. Sie machen sich hier in der für das Leben der Demokratien konstitutiven Spannung zwischen stets voreiliger Entscheidung und der Möglichkeit ihrer nachträglichen Reflexion und Revision geltend. Damit sind wir zurückgekehrt zu der von Platon eröffneten Frage nach dem Zusammenhang zwischen dem Verhältnis des Subjekts und seiner Freiheit auf der einen Seite und der politischen Ordnung auf der anderen. Anders als bei Platon, das hat die Auseinandersetzung mit Schmitt ebenfalls deutlich gemacht, kann allerdings dies Verhältnis nun nicht mehr durch ein Primat der Ethik vor der Politik bestimmt werden. Vielmehr macht sich die Dialektik der Freiheit, die unter dem Titel »Ästhetisierung« zur Diskussion steht, gleichermaßen, wenn auch in je eigener Weise, in den Sphären der Ethik wie der Politik geltend: Aufgrund der Prämissen einer dynamisch verstandenen Anthropologie müssen wir das, was wir (sein) wollen, im lebendigen Austausch mit der Welt immer wieder neu bestimmen. Weil deshalb auch der Sinn sozialer Mitgliedschaft und mit ihm: der einer gerechten Ordnung oder eines »Ausgleichs der Verschiedenheiten« nie abschließend festgestellt werden kann, tritt er als politische Setzung hervor, womit er ebenfalls der Möglichkeit der Veränderung unterliegt. Ethik und Politik entfalten auf diese Weise jedoch, so hatten wir bereits am Ende des Platon-Kapitels festgehalten, nicht nur je für sich eine gewisse Dynamik; vielmehr geraten sie dann auch in ein potentielles Spannungsverhältnis zueinander, in dem keine Seite der anderen vor- oder untergeordnet werden kann: Weil sich weder die gerechte Ordnung aus einem bestimmten Begriff des guten Lebens Einzelner deduzieren lässt noch umgekehrt das gute Leben der Einzelnen aus einem bestimmten Begriff der gerechten Ordnung, kann es, weil sich beide Sphären dennoch tangieren, zu Spannungen, gar Konflikten kommen, die vermittelt werden müssen.

Nun hat der Zusammenhang zwischen ethischer und politischer Freiheit bei dem Ästhetisierungskritiker Schmitt nicht zufällig auf rousseausche Motive geführt, steht doch Rousseau wie kein anderer in der Moderne für eine ästhetisierungskritische Demokratietheorie, deren Einfluss sich keineswegs nur auf der Seite der politischen

Rechten geltend gemacht hat. Ich möchte mich deshalb nun diesem bis heute in die verschiedensten politischen Lager hinein wirksamen modernen Klassiker der demokratietheoretischen Ästhetisierungskritik selbst zuwenden. In diesem Zusammenhang wird auch die im letzten Abschnitt lediglich in ihren groben Umrissen skizzierte Theorie demokratischer Souveränität weiter erläutert werden.

Dritter Teil:
Demokratie und Ästhetisierung

V. Das Spektakel der Demokratie: Rousseau

Demokratie ist für Rousseau, anders als für Platon, nicht gleichbedeutend mit der Ästhetisierung von Ethik und Politik. Im Gegenteil: Während Platon das demokratische Freiheitsverständnis als Wurzel einer von der Ethik auf die Politik ausgreifenden Ästhetisierung identifiziert und deshalb die Theatrokratie für das wahre Gesicht der Demokratie hält, ist Rousseaus Demokratietheorie von der gegenteiligen Intuition getragen: Für ihn steht die Demokratie in einem äußersten Gegensatz zur Theatralisierung des Politischen. Denn Demokratie ist nach Rousseaus einflussreicher Bestimmung kollektive Selbstregierung. Ihr Modell ist deshalb nicht das Theater, sondern die Versammlung – also ein Setting, in dem niemand den Anderen etwas vormacht oder vorspielt, sondern alle gemeinsam handeln. Die Gefahr, die das Theater für die Demokratie bedeutet, ist aus dieser Perspektive enorm und grundsätzlicher Natur. Denn es ist von jeher ein Charakteristikum des Theaters gewesen, dass es, anders als die anderen Künste, Handlungen darstellt, und zwar im Spiel. Damit bringt es zwei Trennungen in die Welt – die von Mensch und Rolle und die zwischen den Darstellern auf der einen und dem Publikum auf der anderen Seite. Finden diese Trennungen erst einmal kulturelle Akzeptanz, wird es, wie Rousseau befürchtet, schließlich auch im Leben möglich werden, die eigenen Handlungen zum bloßen Spiel zu depotenzieren und die der Anderen zum undurchdringlichen Spektakel zu entrücken. Aus diesem Grund sieht Rousseau im Theater eine Institution, welche die Bedingung der Möglichkeit kollektiver Selbstregierung untergräbt. Wie Platon – wenn auch unter demokratietheoretisch umgekehrten Vorzeichen – ist Rousseau folglich davon überzeugt, dass eine blühende Theaterkultur der Anfang vom Ende eines funktionierenden Gemeinwesens ist. »An der Theatermanie«, glaubt auch er, »ging Athen zugrunde«.[1]

Dass Rousseau seine schon schwindenden Kräfte zusammen-

1 Jean-Jacques Rousseau, »Brief an Herrn d'Alembert über seinen Artikel ›Genf‹ im VII. Band der Enzyklopädie und insbesondere über den Plan, ein Schauspielhaus in dieser Stadt zu errichten«, in: ders., *Schriften*, Bd. I, Frankfurt/M. 1988, S. 333-474, hier S. 458. Im Folgenden im Text zitiert als BdA.

nahm, um, gleich einem Katechon, den Bau eines Theaters in seiner Heimatstadt Genf zu verhindern,[2] ist deshalb weit mehr als eine Schrulle, die aus der Perspektive seiner politischen Philosophie zu vernachlässigen wäre. Vielmehr führt sein berühmter Einspruch gegen d'Alemberts Plädoyer für den Bau eines Genfer Theaters mitten ins systematische Zentrum seiner politischen Theorie. So haben denn auch gerade Rousseaus theaterkritische Motive die Demokratietheorien des 20. Jahrhunderts zu beeinflussen vermocht. Spuren der entsprechenden Argumentation finden sich bei so unterschiedlichen Autoren wie Hannah Arendt, Jürgen Habermas, Stanley Cavell, Walter Benjamin oder Guy Debord. Sie alle teilen nicht nur die Diagnose, dass die Theatralisierung des Politischen das Leben der Demokratie bedroht; sie stimmen auch in der These überein, dass sich das eigentliche Wesen der Demokratie in einer Gemeinsamkeit des Handelns erfüllt, welche die Teilung des politischen Raums in hypokritische Akteure und Publikum überwunden hätte.[3]

Ich möchte zeigen, dass diese Annahme zu Verkürzungen im Demokratieverständnis führt. Mehr noch: Eine dezidiert antitheatrale Demokratie käme ihrem Ende gleich. Ein erstes Indiz dafür liefert der Umstand, dass Platons Identifikation der Demokratie mit der Theatrokratie und Rousseaus Verteidigung der Demokratie gegen die Theatralisierung ihrer Kultur in dem, wogegen sie sich richten, übereinkommen. Die Nähe, in die dadurch Rousseaus demokratische zu Platons antidemokratischer Argumentation gerät, ist bereits Anlass genug, die Frage zu stellen, ob Rousseau durch

2 »Wenn unter den Versuchen«, schreibt Rousseau im Vorwort des Briefs an seine Leser, »die aus meiner Feder stammen, dieses Werk noch unter den anderen steht, so geht das weniger zu Lasten der Umstände als zu meinen eigenen, denn ich bin nicht mehr ich selbst. Die Leiden des Körpers erschöpfen die Seele, durch Leiden verliert sie ihren Schwung. Ein Augenblick flüchtiger Gärung erzeugte in mir einen Schimmer von Talent; er zeigte sich spät und ist früh erloschen. Indem ich meinen natürlichen Zustand wiederfinde, bin ich in Nichts zurückgekehrt. Ich hatte nur einen Augenblick; er ist vorbei; ich schäme mich, mich zu überleben. Leser, wenn du dieses mein letztes Werk mit Nachsicht aufnimmst, empfängst du meinen Schatten, denn für mich bin ich nicht mehr.« (Vgl. BdA 339 f.)

3 Für diese Beobachtung vgl. auch Christoph Menke, »Die Depotenzierung des Souveräns im Gesang. Claudio Monteverdis *Die Krönung der Poppea* und die Demokratie«, in: Eva Horn, Bettine Menke, Christoph Menke (Hg.), *Literatur als Philosophie – Philosophie als Literatur*, München 2005, S. 281-296, hier S. 284 f.

seine Kritik an der Theatralisierung oder Ästhetisierung der demokratischen Kultur nicht zu viel aus dem Begriff der Demokratie ausklammert, ob sein Demokratiebegriff durch diese Operation nicht selbst antidemokratische Züge annehmen muss. Bei aller überraschenden Übereinstimmung, die im Blick auf deren Ästhetisierungskritik zwischen Rousseau und Platon sichtbar wird, sind jedoch auch die Unterschiede nicht zu übersehen. Sowohl der enorme historische Abstand als auch die Differenz im Demokratieverständnis schlagen sich in Rousseaus Wiederaufnahme der platonischen Motive nieder. Während es Platon vor dem Hintergrund einer metaphysischen Ontologie des Guten um die Erhaltung einer entsprechend begründeten Ordnung mit ihren vermeintlich naturgegebenen Hierarchien geht, geht es Rousseau um die Verteidigung der Idee einer kollektiven Selbstregierung von Gleichen. Gerade dieser Einsatz unterstreicht aber auf der anderen Seite erneut auch die für die Ästhetisierungskritik insgesamt charakteristische Verknüpfung von ethischen und politischen Motiven, die Verbindung von Fragen der Regierung mit solchen der Selbstregierung. Weil bei Rousseau Regierung nichts anderes heißt als kollektive Selbstregierung, enthält die ethische Frage nach der Selbstregierung der Einzelnen eine unmittelbar politische Bedeutung: Wie bei Platon, aber aus ganz anderen Gründen und mit anderem Akzent ist es auch bei Rousseau die ästhetische Entfremdung der Einzelnen von sich selbst, die maßgeblich für die Zersetzung des politischen Gemeinwesens verantwortlich gemacht wird. Und auch bei Rousseau sind es die Schauspieler, die paradigmatisch für das Übel einer solchen Entfremdung stehen.

1. Die Ironie des Schauspielers

»Was ist das Talent des Schauspielers?«, fragt Rousseau. »Die Kunst, sich zu verstellen, einen anderen als den eigenen Charakter anzunehmen, anders zu erscheinen, als man ist, kaltblütig sich zu erregen, etwas anderes zu sagen, als man denkt, und das so natürlich, als ob man es wirklich dächte, und endlich seine eigene Lage dadurch zu vergessen, daß man sich in die eines anderen versetzt.« (BdA 414) Weil der Schauspieler sich selbst, um seinen Rollen gerecht werden zu können, »sozusagen verneinen« muss (BdA 416), so Rousseau weiter, bezahlt er für seine Kunst einen hohen Preis: Er muss damit nämlich die »edelste« aller Rollen aufgeben – die »des Menschen« (vgl. BdA 414). Was Rousseau unter der »Rolle des Menschen« versteht, macht er am Modell des Redners klar. Denn anders als der Schauspieler trete der Redner auf, »um zu reden, und nicht, um sich zur Schau zu stellen; [der Redner] stellt nur sich selber dar, er spielt nur seine eigene Rolle, er spricht nur im eigenen Namen und sagt nichts oder sollte nichts sagen, was er nicht auch denkt. Weil Mensch und Rolle dasselbe Wesen sind, ist er an seinem Platz, er ist in derselben Lage wie jeder andere Bürger, der die Pflichten seines Standes erfüllt.« (BdA 415) »Mensch« wird hier also derjenige genannt, der mit seiner sozialen Rolle identisch ist; »Mensch« heißt das für seine soziale Pflichterfüllung anerkannte Mitglied einer Gemeinschaft. Nun betont Rousseau am Problem der schauspielerischen Viel- und Fremdtuerei nicht nur, dass diese den Schauspieler früher oder später von sich selbst – und das heißt bei ihm: von seiner sozialen Identität – entfremden muss, sondern auch, dass der Schauspieler alles, was er ist, immer nur im Spiel ist. Das Problem, das Rousseau am Schauspieler betont, ist nicht der Umstand, dass dieser am Ende die Rollen im Leben übernehmen könnte, die er anfangs nur spielt,[4] sondern dass der Schauspieler schließlich alle Rollen – auch diejenigen, die er im Leben annimmt – nur wie im Spiel annehmen könnte. Es geht ihm folglich weniger darum, dass aus dem theatralen Spiel der Ernst einer sozialen Identität werden kann, als darum, dass der Ernst sozialer Authentizität durch das theatrale Spiel korrumpiert werden kann. Zwar mag die theatrale Form der Nachahmung aufgrund ihres Spielcharakters auf den ersten Blick als »unschuldig« erscheinen. Denn jemand, der auf der Bühne einen Schurken gibt, ist offenkundig noch nicht unbedingt einer (vgl. BdA 415). Dennoch, so Rousseaus Befürchtung, übt das theatrale Spiel in Haltungen ein, »die nur auf dem Theater unschuldig sein können, überall sonst aber dazu dienen, Böses zu tun« (ebd.). Denn das Theater mache mit der Kunst der Verstellung vertraut. Sei einer erst einmal in dieser Kunst unterwiesen, werde er diese kaum nur auf der Bühne nutzen. Es wäre ein Wunder, mutmaßt Rousseau, würde ein begabter Schauspieler seine Fähigkeiten nicht auch im sonstigen Leben zum eigenen Vorteil gebrauchen.

4 Das war das Problem, auf das Platon den Akzent gesetzt hatte, vgl. oben, Kap. I, Abschn. 9.

Sobald der Beruf der Schauspieler soziale Anerkennung genießt und die Schauspielerei selbst als etwas gilt, das zur Nachahmung zu empfehlen ist, wird sich deshalb auch die Kunst der Verstellung im Gemeinwesen ausbreiten: Das Theater bildet am Ende »die Fähigkeit, Menschen zu täuschen, für alle Berufe« aus (ebd.).

Rousseaus erster Anklagepunkt gegen das Theater zielt also auf das Problem der Verstellung, mit anderen Worten: der Ironie. Denn Ironie ist in ihrer bislang nur am Rande thematisierten rhetorischen Bedeutung *dissimulatio*, Verstellung.[5] Als solche geht sie allerdings keineswegs im Phänomen der Täuschung auf. Wie Gregory Vlastos in einem kleinen Überblick über die Geschichte der Ironie betont,[6] sind die Konnotationen von Unredlichkeit, Täuschung, Betrug zwar wesentliche Bestandteile der Bedeutung ihrer griechischen Vorläuferbegriffe (*eironeia*, *eiron*, *eironeumomai*) gewesen, aber zur gleichen Zeit gab es auch schon eine andere Bedeutung der *eironeia*, die dann die für die lateinische Umschrift des Begriffs maßgebliche werden sollte: die der *durchschauten* Verstellung. Diese Bedeutung assoziiert man auch heute mit den bekanntesten Formen der Ironie. Sie ist sowohl für die Gegenteilsironie konstitutiv – für jene Form der Ironie also, bei der eine Äußerung als das Gegenteil von dem verstanden werden will, was ausgesprochen wird[7] – als auch für das, was Vlastos »komplexe Ironie« nennt, bei der eine Äußerung auf eine andere Bedeutung als die buchstäbliche zielt.[8] Es handelt sich hier zwar um Formen der Verstellung, aber

5 Dies jedenfalls ist die Übersetzung, die Quintilian vorschlägt. Allerdings fügt er sogleich hinzu, dass »in dieser Übersetzung zu wenig zum Vorschein zu kommen scheint, was diese Figur [die Ironie] alles an Ausdruckskraft umfaßt«, so dass er letztlich selber der griechischen Bezeichnung den Vorzug gibt. Entscheidend ist in unserem Kontext freilich nur, dass sich Verstellung immerhin als zentrale rhetorische Bedeutung der Ironie angeben lässt. Vgl. Marcus Fabius Quintilianus, *Ausbildung des Redners, Zwölf Bücher* (*Institutionis oratoriae, Libri XII*), Darmstadt 1995, IX 2, 44.

6 Gregory Vlastos, »Socratic Irony«, in: ders., *Socrates. Ironist and Moral Philosopher*, Ithaca, New York 1991, S. 21-44.

7 Wenn beispielsweise jemand auf strömenden Regen zeigt und dabei sagt: »Schönes Wetter heute!« Zu dieser Figur vgl. Quintilianus, *Ausbildung des Redners*, VI 2, 15.

8 Komplex nennt Vlastos diese Form der Ironie, weil es in den entsprechenden Fällen so scheint, als würde etwas zugleich gemeint und nicht gemeint. Wobei das, was nicht gemeint wird, und das, was gemeint wird, auf unterschiedlichen Ebenen liegen – weshalb sich die Komplexität recht schnell auflösen lässt. Vlastos' Beispiel für komplexe Ironie ist Sokrates' Äußerung, er sei schön. Im buchstäblichen Sinn

offenkundig nicht um Formen des Betrugs oder der Täuschung. Denn die Verstellung soll durchsichtig sein – jedenfalls für diejenigen, an welche die ironische Äußerung adressiert ist.[9] Die Verstellung verbirgt hier nichts; vielmehr hält sie als durchschaute den bloß vorderhand verborgenen Sinn präsent.

Allerdings gibt es auch solche Fälle, in denen die ironische Äußerung lediglich zu verstehen gibt, dass etwas anders gemeint ist, als es gesagt wird, ohne dabei die Auflösung im Sinne einer anderen oder gegenteiligen Bedeutung mitzuliefern. In diesen Fällen verbirgt die ironische Verstellung zwar etwas, nämlich die eigentliche Bedeutung; auch hier handelt es sich jedoch nicht um Täuschung. Die ironische Verbergung liegt, wie Alexander Nehamas im Blick auf solche Fälle bemerkt, zwischen der Lüge und der Wahrhaftigkeit: Wie die Wahrhaftigkeit verletzt sie die Wahrheit nicht; wie die Lüge offenbart sie sie aber auch nicht.[10] Diese Form der Verbergung führt eine Komplexität in die Ironie ein, die diejenige von Vlastos' komplexer Ironie bei weitem übertrifft.[11] Nichtsdestotrotz schlägt sich auch diese Komplexität in durchaus verbreiteten Fällen nieder. Denn oftmals verstehen wir von einer ironischen Äußerung ledig-

ist dies nicht gemeint (Sokrates sah aus wie ein Satyr), im übertragenen (auf sein Wesen bezogenen) Sinn schon (vgl. Vlastos, »Socratic Irony«, S. 30 f.). So sagt etwa Alkibiades an einer berühmten Stelle von Platons *Symposion* über Sokrates, »er sei äußerst ähnlich jenen Silenen in den Werkstätten der Bildhauer, welche die Künstler mit Pfeifen oder Flöten vorstellen, in denen man aber wenn man die eine Hälfte wegnimmt Bildsäulen von Göttern erblickt« (Platon, *Symposion*, in: ders., *Sämtliche Werke in zehn Bänden*, Bd. IV, Frankfurt/M., Leipzig 1991, S. 53-183, hier 215a, b). Weil dieses Bild – etwas macht (nach außen) einen anderen oder sogar gegenteiligen Eindruck in Bezug auf das, wie es eigentlich (im Innern) ist – zugleich die Figur der Ironie als Verstellung illustriert, wird diese Stelle gerne herangezogen, wenn es darum geht, Sokrates als einen Ironiker zu porträtieren. Die Ironie von Sokrates aber ist darin komplexer, dass sie eben nicht auf ein eigentliches Sein hinter den Erscheinungen transparent ist. Vgl. hierzu auch noch einmal oben, Kap. II, Abschn. 13.

9 Oft wird die eigentliche Bedeutung einer ironischen Äußerung nur einem eingeweihten Publikum klar. Dies ist einer der Gründe, weshalb Ironie so oft mit Überlegenheit, wenn nicht Elitismus assoziiert wird.

10 Alexander Nehamas, *The Art of Living. Socratic Reflections from Plato to Foucault*, Berkeley, Los Angeles u. a. 1998, S. 62.

11 Sofern Sokrates gerade für diese Form der Ironie paradigmatisch genannt werden kann (vgl. oben, Kap. II, Abschn. 13), wendet Nehamas zu Recht gegen Vlastos ein: »Die sokratische Ironie ist komplexer als die ›komplexe Ironie‹.« Ebd., S. 65, Übers. JR.

lich, dass sie anders gemeint ist, als es gesagt wird, ohne deshalb auch schon mit Bestimmtheit angeben zu können, wie. In solchen Fällen ist die Ironie »Verstellung der Gesamtabsicht, die eher durchscheint, als zugegeben wird«.[12] Wir wissen, dass das, was der Ironiker uns zukehrt, eine Maske ist – wir erkennen die Ironie –, aber wir wissen nicht, was sich dahinter verbirgt. Der Ironiker kann, indem er markiert, dass er nicht das meint, was er sagt, eine andere Position suggerieren, ohne diese je ausweisen, ja, ohne sich selbst auf eine solche festlegen zu müssen. Es wäre daher eine unvollständige Phänomenologie der Ironie, so Nehamas, gingen wir davon aus, dass der Ironiker in jedem Fall selber weiß, was es ist, das er zurückhält.[13] Die Ironie markiert das Gesagte als uneigentlich; sie impliziert aber nicht notwendigerweise, dass der Sprecher selbst im Besitz der eigentlichen Bedeutung ist. Die Figur der Ironie erlaubt uns, damit zu spielen, eine andere Position zu haben als die vorderhand – nämlich unter Einklammerung durch die notorischen, mal mehr, mal weniger explizit gemachten Anführungszeichen der Ironie – vertretene. Sie erlaubt uns, damit zu spielen, etwas anderes hinter unseren Erscheinungen zu sein, und dies, ohne uns zugleich darauf zu verpflichten, das jeweils andere explizit zu machen.

In präzise diesem Sinn ist Rousseaus Schauspieler zunächst eher ein Ironiker als jemand, der täuscht. Sofern er auf der Bühne steht, ist seine Verstellung »unschuldige«, nämlich markierte Verstellung, und zwar des verbergenden Typs. Wir wissen, dass der Schauspieler nicht mit seinen Rollen identisch ist, aber wir wissen nicht, wer oder was er in Wirklichkeit ist. Nun haben wir gesehen, dass Rousseau bereits hier ein Problem sieht. Es liegt gewissermaßen unterhalb des Problems der Täuschung und führt auf den eigentlichen Kern seiner Kritik am Schauspieler zurück. Wer nämlich in der an sich unschuldigen Disziplin theatraler Verstellung Meisterschaft erlangt, muss, so hatte Rousseau konstatiert, früher oder später seine eigene Identität verlieren. Die damit aufgerufene Logik, nach der einer nur in dem Maße *alles* sein kann, wie er selber *nichts* ist, hatten wir in Kapitel I bereits mit Diderot als das »Paradox des Schauspielers« benannt.[14] An diesem Paradox, so hatten wir dort außerdem

12 Quintilianus, *Ausbildung des Redners*, IX 2, 46.

13 Vgl. Nehamas, *The Art of Living*, S. 67.

14 Denis Diderot, »Das Paradox des Schauspielers«, in: ders., *Ästhetische Schriften*, Bd. I, Berlin, Weimar 1967, S. 481-538, hier bes. S. 484-495, 514-521.

gesagt, tritt jedoch nur die paradoxale Logik aller Nachahmung hervor: Das Subjekt der Nachahmung ist immer ein eigentümlich subjektloses Subjekt, ein Subjekt nämlich, dessen Subjektivität sich erst in der und durch die Nachahmung bildet (vgl. Kap. I, Abschn. 9[15]). Mit Rousseau nun öffnet sich die mimesistheoretische Diskussion um das Paradox des Schauspielers für die Dimension seiner ironischen Wirkung. Denn die markierte Nachahmung der Schauspieler hält die Genealogie der jeweiligen Erscheinungen des Subjekts aus dem Alles und Nichts vorsubjektiver Unbestimmtheit präsent: der Schauspieler ist nicht wirklich, was er darstellt, aber was er wirklich ist, ob er überhaupt wirklich etwas (Bestimmtes) ist, bleibt unbestimmt.

Die schauspielerische oder verbergende Ironie ist somit eine Figur der Potentialität. Sie verweist auf das Alles und Nichts der Potentialität am (Un-)Grund aller sozialen Identität. Denn Subjekte der Nachahmung, das sind wir alle. Weil es kein Subjekt vor der Nachahmung gibt, sondern immer nur Subjektivität durch Nachahmung, bleibt bei jeder Gestalt, die das Subjekt durch sozialisierende Nachahmung annimmt, die Möglichkeit seiner mimetischen Öffnung auf Andere und Anderes und damit die Möglichkeit von Veränderung bestehen. Eben daran erinnern die unschuldigen, als Spiel markierten Nachahmungen der Schauspieler. Und deshalb ist die Ironie des Schauspielers hier auch nicht so zu verstehen, wie dies in einer anderen Perspektive auf den Schauspieler naheliegen könnte: dass es hinter den jeweiligen sozialen Rollen etwas wie ein wirkliches Selbst gibt, das diese souverän an- und ablegt – wie Martin Wuttke sein Hitlerbärtchen nach Drehschluss für Quentin Tarantinos *Inglourious Basterds*. Die Spaltung, um die es im Blick auf Rousseaus Kritik des Schauspielers geht, ist nicht die zwischen eigentlicher und uneigentlicher Subjektivität, sondern die zwischen Subjektivität (Identität) und Potentialität, Bestimmtheit und Unbestimmtheit.

Was dabei für Rousseau auf dem Spiel steht, ist nicht weniger als der Begriff des Menschen. Denn in dem Moment, in dem Mensch und Rolle auseinandertreten, ist der Mensch für Rousseau, wie wir gesehen haben, kein Mensch mehr. Oder noch einmal anders

15 Vgl. hierzu auch noch einmal Philippe Lacoue-Labarthe, »Diderot: Paradox and Mimesis«, in: ders., *Typography. Mimesis, Philosophy, Politics*, Stanford 1998, S. 248-266, hier bes. S. 258-261.

gesagt: Der Moment, in dem der Mensch begrifflich auftaucht, nämlich als Gegenbegriff zu dem der Rolle, soll zugleich seinen Niedergang besiegeln. »Mensch« ist damit doppelt bestimmt: Einmal ist er definiert als das bestimmte Mitglied einer Gemeinschaft, als ein mit seinen Rollen identischer (Voll-)Mensch, ein andermal hingegen als das – in der schauspielerischen oder verbergenden Ironie implizierte – unbestimmte Nichtmitglied, als ein mit seinen Rollen nicht identischer (Nicht-)Mensch. Der Umstand, dass die Unbestimmtheit des Nichtmitglieds selbst nie direkt, sondern nur negativ – eben durch die Figur der Ironie – in Erscheinung tritt, verweist darauf, dass Mitgliedschaft und Nichtmitgliedschaft nicht auf einer Ebene liegen. Die Nichtmitgliedschaft ist keine bestimmte Position wie die der jeweiligen Mitgliedschaft. Tatsächlich ließe sich eine Position der Nichtmitgliedschaft, so haben wir in den letzten Kapiteln verschiedentlich gesehen, allenfalls aufgrund eines ebenso einseitigen wie falsch totalisierenden Begriffs von Freiheit einnehmen – dann nämlich, wenn Freiheit als Freiheit vom Sozialen im ganzen missverstanden wird. Ein Leben im illusionären Abstand zum Sozialen überhaupt führte zu einer Haltung der totalisierten Indifferenz, in der alle Bestimmung auf Distanz gehalten wäre, ohne doch dadurch, da wir unser Leben nur als je bestimmtes leben können, das Bestimmtsein tatsächlich loswerden zu können. Ein solches Leben könnte man wohl tatsächlich nur als Darsteller seiner selbst führen. Ein Leben in permanenten Anführungszeichen aber wäre kein freies Leben. Und das wissen, gegen das Klischee, natürlich auch die Schauspieler, die ihre Rollen wohl am allerwenigsten mit ihrem Leben jenseits der Bühne verwechseln. Umgekehrt allerdings, das war ebenfalls eines der Ergebnisse der letzten Kapitel, wäre einer, der nie die Erfahrung der Differenz von seinen anerzogenen sozialen Rollen gemacht hätte, ebenfalls nicht frei zu nennen. Denn solche Erfahrungen sind nicht nur die Bedingung der Möglichkeit dafür, dass wir diese Rollen selbstbewusst annehmen oder aber uns von ihnen emanzipieren und zu neuen Verständnissen unserer sozialen Existenz bestimmen können; sie sind damit zugleich die Bedingung der Möglichkeit dafür, dass wir uns die soziale Praxis, deren Teil wir sind, aneignen oder verändernd auf sie einwirken können. Sofern eine solche Veränderung Konflikte involviert, handelt es sich um Konflikte, in denen zur Disposition steht, was es bedeutet, ein Subjekt, und das heißt: ein

Mitglied zu sein. Die Forderung nach Anerkennung eines neuen Selbstverständnisses beinhaltet dann die Forderung nach einem anderen Verständnis der gemeinsamen Welt.

Charakteristisch für die schauspielerische, die verbergende Ironie ist jedoch nicht, dass sie solche Konflikte präsent macht, sondern dass sie, indem sie indirekt auf eine Potentialität am (Un-) Grund unserer sozialen Existenz verweist, auf die Bedingung der Möglichkeit solcher Konflikte aufmerksam macht: dass wir nie vollständig und abschließend in unseren sozialen Rollen aufgehen. Dieser Umstand gelangt durch die verbergende Ironie intersubjektiv zum Ausdruck. Nicht zuletzt deshalb ist sie für Rousseau von ethisch-politischer Bedeutung. Um den zentralen systematischen Stellenwert der verbergenden Ironie für den bei Rousseau verhandelten Zusammenhang von Ethik und Politik schärfer herauszuarbeiten, werde ich zunächst jedoch einen Umweg über den Vergleich mit einem seiner schärfsten Kritiker nehmen: Helmuth Plessner. Überraschenderweise nämlich teilt Plessner mit Rousseau die Voraussetzung, dass ein funktionierendes Gemeinwesen auf den Werten der Erkennbarkeit und Durchsichtigkeit der Mitglieder füreinander gründen muss. Der Einsatz der Ironie, das soll am Vergleich der beiden Positionen deutlich werden, besteht darin, dass sie diese Voraussetzung unterminiert.

2. Der öffentliche Ausdruck der Unbestimmtheit

In der Tradition der Rhetorik ist die Ironie von Quintilian gerade deshalb mit »großstädtischer Höflichkeit«[16] und von Cicero mit Eleganz und Urbanität in Verbindung gebracht worden, weil sie es ermöglicht, die eigentliche Position des Sprechers zu verbergen.[17]

16 Quintilianus, *Ausbildung des Redners*, VIII 6, 57.

17 Marcus Tullius Cicero, *De Oratore / Über den Redner*, Düsseldorf 2007, 2.67: »Feinen Witz verrät auch die Ironie, wenn man etwas anderes ausspricht als man denkt. [...] [N]ach dem, was diejenigen überliefern, die in diesen Dingen besser Bescheid wissen, hat meiner Meinung nach Sokrates in dieser [eironeia] und Verstellung alle an liebenswürdigem und freundlichem Witz übertroffen. Es ist eine sehr geschmackvolle Art, sie verbindet scharfen Witz mit Würde und eignet sich für rednerische Vorträge ebenso wie ganz besonders für geistreiche Gespräche. Und beim Herkules, all dies, was ich hier über witzige Bemerkungen vortrage, ist eine Würze für öffentliche Verhandlungen auf dem Forum und ebenso für alle Gespräche.«

Die Ironie gehört hier zu einer Atmosphäre der unverbindlichen Liebenswürdigkeit, in der Differenzen markiert werden können, ohne zu verletzen, und Zudringlichkeiten durch eine kommunikativ-freundliche Reserviertheit in Schranken gehalten werden können. Die Ironie scheint damit besonders qualifiziert für »den Verkehr unbestimmt vieler einander unbekannter und durch Mangel an Gelegenheit, Zeit und gegenseitigem Interesse höchstens zur Bekanntschaft gelangender Menschen«.[18] Tatsächlich scheint die Ironie dazu angetan, ein Problem zu lösen, das den Einzelnen nach Plessner durch die urbane (Massen-)Gesellschaft entsteht: das Problem nämlich, dass die »Flüchtigkeit und Zufälligkeit« der entsprechenden Kontakte »einen jeden in willkürliche Perspektiven und Beleuchtungen rückt, die ihn entstellen und eine Verkürzung und Vereinfachung erzwingen, welcher der Individualität keinen Raum geben [...]« (GG 81[19]). Die Ironie, könnte man sagen, ist eine Weise, in solchen Situationen seine Würde zu bewahren. Denn Würde ist für Plessner »in der Unendlichkeit und Unantastbarkeit der persönlichen Seele gegeben« (GG 82). Sie zu achten heißt, den Anderen in der »Fülle einer vielleicht nie ausschöpfbaren Seele, d.h. auch in seinen Möglichkeiten« anzuerkennen (GG 81). Tatsächlich ist die verbergende Ironie – diejenige Ironie also, für die Rousseaus Schauspieler paradigmatisch genannt werden können – der einzige Ausdruck, den diese Anerkennung in der urbanen Öffentlichkeit, und das heißt: Fremden gegenüber zu erzwingen vermag. An diesem Punkt überkreuzen sich Rhetorik und Ethik der Ironie.

Plessner selbst hat jedoch eine andere Lösung des Problems vor Augen. Seiner Meinung nach bietet die Objektivierung des Selbst in sozialen Rollen den besten Schutz vor den Verletzungen, denen wir in der urbanen Öffentlichkeit ausgesetzt sind. Das Auftreten als Amtsträger schütze vor dem »Risiko der Lächerlichkeit«, dem sich jeder unmittelbare Ausdruck unserer Seele in einem unvertrauten

18 Helmuth Plessner, *Grenzen der Gemeinschaft. Eine Kritik des sozialen Radikalismus*, Frankfurt/M. 2002, S. 80. Im Folgenden im Text zitiert als GG.

19 Das Problem, das Plessner hier anspricht ist, ist noch nicht einmal unbedingt an Formen von Verkennung gebunden; im Gegenteil lässt sich das Problem, das hier gemeint ist, gerade an den gegenteiligen Fällen verdeutlichen: Man ist nämlich oft unangenehm berührt, wenn jemand, den man nicht gut kennt, etwas durchaus Wahres über einen sagt: »Sie sind x.« Man beeilt sich in solchen Fällen sogleich zu demonstrieren, dass man nicht bloß x ist, dass man natürlich viel mehr und anderes als das ist.

Kontext dadurch aussetze, dass er doch immer nur eine vereinfachte und vergröberte Darstellung eines nie ganz Darstellbaren und Ausschöpfbaren sein kann (vgl. GG 70-72). Allerdings wird unsere öffentliche Unangreifbarkeit hier, wie Plessner durchaus weiß, »mit dem Preis der Individualität bezahlt« (GG 85). Die symbolische Form des Amts oder genereller der sozialen Rolle »rettet die Würde, indem sie der schwer faßlichen, natürlichen, das Äquivalent einer irrealen, aber klar umgrenzten Würde bietet« (GG 84). Anders als das Amt, das seinem Träger nur in dem Maße Würde (Nimbus) zu verleihen vermag, wie dieser überhaupt auf jeden individuellen Ausdruck verzichtet (vgl. GG 82, 85), ermöglicht es die Ironie qua Negativität, der »schwer faßlichen« Würde einer nie ganz ausschöpfbaren Individualität selbst einen öffentlichen Ausdruck zu verleihen, der aufgrund seiner Mittelbarkeit gegen das Risiko der Lächerlichkeit gefeit ist.

Es ist allerdings kein Zufall, dass die Ironie bei dem großen Rousseau-Kritiker Plessner in diesem Zusammenhang nicht vorkommt. Vielmehr bestimmt Plessner den jeden unmittelbaren Ausdruck der Seele ins Lächerliche wendenden »ironische[n] Zerstörerblick« (GG 79) als dasjenige, wogegen diese sich in der urbanen Öffentlichkeit wappnen muss. Dass der Schutz gegen diesen Blick selbst in Ironie bestehen könnte, diskutiert Plessner offenbar deshalb nicht, weil er mit Rousseau eine wichtige Voraussetzung teilt, nämlich die, dass die Ethik des Zusammenlebens wesentlich darauf basieren müsse, dass sich »die Charaktere erkennbar und in ihrer Reinheit auch durchsichtig werden«. Diese »ethischen Ideen selbst […] zu relativieren und zu verflüssigen« hieße, so Plessner, »die Sache am verkehrten Ende anpacken« (GG 79). Konsequenterweise sucht er die Lösung des Problems, wie es eine die Individualität des Einzelnen erhaltende Unangreifbarkeit geben kann, in einem zur Ironie entgegengesetzten Phänomen, nämlich im Prestige. Das Prestige einer Person ergibt sich durch eine aus ihren Taten sprechende »Zielsicherheit« und »Willensstetigkeit«, die dem Lebenswerk insgesamt den Eindruck einer »Eindeutigkeit« verleihen soll, die als »überlegene Macht« ebenso geehrt wie gefürchtet wird (GG 89). An die Stelle der ironischen Zweideutigkeit tritt hier die heroische Eindeutigkeit des Willens, die zu erreichen nur wenigen Charismatikern und entschlossenen Führerfiguren vorbehalten sein soll. Dem großen Rest bleibt die Würde des Amts. Nun ist schon das Ideal eines derart eindeutigen Lebens, zumal vor dem Hintergrund des in den letzten Kapitel Diskutierten, höchst problematisch. Überdies ist, was Plessner offenbar nicht in den Sinn gekommen ist, weder der Ausdruck heroischer Entschlossenheit noch der Auftritt in der Rüstung des Amts jemals vor dem »ironischen Zerstörerblick« sicher.[20] Interessanter als psychologische Spekulationen über Plessners ironiefreies Vertrauen ins »gepanzerte Ich« anzustellen ist es in unserem Zusammenhang jedoch, die Aufmerksamkeit auf den Umstand zu richten, dass die Betonung von Amtsmoral und heroischer Entschlossenheit in *Grenzen der Gemeinschaft* in systematischer Hinsicht mit der Verpflichtung auf Erkennbarkeit der öffentlichen Akteure einhergeht. »Im öffentlichen Leben«, so will es Plessner, »durchschaut jeder den anderen, allerdings nicht darin, wie er ist, als was er will [...]« (GG 102). Zwar sind, wie Plessner weiß, auch die diplomatischen Beziehungen von Amtsträgern nicht frei von Täuschungsmanövern, im Gegenteil: Man rechnet sogar mit ihnen. Aber hinter ihnen steht – und zwar auf eine auch für die Getäuschten, wenn auch erst retrospektiv, absolut durchsichtige Weise – immer die bestimmbar instrumentelle Intention eines Funktionsträgers, eine klar identifizierbare Subjektivität. Die Täuschung unterscheidet sich folglich von der Ironie nicht nur dadurch, dass die Verstellung in ihrem Fall nicht, wie bei jener, markiert, sondern maskiert wird, so dass sie allenfalls retrospektiv als solche ausgemacht werden kann. Überdies kann der Täuschung, sofern sie als solche erkannt ist, immer eine klar bestimmbare Intention zugeordnet werden. Das unterscheidet die Täuschung zwar nicht von aller, wohl aber von der verbergenden Ironie.

Dennoch gibt es eine Sphäre, in der nach Plessner auch die verbergende Ironie einen legitimen Ort haben soll: die eigentümlich zwischen Öffentlichkeit und Privatheit angesiedelte Sphäre der Geselligkeit. Neben eine Öffentlichkeit, die durch die diplomatischen

20 »Plessners Aufmerksamkeit«, schreibt Helmut Lethen, »entgehen [...] Situationen, in denen der Auftritt mit Rüstung unfreiwillig komisch wirkt, in denen ungerüstet zu sein angemessener wäre und die soldatische Montur zum Indiz eines heroischen Unsinns wird, weil sie die Ambition aufrechterhält, sinnvoll zu sein. [...] Die Fixierung auf Situationen, in denen nur das gepanzerte Ich dem Fluch der Lächerlichkeit zu entgehen scheint, ist symptomatisch für die neusachliche Intelligenz der Republik.« Vgl. Helmut Lethen, *Verhaltenslehren der Kälte. Lebensversuche zwischen den Kriegen*, Frankfurt/M. 1994, S. 91.

Relationen von Funktionären bestimmt ist, tritt eine semiöffentliche Geselligkeit, in der die ironischen Relationen von »natürlichen Personen« den Ton angeben (GG 109). In ihr herrscht eine »Kultiviertheit der Andeutung«, eine »Kultur der Verhaltenheit«, eine »Ästhetik des Versteckenspiels« vor, von der Plessner sagt, sie erst enthülle das »Unnachahmliche des Menschen«: seine »Unfaßlichkeit« (GG 106). Nun laufen aber »die Sphären des Lebens«, wie Plessner selber schreibt, »nicht so säuberlich getrennt wie die Kapitel über sie« (GG 107f.). Es sei häufig nicht leicht zu sagen, wo die Geselligkeit aufhört und die Geschäftlichkeit der Diplomatie anfängt. Wenn dem aber so ist, dann stellt sich die Frage, was dies für eine Theorie des öffentlichen Lebens bedeutet, welche die Werte der Erkennbarkeit und Durchsichtigkeit ihrer Mitglieder ins Zentrum stellt.

Denn die verbergende Ironie führt eine Mehrdeutigkeit in das öffentliche Leben ein, die in eine Spannung geraten muss zum Ideal wechselseitiger Erkennbarkeit, von der Plessner – in diesem Punkt überraschend einig mit Rousseau – zunächst ausgegangen war. Die verbergende Ironie ist nicht nur eine Form der Distanzwahrung im sozial wenig reglementierten geselligen Verhalten von Mensch zu Mensch, sondern haftet auch als die Spur eines »unausschöpfbar Menschlichen« an den öffentlichen sozialen Rollen, den Ämtern und Funktionen. Egal ob man der Auffassung ist, dass die Einzelnen in ihren sozialen Rollen Erfüllung finden sollen (Rousseau), oder aber der umgekehrten Ansicht, dass sie sich zum eigenen Schutz ganz hinter diesen »zurückschrauben« sollen (Plessner, vgl. GG 119), gleichgültig also ob die Öffentlichkeit unter ein Gesetz der Authentizität (Rousseau) oder der »Irrealisierung« (Plessner, vgl. GG 119) gestellt wird – die verbergende Ironie unterläuft die öffentliche Erkennbarkeit der Akteure, an denen beide Positionen orientiert sind. Denn sie trennt nicht nur Mensch und Rolle, wobei sie den Status des Menschen hinter den Rollen unbestimmt lässt – das ist ein Problem für Rousseaus Theorie sozialer Authentizität. Die Unbestimmtheit des Menschen hinter den Rollen schlägt auch auf die Rollen selbst durch – und das ist ein Problem für Plessners Vertrauen auf die Würde des Amts. Wenn nicht klar ist, wer der Mensch hinter den Rollen ist – und wie er zu diesen steht –, dann wird auch im Unklaren gelassen, welche Geltung diesen überhaupt noch zukommen kann. Die ironisch markierte Maske verliert den

Status der sozial verlässlichen symbolischen Form, um stattdessen einen Abgrund anderer Möglichkeiten erahnen zu lassen.

Was die rhetorische Tradition an der Ironie schätzt, wird für Theorien zum Problem, die sich allein am Ideal der Erkennbarkeit der Akteure ausrichten: die Möglichkeit, dass der Sprecher seine eigentliche Intention (oder in manchen Fällen auch das Fehlen einer solchen) vor seinen Adressaten verbergen kann. Dieses Problem ist jedoch, noch einmal, keines der Täuschung. Denn die verbergende Ironie stellt aus, dass sie etwas verbirgt. Sie führt also, wenn man so will, ein Nichtöffentliches (vor der Öffentlichkeit Verborgenes) öffentlich in die Öffentlichkeit ein.[21] Damit kollidiert sie naturgemäß mit einer Kultur authentischer Rückhaltlosigkeit (Rousseau), welche die Differenz von Nichtöffentlichem und Öffentlichem aufzuheben bestrebt ist. Dabei darf jedoch das, was hier Nichtöffentliches heißt, nicht mit dem Privaten verwechselt werden. Nicht nur schließt die Kultur der Rückhaltlosigkeit, wie wir gleich noch genauer sehen werden, keineswegs die Unterteilung des Gemeinwesens in eine private und eine öffentliche Sphäre aus. Vielmehr basiert die Idee der rückhaltlosen Identität von Mensch und sozialer Rolle auf einer sozialen Ordnung, in der jeder »an seinem Platz ist« (BdA 415) – und der kann, zumal für die Frauen, durchaus auch im privaten Bereich liegen. Was die Ironie verbirgt, kann aber auch in anderer Hinsicht nicht mit dem Privaten kurzgeschlossen werden. Denn die verbergende Ironie lässt keine Rückschlüsse auf eine eigentliche und in diesem Sinne private Identität hinter der ironisch distanzierten sozialen Rolle zu. Die Ironie verweist hier lediglich auf einen offenen Horizont anderer möglicher Bedeutungen oder Identitäten hinter dem Gesagten beziehungsweise Gezeigten. Weil die Ironie, was sie öffentlich verbirgt, unbestimmt lässt, kollidiert sie folglich auch nicht nur mit einer Kultur authentischer Rückhaltlosigkeit, sondern überdies mit einer Kultur symbolischer Eindeutigkeit (Plessner), die verlangt, dass auf der Bühne der Öffentlichkeit keiner aus der Rolle fallen soll.[22] Zwar weiß Plessner natürlich, anders als Rousseau, dass der Mensch »nie ganz das [ist],

21 Derrida spricht im Blick auf die Ironie von einem »öffentlichen Nichtöffentlichen in der Öffentlichkeit [*non-public public dans le public*]«. Vgl. Jacques Derrida, *Schurken. Zwei Essays über die Vernunft*, Frankfurt/M. 2003, S. 131.

22 Vgl. Helmuth Plessner, »Soziale Rolle und menschliche Natur«, in: ders., *Gesammelte Schriften*, Bd. X, Frankfurt/M. 1985, S. 227-240, hier S. 232.

was er ›ist‹«.[23] Aber das soll sich nicht in der Öffentlichkeit zeigen. Die menschliche Unfasslichkeit bleibt bei Plessner einer »mehr oder weniger nebelhaften Privatexistenz«[24] zugeordnet. Diese Zuordnung ist indes nicht nur im Blick auf den schon genannten Punkt der Ironieanfälligkeit öffentlichen Wer-sein-Wollens unplausibel, sondern auch im Blick auf ein Bild des Privaten, das ausklammert, dass auch dieser Bereich keineswegs frei von sozialen Rollen ist.[25] Demgegenüber weiß das ironische Bewusstsein um die Unaufhebbarkeit der Differenz zwischen dem Menschen in seiner Unfasslichkeit und dem Menschen in seinen sozialen Rollen, aber es verdinglicht diese Differenz nicht sphärenspezifisch. Nicht zufällig wird die Ironie von Plessner der hybride zwischen Privatheit und Öffentlichkeit angesiedelten Sphäre der Geselligkeit zugeordnet.

Aus der Verteidigung einer ironiefreundlichen, einer ästhetisierten Kultur ergeben sich tatsächlich, wie nun bereits zu ahnen

23 Ebd., S. 230.

24 Ebd., S. 231.

25 Zu dieser Verzerrung passt Plessners Bemerkung in *Grenzen der Gemeinschaft*, dass Frauen leichter »Würde und Anmut« finden, weil sie »nach dem Wort des Romantikers bei sich selbst bleibende Natur sind und nur das zu ambitionieren pflegen, was sie mit Hilfe der Männer zu erreichen sicher sind«. Frauen seien gleichsam der Inbegriff einer – in diesem Zusammenhang interessanterweise plötzlich als nieder charakterisierten – natürlichen Würde, die im Privaten ihren Ort haben soll (GG 76). Solche Klischees, die dem öffentlichen Nimbus der männlichen (Charakter-)Rüstung die Anmut der im Privaten nebulös bei sich selbst bleibenden weiblichen Natur gegenüberstellen, machen freilich auch klar, dass man Plessners interessante Einsicht in die spezifische Rolle von Freundschaft und Liebe für die Anerkennung der Unfasslichkeit des Menschen (vgl. oben, Kap. III, Abschn. 7) ein Stück weit gegen ihn selbst verstehen muss. Nicht nur widerspricht die liebende Anerkennung des Anderen in seinen Möglichkeiten strukturell solchen Klischees (mit ihren Verkürzungen auf beiden Seiten); sondern es widerspricht auch die geschlechtsspezifische Aufteilung von öffentlicher Bestimmtheit auf der einen und privater Unbestimmtheit auf der anderen Seite der anthropologischen Einsicht in das Spannungsverhältnis von Bestimmtheit und Unbestimmtheit, das die private wie die öffentliche Existenz des Menschen gleichermaßen durchzieht. Dieses unaufhebbare Spannungsverhältnis ist die Bedingung der Möglichkeit dafür, dass wir unsere sozialen Rollen, ob sie uns nun in die Sphäre des Privaten oder in die des Öffentlichen verweisen, neu bestimmen können (was auch heißt, dass sich die Bedeutungen des Privaten wie des Öffentlichen verschieben können). Den Anderen in seinen Möglichkeiten anzuerkennen heißt, ihn in dieser Möglichkeit – der Möglichkeit zur Selbstbestimmung – anzuerkennen.

ist, einige Konsequenzen für die Konzeption des Verhältnisses von privater und öffentlicher Sphäre. Für die Diskussion dieses Zusammenhangs werde ich mich jetzt allerdings wieder auf Rousseau konzentrieren. Denn Rousseau ist, anders als der aufgrund seiner anthropologischen Annahmen immerhin grundsätzlich ironiefreundlich eingestellte Plessner, ein entschiedener Gegner urban-ironischer Geselligkeit. Schärfer als dieser stellt Rousseau die zersetzenden Wirkungen dieser Sphäre auf die Unterteilung des Gemeinwesens in eine private und eine öffentliche Sphäre heraus. Die für die Zerstörung dieser Unterteilung paradigmatische Figur ist nicht der Schauspieler, sondern die Schauspielerin.

3. Die Schauspielerin und ihre Parodien

Weil es für Frauen nach Rousseaus Überzeugung »außerhalb eines zurückgezogenen und häuslichen Lebens keine guten Sitten gibt« (BdA 417), ist ihm die bloße Anwesenheit von Schauspielerinnen in der Stadt bereits Anzeichen eines Sittenverfalls. »Wie kann ein Stand«, fragt Rousseau, »dessen einzige Beschäftigung es ist, sich öffentlich und, was noch schlimmer ist, gegen Geld zu zeigen, sich für ehrbare Frauen schicken und sich mit ihrer Bescheidenheit und ihren guten Sitten vertragen?« (BdA 425). Die Antwort ist vorab klar:

> Die Sittenlosigkeit paßt so gut zum Stand der Schauspielerinnen, und sie wissen das selber so gut, daß es nicht eine unter ihnen gibt, die sich nicht lächerlich zu machen glaubte, wenn sie auch nur so täte, als nähme sie Reden von Weisheit und Ehre ernst, die sie dem Publikum vorträgt. Aus Angst, diese strengen Grundsätze könnten eine ihrem Interesse nachteilige Wirkung haben, ist die Schauspielerin immer die erste, die ihre Rolle parodiert und ihr eigenes Werk zerstört. Sobald sie die Kulisse erreicht, verläßt sie die Moral des Theaters ebenso wie seine Würde, und wenn man auf der Bühne Lektionen der Tugend erhält, so wird man sie rasch hinter der Bühne vergessen. (BdA 426 f.)

Rousseaus Problem mit den Schauspielerinnen ist damit ein anderes als sein Problem mit den Schauspielern. Während die schauspielerische Ironie bei den Männern jene komplexe Form annimmt, die wir eben diskutiert haben – sie hält die Genealogie der jeweiligen sozialen Rollen aus dem Alles und Nichts vorsubjektiver Unbestimmtheit präsent –, nimmt sie bei den Frauen die Gestalt der Parodie an: Der komische Effekt der Tugenddarstellung *backstage* ergibt sich aus der Durchsichtigkeit der Darstellung auf eine Intention, die dem Dargestellten entgegensteht. Denn durch die Tugenddarstellung hindurch soll sich jetzt die »tatsächliche« Sittenlosigkeit der Schauspielerin kommunizieren. Die Parodie, um die es hier geht, partizipiert an der Ironie folglich nicht über die Figur der Verbergung, sondern über die der Verkehrung, wie wir sie von der Gegenteilsironie her kennen. Eine parodistische Verkehrung von Tugend in Sittenlosigkeit ist nach Rousseaus Überzeugung aufgrund der schon aus den Grundvoraussetzungen ihres Berufs sich ergebenden »Liederlichkeit« (BdA 416) der Schauspielerin freilich bei jeder ihrer Tugenddarstellungen, auch denen auf der Bühne, mindestens latent immer gegeben. Eine »Quelle der schlechten Sitten« (BdA 416) sind die Schauspielerinnen für Rousseau also weniger aufgrund ihrer Bühnenkunst als aufgrund der sozialen Übertretung, die ihr Beruf ist: dass sie sich überhaupt öffentlich und gegen Geld zeigen.

Dass der Beruf der Schauspielerin beinhaltet, dass sich die Frau, die ihn ergreift, öffentlich zeigt, ist für Rousseau vor allem deshalb so skandalös, weil dies eine weitere Parodie impliziert: die der Geschlechter. Denn die Frauen ahmen schon dadurch, dass sie an die Öffentlichkeit treten, Männer nach. Dies ist, wie Rousseau meint, eine »häßliche Nachahmung«, durch welche die Frauen ihr eigenes Geschlecht »erniedrigen« und das der Männer »entehren« (BdA 423). Aber nicht genug damit, dass die »Sicherheit« der Männer durch die »Unverschämtheit« der Frauen parodiert wird (BdA 423). Die missglückte Kopie des Mannes, die Rousseau in der unverschämten, weil öffentlich auftretenden Frau sieht, lässt auch das männliche Original nicht unberührt. Eine parodistische Qualität hat die öffentliche Existenz der Schauspielerin mithin nicht nur im Auge derer, die auf Seiten einer Normalität stehen, die nur Männer in der Öffentlichkeit kennt und der die öffentliche Präsenz einer Frau daher im doppelten Wortsinn komisch vorkommen muss.[26]

26 So hat Fredric Jameson die Parodie durch den Bezug auf ein Original bestimmt; sie lebe von der »Überzeugung, daß außerhalb der vorübergehend mißgestalteten Rede noch so etwas wie eine gesunde linguistische Normalität existiert«. Fredric Jameson, »Postmoderne – zur Logik der Kultur im Spätkapitalismus«, in:

Eine parodistische Qualität hat die Existenz der Schauspielerin auch in dem umgekehrten Sinn, dass sie diese Normalität selbst angreift.[27] Gegenstand der etwaigen Erheiterung ist dann nicht die schlechte Kopie, sondern das durch die Parodie »unglaubwürdig«[28] gewordene Original.

Rousseau kann über diese zweite Konsequenz freilich noch weniger lachen als über die erste. Die Subversion der Geschlechterordnung durch das Theater hat vielmehr verheerende Folgen, glaubt man Rousseau. »Nur zwei Jahre Theater, und alles ist zerrüttet«, prophezeit er den Genfern (BdA 447). In düsteren Farben schildert Rousseau den Verfall, der den Genfern bevorstehen würde, ließen sie sich zum Bau eines Theaters verführen. Der Verfall würde von der Sittenwidrigkeit der Schauspielerin ihren Ausgang nehmen, dann aber rasch auf das gesamte Gemeinwesen ausgreifen. Denn die Institution des Theaters hebt nicht nur bei seinem Personal, sondern auch bei seinem Publikum die Trennung der Geschlechter auf: Statt getrennten Zerstreuungen nachzugehen, treffen sich

> beide Geschlechter am selben Ort, man bildet Gruppen, um gemeinsam [ins Theater zu gehen], man beeilt sich, die Lebensart, die man dort vorgeführt bekommt, nachzuahmen, die Damen und jungen Mädchen stellen sich aus, putzen sich nach bestem Vermögen heraus und stellen sich in den Logen zur Schau wie in den Auslagen eines Ladens in Erwartung der Käufer. Die hübschen jungen Männer strömen herbei, um sich ihrerseits zu zeigen, und finden es viel schöner, im Theater herumzutänzeln als auf dem Plain-Palais zu exerzieren. (BdA 447)

Ist es erst einmal so weit gekommen, dass Männer und Frauen gemeinsam ins Theater gehen, um sich dort voreinander möglichst vorteilhaft in Szene zu setzen und so auch auf dieser Ebene den Schauspielern ähnlich zu werden, ist es nicht mehr lange hin, und es werden Pariser Verhältnisse herrschen. Die Vermischung der Geschlechter setzt ein Spiel der Erscheinungen in Gang, das die Sitten in ihrer Grundstruktur verändert. Es kommt nicht nur zur Ausbildung einer am äußeren Schein interessierten, nämlich von den »Trugbildern der Mode« beherrschten Kultur, in der jeder mehr

Andreas Huyssen, Klaus R. Scherpe (Hg.), *Postmoderne. Zeichen eines kulturellen Wandels*, Hamburg 1986, S. 45-102, hier S. 62.

27 Vgl. Judith Butler, *Das Unbehagen der Geschlechter*, Frankfurt/M. 1991, S. 204.

28 Vgl. ebd., S. 208.

und anderes darstellen will, als er ist,[29] sondern damit zugleich zu einer wahren Perversion der alten Ordnung. An Paris ist es abzulesen: »Jede Pariserin versammelt in ihrer Wohnung ein Serail von Männern, die weiblicher sind als sie selbst [...].« (BdA 437) Für Rousseau ein wahres Schreckensbild!

Weit schlimmer als die neue Dominanz der Frau erscheint ihm dabei allerdings die Verweichlichung des Mannes. Tatsächlich besteht Rousseaus Problem mit den unverschämten Frauen, den Schauspielerinnen und den Pariserinnen, nicht eigentlich darin, dass diese sich den Männern gleichstellen, sondern darin, dass es ihnen nicht vollständig gelingt, sich den Männern gleichzumachen, wodurch sie schlechte Kopie bleiben.[30] Ebendeshalb unterlaufen die Frauen das männliche Original. Dadurch, dass sie nicht einfach die Seiten wechseln und zu »echten« Männern werden, entsteht etwas Neues: die Sphäre der Gesellschaft, in der sich die Rollen beider Geschlechter verändern, indem sie sich einander anähneln. Eine Kultur öffentlich präsenter Frauen zieht, wie Rousseau argumentiert, notwendig die Feminisierung der Männer nach sich: Das »schwächere Geschlecht ist außerstande, unsere Lebensweise anzunehmen [...], und zwingt uns deshalb zu der seinen, die für uns zu weichlich ist. Weil sie keine Männer werden können, machen die Frauen uns zu Frauen, sobald sie die Trennung nicht mehr hinnehmen können.« (BdA 436) Insofern die öffentliche Kultur männlich kodiert ist, bedeutet die Feminisierung der Männer zugleich eine Feminisierung der öffentlichen Kultur als solcher und für Rousseau also: ihren Verfall. Nichts anderes meint die Transformation der alten Ordnung in das, was Rousseau »Gesellschaft« nennt. Mehr noch als an der öffentlichen Präsenz von Frauen zeigt sich dies am

29 »Der erste Nachteil in großen Städten ist«, schreibt Rousseau an anderer Stelle, »daß die Menschen dort zu andern Geschöpfen werden, als sie eigentlich sind. Die Gesellschaft gibt ihnen gleichsam ein von dem ihrigen verschiednes Wesen. [...] Wenn man sich bei einer Gesellschaft einer Dame nähert, so sieht man, anstatt der Pariserin, die man zu erblicken glaubt, bloß ein Götzenbild der Mode. Ihre Größe, ihr Umfang, ihr Gang, ihre Taille, ihre Brust, ihre Farben, ihre Miene, ihr Blick, ihre Reden, ihr Betragen, nichts von alledem gehört ihr; und sähe man sie in ihrem natürlichen Zustande, man würde sie nicht erkennen.« Jean-Jacques Rousseau, *Julie oder Die neue Héloïse. Briefe zweier Liebenden aus einer kleinen Stadt am Fuße der Alpen*, München 1988, S. 280f.

30 Entsprechend lobt Rousseau an den Spartanerinnen, diese hätten »den Mut« gehabt, »wie Männer zu leben« – ohne diese dadurch zu schwächen (vgl. BdA 439).

Verhalten der Männer, die nun lieber in geschlossenen Räumen um die Frauen herumtänzeln, als mit anderen Männern im Freien auf den öffentlichen Plätzen zu exerzieren. »In einer Republik jedoch«, ereifert sich Rousseau, »braucht man Männer« (BdA 437). Echte, versteht sich; Männer, die ihr »Leben im Freien« (BdA 437) verbringen und denen deshalb die soldatische Tugend der »Härte« (BdA 449) noch nicht abhanden gekommen ist; Männer, die nicht zögern, »dem Vaterland zu dienen« und »ihr Blut für es zu vergießen« (ebd.).

Alarmiert blickt Rousseau daher nicht nur auf den Plan zur Errichtung eines Schauspielhauses in Genf, sondern auch auf neue Erziehungsideale, die sich dort zu verbreiten beginnen:

> [Man] versichert [...] mir, die Erziehung der Kinder sei heute im allgemeinen viel besser, als sie früher war, was indessen nur bewiesen wäre, wenn man zeigte, daß sie bessere Bürger aus ihnen macht. Es stimmt, die Knaben wissen sich hübscher zu verbeugen, sie geben den Damen galanter die Hand und wissen ihnen unendlich viele Höflichkeiten zu sagen, für die ich jedenfalls ihnen die Rute geben würde. [...] Um sie an die Frauen zu binden, deren Langeweile zu zerstreuen ihre Bestimmung ist, gibt man sich Mühe, sie genau wie jene zu erziehen. (BdA 448)

Solche Bemühungen sind freilich aus Rousseaus Perspektive absolut fehlgeleitet. Denn sie haben zum Ergebnis, dass sich die Knaben kaum mehr von den Frauen unterscheiden, außer darin, »daß sie, denen die Natur die weibliche Anmut vorenthalten hat, Lächerlichkeit an ihre Stelle setzen« (ebd.). »Auf meiner letzten Reise nach Genf«, berichtet Rousseau, »habe ich schon einige dieser Damen im Justaucorps gesehen, die Zähne weiß, das Händchen rund, das Stimmchen flötend, einen hübschen grünen Sonnenschirm in der Hand, und mit wenig Geschicklichkeit äfften sie Männer nach« (ebd.). Was Andere für den Höhepunkt der Kultiviertheit halten, ist für Rousseau das sichere Zeichen ihres Niedergangs: eine verkehrte Welt, ein »Verbrechen« wider die Natur (vgl. BdA 420). Allerdings ist in Genf noch nicht alles verloren. Noch gibt es dort Sitten, die Männer zu Männern und Frauen zu Frauen bilden.

4. Die wahre Mitte

Das Ideal der Natürlichkeit, das Rousseau in diesem Zusammenhang predigt, ist alles andere als bloß natürlich. Ob beispielsweise von der Scham tatsächlich gesagt werden kann, dass sie den Frauen natürlich ist, ist für Rousseau nicht eigentlich von Interesse. Entscheidend ist vielmehr, dass die Scham den Frauen zur zweiten Natur wird:

> Selbst wenn man leugnen könnte, daß ein besonderes Schamgefühl den Frauen natürlich ist, wäre es doch nicht weniger wahr, daß ihnen in der Gesellschaft ein häusliches und zurückgezogenes Leben zukommt und daß man sie nach den Grundsätzen erziehen muß, die sich daraus ergeben. Wenn Schüchternheit, Schamhaftigkeit, Bescheidenheit die ihnen eigenen gesellschaftlichen Erfindungen sind, dann ist es für die Gesellschaft wichtig, daß die Frauen diese Eigenschaften erwerben und daß sie in ihnen entwickelt werden, und jede Frau, die sie mißachtet, verletzt die guten Sitten. (BdA 423)

Komplementäres gilt für die Härte, Tapferkeit und Sicherheit der Männer. Natürlichkeit ist hier das Ergebnis von Bildung – einer Form von Bildung allerdings, die in dem Maße erfolgreich ist, wie sie sich als Bildung auslöscht, wie sie die Illusion einer natürlichen Nichtkonstruiertheit zum Ergebnis hat.[31] Die Gefahr, die in dieser Hinsicht von den vom Theater zur Geschlechterparodie verzogenen Frauen und Männern der Pariser Gesellschaft ausgeht, ist die der effektiven Denaturierung dieser Natürlichkeitsanmutung. Denn die Geschlechterparodie offenbart die »Imitationsstruktur«

31 Vgl. Barbara Vinken, »Republic, Rhetoric, and Sexual Difference«, in: Anselm Haverkamp (Hg.), *Deconstruction is/in America. A New Sense of the Political*, New York, London 1995, S. 181-199, hier S. 188. Dass dieser Effekt selbst rhetorisch hergestellt werden muss, zeigt sich wiederum besonders eindringlich an der weiblichen Scham, die für Rousseau, wie Christine Garbe gezeigt hat, keineswegs einfacher Ausdruck von Keuschheit ist, sondern von »subtiler Koketterie«. Tatsächlich wird Rousseau nicht müde zu betonen, dass die schamhafte Verhüllung weiblicher Reize viel effektvoller ist, als es deren Enthüllung je sein könnte. »›Unschuld‹ und ›Natürlichkeit‹ der schamhaften Frau sind«, so Garbe, »Effekte einer doppelten Verschleierung: Verhüllung ihrer Reize auf der Objektebene *und* Verhüllung der ›Intentionalität‹ dieser Verhüllung auf der Metaebene.« Vgl. Christine Garbe, *Die »weibliche« List im »männlichen« Text. Jean-Jacques Rousseau in der feministischen Kritik*, Stuttgart, Weimar 1992, S. 99.

der »Geschlechtsidentität als solcher«.[32] An der geringen Geschicklichkeit der »Damen im Justaucorps« tritt es zutage: auch Männer äffen Männer nach. Es gibt keine ursprüngliche Weiblichkeit oder Männlichkeit, sondern nur Nachahmungen. In diesem Sinne gibt es kein eigentliches Sein hinter dem Schein.[33] Vor diesem Hintergrund trifft sich die Parodie der Geschlechterrollen, welche die Schauspielerin schon durch die Unverschämtheit ihrer sozialen Existenz verkörpert, mit der Ironie des Schauspielers, die dieser erst durch die Ausübung seiner Kunst gewinnt. Bringt die parodistische Existenz der Schauspielerin die Nachahmungsstruktur aller sozialen Rollen zum Vorschein (und seien es die scheinbar natürlichsten), so hält die Ironie des Schauspielers die vorsubjektive Unbestimmtheit präsent, die Grund und Abgrund aller Nachahmung ist. Beide Figuren betonen Kontingenz: Eben weil es keine Subjektivität vor der, sondern allein durch Nachahmung gibt, bleibt – gegen jede Ideologie natürlicher und/oder sozialer Bestimmtheit – die Möglichkeit der Mimesis an Anderes grundsätzlich gegeben und damit die Möglichkeit der Abstandnahme und Veränderung von unseren jeweiligen sozialen Identitäten prinzipiell bestehen.

Für Rousseau ist die Kontingentsetzung der sozialen Rollen nicht so sehr aufgrund seines Ideals der Natürlichkeit als aufgrund seines Ideals der republikanischen Gemeinschaft inakzeptabel. So fällt die Ausbildung der Geschlechterdifferenz Rousseaus eigener Konstruktion zufolge in eine Zeit nach dem Naturzustand.[34] Die Sittlichkeit der Genfer, deren Natürlichkeit Rousseau gegen die Dekadenz der Pariser Gesellschaft verteidigt, entspricht keineswegs dem Naturzustand,[35] vielmehr ähnelt sie, wenn auch nur

32 Vgl. Butler, *Das Unbehagen der Geschlechter*, S. 202.

33 Darauf, dass damit nicht die Unterscheidung von Sein und Schein überhaupt hinfällig wird, habe ich bereits hingewiesen. Vgl. oben, Kap. I, Abschn. 9.

34 Während »das männliche und das weibliche Geschlecht [im Naturzustand] auf einerlei Art gelebt hatten«, »fingen sie jetzt [auf einer späteren Entwicklungsstufe] an, eine verschiedene Lebensart anzunehmen«. Jean-Jacques Rousseau, »Abhandlung über den Ursprung und die Grundlagen der Ungleichheit unter den Menschen«, *Schriften*, I, S. 234. Im Folgenden im Text zitiert als ZA.

35 Vom Naturzustand sagt Rousseau freilich selber, es handele sich um einen Zustand, »der nicht mehr zu finden, vielleicht niemals dagewesen, und künftig auch, allem Ansehen nach, nie vorkommen wird.« Es geht ihm aber gleichwohl darum, »richtige Begriffe von demselben zu haben, wenn man über unseren gegenwärtigen Zustand urteilen will« (ZA 182 f.). Der Naturzustand fungiert, wie

noch entfernt, dem, was Rousseau in der zweiten Abhandlung »das jugendliche Weltalter« (ZA 238) nennt: eine ebenso »glückliche« wie »dauerhafte Zeit« in der »wahren Mitte« (ebd.) zwischen dem Naturzustand einerseits, in dem es nach Rousseaus Bild noch keine Geschlechterdifferenz, Gemeinschaft und Moral gibt und in dem auch das spezifisch menschliche, weil geschichtsbewusste »Vermögen, sich vollkommener zu machen« (ZA 204, 228) noch nicht ausgebildet ist; und andererseits einer Gesellschaft, in der dies Vermögen so weit getrieben wurde, dass die Selbstliebe zur geltungssüchtigen Eigenliebe verkommt, der es nur darauf ankommt, vorteilhaft zu erscheinen, und in der es keine (echte) Geschlechterdifferenz, Gemeinschaft und Moral mehr gibt. Was in der Abwehrschlacht gegen den Bau eines Theaters in Genf also verteidigt wird, ist der Höhepunkt der Kulturalisierung vor ihrem Umschlag in einen »neuen Stand der Natur«, der, anders als der ursprüngliche, kein »Stand der Natur in seiner Reinheit« mehr ist, sondern »die Frucht einer überschwenglichen Verderbnis« (ZA 262). Ein jeder Schritt, den die Menschheit über die im »jugendlichen Weltalter« erreichte Kultur hinaus tut, um »der Vollkommenheit des Individuums fortzuhelfen«, ist Rousseau zufolge ein Schritt zu viel (vgl. ZA 238). Definitiv zu viel in diesem Sinne aber ist für Rousseau, bei allen Schritten, die freilich das Genf seiner Zeit bereits von dem in der zweiten Abhandlung beschworenen »jugendlichen Weltalter« trennen, vor allem die Kultivierung der »unnützen« und »schädlichen« Kunst des Theaters (vgl. ZA 261): dieser Schritt führt endgültig ins Verderben.

Dergestalt kehrt bei Rousseau auch die platonische Kritik am Überfluss und dem mit ihm einhergehenden Übermaß an Freiheit wieder. In beiden Fällen geht es um die Zurückweisung eines Zuviel an Mitteln und an Freiheit, das die Mitglieder eines Gemeinwesens aus ihren sozialen Rollen verführt, so dass dieses sich von innen her auflöst. Problematisch ist für Rousseau jedoch, anders als für Platon, nicht in erster Linie die Viel- und Fremdtuerei, durch die nichts mehr so bleibt, wie es war (nämlich an seinem Platz), obwohl auch dies, wie wir bereits gesehen haben und gleich noch

Jean Starobinski kommentiert, als »ein Modell des vorsozialen Menschen, von dem aus es möglich wird, ein genaues Maß für alle Errungenschaften der Kultur und der sozialen Organisation zu gewinnen«. Vgl. Jean Starobinski, *Rousseaus Anklage der Gesellschaft*, Konstanz 1977, S. 24.

weiter sehen werden, für ihn ein Problem ist; problematisch ist für ihn zuvörderst der dieser Möglichkeit zugrunde liegende Spielraum zwischen Mensch und Rolle selbst, durch den nichts mehr so ist, wie es scheint: Weder weiß man um das wahre Gesicht hinter den Erscheinungen noch aber – deshalb – um den Status der Erscheinungen selbst. Dem entspricht das Bild der (Salon-)Gesellschaft: In dem hier gepflegten Spiel der Erscheinungen gibt es weder echte Männer noch richtige Frauen, weder eigentliche Privatheit noch wahre Öffentlichkeit. Alles vermischt sich diffus in einer feminisiert-orientalisierten Atmosphäre emphatischer Artifizialität, in der sich erfüllt, was Rousseau für den Untergang des Abendlands hält: dass man »niemals recht« wissen kann, »mit wem man es zu tun hat« (EA 36).

Für Rousseau bedeutet dies das Ende der Freiheit. Um die Gesellschaft, und zwar, anders als Plessner, gerade auch im Blick auf ihre zwielichtigen Seiten, auf Verbergung, Verkehrung und Entstellung, gegenüber Rousseaus Idee des Gemeinwesen verteidigen zu können, ist es nötig, sich diese Idee noch einmal gesondert vor Augen zu führen. Was also ist für Rousseau das Gegenbild zur urbanen (Theater-)Gesellschaft?

5. »Deine Zauber binden wieder, was die Mode streng geteilt«:[36] Das Fest der Brüder

Rousseaus Antwort auf das undurchdringliche Zwielicht urbaner Salon- und Theaterkultur ist recht buchstäblich: Sie besteht darin, alles ans Tageslicht zu holen. Das Volk soll seine Schauspiele haben, aber ohne Schauspieler und ohne Theaterhäuser, sondern als Volksfest unter freiem Himmel. »In frischer Luft und unter freiem Himmel sollt ihr euch versammeln und dem Gefühl eures Glücks euch überlassen.« (BdA 462) Vorbild der Vergnügungen, die Rousseau für Genf vorsieht, sind die »bescheidenen Feste und

36 So Schillers sehr rousseaueske *Ode an die Freude*, die bis heute ihre politische Bedeutung nicht verloren hat. Beethovens Vertonung der Ode ist heute die Hymne der Europäischen Union: »Freude, schöner Götterfunken / Tochter aus Elysium / Wir betreten feuertrunken / Himmlische, dein Heiligtum / Deine Zauber binden wieder / Was die Mode streng geteilt / Alle Menschen werden Brüder / Wo dein sanfter Flügel weilt.«

Spiele« Spartas (vgl. BdA 470), Festspiele also, denen jede ironische Verbergung und Verstellung, jede parodistische Verkehrung und Entstellung – und *in diesem Sinne*: jedes Spiel[37] – fehlt. Bei einem solchen Schauspiel soll nichts auf- oder vorgeführt werden: »Was werden aber schließlich die Gegenstände dieses Schauspiels sein? Was wird es zeigen?«, fragt Rousseau. »Nichts, wenn man will«, lautet die prompte Antwort (BdA 462). Im Genfer Schauspiel soll niemand etwas darstellen; niemand soll den Anderen etwas vormachen. »Zu Genf soll man nur Menschen finden.« (ZA 178) »Nur Menschen«, das ist hier freilich in genau dem Sinne zu hören, der von den Schauspielern abgegrenzt wurde. Während diese, so hatte Rousseau gesagt, die Menschlichkeit des Menschen in dem Maße untergehen lassen, wie sie ihn von seiner sozialen Rolle lösen, ist das positive Gegenbild des aufrichtigen Menschen zu Genf durch seine Identität mit seiner sozialen Rolle bestimmt. Im Genfer Schauspiel versammelt sich eine Gemeinschaft, die sich in dem Maße durchsichtig ist, wie hier jeder, und zwar voll und ganz, »an seinem Platz« ist. Das wird im Fest demonstriert; es soll sich um ein Schauspiel nicht der Repräsentation, sondern der Präsentation von Identitäten handeln, die – indem hier jeder zeigt, wo er hingehört – zugleich eine Präsentation der sozialen Ordnung ist. Gegenstand der Feste ist daher natürlich nicht nichts, sondern das in seiner Platzordnung sich affirmierende Gemeinwesen selbst: »Pflanzt in der Mitte eines Platzes einen mit Blumen bekränzten Baum auf, versammelt dort das Volk, und ihr werdet ein Fest haben. Oder noch besser: stellt die Zuschauer zur Schau, macht sie selbst zu Darstellern, sorgt dafür, daß ein jeder sich im andern erkennt und liebt, daß alle besser miteinander verbunden sind.« (BdA 462 f.)

Zu den in diesem Sinne guten Schauspielen zählt Rousseau Musterungen, militärische und sportliche Wettbewerbe im Sommer, Bälle für junge Leute im heiratsfähigen Alter im Winter. Die sommerlichen Spiele gelten der (Selbst-)Präsentation der männlichen Bevölkerung im wehrhaften Alter; die Feste im Winter – wenn das Licht schon nicht mehr ganz so hell ist und man sich eher »dem privaten Umgang [...] widmet« – sind dem Spektakel der Geschlechter vorbehalten. Damit Letzteres jedoch nicht ins theatrale Zwielicht gerät, ist es entscheidend, dass es sich unter

37 Vgl. Jacques Derrida, *Grammatologie*, Frankfurt/M. 1974, S. 526.

dem wachsamen »Auge der Öffentlichkeit« vollzieht und dass die jungen Leute einander nicht durch die Kniffe der Mode über ihr tatsächliches Aussehen täuschen (vgl. BdA 465). Durch solche »anständigen Zusammenkünfte« soll die Jugend daran gehindert werden, sich »gefährlichere« zu suchen.[38] Überdies sollen die zuverlässig im Winter stattfindenden Bälle kompensieren, dass die Geschlechter ansonsten »jeweils eigenen« Tätigkeiten nachgehen und daher »den dauernden Verkehr mit dem anderen Geschlecht entbehren [...] müssen« (BdA 467). Die Bälle werden so zum maßgeblichen Instrument, um die Ordnung der Geschlechter samt geschlechtsspezifischer Arbeitsteilung und Zuordnung zu getrennten Sphären aufrechtzuerhalten und zu bestätigen. Während sich das Gemeinwesen bei den Bällen als »große Familie« (vgl. BdA 468) erkennt, in der den Geschlechtern je unterschiedliche Rollen zukommen, erkennt es sich bei den sommerlichen Festen und Spielen als politische Einheit, als Republik. Von der sommerlichen Szene sind Frauen weitgehend ausgeschlossen; ihnen ist allenfalls die Rolle von Claqueuren zugestanden, die den männlichen Akteuren »neuen Eifer geben« sollen (BdA 472). Rousseaus Paradigma für ein republikanisches Fest ist bezeichnenderweise der Tanz einer Kompanie. Bereits der junge Jean-Jacques, so gesteht uns der alte, geriet angesichts der »Übereinstimmung von fünf- oder sechshundert uniformierten Männern« ins Schwärmen, »die einander alle bei der Hand halten und eine lange Kette bilden, die sich im Takt und ohne jede Unordnung tausendfach vor und zurück durch tausend sich verschieden entwickelnde Figuren windet« (BdA 472). »›Jean-Jacques‹«, sagt der ebenfalls begeisterte Vater bei dieser Gelegenheit zu seinem Sohn, »›liebe deine Heimat. Sieh diese braven Genfer! Sie sind alle Freunde, alle Brüder; Freude und Eintracht regieren unter ihnen. Du bist Genfer und wirst eines Tages andere Völker sehen. Aber wenn du auch so viel reist wie dein Vater, du wirst nie ein Volk finden, welches ihnen gleichkommt.‹« (BdA 473)

38 »Nimmt man der munteren und ausgelassenen Jugend die erlaubten Freuden«, schreibt Rousseau, »so setzt sie gefährlichere an ihre Stelle. Geschickt werden vertrauliche Treffen verabredet, die an die Stelle der öffentlichen Zusammenkünfte treten. Gezwungen, sich zu verstecken, als ob man schuldig wäre, ist man versucht, es zu werden. Das unschuldige Laster möchte sich am hellen Tage auslassen, das Laster aber ist ein Freund der Finsternis, und niemals wohnen Unschuld und Geheimnis lange beieinander.« (BdA 465)

Der ganz eigene Reiz solcher Veranstaltungen mag sogar attraktiv für Fremde sein, die dadurch nach Genf gelockt werden könnten, überlegt Rousseau. Jedoch kann es kaum überraschen, dass er »aus vielen gewichtigen Gründen in solchen Besuchen mehr Nachteile als Vorteile« sieht (BdA 469). Das Spektakel zu Genf ist ein Spektakel, mit dem die Republik Genf sich sich selbst präsentiert, ein Schauspiel von und für Genfer, in dem es keine Zuschauer geben soll, denen nicht selber eine Rolle im Gemeinwesen zukommt. Ob männliche Akteure oder weibliche Claqueure – alle sind Teil eines Gemeinwesens, einer Einheit, zu der es idealerweise keinen anwesenden Außenstehenden geben soll. Abwesende Außenstehende – potentielle Feinde – hingegen sind durchaus eine indirekte Adresse des Genfer Spektakels, das ein Spektakel seiner Einheit und damit zugleich: seiner Souveränität ist. Unter den Augen eines freundlich gesinnten Fremden, eines Touristen also, verkäme das Schauspiel hingegen zum Theater, zur Selbstdarstellung Genfs, zur Repräsentation. Ebendas aber soll das Fest nicht sein; gerade darin soll es dem Theater diametral entgegengesetzt sein. Denn das Theater stiftet, anders als das republikanische Fest, keine Einheit. Es trennt; nicht nur die Menschen von ihren Rollen und die Darsteller vom Publikum, sondern auch die einzelnen Zuschauer voneinander. »Man glaubt«, schreibt Rousseau, »sich zum Schauspiel zu versammeln, dort aber trennt sich jeder von jedem, man vergißt seine Freunde, Nachbarn und Verwandten, um sich mit Märchen aufzuhalten, um traurige Schicksale längst Verstorbener zu beweinen oder auf Kosten der noch Lebenden zu lachen« (BdA 348). Die Trennung der Zuschauer voneinander etabliert das Theater Rousseau zufolge nicht nur aufgrund der theatralen Anordnung, in der das Theaterpublikum sich einzig »indirekt vereint vermittels der Bühnenhandlung«;[39] sondern vor allem vermöge seiner Wirkungen auf die moralischen Bande zwischen den Mitgliedern des Gemeinwesens. Denn das Theater schwächt die Tugend nicht nur, indem es seinem Publikum die Leidenschaften nahebringt, die es darstellt – diese umgekehrte Katharsisthese übernimmt Rousseau von Platon[40] –, es reduziert auch das Mitleid, für Rousseau der

39 Jean Starobinski, *Rousseau. Eine Welt von Widerständen*, Frankfurt/M. 2003, S. 145.

40 Wie dieser ist Rousseau nämlich nicht nur davon überzeugt, dass das Theater durch seinen Unterhaltungsauftrag auf spektakuläre Stoffe verpflichtet ist, die

Gegenpol zur Eigenliebe,[41] auf eine »flüchtige« und »eitle«, weil letztlich nur dem Selbstgenuss (und somit: der Eigenliebe) dienende »Erschütterung, die nicht länger dauert als der Schein, der sie verursacht« (BdA 357). Das Mitleid wird im Theater also entweder überhaupt durch die Leidenschaften verdrängt oder aber in der voyeuristischen Einstellung zum Dargestellten »unfruchtbar« (BdA 391) gemacht.[42]

Im republikanischen Fest hingegen soll sich die sittliche Einheit der Gemeinschaft, ihre Verbundenheit, demonstrieren. Sein Modus ist die geteilte Freude, nicht der einsame Genuss. Allerdings ist kaum zu übersehen, dass sich Theater und Fest bei Rousseau nicht einfach als Instanzen der Trennung und der Einheit gegenüberstehen. Vielmehr haben wir es mit einer chiastischen Struktur zu tun: Wo die eine trennt, vereint die andere – und umgekehrt. Denn die Einheit des republikanischen Schauspiels impliziert ebenfalls Trennungen, die das Theater auf der anderen Seite gerade aufhebt; gemeint sind die Trennungen zwischen den Geschlechtern und die zwischen Einheimischen und Fremden. Im Theater mischen sich nicht nur Männer und Frauen, es zieht auch Fremde an. Die Genfer Republik hingegen demonstriert sich als eine Gemeinschaft von Brüdern – als eine, wie Derrida sagen würde, »Fraternokratie«[43] – in dem recht buchstäblichen Sinne, der Frauen und Fremde ausschließt: Frauen können noch nicht einmal metaphorisch Brüder genannt werden, und Fremde können unter Umständen Freunde, nie aber Brüder werden. Das Spektakel der republikanischen Einheit ist eine Demonstration »kriegerischen Geists« (vgl. BdA 472) nach außen und männlicher Dominanz nach innen.

der ästhetisch uninteressanten Tugend entgegenstehen, sondern auch davon, dass es bei seinem Publikum eine Disposition für die vernunftwidrigen Leidenschaften hervorbringt, die es darstellt: »Ich weiß wohl, daß die Poetik des Theaters das Gegenteil zu tun vorgibt und die Leidenschaften zu reinigen behauptet, indem sie sie erweckt, aber ich gestehe es, ich kann diese Regel nicht recht begreifen. Sollte man erst rasend und närrisch werden müssen, wenn man klug und vernünftig werden will?« (BdA 352)

41 Vgl. Rousseaus Ausführungen zum »natürlichen Gefühl« des Mitleids in ZA 221.

42 Dass dieser moralischen Kritik am Theater eine Verkennung der spezifischen Struktur ästhetischer Erfahrung unterliegt, habe ich andernorts gezeigt. Vgl. Juliane Rebentisch, *Ästhetik der Installation*, Frankfurt/M. 2003, S. 25-40.

43 Vgl. u. a. Derrida, *Schurken*, S. 76.

6. Alle Brüder sind auch Menschen: Das Problem männlicher Selbstdifferenz

Die regelmäßig durchzuführenden Feste übernehmen bei Rousseau folglich die »ausgesprochen performative Funktion«,[44] die republikanische Einheit zu manifestieren, zu bestätigen und dadurch aufrechtzuerhalten. Damit die Feste diese Funktion erfüllen können, bedarf es indes einer ganzen Reihe von Maßnahmen. Nicht nur muss der Ausschluss von Fremden und der ausschließende Einschluss von Frauen organisiert werden, auch sind bestimmte Vorkehrungen nötig, um das Verhältnis der Brüder untereinander zu kontrollieren. Man muss sich nur verdeutlichen, wie ambivalent das Bild der um einen großen Baum versammelten Gemeinschaft in der »Abhandlung über den Ursprung und die Grundlagen der Ungleichheit« gezeichnet wird. In die Gemeinschaft, als deren höchster Ausdruck im »Brief an d'Alembert« das Fest beschrieben wird, ist hier nämlich bereits der Keim ihrer Zerstörung eingelassen: »[D]ie Gemeinschaft«, so beschreibt Rousseau den Übergang vom Naturzustand in die Gesellschaft in der zweiten Abhandlung,

> breitete sich weiter aus und die Bande schlossen sich fester zusammen. Man fing an, sich vor den Hütten oder um einen großen Baum zu versammeln. Singen und Tanzen, die echten Kinder der Liebe und Muße, wurden ein Zeitvertreib oder vielmehr eine Beschäftigung für das müßige Volk beiderlei Geschlechts, das hier zusammenkam. Ein jeder bemerkte alle anderen und hatte Lust, wiederum von ihnen bemerkt zu werden. Die öffentliche Hochachtung erlangte einen Wert. Wer am besten singen, wer am besten tanzen konnte, der Schönste, der Stärkste, der Geschickteste oder der Beredteste wurde am meisten bemerkt. Dieses war der erste Schritt zur Ungleichheit und zugleich der erste Schritt zum Laster. Der erste Vorrang, den man einigen einräumte, erzeugte hier Stolz und Verachtung, dort Scham und Neid, und aus dem Gären dieses ungewohnten Sauerteigs entstanden schädliche Beimischungen für die Glückseligkeit der Menschen und für ihre Unschuld. (ZA 236f.)

In dem Maße nämlich, erläutert Rousseau weiter, wie nun der »Rang und das Schicksal eines jeden Menschen« nicht zuletzt auch

44 Vgl. den Abschnitt »Das Imaginäre der Republik III: Die Feste« (Lüdemann) in: Albrecht Koschorke, Susanne Lüdemann, Thomas Frank, Ethel Matala de Mazza, *Der fiktive Staat. Konstruktionen des politischen Körpers in der Geschichte Europas*, Frankfurt/M. 2007, S. 267-280, hier S. 267.

von der sozialen Anerkennung abhing, die sich auf Eigenschaften wie Verstand, Schönheit, Leibesstärke oder Geschicklichkeit bezog, »mußte man welche davon besitzen oder sie vortäuschen. Man mußte zu seinem eigenen Besten sich anders stellen, als man war. Sein und Scheinen wurden zwei ganz verschiedene Dinge, und aus diesem Unterschiede entsprang die täuschende Hoheitsmiene, die betrügerische List und ihr Gefolge, alle übrigen Laster.« (ZA 242)

Die soziale Wertschätzung individueller Leistungen bringt also nach Rousseau eine Ungleichheit mit sich, durch die auf der einen Seite die Sieger sich selbst für wichtiger halten müssen als die anderen, wodurch in ihnen das Prinzip der Eigenliebe (des *amour propre*) erwacht,[45] und die auf der anderen Seite die Verlierer zum Mittel der Täuschung greifen lässt, um auch ohne Talent zu Anerkennung zu kommen. Auf lange Sicht führt, so Rousseaus Diagnose, eine auf individuelle Leistungen fokussierende Anerkennungskultur zum Zerfall der Republik. Denn unter ihren Bedingungen wissen die Brüder voneinander schnell nicht mehr, mit wem sie es zu tun haben, und dann werden Brüder keine Brüder mehr sein können.[46]

Nun ist es ja tatsächlich so, dass wir uns, sofern nicht mehr vorab ausgemacht ist, wer einer ist, weil wir ihn nicht mehr sozial zuordnen können, auf den Eindruck verlassen müssen, den er durch seine *performance* – seine Leistung und/oder seine Selbstdarstellung – auf uns macht. Allerdings haben wir bereits im ersten Kapitel diskutiert, dass der Umstand, dass wir die Anderen nicht mehr ohne weiteres einordnen können, nicht notwendig einem Zustand skep-

45 Vgl. Rousseaus Unterscheidung von Selbstliebe und Eigenliebe, der zufolge »die Selbstliebe eine natürliche Erfindung [ist], die jedes Tier dahin bringt, daß es über seine eigene Erhaltung wacht, [...] die Eigenliebe [hingegen] eine relative Empfindung, die in der Gesellschaft entsteht und jedem einzelnen Geschöpf eingibt, mehr Wesens von sich als von allen anderen Dingen zu machen« (ZA 297).

46 Mit dem Problem der Intransparenz geht, wiewohl Rousseau es nicht explizit ausspricht, eine Logik des Verdachts einher, die zu einer Selbstzerstörung des auf absoluter Transparenz fundierten Brüderbunds führen muss. Zur Dialektik von Verbrüderung und Verdacht, die nur Brüder oder Feinde kennt und stets damit droht, Erstere in Letztere umschlagen zu lassen, so dass sie »schließlich nur noch den toten Bruder als den ›guten Bruder‹ erscheinen lässt, nämlich als den einzigen, der nicht mehr zum Verräter werden kann«, vgl. den Abschnitt »Brüderlichkeit als politisches Modell« (Lüdemann) in: Koschorke, Lüdemann, Frank, Matala de Mazza, *Der fiktive Staat*, S. 280-291, hier S. 291, sowie die über das gesamte Buch verteilten Überlegungen zur Brüderlichkeit in Jacques Derridas *Politik der Freundschaft*, Frankfurt/M. 2002.

tizistischer Entfremdung vom Anderen entsprechen muss, sondern vielmehr der Einsicht in das korrespondiert, was Stanley Cavell die »Wahrheit des Skeptizismus« genannt hat: dass wir, wer einer ist, tatsächlich nie abschließend kennen (wissen), sondern nur immer wieder neu das, was er von sich zeigt, anerkennen können.[47] Und auch der Umstand, dass wir uns nicht auf die sozialen Positionen und Aufgaben festlegen lassen, welche die Tradition für uns vorgesehen haben mag, ist nicht an sich schon eine Chiffre der Ungleichheit, wie Rousseaus Erzählung suggeriert, weil sie die Entdeckung individueller Differenzen an eine Szene der Konkurrenz um bereits etablierte Werte bindet. Vielmehr sind damit nur Bedingungen für soziale Veränderung formuliert, für Veränderungen, die nicht zuletzt auch die Werte betreffen können, nach denen öffentliche Anerkennung verteilt wird. Ich werde darauf zurückkommen (Abschn. 9 u. 10).

Interessant ist hier jedoch zunächst, dass Rousseau in der zweiten Abhandlung gerade die Festkultur als erste Quelle für jenen Ehrgeiz ausmacht, der das menschliche Vermögen, sich vollkommener zu machen, über das für den Erhalt des Gemeinwesens gesunde Maß hinaustreibt. Um Feste feiern zu können, bedarf es daher besonders stabiler Sitten. So taucht im »Brief an d'Alembert« bezeichnenderweise der Hinweis auf die Sitten just in dem Moment auf, in dem davon die Rede ist, dass aus Anlass der Genfer Sommerfestspiele diverse Schützen- und andere Wettbewerbskönige ermittelt werden sollen: »Mehr, als man denkt«, heißt es dort in einer Anmerkung,

> tragen gute Sitten dazu bei, daß ein jeder sich in seinem Stand wohl fühlt. Hinterlist und Intrige entspringen der Unrast und der Unzufriedenheit; alles kommt durcheinander, wenn einer die Stelle des anderen erstrebt. Man muß seinen Beruf lieben, um ihn gut auszufüllen. Die Grundlage des Staates ist nur dann fest und gut, wenn alle sich am richtigen Platz fühlen, wenn die einzelnen Kräfte sich vereinen und um das gemeine Wohl wetteifern, anstatt sich gegenseitig aufzureiben, wie sie es in jedem schlecht verfaßten Staate tun. Dies vorausgesetzt, was soll man von denen denken, die dem Volk die Feste, die Freuden und jede Art von Vergnügen ebenso nehmen wollen wie die Belustigungen, die es von der Arbeit abhalten? (BdA 463)

47 Vgl. oben, Kap. I, Abschn. 10; zur »Wahrheit des Skeptizismus« vgl. Stanley Cavell, »Knowing and Acknowledging«, in: ders., *Must We Mean What We Say? A Book of Essays*, Cambridge 1969, S. 238-266.

Damit die Feste nicht die zersetzenden Wirkungen haben, von denen die zweite Abhandlung berichtet, ist also erstens vorausgesetzt, dass die Sitten so stabil sind, dass jeder prinzipiell so zufrieden mit seiner Position im Gemeinwesen ist, dass der Geist des Wettbewerbs nicht zu einem »alles verschlingenden Ehrgeiz«, zum »schwarzen Trieb« der Eifersucht werden kann (vgl. ZA 243). Um aber umgekehrt die Sitten nicht durch die Wettbewerbe zu gefährden, muss überdies genauestens darauf geachtet werden, was öffentlich gefeiert respektive anerkannt wird. Es bedarf folglich der Wettbewerbe eines ganz bestimmten Typs, bei denen der Kampf nicht primär gegeneinander, sondern um das Gemeinwohl geführt wird. Daher die Emphase auf den militärischen Spielen. Jede Form von Individuierung, die sich durch die Dynamik des Wettkampfs entwickeln könnte, wird so im Zeichen des Allgemeinen eingehegt.[48]

Deshalb geht es im Fest zu Genf auch nicht um die Präsentation von Persönlichkeiten, sondern von Personifikationen[49] – die Uniform beim Tanz der Kompanie (dem Ideal des republikanischen Fests) zeigt es überdeutlich an. Der republikanische Mann, der sich im Fest zeigt, zeigt sich als individuelles Allgemeines: als Bürger/Bruder. Dabei soll die Personifikation, die Verkörperung des wehrhaften Bürgers durch den Mann, von den Mitgliedern Genfs nach dem Modell dessen betrachtet werden, was, wie Bettine Menke zusammenfasst, »Goethe, Creuzer und andere Symbol nannten«.[50] Die symbolische Wahrnehmung nämlich setzt »ent-rhetorisierend auf Anschaulichkeit des Ganzen im einzelnen als dessen Erscheinung«.[51]

Allegorisch hingegen ist der vom Theater erzogene Blick oder auch der Blick des Fremden/Touristen, der in der Personifikation eine Darstellungsrelation sieht, der also die Differenz zwischen Mensch und Rolle, Signifikant und Signifikat mitsieht. Der Umstand, dass die symbolische Wahrnehmung des Genfer Fests über-

48 Vgl. zu Rousseaus Idee einer »Sublimierung« des mit der Eigenliebe assoziierten Strebens nach sozialer Wertschätzung auch Frederick Neuhouser, *Rousseau's Theodicy of Self-Love. Evil, Rationality, and the Drive for Recognition*, Oxford 2008, bes. S. 264.

49 Zum allegorischen Rest im Fest vgl. Anselm Haverkamp, »Fest/Schrift – Festschreibung unbeschreiblicher Feste: Klopstocks *Ode von der Fahrt auf der Zürchersee*«, in: *Poetik und Hermeneutik* XIV (1989), S. 276-298, hier S. 280.

50 Anselm Haverkamp und Bettine Menke, »Allegorie«, in: *Ästhetische Grundbegriffe*, Bd. I, Stuttgart 2000, S. 49-104, hier S. 101.

51 Ebd., S. 100.

haupt allegorisch entstellt werden kann, verweist freilich auf den Umstand, dass die Personifikation republikanischer Bruderschaft von einer Differenz bedroht ist, die nicht die Differenz zu einem Anderen ist, sondern eine Form der Selbstdifferenz: eine Spaltung des männlichen Subjekts in die Personifikation des Allgemeinen qua militärischer Tugend einerseits und andererseits einem in dieser Personifikation nicht aufgehenden Überschuss. Rousseau weiß, darüber gibt es keinen Zweifel, durchaus um die Selbstdifferenz der männlichen Mitglieder Genfs – weshalb er alles daran setzt, diese Differenz zu kontrollieren. Es ist diese Differenz, die in der rigiden republikanischen Geschlechterordnung mit ihrer strikten Trennung von privater und öffentlicher Sphäre auf eigentümliche Weise externalisiert und auf diese Weise kontrollierbar gemacht werden soll. Sie wird ins Bild der Frau verlagert und dieses in den Raum des Privaten gebannt. Die Frau verhält sich zum Mann bei Rousseau also interessanterweise keineswegs wie Natur zu Kultur, sondern wie Allegorie zu Symbol.[52]

So ist es zwar die Ausgangsbestimmung der Geschlechterdifferenz im *Émile*, dass die Männer »aktiv und stark« und die Frauen »passiv und schwach« seien.[53] Aus der Diagnose dieser »natürlichen« Asymmetrie ergibt sich dann für Rousseau aber sogleich das Weitere, dass die Frau aufgrund ihrer Schwäche, anders als der Mann, von der Dimension sozialer Anerkennung abhängig ist:

Schon von Natur aus hängen [die Frauen] vom Urteil der Männer ab: es genügt nicht, schön zu sein, sie müssen auch gefallen; es genügt nicht, sittsam zu sein, sie müssen auch dafür gehalten werden. Ihre Ehre liegt nicht nur in dem Betragen, sondern auch in ihrem Ruf, und es ist unmöglich, daß eine Frau, die den Ruf der Ehrlosigkeit hinnimmt, jemals ehrbar sein kann. Ein rechtschaffener Mann hängt nur von sich selbst ab und kann der öffentlichen Meinung trotzen. Eine rechtschaffene Frau hat damit nur die Hälfte ihrer Aufgabe gelöst: das, was man über sie denkt, ist nicht weniger wichtig als das, was sie wirklich ist. Daraus folgt, daß ihre Erziehung in dieser Hinsicht das Gegenteil von unserer sein muß. Die öffentliche Meinung ist für die Männer das Grab ihrer Tugend, für die Frauen aber deren Thron.[54]

52 »Der Mann wird zu der Figur, die die Figuralität leugnet, wohingegen die Frau zu der Figur wird, die die Figuralität verkörpert«, schreibt Vinken in: »Republic, Rhetoric, and Sexual Difference«, S. 194, Übers. JR.

53 Jean-Jacques Rousseau, *Emil oder Über die Erziehung*, Paderborn 1983, S. 386.

54 Ebd., S. 394.

Umso notwendiger erscheint dann aber aus Rousseaus Perspektive, dass die Frau, die in ihrer »naturgemäßen« Außenorientierung auf der öffentlichen Meinung thront, im Privaten gehalten werden muss. Weil die Frau von Natur aus die Differenz von Mensch und Rolle verkörpere, bedeute bereits ihr schamloser Übertritt in die Öffentlichkeit den Anfang vom Ende männlicher Tugend. Am Ende nämlich werden die Frauen die Männer mit dem weiblichen Prinzip der Dissoziation von Sein und Schein, Mensch und Rolle, mit der ganzen Abgründigkeit der an Äußerlichkeiten interessierten Sphäre der öffentlichen Meinung infiziert haben. In genau diesem Sinn bemerkt Rousseau, dass die Liederlichkeit der Schauspielerinnen (ihre Schamlosigkeit) die Liederlichkeit der Schauspieler (ihre Substanzlosigkeit) »nach sich zieht« (BdA 416). Eingetaucht in das allegorisierende, das feminisierende Licht der öffentlichen Meinung, zeigt sich in aller Öffentlichkeit, dass auch die Männer – und das heißt: die eigentlichen Bürger Genfs – niemals nur oder ganz Brüder/Bürger sind. Das ist der Skandal. Nicht, weil sie sich den Männern gleichstellen, sondern weil sie dadurch an den Männern eine latent wirksame Selbstdifferenz öffentlich machen, sind die schamlosen Frauen eine Bedrohung fürs Gemeinwesen.[55]

55 Anders als Frederick Neuhouser meine ich deshalb, dass Rousseaus Theorie der Geschlechterdifferenz von hoher systematischer Relevanz hinsichtlich des »philosophischen Kerns seines Denkens« ist (vgl. Frederick Neuhouser, *Rousseau's Theodicy of Self-Love*, hier bes. S. 25, Übers. JR). Entscheidend ist hier allerdings weniger der Umstand, *dass* die Gemeinschaft der Brüder offenkundig auf dem Ausschluss von Frauen und Fremden beruht, sondern *weshalb* dieser Ausschluss – ebenso wie derjenige der Theaterleute – nach Rousseau sein muss: um auf der Seite der männlichen Mitglieder des Gemeinwesens die latent immer gegebene Differenz von Mensch und Bruder/Bürger zu kontrollieren. Für Neuhouser, darin folgt er der Rousseauschen Bestimmung des Menschen in seiner sozialen Identität, zeigt der Konflikt zwischen Mensch und Bürger einen Verfall an. Er ist, so Neuhouser, entweder das Ergebnis einer falschen Erziehung, aufgrund deren der Einzelne sich dem Gemeinwesen entfremdet, oder er wird umgekehrt durch eine Korruption des Gemeinwesens hervorgebracht (vgl. ebd. S. 214, 260). In einem funktionierenden Gemeinwesen hingegen soll die praktische Identität, die der Einzelne durch gute Erziehung gewinnt, so mit den Werten der Gemeinschaft übereinstimmen, dass ihr Ausdruck von Gleichgesinnten (das heißt ebenso erzogenen Brüdern) anerkannt werden kann (vgl. ebd., S. 261). Systematisches Gewicht haben die Ausschlüsse von Frauen, Fremden und Theaterleuten in diesem Zusammenhang nun vor allem deshalb, weil an ihnen – auf je unterschiedliche Weise – eine ganz andere Bedeutung der Kategorie des »Menschen« hervortritt: die des Menschen in seiner vorsubjektiven Unbestimmtheit, die in

Es ist verschiedentlich auf die Nähe aufmerksam gemacht worden, die Rousseaus Vision vom Fest zu seiner Vision von der politischen Gemeinschaft unterhält.[56] Eine für Rousseaus Gesamtwerk überhaupt emblematische Stelle der ersten Abhandlung (aus der berühmten Fabricius-Rede) benennt die »Versammlung von zweihundert tugendhaften Männern, welche Rom und die ganze Welt zu regieren würdig waren«, als »das würdigste Schauspiel, das jemals unter der Sonne zu sehen war« (EA 43). Rousseaus Ideal der kollektiven Selbstregierung setzt wie sein Ideal des Fests voraus, dass es in der Versammlung keine doppelten Böden gibt, dass jeder weiß, mit wem er es zu tun hat – nämlich mit einem Bruder/Bürger, der allein am Gemeinwohl interessiert ist. Nur unter der Voraussetzung, dass sich in der Versammlung der Sonderwille des Einzelnen strikt vom Gemeinwillen des Bürgers scheiden lässt, gibt es Souveränität. Die Souveränität der Republik (die in den Festen gefeiert und bestätigt wird) hängt demnach an einer weiteren Trennung: nicht nur am Ausschluss der Theaterleute, der allegorisch blickenden Fremden und der ausgestellt selbstdifferenten Frauen, sondern auch an der Trennung von Gemeinwillen und Sonderwillen: »[D]er Wille«, heißt es im *Gesellschaftsvertrag*, »ist entweder allgemein, oder ist es nicht; er ist derjenige des Volkskörpers oder nur der eines Teils. Im ersten Fall ist dieser erklärte Wille ein Akt der Souveränität und hat Gesetzeskraft. Im zweiten Fall ist er nur ein Sonderwille [...].«[57] An den sich versammelnden Bürgern soll kein Rest Privatmensch mehr haften. Vielmehr sollen Sonder- und Gemeinwillen auf vollkommen durchsichtige Weise zwei verschiedenen Sphären zugeordnet werden und dort einen Platz haben; sie sollen sich in den Sphären von Privatheit und Öffentlichkeit objektivieren. Alles hängt dann

einem strukturellen Spannungsverhältnis zu seiner sozialen Identität steht. Der Ausschluss dieser – anderen – Bedeutung des »Menschen«, die Verdrängung der anthropologischen Einsicht in den Umstand, dass der Mensch nie vollständig in seinen sozialen Rollen aufgeht, bringt indes, wie ich im Folgenden weiter ausführen will, hohe Kosten mit sich. Was jedenfalls mit der Problematisierung des Ausschlusses von Frauen, Fremden und Theaterleuten auf dem Spiel steht, ist kein bloß empirisches oder historisch kontingentes Problem, wie Neuhouser meint, sondern sind die ethisch-politischen Probleme, die das Ideal einer Identität von Mensch und Bürger selbst in systematischer Hinsicht mit sich bringt.

56 Starobinski, *Rousseau*, S. 146; Derrida, *Grammatologie*, S. 525.

57 Jean-Jacques Rousseau, *Vom Gesellschaftsvertrag oder Grundsätze des Staatsrechts*, Stuttgart 2003, S. 28. Im Folgenden im Text zitiert als GV.

aber daran, ob sich das eine vom anderen tatsächlich so »genau [...] unterscheiden« lässt, wie Rousseau meint (GV 33). Dies ist das Thema des *Gesellschaftsvertrags* – und das Problem, das er nicht loswird.

7. Die zwei Paradoxien des Gesellschaftsvertrags

Dem Naturmenschen, der einzig dem Gesetz der Selbsterhaltung untersteht, fehlt noch das »*Vermögen, sich vollkommener zu machen*« (ZA 204), was zugleich bedeutet, dass der Naturmensch für Rousseau nur in dem Sinne »von Natur aus« gut ist, wie er noch nicht menschlich ist.[58] Die Ausbildung des spezifisch menschlichen »Vermögens zur Vervollkommnung« (oder auch die Entdeckung seiner Perfektionierbarkeit – *perfectibilité* ist Rousseaus Begriff im Original) ist an den Austritt aus der Ökonomie der reinen Selbsterhaltung gebunden. Zwar entsteht es aus der Dynamik der Bedürfnisbefriedigung, aber diese treibt den Menschen über sie hinaus. In dem Moment nämlich, in dem die Natur der einfachen Bedürfnisbefriedigung Hindernisse in den Weg stellt, ist der Mensch, so Rousseau in der zweiten Abhandlung, zur Erfindung und zur Kooperation mit Anderen gezwungen. Der Augenblick, in dem der Mensch seine Freiheit gegenüber der Natur entdeckt, ist zugleich der Moment seiner Vergesellschaftung wie die Geburt seines Geschichtsbewusstseins und damit: seines Möglichkeitssinns.[59] Nun muss das Vermögen zur Vervollkommnung Rousseau zufolge nicht nur als das spezifisch menschliche Vermögen ausgezeichnet werden; denn von den bloß instinktgesteuerten Tieren unterscheidet sich der Mensch durch seine Freiheit, »von den Regeln abweichen zu können« (vgl. ZA 203). Es muss nach Rousseau zugleich als eine Gefahr für den Menschen erkannt werden; denn er kann auch zu seinem »Nachteil« von den Regeln abweichen (vgl. ebd.). »Es gibt«, fasst Leo Strauss das Problem zusammen, »für den fast unbegrenzten Fortschritt des Menschen oder für seine Macht, sich selbst vom Übel zu befreien, kein natürliches Hindernis. Aus dem gleichen Grunde gibt es keine natürlichen Hindernisse für die unbegrenzte Erniedrigung des Menschen. Der Mensch ist von Natur aus fast

58 Vgl. Leo Strauss, *Naturrecht und Geschichte*, Frankfurt/M. 1977, S. 283.

59 Er entwickelt einen, wie Rousseau formuliert, »Begriff von dem Zukünftigen« (vgl. ZA 207).

unendlich schmiegsam.«[60] Es ist die mit der gefährlich schmiegsamen, der unbegrenzten und unbestimmten Freiheit gegebene Gefahr der gesellschaftlichen Ungleichheit (und damit des Umschlags von Freiheit in Unfreiheit), die durch den Gesellschaftsvertrag gebannt werden soll. Es geht darum, »eine Form des Zusammenschlusses [zu finden], die mit ihrer ganzen gemeinsamen Kraft die Person und das Vermögen jedes einzelnen Mitglieds verteidigt und schützt und durch die doch jeder, indem er sich mit allen vereinigt, nur sich selbst gehorcht und genauso frei bleibt wie zuvor [...]« (GV 17). Um dieses Ziel zu erreichen, bedarf es einer Transformation der unbegrenzten und unbestimmten oder, wie Rousseau auch sagt, »natürlichen« Freiheit in eine begrenzte und bestimmte, in eine »bürgerliche« Freiheit (GV 22, vgl. auch GV 26).

Der »Akt des Zusammenschlusses« (GV 18), der das Problem lösen soll, besteht in nichts Geringerem als in der »völlige[n] Entäußerung jedes Mitglieds mit allen seinen Rechten an das Gemeinwesen als Ganzes« (GV 17). Freiheit kann es nach diesem Akt nur noch im Kollektiv geben; der Einzelne ist fürderhin dem Gemeinwillen unterworfen.[61] Der Mensch mag, wie Rousseau zugibt, einen »Sonderwillen« haben, der dem Gemeinwillen »zuwiderläuft oder sich von diesem unterscheidet« (GV 21). Allein, die Lösung dieses Problems wird nicht in einer dynamischen Vermittlung beider Seiten gesucht, sondern in deren strikter Hierarchisierung: Der Sonderwille wird dem Gemeinwillen untergeordnet. Der Gesellschaftsvertrag kennt in dieser Hinsicht weder Ironie noch Gnade: »[D]amit der Gesellschaftsvertrag keine Leerformel sei, schließt er stillschweigend jene Übereinkunft ein, die allein die anderen ermächtigt, daß, wer immer sich weigert dem Gemeinwillen zu folgen, von der gesamten Körperschaft dazu gezwungen wird, was nichts anderes heißt, als daß man ihn zwingt, frei zu sein; denn dies ist die Bedingung, die den einzelnen Bürger vor jeder persönlichen Abhängigkeit schützt, indem sie ihn dem Vaterland übergibt.« (Ebd.) Der Sonderwille des Menschen soll dem Gemeinwillen des Bürgers also untertan sein – oder notfalls dazu gemacht werden. Das heißt konkret: »Was der Mensch durch den Gesellschafts-

60 Strauss, *Naturrecht und Geschichte*, S. 283.

61 Als Einzelne [nennen sich die Mitglieder] eines Gemeinwesens »*Bürger*, sofern sie Teilhaber an der Souveränität, und *Untertanen*, sofern sie den Gesetzen des Staates unterworfen sind« (vgl. GV 19).

vertrag verliert, ist seine natürliche Freiheit und ein unbegrenztes Recht auf alles, wonach ihn gelüstet und was er erreichen kann; was er erhält, ist die bürgerliche Freiheit und das Eigentum an allem, was er besitzt.« (GV 22)

Allerdings ergibt sich bereits im Blick auf den Akt des Zusammenschlusses ein logisches Problem, das auch die Spontaneität und Unmittelbarkeit, die diesen Akt auszeichnen soll,[62] nicht recht überdecken kann: Wie soll sich der Einzelne der Gemeinschaft überantworten, wenn es diese Gemeinschaft noch nicht gibt? Der Akt der Entäußerung an das Gemeinwesen setzt die Existenz jenes Gemeinwillens bereits voraus, der zugleich doch erst Resultat dieses Aktes sein soll.[63] Der Einzelne müsste bereits über den Gemeinwillen verfügen, der erst durch den Zusammenschluss hervorgebracht werden soll. Rousseau benennt dieses Problem an einer späteren Stelle selber,[64] an der es nicht mehr um den Akt des Zusammenschlusses, sondern um die Erhaltung der politischen Körperschaft durch Gesetze geht: »Damit ein werdendes Volk die gesunden Grundsätze der Politik schätzen und den grundlegenden Ordnungen der Staatsraison folgen kann, wäre es nötig, daß die Wirkung zur Ursache werde, daß der Gemeinsinn, der das Werk der Errichtung sein soll, der Errichtung selbst vorausgehe und daß die Menschen schon vor den Gesetzen wären, was sie durch sie werden sollen.« (GV 46) Man hat es hier mit einem Paradox zu tun, das dem des Kantischen Moralprinzips ähnelt, das ich im zweiten Kapitel diskutiert habe.[65] Seinen Ursprung hat das Problem aber bei

62 Nadia Urbinati hat auf die Bedeutung aufmerksam gemacht, die der zeitlichen Figur der Augenblicklichkeit für Rousseaus Konzeption des Gemeinwillens zukommt. Vgl. Nadia Urbinati, *Representative Democracy. Principles and Genealogy*, Chicago, London 2006, S. 90.

63 Der Akt des Zusammenschlusses soll, so Rousseau, »eine sittliche Gesamtkörperschaft [schaffen], die aus ebenso vielen Gliedern besteht, wie die Versammlung Stimmen hat, und die durch ebendiesen Akt ihre Einheit, ihr gemeinschaftliches Ich, ihr Leben und ihren Willen erhält.« (GV 18)

64 Vgl. in diesem Zusammenhang auch Samuel Webers inspirierende Lektüre des *Gesellschaftsvertrags*, die im Anschluss an Paul de Man betont, dass das Problem des Verhältnisses von Allgemeinem und Besonderem von Rousseau weniger gelöst als umkreist wird: Samuel Weber, »Im Namen des Gesetzes«, in: Anselm Haverkamp (Hg.), *Gewalt und Gerechtigkeit. Derrida – Benjamin*, Frankfurt/M. 1994, S. 97-128. Eine ähnliche Lektürestrategie verfolgt Christine Garbe, *Die »weibliche« List im »männlichen« Text*, hier bes. S. 130.

65 Vgl. hierzu noch einmal oben, Kap. II, Abschn. 4.

Rousseau. Und weil das Prinzip der Selbstgesetzgebung bei Rousseau, anders als bei Kant, kollektiv gedacht ist, taucht es hier gleich auf zwei Ebenen auf: einmal auf der Ebene der Konstitution des Gemeinwillens, der bei den Einzelnen vorausgesetzt werden muss und dennoch erst aus dem Akt des Zusammenschlusses folgen soll, ein andermal auf der Ebene seiner Erhaltung durch kollektive Selbstgesetzgebung: Das Kollektiv wird als ein gesetzloser Agent vorausgesetzt, der sich Gesetze gibt auf der Basis von Gesetzen, die der Gesetzgebung vorausliegen müssen, aber zugleich aus ihr erst folgen sollen. Das Paradox taucht demnach einmal als Gründungs- und einmal als Begründungsparadox auf.

Tatsächlich bedürfte es, wie Rousseau selbst sieht, einer Vertauschung von Ursache und Wirkung, um zwei Probleme aus der Welt zu schaffen, von denen eines bei der Konstitution, das andere bei der Erhaltung des Gemeinwillens durch die Gesetzgebung auftreten soll: »Die Einzelnen sehen das Gute und weisen es zurück: die Öffentlichkeit will das Gute und sieht es nicht.« (GV 42) Selbst wenn also das Gründungsparadox übersprungen und bereits der Zustand der bürgerlichen Freiheit erreicht wäre, in dem die Einzelnen im Namen eines vorausgesetzten Gemeinwillens von ihren Sonderwillen absähen, ist nicht garantiert, wie Rousseau überlegt, dass die entsprechend geformte Öffentlichkeit auch schon zu einer guten (Selbst-)Regierung fähig wäre: »Denn der ursprüngliche Akt, durch den sich der Körper bildet und zusammenschließt, legt noch nicht fest, was er zu seiner Erhaltung tun muß.« (GV 39) Auch auf dieser Ebene tun sich gewaltige Schwierigkeiten auf: »Wie soll eine verblendete Menge, die oft nicht weiß, was sie will, weil sie nur selten weiß, was ihr zum Guten gereicht, durch sich selbst ein derart großes, derart schwieriges Unternehmen ausführen, wie ein System der Gesetzgebung es ist? Von selbst will das Volk immer das Gute, aber es sieht es nicht immer von selbst.« (GV 42)

Die Lösung für diese Probleme sieht Rousseau – durchaus überraschend für einen Theoretiker der Volkssouveränität – im Konzept der Erziehung, ja, »Führung«: »Die einen [die Einzelnen] müssen gezwungen werden, ihren Willen der Vernunft anzupassen, die andere [die Öffentlichkeit] muß erkennen, was sie will.« (Ebd.) Dieser Vorschlag einer Auflösung der beiden Paradoxien kommt schon auf den ersten Blick einer Verkehrung von Selbstbestimmung in Fremdbestimmung, von Autonomie in Heteronomie gleich. Denn, wie Jean Starobinski kommentiert, »[m]an kann in der Tat sagen, daß es eine lächerliche Freiheit ist, Herr seines *Wollens* zu bleiben, wenn andere bestimmen, *was* wir wollen sollen, und uns den Gegenstand vorschreiben, den unser Wille zu verfolgen hat«.[66] In der prekären Gestalt des Gesetzgebers wird eine Autorität von außen herbeigerufen, um die Souveränität des Volkes im Innern zu retten (sie zu bilden und zu erhalten).

Dass Rousseau es für möglich hielt, dass die bereits zum Gemeinwillen entschlossene, aber nun bezeichnenderweise Menge oder Öffentlichkeit genannte Entität dennoch das Falsche wollen könnte, zeigt an, dass er sich der durchschlagenden Macht der Gesetzgebung für die eigentliche Konstitution des Gemeinwillens, für den Zusammenschluss des Volkes als Volk, bewusst war. Denn was ist ein Wille ohne Gegenstand? Kann ein diffuses Es-gut-Meinen schon »Wille« genannt werden? Die Folgerung liegt nahe: Es gibt keinen Gemeinwillen (sondern eben nur: eine verblendete Menge oder eine Öffentlichkeit, die nicht weiß, was sie wollen soll) jenseits der Repräsentation des Gemeinwillens in der Verfassung. Erst durch die Gesetzgebung, durch die inhaltliche Festlegung des Gemeinwillens, konstituiert sich das Volk als solches. Erst durch diese Rückkoppelung wird das in der Verfassung als Urheber vorausgesetzte Volk zum Volk. Wiewohl Rousseau es vorderhand andersherum darstellt: Die Transformation der natürlichen Freiheit in bürgerliche Freiheit setzt bereits Gesetze voraus, die den Gemeinwillen inhaltlich bestimmen. Nicht also gibt es erst den Gemeinwillen, der sich dann selbst ein Gesetz gibt; vielmehr gibt es einen Gesetzgeber, der Gesetze diktiert, die dann erst den Gemeinwillen hervorbringen. Es ist daher nicht zufällig so, dass Rousseau auch die Aufgabe der Erziehung der Einzelnen zur Unterordnung seines Sonderwillens unter den Gemeinwillen in die Hand des Gesetzgebers legt. »[O]bgleich das Gesetz nicht die Sitten regelt«, heißt es in Buch IV, »ergeben sich diese aus der Gesetzgebung« (GV 139).

In diesem Sinne, im Sinne des Primats der Gesetze vor dem Gemeinwillen, ist zu verstehen, dass es der Instanz des Gesetzgebers zukommen soll, die übermenschliche Tat zu vollbringen, »so-

66 Starobinski, *Rousseaus Anklage der Gesellschaft*, S. 28; zum Problem der Erziehung des souveränen Volkes vgl. auch Heinz-Hermann Schepp, *Die Krise der Erziehung und der Prozeß der Demokratisierung. Zum Verhältnis von Politik und Pädagogik bei J. J. Rousseau*, Kronberg/Ts. 1978, bes. S. 42-44.

zusagen die menschliche Natur zu ändern; [...] an die Stelle eines physischen und unabhängigen Daseins, das wir alle von der Natur erhalten haben, ein Dasein als Teil und ein moralisches Dasein zu setzen« (GV 43 f.). Dafür ist es »nötig«, dass der Gesetzgeber

> dem Menschen die ihm eigenen Kräfte raubt, um ihm fremde zu geben, von denen er nur mit Hilfe anderer Gebrauch machen kann. Je mehr die natürlichen Kräfte absterben und vergehen, desto stärker und dauerhafter werden die erworbenen, desto fester und vollkommener wird auch die Errichtung [*institution*]. So daß man behaupten kann, wenn kein Bürger mehr etwas ist oder vermag außer durch alle anderen, und wenn die durch die Gesamtheit erworbene Kraft der Summe der natürlichen Kräfte aller Individuen gleichkommt oder sie übersteigt, dann ist die Gesetzgebung auf dem höchsten Punkt ihrer möglichen Vollkommenheit angelangt. (GV 44)

Damit er diese enorme Transformation in seinen Zöglingen vollbringen kann, darf der Gesetzgeber selber natürlich nicht von seinem Sonderwillen bestimmt sein. Eigentlich, schreibt Rousseau, »bedürfte es einer höheren Vernunft, die alle Leidenschaften der Menschen sieht und selbst keine hat, die keinerlei Ähnlichkeit mit unserer Natur hat und sie dabei von Grund auf kennt« (GV 43). Diese Bedingung, das ist Rousseau selber klar, könnte nur ein Gott erfüllen. Sofern diese Aufgabe von einem Menschen geleistet werden soll, bedarf es neben außergewöhnlichen »Gaben« (GV 44) daher einer institutionellen Vorkehrung: Das Amt des Gesetzgebers soll »nichts mit menschlicher Herrschaft gemein« haben.[67] Wäre nämlich der Gesetzgeber zugleich Herrscher, so Rousseau, »könnte [er] nie vermeiden, daß Sondergesichtspunkte die Heiligkeit seines Werkes entstellten« (GV 44). Dennoch bleibt natürlich die Frage,

67 Dieser letzte Aspekt ist wichtig, um die Außergewöhnlichkeit des Gesetzgebers von der des Monarchen zu unterscheiden. Zwar, so fasst Albrecht Koschorke zusammen, wachse der Gesetzgeber bei Rousseau »zu einem kulturstiftenden Schwellenheros und schließlich zu einer geradezu transzendentalen Größe heran«, die »dem politischen Körper vorausblickend die Form [verleiht], die ihn überhaupt erst der Rationalität befähigt[...] und [...] so etwas wie eine soziale Menschwerdung möglich werden [lässt]«. Zugleich sei aber »[i]n dieser Figur des Stifters mitgedacht, dass er [...] sich, anders als der Monarch, nicht zum Herrn über das von ihm gefundene oder erschaffene Gesetz machen darf, mit anderen Worten: dass seine Urheberschaft ihm keinerlei Privileg sichert«. Vgl. den Abschnitt »Die Schrift am Ort des Souveräns: das Mysterium der Verfassung« (Koschorke), in: Koschorke, Lüdemann, Frank, Matala de Mazza, *Der fiktive Staat*, S. 241-250, hier S. 249.

wie wir wissen können, ob beim Gesetzgeber nicht doch eine Spur von Sonderwillen, von Leidenschaften erhalten bleibt. Schließlich handelt es sich hier auch nur um einen Menschen. Wer erzieht den Erzieher?[68] Das Paradox der Gründung des Gemeinwillens wiederholt sich an der Figur des Gesetzgebers. Und dieses Problem betrifft nicht nur den Status der Gesetze für die Erziehung, sondern bereits den Akt der Gesetzgebung selbst.

8. Die Souveränität des Gesetzgebers und das Urteil des »gemeinen Mannes«

Der Gesetzgeber soll, wie Rousseau betont, »keine Gesetzgebungsbefugnis« haben (GV 45); die liegt beim Volk – andernfalls könnte von Volkssouveränität keine Rede mehr sein. Der Gesetzgeber ist also vom Urteil des Volkes als der Instanz der Souveränität abhängig. Ihm bleibt nur, das Volk, das in »freier Abstimmung« (ebd.) über den Gesetzesvorschlag entscheiden soll, von der Güte seines Entwurfs zu überzeugen. Dabei ergibt sich jedoch die »weitere Schwierigkeit«, dass ein solcher Entwurf von »tausenderlei Gedanken« lebt, »die nicht in die Sprache des Volkes übersetzt werden können« (ebd.). Um das Volk dennoch von seinem Werk zu überzeugen, muss sich der Gesetzgeber eines Tricks bedienen. Um der Gesetzgebung die Anerkennung des »gemeinen Mannes« (vgl. ebd.) zu sichern, soll der Gesetzgeber »Zuflucht zu einer Autorität anderer Ordnung« nehmen, »die ohne Gewalt mitreißen und ohne zu überreden überzeugen kann« (GV 46): der göttlichen. Der Gesetzgeber soll seine Entscheidungen »den Unsterblichen in den Mund« legen, »um durch göttlichen Machtspruch diejenigen mitzureißen, die menschliche Klugheit nicht zu bewegen vermöchte« (ebd.). Diese rhetorische Operation ist das »Werkzeug«, mit dem der Gesetzgeber erreicht, dass »die Völker, die den Staatsgesetzen ebenso unterworfen sind wie den Naturgesetzen und die in der Ausstattung des Menschen die gleiche Macht erkennen wie in der Ausstattung der Polis, frei gehorchen und das Joch des öffentlichen Glückes tragen, ohne zu murren« (ebd.[69]). Der freiwillige

68 Vgl. Starobinski, *Rousseaus Anklage der Gesellschaft*, S. 28.

69 Dies ist die für Rousseau entscheidende Funktion der Religion, wie er an späterer Stelle (in Buch IV) ausführt: dass sie den Bürger »seine Pflichten lieben

Gehorsam des Volkes ist somit nichts anderes als das Ergebnis einer Manipulation. Indem der menschliche Text sich als Machtspruch Gottes maskiert, wird für das endliche und kontingente Werk eines (oder mehrerer) Menschen der Anschein ewiger und unveränderlicher Gesetzmäßigkeit erweckt. Staatsgesetze erscheinen als Naturgesetze, die göttlichen Ursprungs sind. Im Namen Gottes fallen Sein und Sollen, Feststellung und Vorschrift, Faktum und Recht in eins.[70]

Für das Urteil des Normalbürgers bleibt dann wenig Spiel; es ist delegiert an die oberste Instanz. Tatsächlich zielt der rhetorische Kniff – es handelt sich hier um die Figur der *prosopopoiia*[71] –, der das menschliche Wort »den Unsterblichen in den Mund legt«, darauf, die Möglichkeit auszuschließen oder wenigstens einzudämmen, dass die einfachen Leute sich eine vom Gesetzgeber abweichende Meinung über das sozial Gute anmaßen. Denn interessanterweise ist ja der »gemeine Mann« nach Rousseaus Konstruktion zwar am Gemeinwillen interessiert, aber er ist nicht fähig, das »wahrhaft Gute« zu sehen, was nichts anderes bedeutet, als dass er den Übergang vom Sonderwillen zum Gemeinwillen noch nicht vollständig vollzogen hat: Ohne inhaltliche Bestimmung des Gemeinwillens, so haben wir gesagt, gibt es diesen Willen (noch)

heißt« (GV 150). Dieser Indienstnahme der Religion für säkulare Zwecke entspricht seine scharfe Kritik am Christentum und sein Plädoyer für eine auf eine »Gesinnung des Miteinander« (GV 151) zurückgenommene, eine »bürgerliche« Religion. In dem Moment nämlich, in dem die Ausübung der Religion (wie im Christentum) zum Selbstzweck wird, tritt sie in eine Spannung zu den Pflichten des Bürgers – und wird zum Problem für das Gemeinwesen: »Alle Einrichtungen, die den Menschen mit sich selbst in Widerspruch bringen, taugen nichts.« (GV 146)

70 Vgl. Jacques Derrida, »Unabhängigkeitserklärungen«, in: Uwe Wirth (Hg.), *Performanz. Zwischen Sprachphilosophie und Kulturwissenschaften*, Frankfurt/M. 2002, S. 121-128, hier S. 125 f.

71 Über die Figur der *prosopopoiia* schreibt Quintilian, dass es durch sie möglich werde, »Ratschläge, Scheltworte, Klagen, Lob und Jammern geeigneten Personen in den Mund zu legen. Ja, sogar Götter vom Himmel herab- oder aus der Unterwelt heraufzurufen ist bei dieser Ausdrucksform statthaft. Auch Städte und Völker erhalten Sprache.« Auf letztere Möglichkeit wird gleich noch zurückzukommen sein. Quintilianus, *Ausbildung des Redners*, IX 2, S. 30-31. Vgl. ausführlich zur Geschichte dieser rhetorischen Figur: Bettine Menke, *Prosopopoiia. Stimme und Text bei Brentano, Hoffmann, Kleist und Kafka*, München 2000, S. 137-216.

nicht, sondern nur eine verblendete Menge »gemeiner Männer«, die es bestenfalls irgendwie gut meinen. Indem der Gesetzestext als Machtspruch Gottes auftritt, soll ihr unzuverlässiges Urteil ausgeschaltet und dadurch zugleich die Transformation der verblendeten Menge in ein Volk, der Sonderwillen in den Gemeinwillen geleistet werden. Nur in dem Maße, wie die möglicherweise heterogenen, weil nicht vollständig von den Sonderwillen gelösten Einzelurteile über das sozial Gute ausgeschaltet sind, vermag die Menge zum Volk zusammenzuschießen. In der durch Gott autorisierten Verfassung soll die verblendete Menge erkennen, was sie immer schon gewollt haben sollte. Indem sie in der »heiligen« Verfassung ihren Willen erkennt, erkennt sie sich selbst – aus der verblendeten Menge, der unwissenden Öffentlichkeit, wird *ein* Volk: der Souverän.

Die sich im Gemeinwillen ausdrückende Souveränität des Volkes ist damit – man kann das gar nicht überbetonen – nichts anderes als das Ergebnis eines rhetorischen Kniffs, von dem Rousseau selber sagt, dass es sich hier um eine Maßnahme handelt, der sich auch jeder gemeine Volksverführer bedienen kann: »Jeder Mensch kann auf Steintafeln schreiben oder ein Orakel kaufen oder eine geheime Verbindung zu irgendeiner Gottheit heucheln oder einen Vogel abrichten, damit er ihm ins Ohr singt, oder andere plumpe Mittel finden, um damit dem Volk Ehrfurcht einzuflößen.« (GV 47) Ob die Manipulation des Volkes gerechtfertigt ist oder nicht, hängt für ihn letztlich von der »große[n] Seele des Gesetzgebers« ab. Sie ist das »eigentliche Wunder«, das zudem an der Dauerhaftigkeit des durch die Verfassung gestifteten Bandes »seine Sendung erst beweisen muß« (ebd.). Um Heuchelei, um einen Trick handelt es sich indes im Fall des guten Gesetzgebers, der das Volk in die Wahrheit hineintäuschen will, so gut wie in dem des populistischen Volksverführers. Denn was dieser Trick vollbringt, ist nicht nur die Verdrängung oder Verdeckung einer Souveränität am Grunde der Souveränität des Volkes – derjenigen des Gesetzgebers –, sondern damit zugleich die Verdrängung oder Verdeckung des Problems von deren Legitimität.

Die Frage der Legitimität des Gesetzgebers und seiner Gesetze scheint sich für Rousseau deshalb nicht zu stellen, weil er den Gesetzgeber einfach als eine gottähnliche Instanz setzt, die im Besitz des Wissens um das wahrhaft Gute ist. Dadurch bekommt er auch nicht in den Blick, dass gewissermaßen unterhalb der von ihm selbst benannten rhetorischen Operation eine zweite abläuft. Rhetorik ist nämlich nicht nur dort im Spiel, wo das menschliche Machwerk sich den Anschein der Ewigkeit gibt, um das Volk zu überzeugen; sie ist auch bereits dort im Einsatz, wo es, das Werk eines oder weniger, im Namen aller, im Namen des (»guten«) Gemeinwillens zeichnet. Denn »im Namen des Volkes« zu sprechen ist ebenfalls »nichts als« Rhetorik. Es handelt sich hier erneut um die Figur der *prosopopoiia*. Mit ihr wird »das Subjekt der Rede (erst) konstituiert, das nachträglich (immer schon) gegeben zu sein scheint«.[72] Dem Volk, das der »Urheber« (GV 42) der Gesetze sein soll, das also vor dem Gesetzestext gegeben sein soll, wird erst durch den Gesetzestext ein einheitliches Gesicht, eine einheitliche Stimme verliehen. Die *prosopopoiia* der Gesetzgebung funktioniert in dem Maße effektiv, wie die Stimme des Volkes wörtlich referentiell genommen wird, wie also aus dem Gesetzestext das Volk selbst zu sprechen scheint. In diesem Augenblick wird das performative Moment der *prosopopoiia* – der Akt der Konstitution des Subjekts der Rede im Text – verdrängt beziehungsweise, was auf das Gleiche hinausläuft, als referentieller Fehlschluss realisiert. Obwohl die *prosopopoiia* die Fiktion einer Stimme des Volkes erzeugt, die im Verfassungstext bloß (re-)präsentiert wird, verweist sie – als Figur, qua Figuralität – gleichwohl auf das, was durch sie verstellt ist: auf die Sprach- und Gesichtslosigkeit dessen, was durch sie erst eine Stimme und ein Gesicht erhält.[73] Als Figur hält die *prosopopoiia* mit anderen Worten eine »Deckerinnerung«[74] an die gesichtslose Fremdheit der gemeinen Menge präsent, die ihre Operation zugleich verstellt.

Diese *prosopopoiia* kann nur in dem Maße gegen den ihrer eigenen Figuralität impliziten disfigurativen Zug geschützt werden, wie sie den performativen Akt der Setzung, mit der sich der Gesetzgeber das Volk als Instanz gibt, selbst noch einmal einer anderen, höheren Instanz in den Mund legt: *prosopopoiia* der *prosopopoiia*. Freilich ist auch diese Schutzmaßnahme nicht ganz zureichend.

72 So die bündige Formulierung in: Bettine Menke, »Verstellt – Der Ort der Frau«, in: Barbara Vinken (Hg.), *Dekonstruktiver Feminismus. Literaturwissenschaft in Amerika*, Frankfurt/M. 1992, S. 436-476, hier S. 437.

73 In diesem Sinne ist die Verleihung einer Maske durch die *prosopopoiia* zugleich Demaskierung: Paul de Man, »Autobiographie als Maskenspiel«, in: ders., *Die Ideologie des Ästhetischen*, Frankfurt/M. 1993, S. 131-146, hier S. 140-145.

74 Menke, *Prosopopoiia*, S. 192.

Schließlich wäre eine respektlose Haltung möglich, etwa diejenige, die Rousseau zu Beginn des *Gesellschaftsvertrags* selbst empfiehlt: »Alle Macht kommt von Gott«, bemerkt er dort, »aber auch jede Krankheit kommt von ihm. Soll das heißen, dass es verboten ist, den Arzt zu rufen?« (GV 9). Den Arzt zu rufen hieße in unserem Zusammenhang, nach einem anderen Gesetzgeber zu rufen – beispielsweise weil sich an schlechten, an ungerechten Gesetzen zeigt, dass der in ihnen formulierte Gemeinwille durch die totalisierende Metapher der Stimme des Volkes nicht bloß identifiziert (repräsentiert) wird,[75] sondern willkürlich identifiziert (gesetzt) ist.[76]

Nun entspricht die Wahrnehmung der Souveränität des Gesetzgebers, die dem Volk rhetorisch eine Stimme verleiht und ein Gesicht gibt, einem gänzlich unrousseauschen, einem theatralischen Setting. Nicht nur taucht das Problem der Fiktionalität, der Künstlichkeit, der Masken, der (theatralen und politischen) Repräsentation genau dort auf, wo es nach Rousseau keine Repräsentation geben darf. Denn der Gemeinwille, von dem Rousseau sagt, dass er »nicht vertreten werden [kann]« (GV 103), erweist sich als die Fiktion eines Gesetzgebers. Es gibt ihn nur in und durch das performative Moment seiner Repräsentation, was zugleich bedeutet, dass es die »moralische Person« (GV 32) des Volkes nur als *persona* gibt. Damit aber bricht auch das Problem des Rechts des Stärkeren, das Rousseau mit dem *Gesellschaftsvertrag* zu lösen angetreten war, notwendig wieder auf. Der Akt des Gesetzgebers steht – sofern auch er bloß Mensch ist und sein Werk allenfalls als Machtspruch Gottes maskieren kann – in einer konstitutiven Spannung zum Universalismus, der den Begriff des Gemeinwillens ausmacht. Diese Spannung kann aus dem Leben der Demokratien nicht entfernt werden; man kann sie höchstens ideologisch durch Heucheleien zweiter Ordnung verdecken.

Denn souveräne Macht- und Herrschaftsanmaßung gibt es

75 »Die Metapher übersieht das fiktionale, textuelle Element im Wesen der Entität, die sie konnotiert«, schreibt Paul de Man im Kontext seiner Rousseau-Studien. Paul de Man, *Allegories of Reading. Figural Language in Rousseau, Nietzsche, Rilke, and Proust*, New Haven, London 1979, S. 151, Übers. JR.

76 Letzteres entspricht, als Aspekt der *prosopopoiia*, wie Bettine Menke ausführt, der Figur der *katachrese*; denn diese ist laut rhetorischer Tradition auch *abusio*, Missbrauch. »In ihr ist die Arbitrarität der Gesichts-Zuweisung und der Bedeutungsbildung markiert.« Menke, *Prosopopoiia*, S. 143 f.

schon in dem Moment, in dem einer beansprucht, für alle zu sprechen. Das »gemeine Volk« ist dem jedoch nur in dem Maße ausgeliefert, wie es sich durch Maßnahmen verblenden lässt, welche die Momente von Souveränität und Rhetorik, die mit diesem Akt einhergehen, verdecken sollen. Denn dies sind Maßnahmen, die darauf zielen, sein Urteil zu umgehen. Solche Maßnahmen zur Täuschung des Volkes wären allenfalls vor dem Hintergrund der ungedeckten Prämisse gerechtfertigt, dass der Gesetzgeber tatsächlich von einer gottähnlichen Überlegenheit gegenüber den üblichen Sterblichen ist – so dass jeder Trick recht wäre, der die Verblendeten aus dem Dunkel der Höhle ins Sonnenlicht führt. Folgt man dieser Prämisse nicht, so bleibt als Ausweg eigentlich nur eines: nämlich ein offensiver Umgang mit dem Umstand, dass es den Gemeinwillen nur als gesetzten gibt.

Das Gegenmittel gegen das Recht des Stärkeren, gegen ein irreduzibles Moment der Souveränität am Grund auch und gerade der demokratischen Gesellschaften, bestünde dann nicht in dessen Leugnung, sondern in dessen öffentlicher Inszenierung. Es ist nicht vermeidbar, dass einer für alle spricht. Denn ohne diesen Akt gibt es, wie wir gesehen haben, keinen Gemeinwillen. Es gibt keinen Gemeinwillen ohne Rhetorik und Souveränität (im Sinne von Macht- und Herrschaftsanmaßung). Aber es gibt eine Vorkehrung, die diesen Akt an das demokratische Prinzip der Teilhabe zurückbindet: Wenn derjenige, der beansprucht für alle zu sprechen, dies vor allen tut; wenn er sich und seine Produktion dem furchtlosen (auch von jeder Gottesfurcht befreiten) Urteil des »gemeinen Mannes« aussetzt, von dem nie auszuschließen ist, dass es auf einer anderen Vorstellung vom Gemeinwillen beruht. Der »gemeine Mann« ist dann zugleich potentieller Konkurrent des Gesetzgebers: ein potentieller Gegenkandidat, wenn es darum geht, den Gemeinwillen zu interpretieren. Dies ist die für Platon wie für Rousseau gleichermaßen skandalöse Szene der Theatrokratie. Demokratisch ist sie in dem Maße zu nennen, wie sich die Souveränität hier dezidiert nicht mehr als von transzendenter Stelle legitimierte Macht inszeniert und daher auf die Frage ihrer Legitimität öffnet.[77] Sobald die

77 »[D]emokratische Macht ist eine Macht«, schreibt Christoph Menke in verwandtem Zusammenhang, »die anerkennt, dass sie anerkannt werden muss: dass sie nur in ihrer erfolgreichen Repräsentation besteht. [...] Sie ist unhintergehbar bezogen auf die Macht zur Anerkennung und Aberkennung derjenigen, über die

Souveränität zu einer heterogenen Menge spricht, vor der sie sich rechtfertigen muss, verliert sie ihre Immunität und Unteilbarkeit. »Sobald ich zum anderen spreche«, schreibt Derrida, »unterwerfe ich mich dem Gesetz, Gründe und Rechtfertigungen zu liefern; ich trete in ein virtuell universalisierbares Medium ein, ich teile meine Autorität [...].«[78] Auch unter diesen Bedingungen zeigt sich ein mögliches Wunder der Gesetzgebung nur *ex post*. Ob ein solches vorliegt, entscheidet sich an der Frage, ob sie (dauerhaft) als legitim *anerkannt* wird oder nicht.[79] Die Produktion des Gemeinwillens (der *volonté générale*) bleibt auf die Anerkennung durch die in der Menge oder Öffentlichkeit akkumulierten Einzelinteressen (die *vo-*

sie Macht ist; demokratische politische Macht ist durch Anerkennungsmacht – durch die Macht, Macht an- oder abzuerkennen – gebrochene Macht.« Christoph Menke, »Von der Ironie der Politik – zur Politik der Ironie«, in: Thorsten Bonacker, André Brodocz, Thomas Noetzel (Hg.), *Die Ironie der Politik. Über die Konstruktion politischer Wirklichkeiten*, Frankfurt/M. 2003, S. 19-33, hier S. 27 f.

78 Vgl. zum Spannungsverhältnis von Souveränität und Legitimität in der Demokratie Derrida, *Schurken*, S. 142.

79 Entsprechend meine ich auch nicht, dass es ohne die Berufung auf eine religiöse Autorität keine politische Legitimität geben kann, wie Simon Critchley »mit und gegen Rousseau« nahelegt (vgl. Simon Critchley, *Der Katechismus des Bürgers. Politik, Recht und Religion in, nach, mit und gegen Rousseau*, Berlin 2008, S. 55). Aus dem von Rousseau hervorgehobenen Umstand, dass die Berufung auf Gott historisch bei der Legitimierung von Verfassungen eine oftmals zentrale Rolle gespielt hat, sollte man nicht auf eine notwendige Verquickung von Politik und Religion schließen. Die politische Instrumentalisierung der Religion ist nur dann nötig, wenn man wie Critchley (darin von Rousseau ebenso wie vom politischen Präsentismus Alain Badious beeinflusst) davon ausgeht, dass das »Wesen von Politik im Akt eines Zusammenschlusses ohne Repräsentation« besteht. Zwar weiß Critchley, dass es sich hier um eine Fiktion handelt, aber es soll sich um eine »oberste Fiktion« handeln, an die wir einfach im Namen der Politik glauben müssen. Und diese Fiktion »muss durch die Autorität eines göttlichen Gesetzgebers und die Dogmen einer bürgerlichen Religion untermauert werden.« (S. 73) Während Critchley offenbar gewillt ist, die Kosten für seine »oberste Fiktion« bis zu dem Punkt zu übernehmen, an dem er die US-amerikanische Linke, wenn auch »mit geringem Enthusiasmus«, dazu auffordert, die Kraft der Religion »in progressiver Weise zu nutzen« (S. 65), meine ich, dass es gerade angesichts der explosiven Verquickungen von Politik und Religion, mit denen wir es heute weltpolitisch zu tun haben, angezeigt ist, diesen Begriff von Politik für einen ganz anderen fallen zu lassen, für einen Begriff, wie ich gegen Rousseau und den zeitgenössischen Rousseauismus argumentieren möchte, demokratischer Politik, für den die Einsicht konstitutiv ist, dass es keinen Gemeinwillen jenseits der politischen Repräsentation geben kann.

lonté de tous, den Gesamtwillen) angewiesen (GV 31). Das heißt auch, ausdrücklich zu machen, dass stets ein gewisser Spielraum zwischen Repräsentation und Repräsentierten, zwischen dem Willen des Volkes, wie er durch die Gesetzgebung gesetzt wird, und der konkreten Menge oder Öffentlichkeit, die von dieser repräsentiert werden soll, bestehen bleibt. Die Demokratie steht dann in der Spannung zwischen dem *demos* als »gemeiner Menge« auf der einen und der *kratia*, der Macht oder Kraft der Souveränität, die dem *demos* immer wieder eine politische Form, ein Gesicht gibt, auf der anderen Seite. Die Menge bleibt als eine Instanz, vor der sich die Souveränität rechtfertigen muss, gespannt auf diese bezogen.[80] Die irreduzibel theatrale Dimension dieses Bilds demokratischer Politik, in der einer für alle spricht und sich dabei vor allen produziert, womit er auf die Anerkennung eines Publikums aus potentiellen Konkurrenten angewiesen bleibt, ließe sich nur dann vermeiden, wenn das Volk tatsächlich bereits über eine vermittlungslose Souveränität, über einen eindeutigen Gemeinwillen verfügte.

Dies könnte jedoch nur dann der Fall sein, wenn die Sitten, Gebräuche und Meinungen, die das Ergebnis der Gesetzgebung sein sollen, bereits stabil etabliert wären, wenn diese sich bereits »in die Herzen der Bürger geschrieben« hätte (GV 60), wenn also Ursache und Wirkung tatsächlich vertauscht werden könnten. Unter diesen Bedingungen löste sich auch das Paradox der Selbstgesetzgebung in eine Tautologie auf. Denn jeder Akt der Gesetzgebung erschiene gegenüber dem bereits sittlich Etablierten als tautologisch. Diese Lösung hatte Rousseau nicht zur Verfügung. Zu deutlich stand ihm vor Augen, wie instabil die Sitten sind: Im wirklichen Leben, so wusste er, stehen vor der für die »Verfaßtheit des Staates« so wichtigen Sphäre der »Sitten und Gebräuche und vor allem [...] der Meinung« (vgl. GV 60) die von Natur aus doppelgesichtigen, der Eigenliebe verschriebenen Frauen: Sie sind es, die »auf der öffentlichen Meinung thronen«, so viel ist klar; und ob sie sich dabei dauerhaft als »Wächterinnen der Sitten« (ZA 178) bewähren werden, ist für Rousseau mehr als ungewiss. Nicht nur deshalb ist für ihn auch die Orientierung der Männer am Gemeinwohl keine sichere Bank. Demokratie, wie er sie versteht (als untheatrale), bemerkt Rousseau resigniert, ist für Götter; für die Menschen passt

80 Vgl. hierzu noch einmal oben, Kap. I, Abschn. 10.

sie nicht (vgl. GV 74). Selbst das »glücklichste Volk der Welt« (GV 112) – Rousseau meint natürlich die Schweizer – ist von einem Verfall bedroht, der aus einem »angeborenen und unvermeidlichen Gebrechen« kommt, dessen letztlich fatale Wirkungen auf das politische Gemeinwesen allenfalls aufgeschoben, nie aber wirklich behoben werden können: »Wie der Sonderwille unaufhörlich gegen den Gemeinwillen handelt, so lehnt sich die Regierung ununterbrochen auf gegen die Souveränität [des Volkes].« (GV 93) Aus der Perspektive einer Verteidigung der theatralen Momente demokratischer Politik ist der Umstand, dass es zwischen Sonderwillen und Gemeinwillen, zwischen Regierung und Bevölkerung zu Spannungen kommen kann, hingegen keineswegs auf den zivilisatorischen Verfall des Menschen zurückzuführen, sondern hat strukturelle Gründe, die ein optimistischeres Licht auf die Überlebenschancen der Demokratie werfen: Weil der Gemeinwille nicht jenseits seiner politischen Repräsentation besteht, gibt es ihn zwar niemals jenseits der damit zugleich etablierten Trennung zwischen Repräsentanten und Repräsentierten, Regierenden und Regierten, gibt es ihn niemals jenseits von Macht- und Herrschaftsverhältnissen. Ebendies überantwortet das demokratische Gemeinwesen aber nicht notwendig einem eindimensionalen Verfall; vielmehr ist dies – ist die rhetorische Verfasstheit des Gemeinwillens – zugleich die Bedingung der Möglichkeit seiner Perfektionierung.

9. Eine andere Gleichheit

Wenn die Prämisse wegfällt, dass der Gesetzgeber im Besitz des Wissens um den wahren Gemeinwillen ist, so gilt auch für ihn, was für die »gemeinen Männer« gilt: dass man auch dann, wenn man ihm beste Intentionen unterstellt, nie ganz sicher sein kann, ob das, was der Gesetzgeber nach bestem Wissen und Gewissen für den Gemeinwillen hält, nicht doch durch einen Sonderwillen korrumpiert ist. Als endliches Wesen ist ihm die Bestimmung des wirklich wahren Gemeinwillens ebenso wenig zugänglich wie dem »gemeinen Mann«. Seine begrenzte, eben: endliche Perspektive auf sich und die Welt schließt notwendig die Möglichkeit des Irrtums ein. Der Gesetzgeber kann irren. Daraus, dass die metaphysische Instanz in all ihren Gestalten aus der Szene der Gesetzgebung abgezogen werden muss, daraus also, dass auf die Idee der Gottähnlichkeit des Gesetzgebers ebenso verzichtet werden muss wie auf die Heuchelei, das Werk des Gesetzgebers als Machtspruch Gottes auszugeben, folgt kein Relativismus. Ob die jeweilige Konstruktion des Gemeinwillens ihrem Anspruch auf Allgemeinheit gerecht zu werden vermag, zeigt sich in einer nachmetaphysisch verstandenen, einer deshalb zugleich offen theatrokratischen Demokratie vielmehr einerseits an der Anerkennung oder Nichtanerkennung, welche die jeweilige Setzung des Gemeinwillens in der und durch eine heterogene Öffentlichkeit erfährt, und andererseits daran, ob die jeweilige Fassung des Gemeinwillens, sofern sie anerkannt ist, dies auch dauerhaft bleibt. In diesem Sinne verweist jeder Anspruch auf Allgemeinheit auf die Dimensionen von Intersubjektivität und Geschichtlichkeit. Denn in dem Maße, wie sich die Sitten ändern können, kann sich auch der Begriff des Gemeinwillens ändern.

Nun weiß auch Rousseau nur zu gut, dass sich die Sitten, wenn man nicht aufpasst, schneller ändern können, als man denkt. Zum Beispiel durch den Bau eines Theaters. Allerdings handelt es sich hier um mehr als bloß um ein Beispiel. Denn mit der Transformation der republikanischen Festgemeinschaft in eine urbane Theatergesellschaft steht, wie wir gesehen haben, nicht nur irgendeine Veränderung der Sitten auf dem Spiel. Worum es hier vielmehr geht, ist eine Veränderung der Sitten derart, dass mit ihr das Prinzip der Veränderbarkeit selbst Anerkennung findet. Sobald die braven Genferinnen dem Beispiel der schamlosen Schauspielerinnen folgen und sich – jenseits der dafür vorgesehenen republikanischen Bälle – in der Öffentlichkeit zeigen, werden sie die Männer mit dem weiblichen Prinzip der Selbstdifferenz affizieren. Aus Bürgern werden dann Ironiker, und niemand wird mehr wissen, ob jemand tatsächlich an seinem Platz ist oder in Wahrheit an einem ganz anderen oder zumindest heimlich begehrt, an einem anderen zu sein. In die soziale Ordnung der Republik mit ihrer klaren Platzverteilung und den über ihre Platzzuweisung eindeutig identifizierbaren Mitgliedern tritt eine Potentialität ein, welche diese Ordnung von innen her unter Druck setzt.

Diese Potentialität findet ihren öffentlichen Ausdruck, so haben wir gesehen, in der verbergenden Ironie. Die verbergende Ironie ist eine Figur, mit der wir unter Umständen öffentlich markieren können, dass wir mit unserer sozialen Erscheinung nicht eins sind.

Sie ist eine Weise, zu den sozialen Identitäten, zu denen wir gebildet worden sind, zu denen wir uns gebildet haben und ohne die wir in gewisser Hinsicht tatsächlich nichts, nämlich keine Subjekte wären, öffentlich in Distanz zu treten – ohne dass uns das auf eine alternative Identität verpflichtet. Dadurch, dass sie allein markiert, dass wir nicht das sind, was wir sagen und zeigen, verweist die verbergende Ironie vielmehr auf das Alles und Nichts vorsubjektiver Potentialität am (Un-)Grund aller sozialen Identität. Sie verweist damit, wie man jetzt auch sagen könnte, auf den Umstand, dass der Mensch »von Natur aus unendlich schmiegsam« ist; sie deutet auf das stets durch Umwelteinflüsse vermittelte menschliche Potential zur Veränderung, zum Platzwechsel oder zur Erfindung neuer Identitäten und damit: zum Umbau des Sozialen. Sie steht mit anderen Worten für das von Rousseau ebenso bewunderte wie gefürchtete »Vermögen« des Menschen, sich und seine Gesellschaft »vollkommener zu machen« (ZA 204).

Als solche ist die Ironie allerdings kein Ausdruck selbstsüchtiger Eigenliebe (die für Rousseau das psychologische Komplement einer Gesellschaft ist, die von Ungleichheit bestimmt ist), und sie ist auch nicht notwendig mit ihr verbunden; denn die Ironie ist, noch einmal, keine Form der Täuschung; mit der Ironie verstellen wir uns nicht zum eigenen Vorteil; wir spiegeln keine falschen Tatsachen vor. Aber sie ist – wie die Möglichkeit der Täuschung – Ausdruck einer Gesellschaft, in der sich die sozialen Positionen, welche die Einzelnen einnehmen, nicht mehr qua Tradition von selbst verstehen. Dass wir die Anderen deshalb nicht mehr vorab einordnen können, macht dabei aber nur explizit, dass wir uns sie grundsätzlich nicht im Modus des Wissens aneignen, sondern nur immer neu anerkennen können, was sie uns je und je von sich (wie auch immer ironisch gebrochen) zeigen. Diese Bedingungen allein machen noch keine ungleiche Gesellschaft.[81] Die Einsicht in eine Potentialität am (Un-)Grund aller sozialen Existenz impliziert im Gegenteil eine Figur der Gleichheit. Allerdings steht diese dem republikanischen Modell der brüderlichen Gleichheit diametral entgegen: gemeint ist nämlich jetzt die Gleichheit der Menschen in ihrer Potentialität. Dies ist eine radikale, alle Menschen ungeachtet

81 Anders sieht es im Blick auf das Eigentum aus, das Rousseau in der zweiten Abhandlung neben der Anerkennung individueller Leistungen als eine weitere Quelle der Ungleichheit benennt. Aber das ist ein anderes Thema.

ihrer sozialen Bestimmtheit und Situiertheit (und also auch Frauen und Fremde) einbegreifende Gleichheit. Aber es handelt sich hier zugleich um eine radikal unbestimmte Gleichheit, die niemals positiv in Erscheinung treten kann und der deshalb auch nie als solcher in der Konkretion rechtlicher oder politischer Entscheidungen Rechnung getragen werden kann. Als unbedingte Gleichheit bleibt sie allerdings die Bedingung der Möglichkeit von Veränderung der jeweils bedingten, endlichen und bestimmten, Begriffe und Gestalten, die die Gleichheit in der demokratischen Praxis annimmt.

Weil wir darin gleich sind, dass das, was unsere Subjektivität ist und sein kann, nie vorab feststeht, sondern sich immer nur über den Umweg des mimetischen Bezugs auf Andere und Anderes bilden kann, ist und bleibt auch jede Gemeinschaft von Brüdern mit der Dimension eines Anderen in sich selbst konfrontiert. Die Möglichkeit des Ereignisses des Anderen im Eigenen – des je einzelnen Mitglieds der Republik wie deshalb auch der politischen Gemeinschaft insgesamt – ist keine Frage der Größe der Republik, wie Rousseau suggeriert, wenn er wieder und wieder das Ideal eines überschaubaren Gemeinwesens ausmalt, in dem alle einander kennen können (vgl. etwa GV 50, 73; ZA 167f.). Weil die Mitglieder eines Gemeinwesens immer potentiell auch Nichtmitglieder sind, kann die Gleichheit der sozialen Mitgliedschaft, sei sie bestimmt durch das Prinzip der Brüderlichkeit oder durch ein anderes, infrage stehen. Diese Möglichkeit besteht immer, auch in der kleinsten Provinz irgendwo am Fuße der Alpen. Denn sie ist – wie Rousseau durchaus wusste – eine Implikation der »unendlich schmiegsamen« Natur des Menschen. Nun kann man sich aber zu dieser Möglichkeit unterschiedlich verhalten. Man kann, wie Rousseau, alles daransetzen, sie, wenn auch nicht zu verdrängen, so doch strikt zu kontrollieren – oder aber man kann sie als Möglichkeit von Veränderung, von Geschichtlichkeit explizit anerkennen.

10. Eine politisierbare Grenze

Mit dieser Anerkennung beginnt, so meine ich, die Demokratie. Sie beginnt mit der Einsicht, dass wir nicht nur den nächsten, den Bruder, sondern auch uns selbst nie vollständig kennen können, weil wir unter dem diskontinuierlichen Einfluss von sich verändernden Gegebenheiten und zufälligen Gelegenheiten stehen, von denen wir uns nicht nur affizieren lassen, sondern an die wir uns zuweilen auch adaptieren. Sie beginnt mit dem Bewusstsein, dass sich bereits die Einheit des Selbst nur – und immer wieder neu nur – durch Erfahrungen der Selbstdifferenz hindurch gewinnen lässt, in der sich das, was wir durch Nachahmung geworden sind, unwillkürlich auf einen äußeren Impuls öffnet, der uns mit einem Anderen im Eigenen konfrontiert: mit Bestrebungen, die wir weder aus unserem bisherigen Selbstverständnis ableiten noch einfach in es integrieren können. Bestrebungen, die diese Bedingungen erfüllen, haben wir in vorhergehenden Kapiteln bereits verschiedentlich unter dem Begriff der inneren Natur diskutiert.[82] Die innere Natur steht dabei zur sozialen Identität nicht wie das Eigentliche zum Uneigentlichen. Sie kann nicht als solche (als eine Art Persönlichkeitskern) objektiviert werden. Von innerer Natur kann im Gegenteil, so hatten wir gesehen, immer nur im Blick auf Störungen oder Irritationen unserer jeweiligen Selbstverständnisse die Rede sein. Die innere Natur enthüllt sich daher auch nicht in weltabgewandter Introspektion (als müsste man nur lange genug in sich hineinhorchen, um ihrer habhaft zu werden); vielmehr zeigt sie sich allein konstellativ, in der Interaktion eines Subjekts mit seiner Umwelt. Ebendeshalb können die stets ereignishaften Äußerungen der inneren Natur des Subjekts für seine jeweiligen Selbstdeutungen als Herausforderung zu deren Überprüfung, wenn nicht als deren Korrektiv fungieren. Gleichgültig ob die entsprechenden Erfahrungen der Selbstdifferenz zu einer Reaffirmation des bisherigen Selbstverständnisses führen mögen oder zu dessen Revision – entscheidend ist an dieser Stelle erneut der Hinweis darauf, dass es ohne Erfahrungen der Differenz zu sich selbst überhaupt keine Selbstbestimmung geben könnte, sondern bloß blinde Nachahmung. Die Erfahrung der Selbstdifferenz ist ein konstitutives Moment unserer Freiheit (wenn auch nicht schon diese selbst).

Freiheit ist damit in einem Sinne verstanden, der dem zuwiderläuft, was Rousseau als Kennzeichen der Freiheit im »bürgerlichen Stand« hervorhebt: In ihm nämlich trete »die Stimme der Pflicht an die Stelle des körperlichen Triebs und das Recht an die des Be-

82 Vgl. zur Klärung des Begriffs der inneren Natur, die weder mit der ersten Natur verwechselt noch als das Andere der Kultur missverstanden werden sollte, noch einmal oben, Kap. I, Abschn. 7 u. 8, sowie Kap. II, Abschn. 8.

gehrens« (GV 22). Ein solcher Rigorismus nämlich wird durch das eben noch einmal umrissene Freiheitsverständnis unterlaufen.[83] Anders als der rousseausche Bürger wird der moderne Demokrat, wie er hier verteidigt werden soll, nicht immer erst »[s]eine Vernunft [...] befragen, bevor er seinen Neigungen Gehör schenkt« (GV 22), sondern zuweilen auch seinen Neigungen Gehör schenken, bevor er seine Vernunft befragt. Zwar bedeutet ihm Gehör zu schenken nicht schon, ihnen in jedem Fall Recht zu geben – der Demokrat ist nicht Sklave seines Triebs.[84] Vielmehr ist er immer schon Teil einer Sittlichkeit, die ihm Kriterien zur Beurteilung seiner eigenen Bestrebungen an die Hand gibt. Aber diese Kriterien haben nicht den Status stabiler, von transzendentaler Ebene beglaubigter Wahrheiten, aufgrund deren das Subjekt ebenso souverän wie kategorisch über die Abspaltung seiner Triebe (oder von Teilen seiner Triebe) entscheiden könnte. Vielmehr bleiben die Kriterien, die Überzeugungen und Gewohnheiten, die wir von Anderen übernehmen, durch andere, neue und fremde Einflüsse affizierbar. Deshalb kann es den Fall geben, dass eine durch einen äußeren Impuls in uns freigesetzte Bestrebung eine Reflexion in Gang setzt, an deren Ende eine Revision jener Kriterien stehen kann (nicht muss).

Das zu sagen impliziert weiter, dass wir im Verlauf eines selbstbestimmten Lebens immer wieder auch in ein Spannungsverhältnis zu der sozialen Praxis geraten können, an der wir teilnehmen.[85]

83 Zu einem entsprechend nichtrigoristischen Begriff von Selbstbestimmung vgl. auch noch einmal Abschn. 10 in Kap. II oben.

84 »[D]er Antrieb des reinen Begehrens ist Sklaverei«, schreibt Rousseau (GV 23).

85 Dieses Spannungsverhältnis, so haben wir argumentiert, sollte jedoch gerade nicht als abstrakte Distanznahme vom Sozialen missverstanden werden. De facto verändert notwendig jede Veränderung, die ich an mir selbst vornehme, die Praxis, an der ich teilnehme. Insofern sind auch vorderhand private Veränderungen meines Selbstverständnisses nie nur oder vollständig privat. Die entsprechende Veränderung der Praxis kann ohne Reibungsverluste und ohne großes Aufsehen vonstattengehen. Sie kann aber auch Konflikte involvieren. Und zwar dann, wenn die Veränderung der Praxis, die mein neues Selbstverständnis mit sich bringt, einen Bruch mit Werten bedeutet, die diese Praxis zuvor bestimmt haben. Ein Coming-out etwa fordert von den Anderen eine anerkennende Haltung gegenüber dem neuen, offen homosexuellen Selbstverständnis ein, das nicht nur von der Weise abweicht, wie diese ihren Sohn, ihren Freund, ihren Kollegen, ihren Nachbarn oder Mieter vorher gesehen haben mögen. Vielmehr beinhaltet die geforderte Haltung auch den Bruch mit einem ganzen Weltbild, sofern die-

Weil die Vernunft des Menschen von seiner Natur nicht freigehalten werden kann, ohne dass dieser sich selbst um die Freiheit bringt, die sich mit der Idee der vernünftigen Selbstbestimmung verbindet, bleiben nicht nur die jeweiligen Prinzipien und sittlichen Überzeugungen, durch welche die Einzelnen sich bestimmen, prinzipiell strittig, sondern auch – damit verschränkt – der für die Praxis, an der sie teilnehmen, bestimmende Begriff des sozial Guten. Und auch dies steht den rousseauschen Intuitionen entgegen. Denn das heißt: der Sonderwille ist in einer Demokratie nie abschließend vom Gemeinwillen, das Private nie abschließend vom Öffentlichen zu unterscheiden. Vielmehr steht die Grenze zwischen beidem immer wieder neu zur Verhandlung. Sie ist politisierbar. Und zwar von zwei Seiten her: nicht nur von der Seite des Staates, der zuweilen seinen Begriff des Gemeinwillens gegen die Sonderwillen verteidigt und gegen diese durchsetzt, sondern auch von der Seite der Einzelnen, die zuweilen einen anderen Begriff des Gemeinwillens gegen den staatlichen in Stellung bringen.

Die verbergende Ironie, die öffentlich ein Nichtöffentliches in die Öffentlichkeit einführt,[86] verweist auch auf diese grundsätzliche Politisierbarkeit. Ebendeshalb ist sie für Rousseau ebenso skandalös wie die urbane Gesellschaft, die sie kultiviert. An der ironie- und theaterfreundlichen Gesellschaft von Paris studiert Rousseau, was passiert, wenn das, was zuvor dem Privaten zugeordnet war, an die Öffentlichkeit tritt: Es bleibt nicht beim bloßen Platzwechsel; vielmehr geht mit ihm eine fundamentale Umstrukturierung der gesamten Ordnung einher, die den Sinn des Privaten wie den des Öffentlichen verändert. Genau diese in der verbergenden Ironie sich öffentlich markierende Möglichkeit zum Platzwechsel und damit auch zur Verschiebung der Grenze zwischen Privatem und Öffentlichem, Sonderwillen und Gemeinwillen ist aber ein wesentliches Merkmal demokratischer Gesellschaften. Dass die Demokratie die-

ses von einer traditionellen Geschlechterordnung beherrscht ist. Veränderungen im Selbstverständnis Einzelner können also weitreichende soziale Konsequenzen haben. Sie können zu Konflikten führen, bei denen der Sinn des sozial Guten selbst auf dem Spiel steht, zu Konflikten, die bis auf die Ebene der Gesetzgebung durchschlagen können – wie etwa im Fall der langjährigen Konflikte um den Homosexualität unter Strafe stellenden § 175 des deutschen Strafgesetzbuchs, der erst 1994 vollständig aufgehoben wurde.

86 Vgl. hierzu noch einmal Derrida, *Schurken*, S. 131.

se Möglichkeit einräumt »wie die Freiheit selbst«,[87] ist der Grund dafür, dass die demokratische Regierung, wie auch Rousseau weiß, »wie keine andere so stark und ausdauernd dazu neigt, ihre Form zu ändern« (GV 74). Gegen Rousseau, der daraus schließt, dass es unter diesen Umständen der Tugendhaftigkeit, der Ausdauer und der Kraft eines Gottes bedarf, um der Demokratie ihre ursprüngliche Form zu erhalten (vgl. ebd.), gilt es, gerade diese Veränderlichkeit, diese Beweglichkeit, dieses Spiel als Wesensmerkmal demokratischer Gesellschaften ernst zu nehmen.

Zu sagen, dass sich die Grenze zwischen Privatem und Öffentlichem, Sonderwillen und Gemeinwillen verschieben, dass sich damit der Inhalt des von der Grenze Geschiedenen verändern kann, bedeutet allerdings nicht, diese Grenzziehung selbst für obsolet zu erklären und alles in einer Zone diffuser Ununterscheidbarkeit untergehen zu lassen. Es gibt keine politische Gleichheit und keine Gerechtigkeit ohne Bestimmung der Grenze zwischen öffentlichen und privaten Angelegenheiten. Aber es gibt diese Grenze – wie den Gemeinwillen, der auf ihr beruht – nur als Produkt einer souveränen Setzung. »[A]llein der Souverän entscheidet« über die Frage, was von dem, »was der Einzelne durch den Gesellschaftsvertrag von seiner Macht, seinen Gütern und seiner Freiheit veräußert«, der »Teil« ist, der für die »Gemeinschaft von Bedeutung ist« – und was er für sich, als Privatmensch, behalten kann (GV 33). Souverän ist hier in Wahrheit, wie wir gesehen haben, jedoch nicht das Volk, sondern der Gesetzgeber. Das Volk hingegen taucht in zweierlei Gestalt auf, nämlich einmal als Produkt der Verfassung, die ihm ein Gesicht und einen Willen gibt, und ein andermal als »gemeine Menge«, von der jedes einzelne Element zwar (im besten Falle) am Gemeinwohl orientiert sein mag, aber eben (wie der Souverän selbst) ohne letztes Wissen um den eigentlichen, den wirklich wahren Gemeinwillen, so dass, was jeweils für den Gemeinwillen gehalten wird, von den unterschiedlichen Sonderwillen imprägniert sein mag. Dies ist – sofern die Souveränität von der Anerkennung durch die Menge abhängig bleibt – die Bedingung der Möglichkeit seiner Veränderung.

87 Ebd.

»Es ist nicht zuerst der König, sondern das Volk, das einen doppelten Körper hat«, lautet eine suggestive Formulierung von Jacques Rancière.[88] Zwar gehört es zur Demokratie, so haben wir bereits angedeutet, dass der Souverän auf die Bühne geholt wird. In diesem Sinne hat Claude Lefort das demokratische vom monarchischen Souveränitätsverständnis abgegrenzt.[89] Während die Souveränität des Monarchen auf der Fiktion der Einheit seines göttlich-menschlichen Doppelkörpers basiert, die sie mit »transzendente[r] Realität, objektive[r] Wahrheit und gottähnliche[r] Existenz«[90] ausstattet, ist diese Einheit in der Demokratie konstitutiv zerbrochen. Die Position souveräner Macht wird hier als Rolle markiert, die von einem gewöhnlichen Sterblichen besetzt wird, der sich in seinem Machtanspruch vor einem aus anderen Sterblichen bestehenden Publikum potentieller Konkurrenten rechtfertigen muss. Nichts jenseits seiner *performance*, nichts anderes als seine Leistungen und seine Selbstdarstellung als Politiker rechtfertigt seine Macht. In einer aufschlussreichen Lektüre von Shakespeares *König Richard II.* hat Ernst Kantorowicz diese Entwicklung als »Metamorphose vom Realismus zum Nominalismus« der Souveränität beschrieben.[91] Die »Realität«, mit der in der Monarchie die souveräne Macht auf einen unbedingten, außerweltlichen Pol zu verweisen schien, der ihre Position ebenso legitimierte wie die hierarchische Ordnung und Einheit des Königreichs, die sich in ihr spiegelte, verblasst in der Demokratie »zu einem Nichts, einem *nomen*«.[92] Man kann auch sagen: Sie verkommt zu einem rhetorischen Trick zweiten Grades. Claude Lefort hat darin den »revolutionären und beispiellosen Zug der Demokratie« sich abzeichnen sehen: dass der »Ort der Macht [...] zu einer *Leerstelle*« wird, dem »kein Individuum, keine Gruppe konsubstantiell zu sein vermag«.[93] Durch den Zusammenbruch

88 Jacques Rancière, *Das Unvernehmen. Politik und Philosophie*, Frankfurt/M. 2002, S. 109.

89 Monarchie ist hier freilich strikt im Wortsinne verstanden.

90 Ernst H. Kantorowicz, *Die zwei Körper des Königs. Eine Studie zur politischen Theologie des Mittelalters*, München 1990, S. 52.

91 Ebd.

92 Ebd.

93 Claude Lefort, »Die Frage der Demokratie«, in: Ulrich Rödel (Hg.), *Autonome Gesellschaft und libertäre Demokratie*, Frankfurt/M. 1990, S. 281-297, hier S. 293.

des Glaubens an eine von transzendenter Stelle legitimierte Macht und eine quasinatürliche, weil auf einem unbedingten Fundament aufruhende Ordnung gibt sich die souveräne Macht in der Demokratie als eine, wie Lefort sagt, »rein symbolische Instanz«, nämlich in ihrer Rhetorizität, zu erkennen.[94] Dennoch bleibt sie, wie Lefort betont, die Instanz, »kraft deren die Gesellschaft sich in ihrer Einheit erfaßt«.[95] Aber die Gesellschaft erfasst sich nun im Spiegel ihrer politischen Repräsentation, und sie ist sich dieser Vermittlung bewusst. Die demokratische Gesellschaft ist damit eine Gesellschaft, welche die »Vorstellung einer organischen Totalität außer Kraft setzt« und um »die gesellschaftliche Natur der Gesellschaft« weiß: »[W]eder der Staat noch das Volk, noch die Nation stellen sich als substantielle Realitäten dar. Ihre Repräsentation ist selbst ständig abhängig von einem politischen Diskurs und einer geschichtlichen und gesellschaftlichen Ausgestaltung, die ihrerseits stets an die ideologischen Auseinandersetzungen gebunden bleibt.«[96]

Und dennoch sollte man, wie Rancière zu bedenken gibt, aus all dem nicht folgern, dass die Demokratie bereits mit dem Sturz des Monarchen beginnt. Schließlich bleibt hier noch die Versuchung offen, das Volk in die Position des gestürzten Souveräns einrücken zu lassen, um mit der Fiktion seiner Totalität, mit der Beschwörung eines »glorreichen Körpers des Volkes« das Erbe der Transzendenz anzutreten.[97] Die Demokratie, so Rancière, beginnt mit dem Ende auch noch dieser mehr oder weniger offen totalitaristischen Fiktion. Sie beginnt mit dem Bewusstsein einer »ursprünglichen Teilung« des Volkes[98] in einen politisch gesetzten Volkskörper ei-

94 Ebd.

95 Ebd.

96 Ebd., S. 295.

97 Jacques Rancière, *Zehn Thesen zur Politik*, Berlin 2008, S. 25. Dass dies in der Tat eine Möglichkeit ist, haben wir in der Auseinandersetzung mit Carl Schmitt gesehen. Vgl. hierzu noch einmal oben, Kap. IV, Abschn. 9.

98 Diese sollte man allerdings nicht, wie Lefort und Gauchet in einer unglücklichen Formulierung nahelegen, mit dem Klassenkonflikt identifizieren. Denn das hieße, was für jedes demokratische Projekt unerträglich sein muss, den Klassenkonflikt zur Bedingung der Möglichkeit demokratischer Gesellschaften zu machen – womit er, was natürlich auch Lefort und Gauchet ausdrücklich ablehnen, auf ein bloßes Faktum reduziert und von der Bewegung demokratischer Politik ausgenommen wäre. Plausibler ist es deshalb in der Tat, die »ursprüngliche Teilung«, mit deren Anerkennung die Demokratie beginnt, auf die zwei Körper des Volkes

nerseits und andererseits das, was diesem notwendig supplementär bleibt und daher, wie Rancière schreibt, »jede gesellschaftliche Identifizierung verschiebt«.[99] Gemeint ist die unauflösbare Dualität zwischen dem Gesicht des Volkes, das dieses in und durch seine jeweilige politische Repräsentation erhält, und der Gesichtslosigkeit des »gemeinen« Volkes in seiner (Nicht-)Gestalt als »indefinite Mannigfaltigkeit«.[100]

Die Überschüssigkeit des »gemeinen Volkes« gegenüber all seinen politischen Bestimmungen, die Rancière formal als die »Zählung der Ungezählten oder den Anteil der Anteilslosen«[101] bestimmt, bliebe allerdings selbst eigentümlich unbegründet, wenn man sie nicht auf das anthropologische Faktum der, wenn man so will: zwei Körper seiner (Nicht-)Mitglieder zurückbezöge. Das Volk kommt grundsätzlich deshalb nicht mit seinen politischen Repräsentationen zur Deckung, weil seine einzelnen Mitglieder sich nicht einfachhin mit bestimmten Plätzen, Positionen oder Rollen identifizieren lassen. Deshalb kann es eine politische Einheit, die immer eine Platzordnung impliziert, nur in der politischen Repräsentation geben. Aus demselben Grund bleibt stets die Möglichkeit bestehen, dass sich die Kriterien ändern, nach denen der Gemeinwillen bestimmt wird, nach denen also festgelegt wird, was und wer und in welcher Hinsicht für die Gemeinschaft von Bedeutung ist und was und wer und in welcher Hinsicht nicht. So nötig es ist, den Gemeinwillen zu bestimmen, weil es ohne eine solche Bestimmung – im Modus der Indifferenz – keine Gleichheit und keine Gerechtigkeit geben kann, so prinzipiell strittig bleibt doch zugleich seine Bedeutung. Weil die Freiheit der sozialen Mitgliedschaft auf die Momente einer Freiheit von der sozialen Mitgliedschaft bezogen bleibt und weil nur ein Leben, das beide Seiten kennt und miteinander vermittelt, im vollen Sinne frei genannt werden kann, muss auch der demokratische Wert der Gleichheit als doppelter vorgestellt werden: Gleichheit meint einmal die durch die politische Set-

zu beziehen. Vgl. Claude Lefort, Marcel Gauchet, »Über die Demokratie: Das Politische und die Instituierung des Gesellschaftlichen«, in: Ulrich Rödel (Hg.), *Autonome Gesellschaft und libertäre Demokratie*, Frankfurt/M. 1990, S. 89-122, hier bes. S. 91-94.

99 Rancière, *Das Unvernehmen*, S. 109.

100 Vgl. Friedrich Balke, *Figuren der Souveränität*, München 2009, S. 138.

101 Rancière, *Zehn Thesen zur Politik*, S. 24

zung des Gemeinwillens bestimmte Gleichheit der Mitglieder eines Gemeinwesens (in ihrer Rolle als Bürger wie – dem korrespondierend – als Privatpersonen), ein andermal die Gleichheit der Beliebigen in ihrer Potentialität (in ihrer Möglichkeit, von den jeweiligen öffentlichen wie privaten Rollen zurückzutreten).

Letztere Gleichheit, die der Potentialität, kann, wie bereits angedeutet, nie positiv erscheinen. Denn eine solche Erscheinung implizierte eine bestimmte Gestalt, die ihre Potentialität gerade bestritte. Die Gleichheit der Potentialität macht sich deshalb einzig in den Erschütterungen geltend, welche die jeweilige Bestimmung des Gemeinwillens, der politischen Gleichheit durch das Auftauchen einer neuen politischen Subjektivität, durch eine neue Politisierung der Grenze zwischen Sonderwillen und Gemeinwillen, Privatem und Öffentlichem erfährt. Solche Erschütterungen sind im Blick auf die jeweilige politische Bestimmung des politischen Gemeinwesens so ereignishaft wie die Äußerungen der inneren Natur im Blick auf das jeweilige Selbstverständnis seiner Mitglieder. Hier tritt etwas öffentlich und mit öffentlichem Anspruch auf, das weder aus dem bisherigen Begriff des Gemeinwillens abgeleitet noch ohne weiteres in ihn integriert werden kann, weil es diesem zuvor als privat und/oder als nicht von allgemeinem Interesse galt: seien es die Belange der Arbeiter, der Frauen oder anderweitig queeren, nämlich schräg zur jeweiligen Bestimmung des Gemeinwillens stehenden Menschen.

Dass die Demokratie der Möglichkeit einer Reformulierung des Gemeinwillens und damit einer Neubestimmung des *demos* Rechnung trägt, zeigt sich nicht zuletzt in ihrer Verpflichtung auf die Menschenrechte. In der Geschichte der Menschenrechte bildet sich nämlich meines Erachtens die Spannung ab, um die es hier strukturell geht. Denn die Menschenrechte beziehen sich auf den Menschen jenseits seiner jeweiligen Bestimmtheiten. Wenn die Menschenrechte sich gleichwohl immer nur als Bürgerrechte realisieren können, so liegt darin nicht, wie Giorgio Agamben meint, an sich schon ein Indiz dafür, dass die Menschenrechte de facto mit den Bürgerrechten zusammenfallen und daher immer schon nationalstaatlich korrumpiert sind. Richtiger ist es zu sagen, dass sich die Wirkungskraft der Menschenrechte immer nur auf der Ebene von Bürgerrechten entfalten kann. Weil die Gleichheit der Menschen in ihrer Potentialität nie als solche erscheinen kann, kann ihr auch nicht als solcher politisch Rechnung getragen werden.

Die Menschenrechte kommen vielmehr einzig im Blick auf die höchst indirekten Manifestationsweisen dieser Gleichheit ins Spiel, dann nämlich, wenn jeweilige Bestimmungen politischer Gleichheit durch einen Anspruch auf Anerkennung derjenigen, die von ihr nicht einbegriffen werden, erschüttert werden. Das heißt: der Menschenrechtsdiskurs markiert immer eine Krise der Bürgerrechte. Der Weg aus der Krise kann dagegen immer nur wieder neu auf der Ebene der Bürgerrechte liegen: in deren Neubestimmung (sei es im Blick auf deren Inhalt oder Reichweite). Während Agamben die Ambiguität im Titel der Menschenrechtserklärung von 1789 – *Déclaration des droits de l'homme et du citoyen* – als Indiz dafür nimmt, dass die Menschenrechte dem Menschen nur in dem Maße zugeschrieben werden, »als er das unmittelbar wieder verschwindende (oder vielmehr gar nie als solches ans Licht tretende) Fundament des Bürgers abgibt«, verstehe ich diese Ambiguität als Ausdruck nicht eines ideologisch verdeckten Identitäts-, sondern eines Spannungsverhältnisses, das den Begriff des Bürgers für die Möglichkeit seiner politischen Erneuerung offenhält.[102]

Wie also die innere Natur bei den Einzelnen zuweilen einen Prozess der Selbstkritik und Selbstveränderung in Gang setzen kann, an dessen Ende nicht nur ein neues Selbstverständnis, sondern auch dessen Politisierung in einem Kampf um Anerkennung stehen mag, kann das ereignishafte Auftauchen einer neuen politischen Subjektivität zuweilen zu einer Reformulierung des Gemeinwillens führen. Wie auf der Ebene der Selbstregierung ist dies jedoch auch auf der Ebene der Regierung keineswegs notwendig immer der Fall. Es kann den Fall geben, dass der alte Sinn des Gemeinwillens gegen den politischen Anspruch einer neuen Subjektivität verteidigt wird – wie etwa im Blick auf die fundamentalistische Idee eines Gottesstaates, die der demokratischen Zukunftsoffenheit, ihrer Perfektionierbarkeit selbst widerspricht.[103] Und es kann in solchen Prozessen

102 Giorgio Agamben, *Homo sacer. Die souveräne Macht und das nackte Leben*, Frankfurt/M. 2003, S. 137. Die von Agamben zu Recht kritisierte Reduktion der Politik der Menschenrechte auf den Diskurs und die Praxis des Humanitären ist denn auch meiner Ansicht nach nur die Kehrseite einer falschen Identifizierung der Menschenrechte mit den nationalstaatlich gebundenen Bürgerrechten, von der Agamben meint, sie bestimme die Politik der Menschenrechte überhaupt.

103 Vgl. hierzu noch einmal meine Überlegungen zu einer demokratischen Bestimmung des Ausnahmezustands am Ende von Abschn. 10 in Kap. IV.

auf beiden Ebenen Fehleinschätzungen und Fehlentscheidungen geben, die später revidiert werden müssen. Der Hinweis auf die Revidierbarkeit von Entscheidungen soll jedoch keineswegs die Endgültigkeit leugnen oder herunterspielen, die politische Entscheidungen zuweilen für die jeweils von ihnen Betroffenen (die Eingesperrten oder Abgeschobenen) haben mögen.

Dennoch bleibt es ein wichtiges Strukturmerkmal demokratischer Gesellschaften, dass der Gemeinwillen in der Demokratie für mögliche Perfektionierungen offen bleibt, dass er, dass der *demos* der Demokratie immer wieder neue Gesichter annehmen kann. Wenn sich solche Transformationen ereignen, gehören sie weder in ein Jenseits der Bürgerrechte noch schlichtweg zu deren Ordnung; vielmehr charakterisieren sie die Dynamik einer Verschiebung der bzw. in der Ordnung. Dies ist die Dynamik demokratischer Politik, sofern sie diesen Namen verdient.

12. Repräsentation und Kontingenzcodierung

Bei der Demokratie handelt es sich also um eine Regierungsform, welche die Idee der einen »guten Herrschaftsordnung« aufgegeben hat. Eine demokratische Gesellschaft ist eine Gesellschaft, die nicht mehr den Anspruch hat, jemals vollständig »in Übereinstimmung mit sich selbst« sein zu können.[104] Dies zeigt sich nicht nur daran,

104 Lefort, Gauchet, »Über die Demokratie«, S. 93. Dies zu sagen bedeutet im Übrigen auch im Blick auf komplexe Gesellschaften keineswegs, einer »Ironie des Staates« im Sinne einer ironischen Selbstverkleinerung staatlicher Politik das Wort zu reden (vgl. Helmut Willke, *Ironie des Staates*, Frankfurt/M. 1992). Zwar geht der Übergang vom Realismus zum demokratischen Nominalismus der Souveränität mit einer Autonomisierung gesellschaftlicher Teilsysteme einher. »Denn sobald die Macht nicht länger das generische und Organisationsprinzip eines Gesellschaftskörpers darstellt, sobald sie nicht mehr die Tugenden in sich zusammenfaßt, die sich aus einer transzendenten Vernunft und Gerechtigkeit ableiteten, behaupten sich Recht und Wissen ihr gegenüber in einer neuartigen, gleichsam exterritorialen Äußerlichkeit und Unreduzierbarkeit.« (Lefort, »Die Frage der Demokratie«, S. 293 f.) Doch kann sich die Rolle staatlicher Politik auch in einer noch weiter ausdifferenzierten Gesellschaft nicht, wie Willke vorschlägt, auf die Supervision autonomer gesellschaftlicher Teilsysteme beschränken, die sich im Blick auf die mögliche Gefährdung von Kollektivgütern selbst binden und koordinieren. Nicht nur setzte dies, wie Willke zugibt, ein verlässliches Klima der Solidarität voraus, das er, angesichts

dass sich die jeweilige Regierung ausdrücklich auf die Zustimmung oder Ablehnung einer heterogenen Öffentlichkeit angewiesen weiß – womit die Legitimität einer demokratischen Regierung in der Tat (ein Schreckbild für die Ästhetisierungskritiker) mit ihrer Popularität zusammenfällt. Darauf werde ich im nächsten Kapitel (in Abschn. 7) zurückkommen. Es zeigt sich auch an der, systemtheoretisch gesprochen, »Recodierung der politischen Macht« über den, wie Niklas Luhmann sagt, »Code« von Regierung und Opposition.[105] Während das monarchische System keine Schwächung der höchsten Macht zulassen konnte und die Markierung der Macht als Macht verschleiern musste (durch Heucheleien zweiter Ordnung), ist die Macht in der Demokratie als solche markiert. Während in der Monarchie jede Schwächung, und das heißt: jede Markierung der Macht als bloße Macht ihren gewaltsamen Sturz provozieren musste, hat die moderne Demokratie die Möglichkeit des Machtwechsels in die Form ihrer Regierung aufgenommen. Die Demokratie, schreibt Luhmann,

> begreift die Spitze des Systems, gerade weil hier (und das bleibt natürlich) die maßgebenden Entscheidungen getroffen werden, als Ausgangspunkt für den Einbau anderer Möglichkeiten, für ein Kontingentwerden des gesamten Systems. Und deshalb ist dies der Punkt, an dem die gegenwärtig regierenden *oder auch andere* Machthaber in Betracht gezogen werden können. Es kommt nur darauf an, den Wechsel in der Amtsführung kampflos zu gestalten, ihn durch Verfahren zu regulieren.[106]

Bemerkenswert ist hier allerdings nicht nur, dass in einer Demokratie das Problem der Sukzession von Regierungen gewaltlos gelöst wird. Bemerkenswert ist vor allem, wie Luhmann betont, die »*gleichzeitige* Präsenz von Regierung und Opposition in allen politischen Entscheidungen«.[107] Zwar relativiert das nicht die Macht der Regierung. Sie besetzt alle Ämter, in denen kollektiv verbind-

der zuvor von ihm selbst herausgestellten transnationalen Dimension lokaler Handlungszusammenhänge durchaus überraschend, ausgerechnet aus der sozialintegrativen Wirkung nationaler Kollektividentitäten hervorgehen lassen will. Politik kommt vielmehr schon bei der – von Willke eigentümlich unterbelichteten – Frage ins Spiel, was wie und im Blick auf welches Kollektiv überhaupt als Kollektivgut gelten kann.

105 Vgl. Niklas Luhmann, *Die Politik der Gesellschaft*, Frankfurt/M. 2000, S. 97.

106 Ebd., S. 98

107 Ebd.

lich entschieden wird. Aber die Opposition »reflektiert«, indem sie die Entscheidungen als Alternative begleitet, die Kontingenz der Regierungsentscheidungen.[108] Entscheidend ist dabei, dass sich in einer Demokratie, anders als in einer absolutistischen Monarchie, wo allein dem göttlich-menschlichen Doppelwesen des Monarchen dieses Privileg zukam, sowohl die Regierung als auch die Opposition auf die Werte der Gerechtigkeit und des Wohls des Volkes berufen können. Es treten hier also, was Rousseau vor dem Hintergrund der vorausgesetzten Möglichkeit eines vermittlungslosen Gemeinwillens strikt ablehnen musste,[109] verschiedene Interpretationen des Gemeinwillens gegeneinander an. Entscheidend ist mit anderen Worten, dass das parlamentarische Doppel von Regierung und Opposition seiner Form nach die Möglichkeit des Streits um den Gemeinwillen abbildet. Über die Qualität der Opposition oder des Streits ist mit dieser Formbeschreibung freilich gar nichts gesagt; tatsächlich geht es hier einzig um die strukturelle (nicht: inhaltliche) Bedeutung der parlamentarischen Opposition. Es geht darum, dass in Demokratien das Prinzip des Streits um den Sinn des Gemeinwillens an den Regierungsentscheidungen präsent gehalten wird. Darin unterscheiden sich die Demokratien nicht nur von der Monarchie, sondern auch von Einparteienstaaten, bei denen die Kontingenz der politischen Entscheidungen allenfalls durch eine nichtstaatliche Opposition reflektiert werden kann. Diese Reflexion bleibt den Regierungsentscheidungen in den entsprechenden Fällen aber extern und unerwünscht. Indem die Demokratien der Möglichkeit eines Streits um den Gemeinwillen bereits auf der Ebene der Regierung selbst Rechnung tragen, geben sie zugleich auch der außerparlamentarischen Opposition einen anderen Status: den einer weiteren Instanz, der es gestattet ist, ja von der sogar erwartet

108 Ebd., S. 99.

109 »[W]enn Parteiungen entstehen«, hatte Rousseau argumentiert, »Teilvereinigungen auf Kosten der großen, wird der Wille jeder dieser Vereinigungen ein allgemeiner hinsichtlich seiner Glieder und ein besonderer hinsichtlich des Staates; man kann dann sagen, daß es nicht mehr so viele Stimmen gibt wie Menschen, sondern nur noch so viele wie Vereinigungen. Die Unterschiede werden weniger zahlreich und bringen ein weniger allgemeines Ergebnis. Wenn schließlich eine dieser Vereinigungen so groß ist, daß sie stärker ist als alle anderen, erhält man als Ergebnis nicht mehr die Summe der kleinen Unterschiede, sondern einen einzigen Unterschied; jetzt gibt es keinen Gemeinwillen mehr, und die Ansicht, die siegt, ist nur eine Sonderanschauung.« (GV 31)

wird, öffentlich die Kontingenz der Regierungsentscheidungen zu reflektieren. Der Übergang von der außerparlamentarischen in die parlamentarische Opposition ist konsequenterweise fließend.

Es sollte damit schon deutlich sein, dass die parlamentarische Doppelspitze von Regierung und Opposition natürlich nicht so zu verstehen ist, dass in ihr sich die zwei Körper des Volkes abbilden. Der unbestimmte *demos* kann nicht repräsentiert werden. Er unterhält ein Spannungsverhältnis zu allen Versionen des Gemeinwillens; weshalb es nicht nur unabhängige politische Positionen geben kann, die weder von der Regierung noch von der parlamentarischen Opposition vertreten werden. Überdies ist dies der strukturelle Grund, weshalb alle Interpretationen des Gemeinwillens prinzipiell revidierbar bleiben. Aber die Reflexion der Kontingenz aller politischen Entscheidungen, sei es durch die institutionalisierte parlamentarische Opposition, sei es durch die in ihren öffentlichen Kundgebungen ausdrücklich geduldete außerparlamentarische, hält diesen Umstand auf der Ebene der Regierung präsent. Überdies muss sich die Regierung regelmäßig durch das Volk bestätigen lassen. Dies geschieht in der Institution der Wahl. Komplementär zu Rousseaus Traum von regelmäßigen öffentlichen Versammlungen, in denen sich die – vorausgesetzte – »souveräne Körperschaft« in vollständiger Transparenz bestätigen und stabilisieren soll (vgl. GV 99, 101), ist die moderne Demokratie von der Institution regelmäßig durchgeführter freier – und geheimer – Wahlen getragen. Gerade weil das Volk nie mit den Repräsentationen zur Deckung kommen kann, die eine Regierung von seinem Willen gibt, haben sich die, wie Luhmann sagt, »Entscheidungsleistungen« einer Regierung ebenso wie die Alternativangebote der parlamentarischen Opposition regelmäßig dem Urteil einer heterogenen Öffentlichkeit zu stellen. Dass die Wahl geheim ist, entzieht sie der Kontrolle durch die jeweilige Macht und sichert so dem System insgesamt seine Zukunftsoffenheit. Denn durch die Wahlen entfällt der Schluss von Machtausübung auf Machterhaltung ebenso wie der von Machtkritik auf Machtgewinn. Durch die regelmäßige Durchführung freier und geheimer Wahlen wird die »*Politik mit einer für sie unbekannten Zukunft konfrontiert.*«[110] Dadurch erhält sich das politische System zugleich

110 Luhmann, *Die Politik der Gesellschaft*, S. 104.

in seiner Politizität: Durch die Wahlen, so Luhmann, garantiert sich das System selbst »das Unbekanntsein seiner Zukunft und damit die Voraussetzung dafür, daß politische Operationen nicht errechnet werden können, sondern als Entscheidungen getroffen werden müssen«.[111]

Dass sich die Demokratie auf eine ungewisse Zukunft einstellt, dass sie demnach notwendig durch »Fluktuationen« bestimmt wird, heißt allerdings nicht, dass die Demokratie gar nicht mehr über den »Begriff der Herrschaft, also als Durchsetzungsfähigkeit eines Willens«, als Willkür, verstanden werden kann, wie Luhmann meint.[112] Das gilt vielleicht dann, wenn man Willkür als absolute Willkür versteht – also so, dass sich in der Tat die Frage stellt, »ob es, rein empirisch gesehen, ›Willkür‹ überhaupt gibt«.[113] Jede politische Entscheidung interveniert in einem gegebenen Rahmen (und somit in gewisser Hinsicht unter bestimmten Vorgaben), erfolgt unter Zeitdruck und muss sich rechtfertigen. Aber diese Bedingungen vermögen gerade nicht das der politischen wie rechtlichen Entscheidung inhärente Moment der Dezision zu relativieren. Das Moment der Dezision, und in präzise diesem Sinn: der Willkür ist auch aus den Demokratien nicht fortzubringen.[114] Die Demokratie ersetzt Souveränität nicht durch Kontingenzmanagement – demokratische Politik »gründet« sich nicht von souveräner Herrschaft auf Fluktuation »um«.[115] Vielmehr sind Kontingenzreflexion und Zukunftsoffenheit, ist die Veränderlichkeit demokratischer Gesellschaften ein Zeichen dafür, dass das unvermeidliche Moment der Souveränität am Grund jeder politischen Entscheidung unverstellt als solches in der Dimension seiner strukturellen Willkür erkannt wird.

Allerdings sind die jeweiligen Regierungen zugleich darauf angewiesen, ihre Entscheidungen als möglichst nichtkontingente darzustellen, um diese legitimieren zu können. Das Individuum oder die Gruppe von Individuen, die angetreten sind, den Gemeinwillen

111 Ebd., S. 105.

112 Vgl. ebd., S. 429; dazu auch S. 141: »›Dezisionismus‹ existiert […] nur in der Imagination von Systemkritikern, aber gerade nicht als Problem einer Demokratie.«

113 Ebd., S. 141.

114 Vgl. hierzu noch einmal oben, Kap. IV, Abschn. 10.

115 Vgl. Luhmann, *Die Politik der Gesellschaft*, S. 429.

zu artikulieren, müssen die Spuren ihres Sonderwillens möglichst auslöschen; sie müssen sich in dieser Hinsicht vom Rest der Gesellschaft unterscheiden. Um diese Differenz und damit sich selbst zu stabilisieren, arbeitet die Macht daran, »als *Anderes* wahrgenommen zu werden«; sie »vervielfältigt [...] die Zeichen ihrer Transzendenz. Sie bemüht sich, sich als ruhmreich darzustellen, die Majestät des Gesetzes, die Größe des Universellen und die Rechtmäßigkeit des Zwangs zu verkörpern«.[116] Diese Form der Differenzmarkierung wird auch in Demokratien von den Machthabern erwartet – es handelt sich hier um gänzlich unvermeidliche rhetorische und theatralische Operationen. Aber die Inszenierungen der Macht als Instanz des Gemeinwillens verbleiben in einer Demokratie stets in einem Spannungsverhältnis zu der öffentlichen Beobachtung und Markierung ihrer faktischen Partikularität. Nun kann es allerdings den Fall geben, dass die Macht in ihrem Bemühen, den Ort der Allgemeinheit zu besetzen, ihren eigenen Prestigeinszenierungen aufsitzt und sich bis hin zu dem Punkt selbst affirmiert, an dem sie von sich glaubt, tatsächlich »das vollendete Stadium der gesellschaftlichen Existenz [den wahren Gemeinwillen] zu verwirklichen oder zu verkörpern«.[117] Das ist der Punkt des Umschlags von der Demokratie in den Totalitarismus.

Dieser Umschlag geht mit einer eigenen Ästhetik einher, die es nun näher zu beleuchten gilt. Denn gerade sie, die Ästhetik des Totalitarismus, verbindet man heute vielleicht als Erstes mit der Rede von der Ästhetisierung des Politischen. Diese Assoziation geht zurück auf Walter Benjamins Auseinandersetzung mit den faschistischen Masseninszenierungen in seinem berühmten Aufsatz »Das Kunstwerk im Zeitalter seiner technischen Reproduzierbarkeit«. Der Umstand, dass es verschiedene Konstellationen von Ästhetischem und Politischem geben kann, auch solche, die einer offen theatrokratischen Demokratie entgegenstehen, verweist noch einmal nachdrücklich darauf, dass es in der Ästhetisierungskritik nicht einfach um eine Kritik des Ästhetischen überhaupt geht, sondern um einen argumentativen Komplex, in dem sich je spezifische ästhetische, ethische und politische Motive zusammenschließen. Diesen Komplex zu untersuchen heißt nicht nur, zu entziffern, welche Pro-

116 Lefort, Gauchet, »Über die Demokratie«, S. 98.
117 Ebd., S. 104.

bleme der Verschlingung jener Motive unterliegen – also den freiheitstheoretischen Kern der Ästhetisierungskritik freizulegen. Eine solche Untersuchung erfordert auch, genauer in den Blick zu nehmen, welche Ästhetik von der Ästhetisierungskritik genau betroffen ist. Es hat sich bereits verschiedentlich gezeigt, dass der ästhetisierungskritische Diskurs nur bestimmte Typen ästhetischer Praxis problematisiert, andere hingegen durchaus als dem Gemeinwesen zuträglich auszeichnet. So hatte Platon die epische Erzählung als eine Darstellung gelobt, deren Form – darin dem theatralen Rollenspiel diametral entgegengesetzt – die Identität der Vortragenden bewahren und deren tugendhafter Inhalt die ordnungskonforme Identität der Zuhörer bilden soll.[118] Eine ähnlich antitheatrale, eine ästhetisierungskritische Ästhetik findet sich, wie wir eben gesehen haben, auch in Rousseaus Vision eines nicht als Repräsentation, sondern strikt als Präsentation gedachten »Schauspiels zu Genf«: in seiner Theorie des Fests, dessen andere, aus dem Alltag herausgehobene Zeit dazu dienen soll, die soziale Ordnung, die sie vorderhand unterbricht, weiter zu festigen. Aufgrund des großen Einflusses, den Rousseaus theaterkritische Motive auf die Demokratietheorien des 20. Jahrhunderts gehabt haben, kann es nicht weiter verwundern, dass auch die Linie einer ästhetisierungskritischen Ästhetik bis in die jüngere Moderne hinein verlängert worden ist. So hat die ästhetisierungskritische Argumentation auf besonders signifikante Weise in den großen avantgardistischen Theaterästhetiken Niederschlag gefunden: in Bertolt Brechts »epischem Theater« ebenso wie – komplementär – in Antonin Artauds »Theater der Grausamkeit«. Beide entwerfen ein Theater, das sich, auf je unterschiedliche Weise, gegen seine eigene Theatralität kehrt. Wiederum ist es Walter Benjamin, der in seinen Texten zu Brecht diesen Zusammenhang herausgearbeitet hat, und zwar aus einer selbst von der ästhetisierungskritischen Tradition beeinflussten Perspektive. Eine nähere Auseinandersetzung mit Benjamin scheint zum Abschluss dieser Untersuchung mithin nicht nur deshalb geboten, weil Benjamin neben Schmitt und in dieser Hinsicht sicher prominenter noch als dieser eine für die Ästhetisierungskritik des 20. Jahrhunderts maßgebliche Figur ist. Vielmehr stellt uns Benjamin – nicht zuletzt aufgrund seiner zu Schmitt entgegengesetzten politischen Position

118 Vgl. hierzu noch einmal oben, Kap. I, Abschn. 9.

– vor die Herausforderung, in repräsentationspolitischer Hinsicht näher zu bestimmen, wie sich die triftige Kritik an der faschistischen Ästhetisierung des Politischen zur Verteidigung einer offen theatrokratischen Demokratie verhält.

VI. Die Anästhetisierung des Politischen im Faschismus: Benjamin

Die Ästhetisierung des Politischen kann nicht als ein Zug demokratischer Gesellschaften verteidigt werden, ohne explizit zu machen, wie sich diese Verteidigung zu der bekanntesten Ästhetisierungskritik des 20. Jahrhunderts verhält, die diese Formel geprägt hat: Gemeint ist Walter Benjamins Kritik an der »Ästhetisierung der Politik, welche der Faschismus betreibt«.[1] Die faschistische Inszenierung der Massen ist für Benjamin die Spitze einer »Ästhetisierung der Politik«, die das »Recht« der proletarischen Massen auf »Veränderung der Eigentumsverhältnisse« mit dem ideologischen »Ausdruck« der Masse beantwortet (K I 469). Was die faschistische Masse ausdrückt, so liegt vor dem Hintergrund des bislang Gesagten zu erläutern nahe, ist die Einheit der politischen Gemeinschaft. Alles soll in den ideologischen Ausdruck der Einheit zwischen Führer und Volk eingehen. Alle Differenz muss dafür getilgt werden: die vertikale zwischen Repräsentant (Führer) und Repräsentierten (Volk) ebenso wie die horizontale zwischen einzelnen Mitgliedern der Gemeinschaft. Jedoch ist die Verwirklichung einer derartigen, jegliche Teilung ausschließenden Totalität nur zu einem außerordentlich hohen Preis zu haben: In dem Maße wie die Macht dem »Wahn« verfällt, schreiben Lefort und Gauchet, die Stelle des Allgemeinen faktisch zu verkörpern und den wahren Gemeinwillen zu artikulieren, schlägt sie notwendig ins Partikulare um: »Anstelle der beanspruchten Allgemeinheit ist nur noch die Willkür der Regeln und Entscheidungen, die enge Parteilichkeit des Urteilens und der beständige Rückgriff auf die brutale Gewalt wahrzunehmen.«[2] Der Anspruch auf Totalität kann sich nur als Tyrannei realisieren. Das heißt zugleich: In dem Maße wie die Macht beansprucht, das Gemeinwesen »in seiner Wahrheit erscheinen zu lassen«, wird

1 Vgl. Walter Benjamin, »Das Kunstwerk im Zeitalter seiner technischen Reproduzierbarkeit« (1), in: ders., *Gesammelte Schriften*, Bd. I.2, Frankfurt/M. 1974, S. 431-469, hier S. 469. Im Folgenden im Text zitiert als K I.

2 Claude Lefort, Marcel Gauchet, »Über die Demokratie: Das Politische und die Instituierung des Gesellschaftlichen«, in: Ulrich Rödel (Hg.), *Autonome Gesellschaft und libertäre Demokratie*, Frankfurt/M. 1990, S. 89-122, hier S. 102.

dieses »an die Grenze seiner Auflösung« geführt.[3] Es ist der Widerspruch des Totalitarismus, »daß die angestrebte Aufhebung jeglicher Spaltung in der Gesellschaft einer Macht als Erfüllungsgehilfen bedarf, die sich in Distanz zu dieser Gesellschaft setzt und dadurch zugleich selber von dem Zwiespalt der Behauptung ihrer Transzendenz und ihrer [faktischen] gesellschaftlichen Immanenz zerrissen wird«.[4] Dass die totalitäre Macht »[t]rotz aller denkbaren Zwangsmaßnahmen, die ihr zu Verfügung stehen«, aufgrund dieses Widerspruchs »ihrem Verlust geweiht ist«,[5] relativiert freilich nicht, dass stets die Möglichkeit besteht, dass sich die totalitäre Vision durchsetzen kann – und sei es eben nur für eine gewisse (aber, wie die Geschichte gelehrt hat: grundsätzlich zu lange) Zeit.

Die totalitären Masseninszenierungen versinnbildlichen die Illusion einer Gesellschaft, die vollständig mit dem Bild, das die Macht von ihr gibt, übereingekommen ist. In ihnen wird die rhetorische Produktion des Gemeinwesens gewissermaßen literalisiert. Das Volk soll hier – ein referentieller Fehlschluss – mit seiner Repräsentation zusammenfallen. Entsprechend soll sich das Volk auch nicht mehr reflexiv zu den Repräsentationen seines Willens (seiner selbst) verhalten, sondern sich in der unmittelbaren Evidenz der durch sie gestifteten Einheit erfassen. In der Auseinandersetzung mit Carl Schmitt haben wir gesehen (Kap. IV, Abschn. 9), dass die Ideologie einer solchen Unmittelbarkeit keineswegs im Gegensatz zum Prinzip des Führers steht. In unserem Zusammenhang jetzt ist aber entscheidend, dass eine solche Ideologie nicht auf jegliche Theatralik, jegliches Spektakel verzichtet, sondern eine eigene Theatralik, ein eigenes Spektakel hervorbringt, jedoch derart, dass das Prinzip der Teilung ausgelöscht wird: Das Volk ist nicht mehr die heterogene »gemeine Menge«, die unberechenbare Multitude, die über die *performance* des Politikers urteilt, sondern eine homogene Masse, die mit dem Führer eine Einheit bildet. Wenn für dieses Spektakel überhaupt ein Publikum vorgesehen ist, so ist es der ganz Außenstehende, der Feind, der die Bilder einer solchen Souveränitätsinszenierung medial empfangen mag, und nicht die ambivalente Figur des anwesenden Fremden. Letztere ist hier ebenso wenig erwünscht wie bei Rousseaus Schauspiel der einmütig

3 Ebd., S. 103.
4 Ebd., S. 104.
5 Ebd.

zum Ornament der Masse versammelten Kompanie, das in seiner Geschlossenheit bereits das bedrohliche Bild totalitärer Vergemeinschaftung mitführt.

Eine Operation, welche die Repräsentation des Volkes wie seines Willens in die Unmittelbarkeit und Buchstäblichkeit einer faktischen Gemeinschaft umzustülpen bestrebt ist, möchte ich *an*ästhetisch nennen – und zwar durchaus hinsichtlich der Konnotation des Begriffs mit dem Phänomen der Desensibilisierung. Denn hier geht es nicht nur um eine ästhetische Strategie, die sich gegen ihre eigene Ästhetizität, das heißt gegen die ihren Darstellungsrelationen immanenten Differenzen, desensibilisiert. Vielmehr handelt es hier zugleich um eine ästhetische Strategie, die in ethischer und politischer Hinsicht mit einer Desensibilisierung gegen das Fremde im Eigenen einhergeht.[6] Dass ich im Blick auf die faschistischen Einheitsinszenierungen von Anästhetisierung statt von Ästhetisierung spreche, hat darüber hinaus den Sinn, Benjamins Beobachtung vom Ausdruck der Masse im Faschismus eine Bedeutung zu geben, die diese von der generellen Linie seiner Ästhetisierungskritik abgrenzt. Denn Benjamins Treue zu der Tradition der Ästhetisierungskritik bringt, wie ich in den folgenden Abschnitten zeigen will, trotz des interessanten Versuchs, deren zentrale Motive kapitalismus- und faschismuskritisch zu modifizieren, Probleme mit sich, die noch einmal verdeutlichen, dass es eines differenzierteren Blicks auf dasjenige bedarf, was unter dem Titel einer Ästhetisierung des Politischen verhandelt wird.

6 Diese Verwendung hat offensichtlich wenig mit dem Verdacht gegen die sogenannte Ästhetisierung der Lebenswelt zu tun, diese führe, gewissermaßen durch ein Zuviel an Ästhetischem, notwendig zu einer »gigantischen Anästhetisierung«. So aber die These von Wolfgang Welsch, »Ästhetik und Anästhetik«, in: ders., *Ästhetisches Denken*, Stuttgart 1990, 13 f. Dagegen bringt Odo Marquard das Anästhetische zwar mit totalitären Inszenierungen in Verbindung; jedoch diskutiert er das Phänomen im Blick auf den Anspruch der künstlerischen Avantgarden, etwas wie ein Gesamtkunstwerk zu schaffen, und teilt ansonsten den diffusen Vorbehalt gegen die Ästhetisierung der Lebenswelt. Vgl. Odo Marquard, *Aesthetica und Anaesthetica. Philosophische Überlegungen*, München 2003, bes. S. 15-17.

1. Charisma versus Ratio

Bereits Benjamins Kritik an den faschistischen Masseninszenierungen setzt ein wenig anders an, als ich es eben dargestellt habe. Sie aktualisiert nämlich Platons Bild der von Rhetorik und Charisma gebannten theatrokratischen Masse. So wird die faschistische Masse von Benjamin vor allem im Blick auf ihr »reaktives Moment« kritisiert.[7] Dabei schreibt er das Problem der vom Führer in den Bann geschlagenen Masse unter explizitem Rückgriff auf Platon der theatralen Anordnung selbst zu, genauer: ihrer Trennung zwischen (Politik-)Darstellern und passiviertem Publikum. Das ist, schreibt Benjamin über diese Konstellation in einem Aufsatz über Brecht, »was bei den Alten Theatrokratia geheißen hat: [die] auf Reflexe und Sensationen begründete[...] Massenherrschaft«.[8] Egal, ob in der spektakulären Anordnung der Massen auf den Blick des Führers oder in der Ausrichtung der Publikumsmasse auf ein theatrales Spektakel – die reaktiv auf das Dargestellte bezogene Masse ist laut Benjamin *per definitionem* der »Gegensatz zur Stellungnahme verantwortlicher Kollektiva« (ET I 528). Die Masse soll in einer Konstellation gefangen bleiben, in der die Intellektualität der Einzelnen in eine Dynamik eingeht, in deren Sog sie sich von »Reflexen und Sensationen« manipulieren lässt.

Nun haben wir bereits in der Auseinandersetzung mit Platon Zweifel an der These angemeldet, dass die Passivierung des Zuschauers auf die theatrale Struktur einer Teilung zwischen Darstellern und Publikum zurückgeführt werden kann.[9] Vielmehr konnte das Phänomen der sich in wechselseitiger Affektansteckung schließenden Masse deshalb so gut vom Faschismus genutzt werden, weil seine Einheitsinszenierungen die Ästhetizität der theatrokratischen Szene mit ihren Darstellungsrelationen und den ihnen impliziten Trennungen abblenden. Ich werde darauf noch einmal zurückkommen (Abschn. 7). Allerdings erfolgt Benjamins Kritik an der

7 Vgl. Walter Benjamin, »Das Kunstwerk im Zeitalter seiner technischen Reproduzierbarkeit« (2), in: ders., *Gesammelte Schriften*, Bd. VII.1, Frankfurt/M. 1989, S. 350-384, hier S. 370 f., Fn. 12. Im Folgenden im Text zitiert als K II.

8 Walter Benjamin, »Was ist das epische Theater?« (1), in: ders., *Gesammelte Schriften*, Bd. II.2, Frankfurt/M. 1977, S. 519-531, hier S. 528. Im Folgenden im Text zitiert als ET I.

9 Vgl. oben, Kap. I, Abschn. 10 u. 11.

Theatrokratie, ganz anders als die platonische, nicht aus einem aristokratischen Vorbehalt gegen die urteilende Multitude heraus, sondern in ihrem Namen. Radikaler als Rousseau, bei dem es verstellt in der überlegenen Figur des Gesetzgebers überlebt, verabschiedet sich Benjamin deshalb vom aristokratischen Denken. Während die Kritik der Theatrokratie bei Platon mit einer elitistischen Kritik an der Menge verbunden wird, die der in der *Politeia* verteidigten Idee einer Herrschaft der Besten (*aristokratia*) entgegensteht, ist für Benjamin die »gemeine Menge« offenbar kein Problem. Im Gegenteil: Er hat revolutionäre Hoffnungen in sie gesetzt. Die theatrokratische Massenherrschaft wird bei Benjamin denn auch nicht als Herrschaft der furchtlos urteilenden Multitude, sondern allein als eine Herrschaft problematisiert, durch deren Einfluss sich die urteilsfähige Multitude in eine passive Masse, in einen willenlos formbaren Stoff verkehrt. Der Herrschaftstypus, den er hier im Anschluss an die frühe Massenpsychologie[10] im Blick hat, kann mit Max Weber »charismatisch« genannt werden.[11] Soll die Emanzipation des Proletariats eine Chance haben, muss, argumentiert Benjamin, der revolutionären Macht des Charismas, die dem Faschismus zur Herrschaft verholfen hat, eine andere Kraft entgegengesetzt werden: die der »Ratio«. Entsprechend werden den reaktiven Massen des Faschismus die »einer kollektiven Ratio gehorchenden Kaders des Proletariats« entgegengehalten. Das proletarische Klassenbewusstsein, so Benjamin, »lockert« die Masse »auf«. »Sie hört auf, unter der Herrschaft bloßer Reaktionen zu stehen; sie geht zur Aktion über.«[12] (K II 370, Fn.) Insofern Benjamins Plädoyer für die Vernunft und gegen das Charisma also offenbar nicht – wie bei Platon – im Dienste der Verteidigung einer elitären

10 Vgl. Gustave Le Bon, *Psychologie der Massen*, Stuttgart 1982, S. 33-35. Benjamin bezieht sich explizit auf Le Bon, um die »undurchdringliche und kompakte«, die »reaktive« Masse näher zu bestimmen (K II 370).

11 Vgl. das Kapitel »Die Typen der Herrschaft«, in: Max Weber, *Wirtschaft und Gesellschaft*, Tübingen 1980, bes. S. 140-142. Auf Webers Analyse der charismatischen Herrschaft werde ich unten, Kap. VI, Abschn. 7, zurückkommen.

12 Eben zu dieser Fußnote aus Benjamins wenig bekannter zweiter Fassung des Kunstwerkaufsatz äußert Adorno in einem Brief an Benjamin, dass »die wenigen Sätze über die Desintegration des Proletariats als ›Masse‹ durch die Revolution zu dem tiefsten und mächtigsten an politischer Theorie zählen, das mir begegnet ist, seit ich [Lenins] Staat und Revolution las.« Theodor W. Adorno und Walter Benjamin, *Briefwechsel 1928-1940*, Frankfurt/M. 1994, S. 175.

Philosophenherrschaft steht, sondern auf Emanzipation der Massen abzielt, muss gefragt werden, was aus dieser Differenz für die Begrifflichkeit folgt, in der die Kritik an der Theatrokratie bei ihm artikuliert wird. Gibt es bei Benjamin etwas wie einen demokratischen Begriff praktischer Vernunft, der zu dem bislang in diesem Band Erarbeiteten eine plausible Alternative vorstellt? Dieser Frage kann hier ebenso wenig ausgewichen werden wie der nach dem Status charismatischer Herrschaft für die Demokratie. An diesen Fragen wird sich noch einmal das Recht einer Kritik der Ästhetisierungskritik zu erweisen haben.

2. Politisierung der Kunst

Der Frage nach einem alternativen Konzept praktischer Vernunft kommt man in unserem Zusammenhang am ehesten durch eine Lektüre von Benjamins Schriften zur Kunst näher. Denn es ist in diesem Kontext, dass Benjamin ein ästhetisch-politisches Gegenmodell zur Theatrokratie entwirft. Wie bereits an Platon und Rousseau wird damit auch an Benjamin noch einmal die für die Ästhetisierungskritik insgesamt charakteristische Verbindung deutlich, welche die ästhetischen Argumente zu den politischen auch dort noch unterhalten, wo der Fokus vorderhand allein auf der Kunst zu liegen scheint. Worum es hier jeweils geht ist nichts weniger als deren politisches Existenzrecht.

»[D]er Ästhetisierung der Politik, welche der Faschismus betreibt«, sei, wie es im berühmten letzten Satz des Kunstwerk-Aufsatzes heißt, eine »Politisierung der Kunst« entgegenzuhalten (K I 469). Was er darunter genauer versteht, hat Benjamin jedoch bezeichnenderweise weniger in seinen Überlegungen zum Kino, das im Zentrum des Kunstwerk-Aufsatzes steht, als in jenen zum Theater, nämlich dem Theater Brechts, ausbuchstabiert. Zwar äußert er im Kunstwerk-Aufsatz die optimistische Einschätzung, der zufolge das Kino das Verhältnis der Masse zur Kunst dergestalt verändert habe, dass die »Lust am Schauen und am Erleben [...] eine unmittelbare und innige Verbindung mit der Haltung des fachmännischen Beurteilers eingeht« (K I 459). Doch geht diese Einschätzung weniger mit der auf Taktilität und Gewöhnung basierenden »Rezeption in der Zerstreuung« (K I 465) zusammen, die Benjamin am Kinopublikum beobachtet, als dass sie an den Anspruch des Brechtschen Theaters erinnert. Trotz der kurzen Verweise auf Chaplin und den russischen Film in diesem Zusammenhang fehlt im Kunstwerk-Aufsatz gerade dort, wo es darum gehen soll, die progressiven Potentiale des Kinos zur »Selbst- und Klassenerkenntnis« (vgl. K I 456) gegen dessen kapitalistische Ausbeutung und faschistische Indienstnahme zu mobilisieren, die Ausarbeitung einer hinsichtlich seiner Verfahren und Wirkungen differenzierenden Theorie des Films. Für die alte Institution des Theaters hingegen, anders als für die neue des Kinos, scheint für Benjamin unmittelbar klar, dass sie nicht als solche fortschrittlich genannt werden kann. Schließlich handelt es sich um diejenige Institution, die seit Platon das Paradigma für die – aus der Perspektive der Ästhetisierungskritiker – politisch zu bekämpfende Theatrokratie abgibt. Sofern also Benjamin deren theaterkritische Prämissen übernimmt und der Ästhetisierung der Politik eine Politisierung der Kunst entgegensetzen will, kann er ganz offensichtlich nicht an das traditionelle Theater denken, sondern muss vielmehr von der Möglichkeit einer Revolution seiner Struktur ausgehen. Für diese Möglichkeit steht das Theater Brechts.

Dessen entscheidendes Ziel ist die Transformation des Publikums in eine Versammlung Interessierter. Das Interesse der Einzelnen soll jedoch dezidiert nicht vermittels einer »Nervenwirkung« auf diese Einzelnen geweckt werden (ET I 527). Denn zur falschen Totalität des Publikums wird die Menge der Zuschauer paradoxerweise durch deren Vereinzelung im einfühlenden Bezug aufs Dargestellte. Der jeweiligen Einfühlung ins dramatische Geschehen entspricht mit anderen Worten eine kommunikative Desintegration der Zuschauer, durch die sie sich erst als Publikum zusammenschließen. In ebendiesem Sinne ist das Publikum jedoch noch keine Masse im psychologischen Sinn. Denn die psychologische Masse lebt, so haben wir im ersten Kapitel gesehen, nicht zuletzt von der wechselseitigen Affizierung der Einzelnen. Die Erregbarkeit einer solchen Masse hat mit einer affektiven Rückkoppelung unter ihren Mitgliedern zu tun, mit einem Genuss der Masse an sich selbst.[13] Die Masse ist folglich in einem anderen Sinn

13 Vgl. hierzu oben, Kap. I, Abschn. II, und Gabriel Tarde, »Le public et la foule«, in: ders., *L'opinion et la foule*, Paris 1989, S. 31-71, hier S. 57; Gabriel Tarde, *La philosophie pénale*, Paris 1972, S. 324.

geschlossen oder kompakt als das Publikum. Beide Phänomene, Masse und Publikum, teilen jedoch die Bedingung, dass es sich hier um Zusammenkünfte von einander unbekannten Einzelnen handelt, welche die sozialen Differenzen zwischen den Einzelnen nicht notwendig abbilden.[14] Die Differenz zwischen Publikum und Masse entscheidet sich an der Frage, in welcher Weise diese soziale Voraussetzungslosigkeit weiter genutzt wird. Sie entscheidet sich an der Frage, ob dem Urteil des Einzelnen durch diese Voraussetzungslosigkeit Raum gegeben wird, so dass es, und zwar unabhängig von seinem sozialen Status, zählt – das wäre das Modell des demokratischen Publikums respektive der demokratischen Öffentlichkeit –, oder ob diese Voraussetzungslosigkeit für die gleichmacherische und das Urteil des Einzelnen eliminierende Logik der Masse genutzt wird. Man müsste also nach verschiedenen Inszenierungsformen und Repräsentationspolitiken unterscheiden. Nun ist es offenbar Benjamins zunächst durchaus plausible These, dass es hier Übergänge und Übergangsphänomene gibt: dass es Publika gibt, die sich zwar noch nicht zur kompakten, sich mit sich selbst rückkoppelnden Masse formiert haben, in denen aber das Urteil der Einzelnen weniger gefordert als zurückgedrängt wird. Darin sieht er die ideologische Funktion des traditionellen, des bürgerlichen Theaters. So arbeitet das bürgerliche Theater durch den einfühlenden Bezug der Einzelnen aufs Dargestellte an einer Aufhebung sozialer Differenzen, die nicht der Emanzipation aus diesen Differenzen dient, sondern deren Verdrängung – wodurch sie sich nur umso glatter reproduzieren lassen. Benjamin wünscht sich daher, die »falsche, verschleiernde Totalität ›Publikum‹« möge sich »zersetzen, um in ihrem Schoß Parteiungen Raum zu geben, welche den wirklichen Verhältnissen entsprechen« (ET I 528).

14 Im bürgerlichen Theater ist dies indes durchaus der Fall. In seiner Sitzordnung mit ihrer Differenzierung nach teuren und billigen Plätzen bilden sich die Klassenverhältnisse ab. Rousseau hat denn auch gerade diesen Aspekt des Theaters in seine Theaterkritik aufgenommen und als ein weiteres Indiz für die trennenden Wirkungen des Theaters problematisiert (vgl. BdA 450f.). Allerdings folgt bei ihm daraus keineswegs eine Forderung nach Aufhebung der Klassenverhältnisse, sondern bloß die Forderung danach, dass diese nicht so sichtbar seien. Nicht zuletzt dies leistet das Fest (vgl. BdA 468). Für Benjamin hingegen geht es offenbar um das umgekehrte Problem; er argumentiert gegen die Verschleierung der sozialen Differenzen im Publikum beziehungsweise in der Masse.

3. Staunen statt Mitleiden

Dies ist das Projekt des Brechtschen Theaters. Die Frontstellung gegen die »falsche, verschleiernde Totalität« des bürgerlichen Theaterpublikums ist das Motiv für die Absetzung des epischen Theaters von der Mitleidskonzeption der aristotelischen Tradition. Denn das Mitleid des Publikums im Theater lässt sich nach Brechts Überzeugung nicht politisch wenden. Auf außerästhetische Zusammenhänge übertragen, erscheint es ihm sogar zutiefst unmoralisch. Denn es versetzt sich gleichsam in die Leidenden, um selbst zu leiden, anstatt das Leiden der Anderen zu beenden.[15] Echtes Mitleid hingegen muss sich nach Brecht in politischen Zorn transformieren, oder es ist nichts wert; es muss sich praktisch wenden, oder es verpufft. Kritisiert wird damit am traditionellen Theater also interessanterweise, anders als bei anderen prominenten Kritikern des theatralen Spektakels wie etwa bei Stanley Cavell, nicht an erster Stelle die ästhetische Ablenkung vom Inhalt auf die Form, sondern im Gegenteil, wenn man so will, das Moment der empathischen Einfühlung in den Inhalt, in das dramatische Geschehen beziehungsweise seine Charaktere.[16] Deshalb soll Brechts Zuschauer etwas wie eine Haltung des »Rauchend-Beobachtens« einnehmen, die sich, weil rauchend mit sich selbst beschäftigt, vom Bühnengeschehen nicht so einfach »in den Bann ziehen« lässt.[17]

Dennoch geht es auch Brecht darum, die theatralen Darstellungsmittel strikt in den Dienst des Dargestellten zu stellen und

15 Hannah Arendt, *Benjamin, Brecht*, München 1971, S. 93. In diesem Vorwurf hallt freilich auch Rousseau wider (vgl. BdA 357).

16 Während Cavell aristotelische Motive gegen die Distanz eines ästhetischen Bewusstseins mobilisiert, das noch am tragischsten Plot die Darstellung genießt, geht es dem Platoniker Brecht umgekehrt darum, eine antiaristotelische Dramatik gegen die Distanzlosigkeit des mitleidenden Publikums zu setzen. Vgl. bes. Stanley Cavell, »Ending the Waiting Game: A Reading of Beckett's *Endgame*«, in: ders., *Must We Mean What We Say? A Book of Essays*, Cambridge 1969, S. 115-162; ders., »The Avoidance of Love: A Reading of King Lear«, in: ders., *Must We Mean What We Say?*, S. 267-353. Zu einer kritischen Diskussion der Argumentation bei Cavell außerdem: Juliane Rebentisch, *Ästhetik der Installation*, Frankfurt/M. 2003, bes. S. 30-39.

17 Bertolt Brecht, »Literarisierung des Theaters. Anmerkungen zur Dreigroschenoper«, in: ders., *Schriften zum Theater. Über eine nicht-aristotelische Dramatik*, Frankfurt/M. 1957, S. 29-36, hier S. 31.

keineswegs um ihrer selbst willen zu verselbständigen, eine theaterkritische Grundintuition, die sich später auch bei Stanley Cavell findet.[18] Der reflektierte Umgang mit den Mitteln und der Schauordnung des Theaters soll lediglich ein anderes als ein mitfühlendes, nämlich ein erkennendes Verhältnis zum Dargestellten ermöglichen, nicht aber den Ausstieg aus ihm. Anders als die naturalistische Bühne, die, wie Benjamin schreibt, »[i]hr eigenes Bewußtsein, Theater zu sein, [...] verdrängen [muß], um sich ihrem Ziele, das Wirkliche abzubilden, unabgelenkt widmen zu können«, behält zwar das epische Theater davon, »daß es Theater ist, ununterbrochen ein lebendiges und produktives Bewußtsein« (ET I 521 f.). Damit ist jedoch keine Absage an das Projekt der alten naturalistischen Bühne verbunden, das Wirkliche zu zeigen; vielmehr soll ebendieses Projekt im epischen Theater eine philosophisch-politische Erneuerung erfahren. Die Wirklichkeit zu zeigen heißt hier nämlich nicht mehr, sie bloß naturalistisch wiederzugeben, sondern sie zu entdecken – und das heißt: sie darstellend so zu verfremden, dass ihr wirklicher »Zustand« sich dem Zuschauer enthüllt. Dass das epische Theater sich seine eigene Theatralität bewusst hält, ist aufgrund dieser Orientierung an der (politischen) Erkenntnis von Welt, wie Benjamin nachdrücklich betont, auch nicht im Sinne der »reflektorischen Künste« der romantischen Bühne zu verstehen. Die naheliegende Analogie zwischen den Verfahren Brechts zur performativen (Mit-)Ausstellung der theatralen Mittel und der romantischen »Dramaturgie der Reflexion« vielmehr als »irrig« zurückzuweisen heißt für Benjamin nichts weniger als »auf einer Wendeltreppe den Schnürboden der Brechtschen Theorie erklettern« (ET I 529).

Bereits Benjamins frühe Schrift *Der Begriff der Kunstkritik in der deutschen Romantik* hatte am Schluss, in einer eigentümlich nachgeschobenen kritischen Gegenüberstellung von romantischer und goethescher Kunstphilosophie, auf das unbefriedigende, weil nach Benjamins Rekonstruktion einseitig zugunsten der Form entschiedene Verhältnis der Romantiker zum Problem der Vermittlung von Form und Inhalt hingewiesen. Dieses Problem sei von Goethe nur

18 Konsequenterweise versteht Cavell das moderne Theater Brechts ganz richtig als Fortsetzung des »ernsthaften Dramas« mit anderen Mitteln. Vgl. Stanley Cavell, *The World Viewed: Reflections on the Ontology of Film*, Cambridge, London 1979, S. 111.

mit einer ebenso einseitigen Betonung des Inhalts der Kunst beantwortet worden und stehe deshalb noch zur systematischen Beantwortung an.[19] In »Der Autor als Produzent« stellt sich Benjamin, wiederum in ausdrücklichem Rückbezug auf Platon,[20] selbst diesem Problem, und zwar im Horizont der Frage nach der politischen Funktion von Kunst. Brechts kritische Arbeit am Theaterapparat liefert ihm dabei das positive Beispiel dafür, dass die politische Tendenz eines Werkes seine künstlerische einschließt, dass also der politisch progressive Gehalt eines Werkes zur vollen Entfaltung seiner Wirkung auf eine Auseinandersetzung mit seiner Form, und das heißt auch: auf eine Auseinandersetzung mit seinen Produktionsmitteln und deren gesellschaftlicher Funktion angewiesen ist. Vor allem eine solche, an politischer Erkenntnis orientierte Vermittlung von Form und Inhalt soll Brechts Theater von dem an unendlicher Reflexion orientierten Formalismus der romantischen Bühne unterscheiden. Es sei an dieser Stelle dahingestellt, ob die romantische Reflexion tatsächlich als Komplement eines leeren Formalismus rekonstruiert werden sollte (ich meine: sie sollte nicht). Wichtig ist an dieser Stelle zunächst, dass Benjamin diese Diagnose zum Fundament einer politischen Kritik der romantischen Ästhetik macht (womit er im Übrigen die in diesem Buch rekonstruierte ästhetisierungskritische Linie bestätigt, die Platon mit der Kritik der Romantik verbindet).

Im Abstand zwischen Brecht auf der einen und dem romantischen Ironiker (Benjamin nennt exemplarisch Tieck) auf der anderen Seite liegt denn auch als Scheidepunkt die Frage der Ästhetisierung: Während die romantische Reflexion einer Ästhetisierung der Welt als Spiel zuarbeite – dem romantischen Stückeschreiber, schreibt Benjamin, bleibt immer gegenwärtig: »Die Welt mag am Ende auch ein Theater sein« (ET II 538) –, gehe es Brecht gewisser-

19 Walter Benjamin, *Der Begriff der Kunstkritik in der deutschen Romantik*, in: ders., *Gesammelte Schriften*, Bd. I.1, Frankfurt/M. 1974, S. 7-122, hier S. 117-119.

20 »Sie erinnern sich«, eröffnet Benjamin seinen Vortrag, »wie Plato im Entwurf seines Staats mit den Dichtern verfährt. Er versagt ihnen im Interesse des Gemeinwesens den Aufenthalt drinnen. Er hatte einen hohen Begriff von der Macht der Dichtung. Aber er hielt sie für schädlich, für überflüssig – in einem *vollendeten* Gemeinwesen, wohlverstanden. Die Frage nach dem Existenzrecht des Dichters ist seitdem nicht oft mit dem gleichen Nachdruck gestellt worden; heut aber stellt sie sich.« (Walter Benjamin, »Der Autor als Produzent«, in: *Gesammelte Schriften*, Bd. II.2, Frankfurt/M. 1977, S. 683-701, hier S. 683.)

maßen umgekehrt um eine Vergegenwärtigung der Welt im Spiel. Nun trifft Benjamin mit der Absetzung des epischen Theaters von der romantischen Tradition an Brecht in der Tat einen wesentlichen Zug. Denn in der Abwehr einer Verselbständigung des »Beiwerks der [...] Werke«, das heißt der »poetischen und theatralischen Mittel«, bleibt dieser Aristoteliker: »[D]ie Fabel«, sagt Brecht im *Organon*, »ist nach Aristoteles – und wir denken da gleich – die Seele des Dramas«.[21] Es wäre daher ein Missverständnis, verstünde man Brechts V-Effekte als eine Maßnahme zur Emanzipation der theatralen Mittel aus der Herrschaft des Dramas und Brecht einseitig als einen Vorreiter des sogenannten postdramatischen Theaters. Ihm bleibt, wie Hans-Thies Lehmann zu Recht festgestellt hat, »die *Fabel* das A und O«.[22] Antiaristotelisch ist Brechts Dramatik mithin lediglich in ihrer Wendung gegen die aristotelische Katharsis, das heißt gegen die Idee einer »Abfuhr der Affekte durch Einfühlung in das bewegende Geschick des Helden« (ET II 535). Die zentrale Wirkungskategorie des epischen Theaters ist demgegenüber das Staunen. Dieses soll, so zitiert Benjamin Brecht, »in die aristotelische Formel von der Wirkung der Tragödie eingesetzt werden« (ET I 531). »Statt in den Helden sich einzufühlen, soll das Publikum vielmehr das Staunen über die Verhältnisse lernen, in denen er sich bewegt.« (ET II 535)

Das epische Theater versteht sich denn auch durchaus als moralische Anstalt; dies allerdings in dem starken und stark kommentierungsbedürftigen Sinne, dass hier Erkenntnisse nicht »allein vermittelt sondern erzeugt« werden sollen (ET I 528). Die »wirklichen Zustände« sollen im epischen Theater nicht, »wie auf dem Theater des Naturalismus, mit Süffisance«, sondern mit Staunen erkannt werden. Mit diesem Staunen bringt das epische Theater zugleich, wie Benjamin formuliert, »auf harte und keusche Art eine sokratische Praxis zu Ehren«. Denn im Staunenden, so fährt er fort, »erwacht das Interesse; in ihm allein ist das Interesse an seinem Ursprung da« (ET I 522). Zwar ist damit auf den ersten Blick auch das epische, ähnlich dem sogenannten Zeittheater, politisch vor allem darin, *was* es zu erkennen gibt: »wirkliche Zustände«. Anders als das »Zeittheater« hat es aber darüber hinaus eine von Benjamin

21 Bertolt Brecht, »Kleines Organon für das Theater«, in: ders., *Schriften zum Theater*, S. 128-173, hier S. 135.

22 Hans-Thies Lehmann, *Postdramatisches Theater*, Frankfurt/M. 1999, S. 48.

»sokratisch« genannte Dimension hinsichtlich der Weise, *wie* es diese zu erkennen gibt: Es lehrt das Staunen und weckt damit zugleich Interesse. Erst durch diese zweite, die sokratische Dimension soll das epische Theater imstande sein, ein von den politisch beflissenen Protagonisten des Zeittheaters undurchschautes Problem zu überwinden. Denn deren Thesenstücke, so Benjamin, hatten die Struktur des traditionellen Theaters weitgehend unverändert gelassen und die »proletarischen Massen« lediglich in ebenjene Position einrücken lassen, »die der Theaterapparat für die bürgerlichen geschaffen hatte«: in die des zum bloßen Reagieren verdammten Publikums (ET I 519 f.). Die Voraussetzung für ein wahrhaft politisches Theater liegt demnach in einer Theaterpraxis, die es versteht, die Zuschauer aus der passiven Position des Publikums zu befreien und in ein intellektuell interessiertes, ein, wenn man so will, philosophisches Verhältnis zum Dargestellten zu setzen.

4. Der Blick des Fremden

Wie aber bringt das epische Theater seinen Zuschauern das Staunen über die Verhältnisse bei, in denen seine Helden sich bewegen? Eines der bekanntesten Mittel des epischen Theaters ist in dieser Hinsicht die Unterbrechung der Handlung. Vor allem durch sie wendet sich das epische Theater gegen die aristotelische Tradition. Insofern gilt die Treue, die das epische Theater der Fabel entgegenbringt, wie jetzt zu konkretisieren ist, nicht eigentlich deren Verlauf; die Spannung gilt hier »weniger dem Ausgang [...] als den Begebenheiten im einzelnen« (ET II 533). Statt eine Handlung zu entfalten, in die das Publikum sich einfühlen könnte, geht es dem epischen Theater um die Erzeugung von Erkenntnissen über »Zustände«. Daher sollte das Verhältnis, welches das epische Theater zu den »Zuständen« unterhält, auch nicht mit dem der naturalistischen Bühne zu den »Milieus« verwechselt werden (ET I 521 f.). Denn die wirklichen politischen Zustände werden auf dem epischen, anders als die sozialen Milieus auf dem naturalistischen Theater, nicht einfach dargestellt; sie sind das, was erst, und zwar von den Zuschauern selbst, entdeckt, mit Staunen erkannt werden muss. Die Zustände stehen »am Ende, nicht am Anfang« der Brechtschen Versuchsanordnung, sagt Benjamin (ET I 522). Sie sind weniger zu vermittelnder Gegenstand denn Ergebnis seines Theaters – eines Theaters, das daher zu seiner vollständigen Entfaltung der Zuschauer bedarf. In ihrem Staunen erst entdecken sich die Zustände. Dieses aber entzündet sich an der Unterbrechung. So etwa, das ist Benjamins Beispiel, an der Unterbrechung, die eine Familienszene durch das Eintreten eines Fremden erfährt. Unter seinem Blick wird sie sich selbst unähnlich, verfremdet sich zum Tableau, in dem die Verwüstungen des bürgerlichen Lebens als »Zustand« erkannt werden können. Der distanzierte Blick des Fremden ist daher nichts anderes als der Blick des idealtypischen Brecht-Zuschauers. Weiter könnte die Brechtsche Theaterästhetik, wie es vorderhand scheint, nicht vom Rousseauschen Fest respektive überhaupt von jeglicher Form von anästhetisierender Einheitsinszenierung entfernt sein. Interessanterweise jedoch taucht auf der Spitze dieser Entgegensetzung wieder eine Gemeinsamkeit mit der ästhetisierungskritischen Tradition auf. Sie betrifft zunächst die Figur des Fremden, dann das ästhetisierungskritische Thema des Verhältnisses von Mensch und Rolle. Fremd ist Brechts Fremder nämlich nur im Blick auf die bürgerliche Szene, in die er eintritt. Für das Publikum soll er der Inbegriff einer neuen Gemeinschaft sein: derjenigen der proletarischen Massen. Der Fremde ist der neue Mensch. Dies demonstriert sich nicht zuletzt an der in dieser Figur verkörperten Entdifferenzierung von Mensch und Rolle. Auch in dieser Hinsicht bleibt Benjamin in einer totalen Verkehrung der ästhetisierungskritischen Vorzeichen deren Grundintuitionen treu. Sehen wir uns die Figur des Fremden also näher an.

5. Entfremdung

Bemerkenswert ist zunächst, dass der distanzierte Blick des Fremden in der genannten Szene auf dieser selbst noch einmal dargestellt wird. Dem Bühnengeschehen ist bei Brecht vielfach ein »unbeteiligter Dritter«, ein »nüchterner Beobachter«, ein in diesem Sinne Fremder, mit anderen Worten: ein Zuschauer beigeordnet (ET II 533 f.). Als Schwellenfigur zwischen Publikum und Bühne, als Zuschauer im Spiel ist er für Benjamin sogar das eigentliche Zentrum des epischen Theaters. Denn diese Bühnenfigur vermittelt nicht nur zwischen Bühnengeschehen und Publikum; es handelt sich hier überdies um die Figur des Weisen, des Denkenden – wie Benjamin im Anschluss an Brechts *Geschichten vom Herrn Keuner* sagt –, der dem Geschehen auf der Bühne distanziert, aber mit einem umso schärferen Blick für die »wirklichen Zustände« gegenübertritt. Diese selbst wesentlich undramatische Figur ist der eigentliche Held des Brechtschen Theaters. Insofern diese Figur als Repräsentant des Zuschauers auf der Bühne für diesen offenkundig ein größeres Identifikationspotential stellen soll als die anderen Figuren, könnte man meinen, dass der undramatische Held im Zentrum des epischen Theaters zugleich ein V-Mann des traditionellen ist, der unter der Hand beim Publikum ebenjene einfühlend identifikatorische Haltung wieder einfordert, die Brecht abzuschaffen angetreten war. Doch sperrt sich der Brechtsche Held der Einfühlung aufgrund seiner spröde undramatischen Beschaffenheit. Identifikatorisches Potential – sofern man davon reden mag – soll hier allenfalls das Modell seiner distanzierten Einstellung, seine Haltung, zum (Mit-)Dargestellten bergen.[23] Einerseits.

Andererseits entspricht der undramatische Held selbst den

23 Aus einer strikt platonischen Perspektive ist natürlich die Konstruktion eines epischen *Theaters* ebenso paradox wie die *dramatische* Existenz des undramatischen Helden. Benjamin ist sich dessen bewusst: Der »höchste Mensch«, der Weise, ist notwendig der Bühne fremd. Er kann, wie Benjamin mit Brecht sagt, allenfalls »liegend auf die Szene getragen werden (so wenig zieht es ihn dahin)« (ET I 523). Aber das sokratische Plädoyer für die epische Erzählung als der einzigen philosophisch-politisch legitimen literarischen Form hat seinerseits seinen Ort in einem platonischen Dialog. In seinen Dialogen, schreibt Benjamin im Kontext seiner Überlegungen zu Brecht, habe Platon selbst den Weisen »an die Schwelle des Dramas herangeführt« (ET II 534). Und in *Der Ursprung des deutschen Trauerspiels* schreibt er, dass die »Überlegenheit«, mit der sich Platons Werk gegen die Tragödie behaupte, letztlich weniger »dem rationalen Geist des Sokrates« geschuldet sei als vielmehr dem »Geist des Dialogs selbst« – womit diese Überlegenheit »zuletzt den Herausforderer entscheidender traf als die Geforderte« (Walter Benjamin, *Ursprung des deutschen Trauerspiels*, in: ders., *Gesammelte Schriften*, Bd. I.1, Frankfurt/M. 1974, S. 203-430, hier S. 292 f.). Die platonischen Dialoge eröffnen Benjamin zufolge also nicht das Andere des Theaters, für das ihr theaterkritischer Held plädiert; vielmehr begründen sie selbst ein dramatisches Genre, das, wenn auch undeutlich und auf dem Wege eines »Pasch- und Schleichpfades« (ET I 523), vor allem in Deutschland eine literarische Tradition ausbilden konnte, als deren signifikanteste Stationen Benjamin das mittelalterliche Mysteriendrama und das barocke Trauerspiel benennt. Deren Gegenwart sieht Benjamin in Brechts Suche nach dem untragischen Helden sich abzeichnen.

»wirklichen Zuständen«, um deren Erkenntnis es Benjamin mit Brecht geht. In seiner alles »menschelnde« Identifikationspotential ausschaltenden Sprödigkeit ist er für Benjamin zugleich der Inbegriff des modernen, des entfremdeten Menschen. Nun ist zwar Benjamins Entfremdungskritik, anders als diejenige Rousseaus, nicht mehr authentizistisch grundiert. Vielmehr ist Performanz-, Rollenbewusstsein für Benjamin die unhintergehbare Conditio moderner Subjektivität. Unter anderem in seinen Texten zu Baudelaire interpretiert Benjamin das moderne Performanz- und damit zugleich Kontingenzbewusstsein zugleich jedoch als Nebenprodukt der kapitalistischen Warenwirtschaft. Die Erweiterung der Subjektivität, die der Einzelne durch das Potential erfährt, sich in Rollen zu vervielfältigen, wird bei Benjamin marxistisch als Effekt gesellschaftlicher Entfremdung kritisiert. Der zentrale Gegenstand der kapitalismuskritisch erneuerten Entfremdungskritik ist auch im Kontext seiner Baudelaire-Kommentare bezeichnenderweise wieder die Einfühlung: »Gäbe es jene Warenseele«, so Benjamin, »von welcher Marx gelegentlich im Scherz spricht, so wäre sie die einfühlsamste, die im Seelenreiche je begegnet ist. Denn sie müßte in jedem den Käufer sehen, in dessen Hand und Haus sie sich schmiegen will. Einfühlung ist aber die Natur des Rausches, dem der Flaneur in der Menge sich überläßt. ›Der Dichter‹«, zitiert Benjamin Baudelaire, »›genießt das unvergleichliche Privileg, daß er nach Gutdünken er selbst und ein anderer sein kann. Wie irrende Seelen, die einen Körper suchen, so tritt er, wann er will, in die Person eines anderen ein. Ihm steht die eines jeglichen frei und offen; wenn ihm gewisse Plätze verschlossen scheinen, so ist es, weil sie in seinen Augen der Mühe nicht wert sind, inspiziert zu werden.‹ Was hier spricht«, kommentiert Benjamin,

> ist die Ware selbst. Ja, die letzten Worte geben einen ziemlich genauen Begriff von dem, was sie dem armen Schlucker zumurmelt, der an einer Auslage mit schönen und teuren Sachen vorbeikommt. Sie wollen nichts von ihm wissen; in ihn fühlen sie sich nicht ein. In den Sätzen des bedeutsamen Stücks »Les foules« spricht mit anderen Worten der Fetisch selbst, mit dem Baudelaires sensitive Anlage so gewaltig mitschwingt, daß die Einfühlung in das Anorganische eine der Quellen seiner Inspiration gewesen ist.[24]

24 Walter Benjamin, *Das Paris des Second Empire bei Baudelaire*, in: ders., *Gesammelte Schriften*, Bd. I.2, Frankfurt/M. 1974, S. 511-604, hier S. 558. Im Folgenden im Text zitiert als PSE.

Marxistisch geprägt ist nun aber nicht nur die Deutung moderner Subjektivität als Ausdruck einer Verinnerlichung warenförmiger Exteriorität, sondern auch die Andeutung einer dialektischen Auflösung dieses Zusammenhangs. Anders als für Rousseau gibt es für Benjamin kein Zurück zu einem vermeintlich unverstellten Urzustand vor der Ware; revolutionäres Potential birgt vielmehr einzig der Durchgang durch dieselbe, nämlich die vollendete Warenförmigkeit des Arbeiters: »Sofern der Mensch, als Arbeitskraft, Ware ist«, so Benjamin,

> hat er es [...] nicht nötig, eigens in die Ware sich zu versetzen. Je mehr diese Seinsweise seiner selbst als die von der Produktionsordnung über ihn verhängte ihm zum Bewußtsein kommt – je mehr er sich proletarisiert –, desto mehr durchdringt ihn der Frosthauch der Warenwirtschaft, desto weniger wird es sein Fall sein, in die Ware sich einzufühlen. Aber so weit war es mit der Klasse der kleinen Bürger, der Baudelaire angehörte, noch nicht gekommen. Auf der Stufenleiter, von der hier die Rede ist, befand sie sich erst im Beginn des Abstiegs. Unausweichlich mußte vielen in ihr die Warennatur ihrer Arbeitskraft aufstoßen. Aber dieser Tag war noch nicht gekommen. (PSE 561)

Für Brecht war er dann da.

Brechts Figur des undramatischen Helden ist ganz und gar unspektakulär und gleichwohl ganz und gar äußerlich. Der Packer Galy Gay etwa aus *Mann ist Mann* wird von Benjamin nicht nur als derjenige zitiert, »der nicht trinkt, ganz wenig raucht und fast keine Leidenschaften hat«, sondern auch als derjenige, dessen Prinzip »nicht Treue zum eignen Wesen [ist], sondern die Bereitschaft, ein neues in sich selbst zu empfangen« (ET I 526 f.). Diese Bereitschaft entspringt freilich nicht dem Genuss an der Einfühlung in Andere, einem Genuss, von dem Benjamin in seinem Baudelaire-Kommentar schreibt, dass er seine Grenzen in dem Umstand finden musste, lediglich ein Genuss *in* der Gesellschaft, nicht aber einer *an* ihr zu sein (vgl. PSE 561). Vielmehr entspringt diese Bereitschaft den Widersprüchen, welche die Gesellschaft selbst der Arbeiterklasse aufzwingt. Deshalb ist gerade die Äußerlichkeit des Brechtschen Helden authentischer Ausdruck, nicht seines Wesens, aber der Gesellschaft, in der er sich bewegt; in der Äußerlichkeit des Menschen als Ware vereinen sich Mensch und Rolle wieder: Der Mensch ist nichts anderes als die verschiedenen Gestalten oder Rollen, welche die Gesellschaft ihm aufzwingt. Galy Gay, so Benjamin, ist »nichts als ein Schauplatz von Widersprüchen unsrer Gesellschaftsordnung«. Und weiter: »Vielleicht ist es, im Sinne Brechts, nicht zu kühn, den Weisen als den vollkommenen Schauplatz solcher Dialektik zu definieren.« (ET I 526) Noch deutlicher in diese Richtung argumentiert Benjamin hinsichtlich eines anderen Helden Brechts, der, wiewohl selbst kein dramatischer Held, vielleicht tatsächlich das Modell für viele seiner undramatischen Theaterfiguren abgibt: Herr Keuner, der »Denkende«. »[...] Herr Keuner, der ein Prolet ist, steht in sehr scharfem Gegensatz zum Proletarierideal der Menschenfreunde: Er ist nicht verinnerlicht. Die Abschaffung des Elends erwartet er nur auf einem einzigen Wege, nämlich durch die Entwicklung der Haltung, welche das Elend ihm aufzwingt.«[25]

Als undramatische hebt sich diese Figur einerseits von den Charismatikern ab, die für Benjamin ein wesentliches Element jener Ästhetisierung des Politischen sind, »welche der Faschismus betreibt«: »In der Tat«, schreibt Benjamin, »ist Herr Keuner der alle Betreffende, allen Gehörende, nämlich der Führer. Er ist es nur ganz anders, als man sich einen Führer gewöhnlich vorstellt; beileibe kein Rhetor, kein Demagog, kein Effekthascher oder Kraftmensch. Seine Hauptbeschäftigung liegt meilenweit fort von dem, was man sich heute unter einem Führer vorstellt. Herr Keuner ist nämlich der Denkende.« Aber aufgrund seiner Äußerlichkeit, dem Symptom seiner Entfremdung, unterscheidet sich der undramatische Herr Keuner zugleich auch von der Authentizität und Tugendhaftigkeit der antiken Philosophen:

Seinem ganzen Gebaren nach wird man diesen Denkenden niemals mit dem Weisen der Griechen, dem strengen Stoiker oder dem Lebenskünstler aus der Schule Epikurs verwechseln können, eher schon mit Paul Valérys Figur eines reinen Denkmenschen ohne Affekte, dem Monsieur Teste. Beide haben chinesische Züge. Beide sind unendlich verschlagen, unendlich verschwiegen, unendlich höflich, unendlich alt, unendlich anpassungsfähig. Herr Keuner ist aber dadurch ganz und gar von seinem französischen Kollegen unterschieden, daß er ein Ziel hat, das er keinen Augenblick lang aus dem Auge verliert. Dieses Ziel ist der neue Staat.[26]

25 Walter Benjamin, »Aus dem Brecht-Kommentar«, in: ders., *Gesammelte Schriften*, Bd. II.2, Frankfurt/M. 1977, S. 506-510, hier S. 507.

26 Walter Benjamin, »Bert Brecht«, in: ders., *Gesammelte Schriften*, Bd. II.2, Frankfurt/M. 1977, S. 661-667, hier S. 662 f. Im Folgenden im Text zitiert als BB.

Bei Benjamin bleibt ungesagt, wie dieser neue Staat auszusehen hätte. Es liegt aber natürlich nahe, ihn im Sinne einer Diktatur des Proletariats zu bestimmen, die nach Marx den Übergang zum Kommunismus bildet und von der Lenin in *Staat und Revolution* sagt, es handele sich zwar »zum erstenmal um eine Demokratie für das Volk«, eine Demokratie für die Mehrheit, doch bleibe diese notwendigerweise noch an die Unterdrückung einer Minderheit, an die Unterdrückung der Bourgeoisie nämlich, gebunden. Einzig in dieser sozialistischen Übergangsphase kann laut Lenin noch von der Demokratie als einer Staatsform gesprochen werden; im voll entwickelten Kommunismus (nach der tatsächlichen Auflösung der Klassengegensätze) soll sich die Demokratie hingegen so vervollständigen, dass sie sich als *Staats*form, und das heißt bei Lenin: als ein Organ zur Unterdrückung einer Klasse durch eine andere, auflöst.[27] Die Brechtschen Helden wären in diesem Sinne Helden, die den Weg zur sozialistischen Revolution weisen. Aber es handelt sich hier weder um charismatische Revolutionäre noch um ethische Vorbilder nach dem Modell der antiken Philosophen, die bei Platon die politische Elite stellen sollen. Ihre praktische Haltung empfangen diese Helden von außen, aus den gesellschaftlichen »Zuständen«. In diesem Sinne sind sie verallgemeinerbar: weder revolutionäre noch geisteselitäre Ausnahmefiguren, sondern gleichsam Prototypen einer Revolution der proletarischen Massen.

Hinsichtlich der Frage nach dem Begriff praktischer Vernunft, von der wir ausgegangen waren, ist es nun außerordentlich bemerkenswert, dass selbst noch das Zustandekommen des revolutionären Kampfes nach Benjamins Interpretation der Brechtschen Helden nichts mit ethischen oder moralischen Motiven zu tun haben soll. Vielmehr soll der Schritt zum revolutionären Handeln quasi automatisch aus deren Anpassungsfähigkeit an die objektive Gegebenheit ihrer gesellschaftlichen Bestimmung resultieren. Schon das macht sie laut Benjamin samt ihrer sich aus dieser Bestimmung herauskristallisierenden Haltung zu potentiell revolutionären Figuren, und zwar auch und gerade dort noch, wo sie alles andere als tugendhaft erscheinen – man denke hier etwa an den egoistischen

27 Vgl. Wladimir Iljitsch Lenin, *Staat und Revolution. Die Lehre des Marxismus vom Staat und die Aufgaben des Proletariats in der Revolution*, München 2001, S. 103.

Fatzer statt an den denkenden Herrn Keuner oder den asketischen Galy Gay. Bei Benjamin heißt es in diesem Zusammenhang: »Wenn Marx sich sozusagen das Problem gestellt hat, die Revolution aus ihrem schlechtweg anderen, dem Kapitalismus, hervorgehen zu lassen, ganz ohne das Ethos dafür in Anspruch zu nehmen, so versetzt Brecht dieses Problem in die menschliche Sphäre: er will den Revolutionär aus dem schlechten, selbstischen Typus ganz ohne Ethos von selber hervorgehen lassen.« (BB 665) Und weiter:

Je genauer man [...] die Typen, die Brecht geschaffen hat, auseinandernimmt [...], desto mehr zeigt sich, wie sie bei aller Kraft und Lebendigkeit politische Modelle, um mit dem Mediziner zu reden, Phantome darstellen. Es ist ihnen allen gemeinsam, vernünftige politische Aktionen zu bewirken, die nicht aus Menschenfreundlichkeit, Nächstenliebe, Idealismus, Edelmut oder ähnlichem, sondern nur aus der jeweiligen Haltung hervorgehen. Diese Haltung kann von Hause aus fragwürdig, unsympathisch, eigennützig sein: wenn nur der Mann, an dem sie auftritt, sich nichts vormacht, wenn er sich nur nahe an die Realität hält, so kommt schon aus ihr selber die Korrektur. Nicht die ethische: der Mann wird nicht besser; aber die soziale: sein Verhalten macht ihn verwendbar [...]. (BB 663)

Nun ist diese, man muss wohl sagen: technokratische Perspektive auf das politische Handeln verständlich nur vor dem Hintergrund jener totalisierenden Entfremdungskritik, die Benjamin im Kontext seiner Baudelaire-Kommentare formuliert hatte: Nachdem, dieser Kritik zufolge, der fortgeschrittene Kapitalismus von den selbst warenförmig gewordenen Subjekten nicht viel mehr übrig lässt als deren Anpassungsfähigkeit, bleibt einzig der gesellschaftliche Prozess als Instanz, die ihrem Handeln die politisch *richtige* Form verleihen soll. Auf dem Höhepunkt der Entfremdung schlägt diese gleichsam automatisch in revolutionäres Verhalten um. Die praktische Vernunft geht dabei tendenziell von den handelnden Subjekten auf die Objektivität des gesellschaftlichen Prozesses über; aus ihm soll die »Korrektur« kommen. In einer total gewordenen Warenwelt, in einem Zustand absoluter Exteriorität, kann der Umschlag realitätsangepassten Verhaltens in »vernünftige politische Aktion« nur noch von außen kommen, aus der Entwicklungslogik der gesellschaftlichen »Zustände« selbst. Die Frage nach einem demokratischen Begriff praktischer Vernunft wird von Benjamin mit der Geschichtsgläubigkeit aus einer umstrittenen Marx-Deutung beantwortet.

7. Charisma und Demokratie

Sofern man, wie ich in den vorangegangenen Kapiteln argumentiert habe, die Möglichkeit der mimetischen Öffnung auf Anderes und Fremdes, die Möglichkeit, »ein Neues in sich selbst zu empfangen«, als ein Moment von Freiheit verteidigen sollte, als eine Bedingung selbstbestimmten Lebens, muss man nicht nur deren entfremdungskritische Reduktion auf bloße Anpassungsfähigkeit zurückweisen.[28] Vielmehr erweist sich in dieser Perspektive auch die Ersetzung der faschistischen Vision einer mit der Macht zur Deckung kommenden Gemeinschaft durch die kommunistische Vision einer Gemeinschaft, die jenseits aller Herrschaft und Repräsentation mit sich selbst übereingekommen wäre, als überaus problematisch. Die Anerkennung einer Dialektik der Freiheit impliziert die Verteidigung einer Gesellschaft, die dem Ereignis des Fremden im Eigenen und der mit ihr gegebenen Möglichkeit der Perfektionierung in ihrer politischen Form selbst Rechnung trägt: der Demokratie. Daraus ergibt sich notwendig nicht nur eine andere Perspektive auf das Theater der Politik, sondern komplementär auch auf die Politik des Theaters.

Wir haben gesehen, dass die anthropologische Einsicht in die Potentialität am (Un-)Grund aller sozialen Identität und – damit verbunden – die Einsicht in die zwei Körper des Volkes eine Anerkennung der Souveränität am Grund aller Bestimmungen des Volkes und seines Willens mit sich bringt. Den *demos* der Demokratie gibt es nie jenseits seiner Repräsentation, und das heißt (noch einmal): es gibt ihn nie jenseits der *kratia* der Souveränität; es gibt ihn nie jenseits von Macht- und Herrschaftsverhältnissen. Ebendieser Umstand wird aber in einer Demokratie nicht verdeckt, sondern ausgestellt, man könnte sagen: aufgeführt – und bereits dadurch relativiert. Die Position der Macht verschleiert sich nicht mehr durch den Rekurs auf eine transzendente Autorität, sondern ist als solche markiert. Aus diesem Grund muss sich jeder politi-

28 Zur Abgrenzung eines solchen, die mimetische Öffnung des Subjekts auf Anderes und Fremdes einbegreifenden Begriffs praktischer Rationalität von der im »Dienst der Herrschaft« stehenden Anpassung vgl. auch Theodor W. Adorno, »Anmerkungen zum philosophischen Denken«, in: ders., *Gesammelte Schriften*, Bd. X.2, Frankfurt/M. 1977, S. 599-607, hier S. 601. Vgl. dazu auch Josef Früchtl, *Mimesis. Konstellationen eines Zentralbegriffs bei Adorno*, Würzburg 1986, S. 35.

sche Machtanspruch, jeder Anspruch eines oder mehrerer Einzelner, für das Gemeinwesen zu sprechen, vor einem Publikum aus potentiellen Konkurrenten legitimieren. Und dies kann nur durch die jeweilige *performance*, durch Entscheidungsleistung und Selbstdarstellung der Regierung oder der Regierungsanwärter geschehen. Der politischen *performance* entspricht auf der Seite des über sie urteilenden Publikums respektive der Öffentlichkeit, so haben wir gesehen, ein Urteilstypus, der nicht mehr rationalistisch in einem schlichten Gegensatz zu anderen Dimensionen der Erfahrung wie der Begierde oder den Gefühlen steht; vielmehr reichen diese in das Urteil hinein und bleiben eine stete Quelle von dessen möglicher Veränderung. Das heißt freilich nicht, wie in den vorangegangenen Kapiteln deutlich werden konnte, dass das Urteil hier durch unmittelbare Bestrebungen ersetzt wird, sondern bloß, dass die sich in solchen Erfahrungsdimensionen äußernde Permeabilität des Subjekts auf neue Einflüsse als eine wesentliche Bedingung der Möglichkeit für eine Überprüfung der eigenen Prinzipien verstanden werden muss. Das demokratische Subjekt, so haben wir gesagt, ist nicht ohne Regeln, aber es vermag diese unter Umständen – aufgrund der Erfahrung, die es im Austausch mit Fremdem und Neuem, je Besonderem macht – zu ändern.

All dies bedeutet nun aber zweifellos auch, dass Charisma als ein immer mögliches, wenn auch nicht notwendiges Element auf dem Theater der Demokratie begriffen werden muss. In der Tat muss nach Weber die charismatische Herrschaft als eine säkulare Folge eines vormals religiösen Konzepts verstanden werden. Die übermenschliche Qualität des Monarchen wird säkular zur »außeralltäglichen« Qualität einer Persönlichkeit, die diese für die Position der Macht geeignet erscheinen lässt.[29] Das ist die Weise, wie Charisma demokratisch relevant wird. Anders als die Herrschaft des Monarchen leitet sich die charismatische Herrschaft denn auch nicht aus zuvor etablierten Autoritäten oder Konventionen ab. In diesem Sinn ist sie, wie Weber schreibt, »regelfremd«. Denn anders als die traditionale Herrschaft, die »an die Präzedenzien der Vergangenheit [gebunden ist] und insoweit [regelhaft] orientiert, stürzt [die charismatische] (innerhalb ihres Bereichs) die Vergangenheit um und ist in diesem Sinn spezifisch revolutionär. Sie kennt«, so

29 Weber, *Wirtschaft und Gesellschaft*, S. 140.

Weber weiter, »keine Appropriation der Herrengewalt nach Art eines Güterbesitzes [...]. Sondern legitim ist sie nur soweit und solange, als das persönliche Charisma kraft Bewährung ›gilt‹, das heißt: Anerkennung findet [...].«[30] Entsprechend liegt auch die Qualität des Charismas selbst nicht objektiv fest. »Wie die betreffende Qualität von irgendeinem ethischen, ästhetischen oder sonstigen Standpunkt aus ›objektiv‹ richtig zu bewerten sein würde, ist [...] begrifflich völlig gleichgültig: darauf allein, wie sie tatsächlich von den charismatisch Beherrschten, den ›Anhängern‹, bewertet wird, kommt es an«, schreibt Weber.[31] Das bedeutet auch: die charismatische Herrschaft hält sich nur so lange, wie sie sich bewährt. Aufgrund der Angewiesenheit auf die Zustimmung durch seine Adressaten und des Zwangs, sich vor ihnen zu bewähren, »veralltäglicht« sich das ursprünglich außeralltägliche Charisma notwendig.[32] In diesem Sinne ist die charismatische Herrschaft, wie Gertrud Koch zusammenfasst, »Übergangsherrschaft auf dem Wege zur rationalen oder legalen Herrschaft«.[33]

Insofern das Charisma, wie die Souveränitätsanmaßung, der es Nachdruck verleihen soll, sich vor dem Publikum, an das es sich adressiert, anerkennen lassen und bewähren muss, ist es, wie die Souveränität, von Beginn an nicht rein. Es muss sich mit Inhalten verbinden, die seiner Herrschaft Dauerhaftigkeit verleihen. Die charismatische Selbstdarstellung ist stets an die (Mit-)Darstellung spezifischer Inhalte und an den fortgesetzten Beweis zustimmungsfähiger Entscheidungsleistungen gebunden. Die »Außeralltäglichkeit« des politischen Charisma ist aber nicht nur intern an das Phänomen seiner »Veralltäglichung« gebunden; es wird auch extern gebunden. Denn es hat sich – zumal unter massenmedialen Bedingungen[34] – auch in der Konkurrenz mit und unter den Augen von anderen Charismatikern (weiteren Politikern, *public intellectuals* und anderen *celebrities*) zu bewähren, die Teil der Öffentlichkeit sind. Charisma kann demokratisch allein so, nämlich aus dem

30 Ebd., S. 141.

31 Ebd., S. 140.

32 Ebd., S. 142-148.

33 Gertrud Koch, »Unterhaltung und Autorität. Konstellationen der Massenmedien«, in: Hauke Brunkhorst (Hg.), *Demokratischer Experimentalismus. Politik in der komplexen Gesellschaft*, Frankfurt/M. 1998, S. 92-105, hier S. 101.

34 Ebd., S. 101 f.

Kommunikationsverhältnis zu seinem (potentiell konkurrenten) Publikum verstanden werden, von dessen Zustimmung und Unterstützung es abhängig bleibt. Aus diesem Grund kann es auch wieder verschwinden. Man braucht in der allerjüngsten Vergangenheit nur an das weltweit beachtete Charisma Barack Obamas zu denken, von dem die Presse kurz nach Amtsantritt schrieb, die Flitterwochen des US-amerikanischen Volks mit seinem Präsidenten seien vorbei; es müssten nun Taten sprechen.[35]

Wenn demokratisch also das Charisma ebenso wie die Souveränität durch Anerkennungsverhältnisse gebunden werden, liegt die Gefahr für die Demokratie nicht im Charisma als solchem, sondern in der illusorischen Substantialisierung desselben zu einer objektiven Qualität, die jenseits ihrer Anerkennung durch ein Publikum Bestand hätte. Die, wenn auch nicht vollständig freigelassene Tendenz zu einem solchermaßen substantialistischen Selbstmissverständnis der charismatischen Herrschaft findet sich etwa bei Silvio Berlusconi.[36] Eine Gefahr für die Demokratie ist ein solches Selbstmissverständnis nicht zuletzt deshalb, weil es sich als ein ideologischer Bestandteil jenes totalitären Wahns erwiesen hat, ein Einzelner könne tatsächlich den Ort der Macht, den Ort des Allgemeinen verkörpern. Am Beispiel des deutschen Faschismus hat sich gezeigt, dass das Charisma in dem Maße wie das Anerkennungsverhältnis abgeblendet oder verdrängt wird, unter dem es demokratisch steht, nicht mehr als Übergangsherrschaft auf Zeit erscheint, sondern als substantielles, und hier konkret als »Erbcharisma einer ›Rasse‹, nämlich der als überlegen erdachten ›arischen‹«.[37]

Wenn vor diesem Hintergrund noch einmal deutlich werden konnte, dass nicht die Ästhetisierung des Politischen, nicht die

35 Freilich hatte sich Obama bereits vor Amtsantritt, nämlich im Wahlkampf zu bewähren. Bill Clinton brachte es in einer Wahlkampfveranstaltung für Obama kurz vor den Wahlen auf dem Punkt: Der Wahlkampf sei das längste Einstellungsgespräch der Welt; es sei nun langsam an der Zeit, »to hire the guy«, den Typen einzustellen.

36 Im Fall von Berlusconi ist der Umstand, dass dieses Selbstmissverständnis politisch wirksam werden kann, freilich nicht zu trennen vom Faktor seiner unternehmerischen (Medien-)Macht. Insofern verweist der Fall Berlusconi auch auf die Gegenwart des Problems einer substantialisierten charismatischen Herrschaft unter postdemokratischen Bedingungen. Zum Problem der Postdemokratie vgl. unten, Abschn. 9.

37 Koch, »Unterhaltung und Autorität«, S. 103.

theatrale Dimension demokratischer Politik ein Problem stellt, sondern im Gegenteil Tendenzen zu deren Anästhetisierung, dann hat dies natürlich auch Konsequenzen für die Einschätzung des politischen Theaters.

8. Politisches Theater

Wenn es richtig ist, dass es den Gemeinwillen, das Gesicht des *demos*, niemals jenseits seiner politischen Repräsentation, niemals jenseits der damit zugleich etablierten Trennung zwischen Repräsentanten und Repräsentierten, Regierenden und Regierten, niemals jenseits von Macht- und Herrschaftsverhältnissen gibt, dann kommt dem Theater die politische Aufgabe zu, diesen Zusammenhang bewusst zu halten.[38] Denn das Theater vermag im Spiel die Trennungen zu exponieren, die jedem politischen Repräsentationsverhältnis zugrunde liegen: zum einen die Trennung zwischen Person und Rolle – die Repräsentanten des Volkes haben in der Politik wie auf dem Theater immer zwei Körper; zum anderen die Trennung zwischen Akteuren und Publikum. Das Theater hat, indem es Formen politischer Repräsentation als Repräsentation zu exponieren vermag, eine potentiell denaturierende, das heißt kritische Pointe. So kann es sich das Theater beispielsweise gegen die vermeintlich repräsentationsfreien und vorpolitischen Gemeinschaftsmythen richten, die, wie sich gezeigt hat, gerade deshalb nur allzu gut zu den Einheitsspektakeln des Faschismus gepasst haben. Deren klaustrophiles Design in seine einzelnen Bestandteile zerlegt zu haben ist das Verdienst etwa von Christoph Marthaler. Das Theater kann aber auch Politiker auf die Bühne und damit in ihren Repräsentationsstrategien vor ebenjenes Publikum bringen, das sie zu vertreten behaupten: das war einer der Einsätze von Christoph Schlingensief. Und das Theater kann selbstkritisch die illusionistischen Techniken reflektieren, mit denen sich früher das dramatische Theater gegen seine eigene Theatralität zu wenden versucht

38 Vgl. hierzu auch die Überlegungen zu einer das Theater der Politik kritisch reflektierenden Politik des Theaters bei Christoph Menke, »Die Depotenzierung des Souveräns im Gesang«, in: Eva Horn, Bettine Menke, Christoph Menke (Hg.), *Literatur als Philosophie – Philosophie als Literatur*, München 2006, S. 281-296, hier S. 294-296.

hatte und die heute vor allem im Film fortleben. Dies ist eines der Projekte von René Pollesch. Dessen Stück *Cappucetto Rosso* zum Beispiel beginnt mit ebenso witzigen wie intelligenten Reflexionen über die Hitlerdarstellungen bei Bernd Eichinger beziehungsweise Oliver Hirschbiegel und Heinrich Breloer. Polleschs Schauspieler spielen hier Schauspieler, die sich auf die Proben für die Bühnenversion von Ernst Lubitschs Film *Sein oder Nichtsein* vorbereiten, der sich um Schauspieler dreht, die Nazis spielen, um den echten Nazis zu entkommen. Im Backstage-Bereich, der in *Cappucetto Rosso* die eigentliche Bühne ist, diskutieren die Schauspielerfiguren unter anderem die zweifelhafte Leistung des komplett in den Führer eingefühlten Bruno Ganz sowie Tobias Morettis Problem, dass sein Hitler nie neben einem Schäferhund auftreten darf, weil sein Bild dann sofort in das bekannte des Partners von Kommissar Rex umschlagen würde. Mit ewigen Nazidarstellungen kann man keine Politik machen, sagt Sophie Rois später im Stück. Wer wirklich politisch handeln will, müsse Jura studieren. Los, sagt sie dann zum Publikum, geht alle raus, Jura studieren. Alle bleiben natürlich sitzen und verfolgen die andere Politik, die sich dort, als andere Darstellungspolitik, auf Polleschs Bühne entfaltet.

Die politische Dimension des Theaters entfaltet sich bei allen drei Regisseuren genau in dem Maße, wie das Theater seine Struktur nicht mehr illusionistisch verdeckt, wie es, um mit Hans-Thies Lehmann zu sprechen, *postdramatisch* geworden ist.[39] Es handelt sich damit um ein Theater, welches das politische Potential seiner eigenen Ästhetizität erkannt hat. Statt wie noch Brecht das Theater aus platonschen Motiven gegen seine eigene Struktur kehren zu wollen, kehrt das avancierteste Theater heute seine eigene Theatralität ausdrücklich hervor. Es schließt damit an diejenigen Aspekte des Brechtschen Theaters an, welche, gegen seine Programmatik, die Verwandtschaft zur romantischen Tradition nicht ganz haben abstreifen können: an die ausgestellte Reflexion auf die Darstellungsmittel und die Schauordnung des Theaters. Die über Brecht hinausgehende Befreiung der Darstellungsmittel aus der Herrschaft des Dramas (oder der Fabel), das zeigt sich am postdramatischen Theater, impliziert keine Entscheidung für eine einseitige Privilegierung der Form gegenüber dem Inhalt. Sie impliziert kei-

39 Lehmann, *Postdramatisches Theater*.

nen leeren Formalismus. Vielmehr tritt die Form hier in ein Spannungsverhältnis zum Inhalt, die den Zuschauer in einem distanzierten, einem reflektierten Verhältnis zum Bühnengeschehen hält. Dadurch wird der Zuschauer zugleich, wie man auch sagen könnte, in einem Verhältnis der *Fremdheit* gegenüber dem Dargestellten gehalten. Darin – in der Wirkung einer reflexiven Distanz zum Dargestellten – liegt meines Erachtens das ethisch-politische Potential von Kunst generell und also auch das nichttheatraler künstlerischer Darstellungsformen.[40] Für die spezifische Kunst des Theaters, um die allein es an dieser Stelle geht, aber bleibt festzuhalten, dass ihre aufgeklärteste Form heute, das postdramatische Theater, gerade nicht mehr auf Gemeinschaft zielt; sie wird hier weder errichtet noch antizipiert. Im Gegenteil, das haben Platon und Rousseau schon ganz richtig gesehen, es trennt: die Personen von ihrer Rolle und das Dargestellte vom ästhetisch distanzierten Publikum – einem Publikum aus (in diesem ästhetischen Sinne) Fremden.

Gerade aufgrund dieses (allegorisierenden) Zugs arbeitet das Theater jedoch *gegen* die Anästhetisierung des Politischen, »welche der Faschismus betreibt«. Denn diese ist weder die letzte Wahrheit über die Demokratie (sondern eine ihr immanente Gefahr), noch aber ist sie die Wahrheit über die politischen Wirkungen des Theaters. Vielmehr muss Anästhetisierung als die Wahrheit über die repräsentationspolitische Dimension absoluter und ebendarin undemokratischer Souveränität verstanden werden. Denn diese ist wesentlich dadurch gekennzeichnet, dass sie ihre rhetorischen und performativen Operationen verdeckt. Die Demokratie hingegen ist umgekehrt von der differentiellen Repräsentationslogik des Theaters geprägt: Die demokratische Souveränität ist darin relativ, dass sie ihre Setzungen als solche markiert oder ausstellt und damit an die Anerkennung durch ein nicht homogenes Publikum aussetzt.

Die Anästhetisierung des Politischen durch den Totalitarismus ist jedoch nicht die einzige Gefahr, der die Demokratie ausgesetzt ist. Es gibt auch das komplementäre Problem, auf das ich abschließend und ausblickend vor allem deshalb hinweisen will, weil es eine vielleicht unauffälligere, dafür aber nicht minder ernst zu nehmende Bedrohung für die Demokratie bedeutet. Wo sich die

40 Vgl. dazu ausführlich Rebentisch, *Ästhetik der Installation*, bes. S. 276-279; Juliane Rebentisch, »Realismus heute. Kunst, Politik und die Kritik der Repräsentation«, in: *WestEnd* (2/2010), S. 15-29.

Macht bis hin zu dem Punkt selbst affirmiert, an dem sie für sich in Anspruch nimmt, tatsächlich den wahren Gemeinwillen zu verkörpern, schlägt die Demokratie in Totalitarismus um. Aber die Macht kann sich, begleitet von Hinweisen auf Sachzwänge, auch bis hin zu dem Punkt selbst verleugnen, an dem sie von sich glaubt, nur auszuführen, was ihr durch Systemlogiken als einzige Handlungsmöglichkeit vorgegeben ist. Das ist der Punkt des Umschlags von der Demokratie in die Postdemokratie.

9. Die Anästhetisierung des Politischen in der Postdemokratie. Ausblick

Vor dem Hintergrund der totalitären Erfahrungen im 20. Jahrhundert stellt sich das Problem unserer Zeit, wie wir gesehen haben, gerade nicht als eines der Ästhetisierung des Politischen dar. Es hat sich vielmehr gezeigt, dass die von den Ästhetisierungskritikern gegen die Theatrokratie verteidigte Utopie einer mit sich selbst übereinkommenden Gesellschaft, auch dort noch, wo sie sich als demokratische versteht (Rousseau und Marx sind dafür die einschlägigsten Beispiele), latent oder manifest Züge autoritärer Vergemeinschaftung trägt. Aber auch ein ganz anders gelagertes Problem scheint durch die Kritik an einer Ästhetisierung des Politischen gerade nicht getroffen werden zu können: die Gefahr einer Verkehrung der Demokratien in Postdemokratien.[41]

41 Deshalb ist es meines Erachtens besonders irreführend, dass Colin Crouch in seinem Buch zum Thema den Begriff im Blick auf ästhetisierungskritische Klischees einführt: »Der Begriff [Postdemokratie] bezeichnet ein Gemeinwesen, in dem zwar nach wie vor Wahlen abgehalten werden, Wahlen, die sogar dazu führen, daß Regierungen ihren Abschied nehmen müssen, in dem allerdings konkurrierende Teams professioneller PR-Experten die öffentliche Debatte während der Wahlkämpfe so stark kontrollieren, daß sie zu einem reinen Spektakel verkommt, bei dem man nur über eine Reihe von Problemen diskutiert, die die Experten vorher ausgewählt haben. Die Mehrheit der Bürger spielt dabei eine passive, schweigende Rolle, sie reagieren nur auf die Signale, die man ihnen gibt.« Auf welche auch sonst? Wären unstrukturierte Diskussionen ohne den Einfluss von Experten besser? Die pauschale Kritik an »den Medien« verdeckt gerade die demokratisch nötige Diskussion um unterschiedliche Sendeformate und den Einfluss der (wirtschaftlichen und/oder politischen) Macht auf die Medien (siehe als Negativbeispiel wiederum Berlusconi). Wenige Seiten später gibt Crouch freilich selber zu, dass die Krise der Demokratie nicht »allein auf die

»Postdemokratie« ist nach der Bestimmung von Jacques Rancière der Name für eine ideologische Formation, in der sich die Macht im Rekurs auf wirtschaftliche Notwendigkeit legitimiert und damit als Macht selbst verleugnet. So besteht der deutlichste Ausdruck der Postdemokratie in der tendenziellen Gleichsetzung demokratischer Politik mit einer über wirtschaftliche Notwendigkeit legitimierten Verwaltungspraxis.[42] Ideologisch, und das ist in unserem Zusammenhang natürlich von besonderem Interesse, verbindet sich die postdemokratische Selbstverleugnung der Macht mit ebenjenem ebenso abstrakten wie subjektivistischen Modell von Freiheit, das die Ästhetisierungskritik nach Hegel zu Recht zurückgewiesen hat.[43] Tatsächlich scheint gerade dieses Missverständnis menschlicher Freiheit nach dem Modell einer sozial voraussetzungs- und beziehungslosen Selbstverwirklichung gesellschaftlich in dem Moment an Einfluss gewinnen zu können, in dem sich die Demokratien in die Richtung von Postdemokratien entwickeln. In dem Maße nämlich, wie sich die Macht tatsächlich über ihre eigene Ohnmacht legitimiert, wird die Verantwortung für den Zustand der Gesellschaft und die Situation der Einzelnen in derselben den postdemokratisch Regierten (und nicht mehr der Regierung) zugeschrieben. Der Einzelne soll sich dann in der Gesellschaft als »Kämpfer für sich selbst«[44] erkennen, als Energie, die sich nicht nur flexibel in immer neue Kontexte mit immer anderen Verträgen einpassen, sondern sich ebendarin – so die Anrufung – auch noch am individuellen Lustprinzip orientieren soll. Man muss nur wollen. Auch der libertäre und anarchistische Impuls gegen das Gesetz und den Staat geht in diese ideologische Formation

Massenmedien und die wachsende Bedeutung von *spin doctors* zurückgeführt« werden kann. Sie habe vielmehr mit dem verdeckten Einfluss von (Wirtschafts-) Eliten auf die Politik zu tun. Colin Crouch, *Postdemokratie*, Frankfurt/M. 2008, S. 10, 13.

42 Vgl. Jacques Rancière, *Das Unvernehmen. Politik und Philosophie*, Frankfurt/M. 2002, S. 122. Die Selbstverleugnung der Macht geht hier also mit der Naturalisierung einer bestimmten Wirtschaftsordnung, einer bestimmten Form von Kapitalismus einher.

43 Vgl. hierzu noch einmal oben, Kap. II, Abschn. 7. Das Problem mit der Ästhetisierungskritik lag an einer anderen Stelle: in der Subsumtion weiterer freiheitstheoretischer Motive unter den Subjektivismusvorwurf, von denen sich jedoch herausgestellt hat, dass sie gegen diesen Vorwurf verteidigt werden sollten.

44 Rancière, *Das Unvernehmen, S.* 124.

ein. Die »Künstlerkritik« – so die Formel von Luc Boltanski und Ève Chiapello für die individualistische Auflehnung gegen das Gesetz[45] – avanciert hier zum Leitbild: Eigenverantwortung, Initiative, Flexibilität, Beweglichkeit werden entscheidende gesellschaftliche Forderungen, die das alte Disziplinarmodell ersetzen, ohne dabei jedoch die Disziplin abzuschaffen. An die Stelle einer Normierung des Subjekts nach bestimmten gesellschaftlichen Rollenbildern tritt der Zwang zur von solchen Rollenbildern möglichst unabhängigen Selbstverwirklichung.

Auf ihre Weise ist auch die Postdemokratie, wie der Totalitarismus, bestimmt von der ideologischen Vorstellung »einer restlosen Übereinstimmung zwischen den Formen des Staates und dem Zustand der gesellschaftlichen Verhältnisse«.[46] Nur dass dieser Übereinstimmung keine Anästhetik der Einheit, sondern eine Anästhetik der Desintegration entspricht, die sich aber gerade durch ihre unendliche Offenheit als besonders inklusiv erweist. Repräsentationspolitisch entspricht ihr, wie Rancière sagt, eine »Herrschaft des All-Sichtbaren«, die Bild und Wirklichkeit zusammenfallen lässt. Jeder kann sich darstellen, aber in dieser Darstellung formuliert sich kein politischer Anspruch auf Repräsentation mehr. Indem sie allem und jedem die Möglichkeit der Sichtbarkeit gibt, liefert sich die Postdemokratie vielmehr selbst den Beweis, dass in ihr bereits jedem das Seine zukommt. Ästhetisch und politisch wäre dies der Albtraum der Gesellschaft als Talkshow im nachmittäglichen Privatfernsehen.

Auf dem Weg in diesen Albtraum sind die Demokratien in dem Maße, wie sie den Abstand zwischen dem Ort der Macht und dem der Gesellschaft schwinden lassen, um an die Stelle politischer Bestimmungen von Gleichheit die Gleichheit der Voraussetzungslosigkeit eines falschen Freiheitsmodells zu setzen. Die sich über ihre eigene Ohnmacht legitimierende Macht identifiziert sich dann

45 Vgl. Luc Boltanski, Ève Chiapello, *Der neue Geist des Kapitalismus*, Konstanz 2003, bes. S. 449-513; Axel Honneth, »Organisierte Selbstverwirklichung. Paradoxien der Individualisierung«, in: ders. (Hg.), *Befreiung aus der Mündigkeit. Paradoxien des gegenwärtigen Kapitalismus*, Frankfurt/M. 2002, S. 141-158; zu den Konsequenzen, die diese Entwicklung im und für das Selbstverständnis der Künstler hat, vgl. Diedrich Diederichsen, *Eigenblutdoping. Selbstverwertung, Künstlerromantik, Partizipation*, Köln 2008.

46 Rancière, *Das Unvernehmen*, S. 111.

tendenziell mit dem Bild einer – nun allerdings neoliberal verstandenen – klassenlosen Gesellschaft, die noch den ärmsten Schlucker einschließt, indem sie ihm das Potential zur kreativen Selbstverwirklichung zuspricht. Man bemüht sich, auch noch den Ausgeschlossenen, denen nicht nur Arbeit, Geld, Wohnung und gesellschaftliche Beziehungen fehlen, jenen also, die eigentlich unfähig sind, sich auf erfinderische und flexible Weise in immer neuen Vertragsschlüssen selbst zu genießen, dennoch eine durch die Fähigkeit zu Mobilität und Eigenverantwortlichkeit bestimmte Identität zu geben. Auf diese kompensatorische »Medizin der Identität«, wie Rancière formuliert, verwendet man viel Mühe und Intelligenz, mit gar nicht einmal immer zu verachtenden Ergebnissen. Dennoch bleibt dabei die Zirkularität eines Systems zu beklagen, das die Pathologien, die es hervorbringt, durch ein Mehr desselben Systems kurieren will.[47] In diesem Sinne ist die von der postdemokratischen Gesellschaft beanspruchte Abschaffung des Unrechts, so noch einmal Rancière, »identisch mit seiner Verabsolutierung«.[48]

Unter diesen Bedingungen hat denn auch die Aufforderung zur Selbstverwirklichung für die Einzelnen keineswegs emanzipative Effekte; vielmehr haben sich die sozial verursachten Pathologien dort, wo diese Ideologie greift, lediglich verändert, wie der französische Soziologie Alain Ehrenberg ausgeführt hat:[49] Während die Neurose diejenige Krankheit war, welche die persönlichen Kosten einer gesellschaftlich erwarteten Identifikation mit den Rollenbildern einer bestimmten sozialen Ordnung anzeigt, ist die Depression diejenige Pathologie, welche die Kosten der Anrufung hervorkehrt, der Einzelne möge sich jenseits des Vorgegebenen selbst entwerfen, und dies permanent neu. An die Stelle des mit dem väterlichen Gesetz in Konflikt geratenden Ödipus ist der an einem zu idealen Bild seiner selbst zugrunde gehende Narziss getreten. Depression ist die narzisstische Pathologie, die auf die Schwierigkeiten hinweist, welche die Einzelnen damit haben, einem Ich-Ideal zu entsprechen, dem zufolge das Ich das Vermögen haben soll, sich jenseits aller Beschränkung immer neu zu entwerfen. Die Kehrseite dieser Anforderung ist Depression: eine Unsicherheit der Identität, die nicht

47 Vgl. ebd., S. 126f.

48 Ebd., S. 127.

49 Vgl. Alain Ehrenberg, *Das erschöpfte Selbst. Depression und Gesellschaft in der Gegenwart*, Frankfurt/M. 2004.

nur einhergeht mit einem Minderwertigkeitsgefühl, sondern auch mit einer Gleichgültigkeit des Gemüts und einer Teilnahmslosigkeit im Handeln, wenn nicht gar einer massiven Antriebsschwäche, der Schwierigkeit, überhaupt eine Handlung zu beginnen.

Worauf es angesichts der Gefahr der Verkehrung der Demokratien in Postdemokratien ankommt, ist, die ideologische Vorstellung einer abstrakten, nämlich von ihren sozialen Bedingungen abstrahierenden Freiheit in ihren begrifflichen Voraussetzungen ebenso wie in ihren für das Leben der Einzelnen und der Demokratien problematischen Konsequenzen zu kritisieren, ohne dadurch in die Probleme der ästhetisierungskritischen Tradition zurückzufallen. Gegen den Zwang zur permanenten Selbstveränderung sollte nicht der Versuchung nachgegeben werden, nach einer stabilen Ordnung zu rufen, in der wieder jeder selbstidentisch an seinem Platz wäre. Tatsächlich lässt sich in dieser Hinsicht das Erstarken islamischer wie christlicher Fundamentalismen in den Zentren der westlichen Demokratien nicht zuletzt selbst als ein Symptom postdemokratischer Tendenzen deuten. Stattdessen wäre weiterhin ein Begriff von Selbstbestimmung zu verteidigen, der dem Moment der Distanz vom Sozialen als einem konstitutiven Moment unserer Freiheit Rechnung trägt. Unter den Bedingungen heute noch existierender statischer Vorstellungen sozialer Ordnung bedeutet dies, für die Möglichkeit von deren Dynamisierung einzutreten. Im Blick auf die Ideologie der Postdemokratie, wie sie sich in den Demokratien des Westens zunehmend bemerkbar macht, kann dies im Gegenteil bedeuten, die unter dem Zeichen des Wettbewerbs stehenden Anforderungen an ständige Selbstveränderung als ein dem eigenen Selbstverhältnis gegenüber Fremdes zurückzuweisen, auf einer Entschleunigung des eigenen Leben zu bestehen.[50] Zu verteidigen wäre mit anderen Worten ein Begriff von Selbstbestimmung, der die Erfahrungen des Mit-sich-uneins-Seins, und das heißt unter Umständen eben auch: der Entfremdung aus den gesellschaftlich gestützten Bildern des eigenen Selbst, für eine Emanzipation aus diesen Bildern nutzt. Im Blick auf das verschärft konstruktivisti-

50 Vgl. zum Zusammenhang von Selbstbestimmung und Beschleunigung Hartmut Rosa, »Kritik der Zeitverhältnisse. Beschleunigung und Entfremdung als Schlüsselbegriffe der Sozialkritik«, in: Rahel Jaeggi, Tilo Wesche (Hg.), *Was ist Kritik?*, Frankfurt/M. 2009, S. 23-54, hier bes. S. 38-52; ders., *Beschleunigung. Die Veränderung der Zeitstrukturen in der Moderne*, Frankfurt/M. 2005, bes. S. 460-490.

sche Freiheitsmodell der Postdemokratie bedeutet dies auch, das Ich-Ideal der kreativen Selbstverwirklichung in einen gesellschaftlichen Zusammenhang zurückzustellen und in seiner ideologischen Funktion zu erkennen. Tatsächlich kann auch die Heilung des Depressiven, wie Ehrenberg ausführt, nur in dem Maße gelingen, wie er sich von seinem hypertrophen Ich-Ideal verabschiedet und die realen Grenzen seiner Macht anerkennt. Diese Einsicht wäre zwar nicht bereits der Vollzug, immerhin aber die Voraussetzung einer möglichen Politisierung dieser Grenzen.

Diese Grenzen zu politisieren, Ungleichheiten zu thematisieren heißt aber zugleich, die falsche Gleichheit einer als sozial voraussetzungslos gedachten Freiheit selbst als politische Setzung zu erkennen und damit den Abstand zwischen Macht und Gesellschaft und den mit ihm gegebenen politischen Spielraum wiederzugewinnen. Eine reflexhafte Kritik an dem vermeintlichen Verfallssymptom einer Ästhetisierung des Politischen ist dagegen keine angemessene Antwort auf die komplementären Gefahren des Totalitarismus und der Postdemokratie. Gegen deren anästhetische Schließungen wäre vielmehr umgekehrt die ästhetische, die differentielle Logik der Demokratie zu verteidigen – und zwar in ethischer wie in politischer Hinsicht. Denn es hat sich in beiden Dimensionen gezeigt, dass dasjenige, was die Kritik unter dem Begriff der Ästhetisierung zurückweist, für eine demokratische Kultur der Freiheit konstitutiv ist. Eine Demokratie, die sich gegen die ästhetisierende Transformation ihres ethisch-politischen Selbstverständnisses immunisiert hätte, wäre keine mehr.

Danksagung

Ohne die vielfältige Unterstützung, die ich während der Arbeit an diesem Buch erfahren habe, wäre es buchstäblich nicht denkbar gewesen. Mein Dank gilt zunächst der Deutschen Forschungsgemeinschaft für die großzügige Projektförderung sowie den Kolleginnen und Kollegen aus dem Sonderforschungsbereich 626 »Ästhetische Erfahrung im Zeichen der Entgrenzung der Künste«, der New School for Social Research, dem Exzellenzcluster »Die Herausbildung normativer Ordnungen« und den Philosophischen Instituten an der Universität Potsdam und der Goethe-Universität in Frankfurt am Main. Diese Kontexte waren maßgeblich daran beteiligt, dass das Projekt Form hat annehmen können. Danken möchte ich ganz besonders Christoph Menke sowie Thomas Khurana, Dirk Quadflieg, Francesca Raimondi und Dirk Setton für einen kontinuierlichen Austausch, der mir viele Wege eröffnet und einige Irrwege erspart hat. Dirk Quadflieg gilt darüber hinaus mein spezieller Dank fürs Mitlesen in entscheidenden Phasen. Bei Armen Avanessian, Christian Becker, Beatrice von Bismarck, Helmut Draxler, Astrid Deuber-Mankowsky, Stephan Geene, Eva Gilmer, Anselm Haverkamp, Carl Hegemann, Axel Honneth, Rahel Jaeggi, Gertrud Koch, Hans-Peter Krüger, Hans-Thies Lehmann, Bettine Menke, Ute Meurer, Andrew Norris, Terry Pinkard, Gerhard Rebentisch, Ludger Schwarte, Martin Seel, Dieter Thomä, Sandra Umathum, Christiane Voss, Albrecht Wellmer und Antje Wessels möchte ich mich für anregende Gespräche und Diskussionen bedanken, die mich auf je eigene Weise im Nachdenken über die hier behandelten Fragen beeinflusst haben. Diedrich Diederichsen verdanke ich, dass ich glauben konnte, mein Projekt tatsächlich abschließen zu können.

Meinen Eltern Evelyn und Gerhard Rebentisch ist dieses Buch gewidmet.

Nachweise

Das erste Kapitel erschien stark gekürzt als »Der Demokrat und seine Schwächen. Eine Lektüre von Platons *Politeia*«, in: *Deutsche Zeitschrift für Philosophie* 57/1 (2009), S. 15-36.

Jeweils andere Auszüge aus dem zweiten Kapitel erschienen unter den Titeln »Hegels Missverständnis der ästhetischen Freiheit« in: Christoph Menke, Juliane Rebentisch (Hg.), *Kreation und Depression. Freiheit im gegenwärtigen Kapitalismus*, Berlin 2010, S. 172-190; und »Die Moralität der Ironie. Hegel und die Moderne« in: Juliane Rebentisch, Dirk Setton (Hg.), *Willkür. Freiheit und Gesetz II*, Berlin 2011, S. 141-181.

Außerdem beruhen einige Abschnitte der Arbeit auf bereits publizierten Vorstudien:

In das dritte Kapitel sind Vorüberlegungen aus folgendem Aufsatz eingeflossen: »Kunst – Leben – Liebe. Ästhetische Subjektivität nach Kierkegaard«, in: Susanne Gaensheimer, Nicolaus Schafhausen (Hg.), *Bühne des Lebens/Rhetorik des Gefühls*, Köln 2006, S. 15-32.

In das sechste Kapitel sind Vorüberlegungen aus folgenden Aufsätzen eingegangen: »Theatrokratie und Theater. Literatur als Philosophie nach Benjamin und Brecht«, in: Eva Horn, Bettine Menke, Christoph Menke (Hg.), *Literatur als Philosophie – Philosophie als Literatur*, München 2005, S. 297-318; »Demokratie und Theater«, in: Felix Ensslin (Hg.), *Spieltrieb. Was bringt die Klassik auf die Bühne?*, Berlin 2006, S. 71-81; »Zur Unterscheidung von Politik und Politischem«, in: Hendrik Blumentrath, Katja Rothe, Sven Werkmeister, Michaela Wünsch, Barbara Wurm (Hg.), *Techniken der Übereinkunft. Zur Medialität des Politischen*, Berlin: Kadmos 2009, S. 99-112.

Siglenverzeichnis

Ä I — Georg Wilhelm Friedrich Hegel, *Vorlesungen über die Ästhetik I*, in: ders., *Werke in zwanzig Bänden*, Bd. XIII, Frankfurt/M. 1970.

BA — Sören Kierkegaard, *Der Begriff Angst*, in: ders., *Gesammelte Werke*, 11. und 12. Abt., Düsseldorf, Köln 1952, S. 1-169.

BB — Walter Benjamin, »Bert Brecht«, in: ders., *Gesammelte Schriften*, Bd. II.2, Frankfurt/M. 1977, S. 661-667.

BdA — Jean-Jacques Rousseau, »Brief an Herrn d'Alembert über seinen Artikel ›Genf‹ im VII. Band der Enzyklopädie und insbesondere über den Plan, ein Schauspielhaus in dieser Stadt zu errichten«, in: ders., *Schriften*, Bd. I, Frankfurt/M. 1988, S. 333-474.

BI — Sören Kierkegaard, *Über den Begriff der Ironie mit ständiger Rücksicht auf Sokrates*, in: ders., *Gesammelte Werke*, 31. Abt., Düsseldorf, Köln 1961.

BP — Carl Schmitt, »Der Begriff des Politischen«, in: ders., *Der Begriff des Politischen*, 5. Nachdruck der Ausgabe von 1963 mit dem Text von 1932, einem Vorwort und drei Corollarien, Berlin ^{7}2002, S. 3-78.

EA — Jean-Jacques Rousseau, »Abhandlung über die Frage, ob die Wiederherstellung der Wissenschaften und Künste zur Läuterung der Sitten beigetragen hat«, in: ders., *Schriften*, Bd. I, Frankfurt/M. 1988, S. 27-60 [»Erste Abhandlung«].

EO I — Sören Kierkegaard, *Entweder – Oder. Erster Teil*, in: ders., *Gesammelte Werke*, 1. Abt., Düsseldorf, Köln 1956.

EO II — Sören Kierkegaard, *Entweder – Oder. Zweiter Teil*, in: ders., *Gesammelte Werke*, 2. u. 3. Abt., Düsseldorf, Köln 1957.

ET I — Walter Benjamin, »Was ist das epische Theater?« (1), in: ders., *Gesammelte Schriften*, Bd. II.2, Frankfurt/M. 1977, S. 519-531.

ET II — Walter Benjamin, »Was ist das epische Theater?« (2), in: ders., *Gesammelte Schriften*, Bd. II.2, Frankfurt/M. 1977, S. 532-539.

FZ — Sören Kierkegaard, *Furcht und Zittern*, in: ders., *Gesammelte Werke*, 4. Abt., Düsseldorf, Köln 1950.

GG Helmuth Plessner, *Grenzen der Gemeinschaft. Eine Kritik des sozialen Radikalismus*, Frankfurt/M. 2002.

GPh I Georg Wilhelm Friedrich Hegel, *Vorlesungen über die Geschichte der Philosophie I*, in: ders., *Werke in zwanzig Bänden*, Bd. XVIII, Frankfurt/M. 1971.

GPh II Georg Wilhelm Friedrich Hegel, *Vorlesungen über die Geschichte der Philosophie II*, in: ders., *Werke in zwanzig Bänden*, Bd. XIX, Frankfurt/M. 1971.

GPh III Georg Wilhelm Friedrich Hegel, *Vorlesungen über die Geschichte der Philosophie III*, in: ders., *Werke in zwanzig Bänden*, Bd. XX, Frankfurt/M. 1971.

GV Jean-Jacques Rousseau, *Vom Gesellschaftsvertrag oder Grundsätze des Staatsrechts*, Stuttgart 2003.

JS Georg Wilhelm Friedrich Hegel, *Jenaer Schriften 1801-1807*, in: ders., *Werke in zwanzig Bänden*, Bd. II, Frankfurt/M. 1970.

K I Walter Benjamin, »Das Kunstwerk im Zeitalter seiner technischen Reproduzierbarkeit« (1), in: ders., *Gesammelte Schriften*, Bd. I.2, Frankfurt/M. 1974, S. 431-469.

K II Walter Benjamin, »Das Kunstwerk im Zeitalter seiner technischen Reproduzierbarkeit« (2), in: ders., *Gesammelte Schriften*, Bd. VII.1, Frankfurt/M. 1989, S. 350-384.

KT Sören Kierkegaard, *Die Krankheit zum Tode*, in: ders., *Gesammelte Werke*, 24. u. 25. Abt., Düsseldorf, Köln 1957, S. 1-134.

Leg. Platon, *Nomoi*, in: ders., *Sämtliche Werke in zehn Bänden*, Bd. IX, Frankfurt/M., Leipzig 1991.

LL Carl Schmitt, *Legalität und Legitimität*, Berlin ^{7}2005.

PB Sören Kierkegaard, *Philosophische Brocken*, in: ders., *Gesammelte Werke*, 10. Abt., Düsseldorf, Köln 1952, S. 1-107.

PhG Georg Wilhelm Friedrich Hegel, *Phänomenologie des Geistes*, in: ders., *Werke in zwanzig Bänden*, Bd. III, Frankfurt/M. 1970.

PR Carl Schmitt, *Politische Romantik*, Neusatz auf Basis der 1925 erschienenen 2. Auflage, Berlin ^{6}1998.

PT Carl Schmitt, *Politische Theologie. Vier Kapitel zur Lehre von der Souveränität*, Neusatz auf Basis der 1934 erschienenen 2. Auflage, Berlin ^{8}2004.

Rep. Platon, *Politeia*, in: ders., *Sämtliche Werke in zehn Bänden*, Bd. V, Frankfurt/M., Leipzig 1991.

Rph Georg Wilhelm Friedrich Hegel, *Grundlinien der Philosophie des Rechts*, in: ders., *Werke in zwanzig Bänden*, Bd. VII, Frankfurt/M. 1970.

ST Sören Kierkegaard, *Stadien auf des Lebens Weg*, in: ders., *Gesammelte Werke*, 15. Abt., Düsseldorf, Köln 1958.

UN II Sören Kierkegaard, *Abschließende unwissenschaftliche Nachschrift zu den Philosophischen Brocken II*, in: ders., *Gesammelte Werke*, 16. Abt., Düsseldorf, Köln 1958.

V Carl Schmitt, *Verfassungslehre*, Neusatz auf Basis der 1928 erschienenen 1. Auflage, Berlin [9]2003.

W Sören Kierkegaard, *Die Wiederholung*, in: ders., *Gesammelte Werke*, 5. Abt., Düsseldorf, Köln 1955, S. 1-97.

ZA Jean-Jacques Rousseau, »Abhandlung über den Ursprung und die Grundlagen der Ungleichheit unter den Menschen«, in: ders., *Schriften*, Bd. 1, Frankfurt/M. 1988, S. 165-302 [»Zweite Abhandlung«].

Literatur

Adorno, Theodor W., »Die Idee der Naturgeschichte«, in: ders., *Gesammelte Schriften*, Bd. 1, Frankfurt/M. 1973, S. 345-365.
–, *Kierkegaard. Konstruktion des Ästhetischen*, in: ders., *Gesammelte Schriften*, Bd. II, Frankfurt/M. 1979, S. 7-213.
–, »Kierkegaards Lehre von der Liebe«, in: ders., *Gesammelte Schriften*, Bd. II, Frankfurt/M. 1979, S. 217-236.
–, und Max Horkheimer, *Dialektik der Aufklärung*, in: ders., *Gesammelte Schriften*, Bd. III, Frankfurt/M. 1971.
–, *Minima Moralia. Reflexionen aus dem beschädigten Leben*, in: ders., *Gesammelte Schriften*, Bd. IV, Frankfurt/M. 1979.
–, *Negative Dialektik*, in: ders., *Gesammelte Schriften*, Bd. VI, Frankfurt/M. 1973.
–, »Anmerkungen zum philosophischen Denken«, in: ders., *Gesammelte Schriften*, Bd. X.2, Frankfurt/M. 1977, S. 599-607.
–, und Walter Benjamin, *Briefwechsel 1928-1940*, Frankfurt/M. 1994.
–, *Zur Lehre von der Geschichte und von der Freiheit*, Frankfurt/M. 2001.
Agamben, Giorgio, *Homo sacer. Die souveräne Macht und das nackte Leben*, Frankfurt/M. 2003.
Allison, Henry E., *Kant's Theory of Freedom*, Cambridge 1990.
Ankersmit, Franklin Rudolf, *Aesthetic Politics. Political Philosophy Beyond Fact and Value*, Stanford 1996.
Arendt, Hannah, *Benjamin, Brecht*, München 1971.
–, *Vita Activa oder Vom tätigen Leben*, München 1981.
–, »Personal Responsibility under Dictatorship«, in: dies., *Responsibility and Judgment*, New York 2003, S. 17-48.
Aristophanes, *Die Wolken*, in: ders., *Komödien*, München 1990, S. 109-170.

Balke, Friedrich, »Zur politischen Anthropologie Carl Schmitts«, in: Hans-Georg Flickinger (Hg.), *Die Autonomie des Politischen. Carl Schmitts Kampf um einen beschädigten Begriff*, Weinheim 1990, S. 37-65.
–, *Der Staat nach seinem Ende. Die Versuchung Carl Schmitts*, München 1996.
–, *Figuren der Souveränität*, München 2009.
Behler, Ernst, »Friedrich Schlegel und Hegel«, in: *Hegel-Studien* 2 (1963), S. 203-250.
Benjamin, Walter, *Der Begriff der Kunstkritik in der deutschen Romantik*, in: ders., *Gesammelte Schriften*, Bd. I.1, Frankfurt/M. 1974, S. 7-122.
–, *Ursprung des deutschen Trauerspiels*, in: ders., *Gesammelte Schriften*, Bd. I.1, Frankfurt/M. 1974, S. 203-430.

–, »Das Kunstwerk im Zeitalter seiner technischen Reproduzierbarkeit« (1), in: ders., *Gesammelte Schriften*, Bd. I.2, Frankfurt/M. 1974, S. 431-469.
–, *Das Paris des Second Empire bei Baudelaire*, in: ders., *Gesammelte Schriften*, Bd. I.2, Frankfurt/M. 1974, 511-604.
–, »Aus dem Brecht-Kommentar«, in: ders., *Gesammelte Schriften*, Bd. II.2, Frankfurt/M. 1977, S. 506-510.
–, »Was ist das epische Theater?« (1), in: ders., *Gesammelte Schriften*, Bd. II.2, Frankfurt/M. 1977, S. 519-531.
–, »Was ist das epische Theater?« (2), in: ders., *Gesammelte Schriften*, Bd. II.2, Frankfurt/M. 1977, S. 532-539.
–, »Bert Brecht«, in: ders., *Gesammelte Schriften*, Bd. II.2, Frankfurt/M. 1977, S. 661-667.
–, »Der Autor als Produzent«, in: ders., *Gesammelte Schriften*, Bd. II.2, Frankfurt/M. 1977, S. 683-701.
–, »Das Kunstwerk im Zeitalter seiner technischen Reproduzierbarkeit« (2), in: ders., *Gesammelte Schriften*, Bd. VII.1, Frankfurt/M. 1989, S. 350-384.
Berlin, Isaiah, »Zwei Freiheitsbegriffe«, in: ders., *Freiheit. Vier Versuche*, Frankfurt/M. 1995, S. 197-256.
Bieri, Peter, *Das Handwerk der Freiheit. Über die Entdeckung des eigenen Willens*, Frankfurt/M. 2003.
Blumenberg, Hans, *Die Legitimität der Neuzeit*, Frankfurt/M. 1996.
Bohrer, Karl Heinz, *Nach der Natur. Über Politik und Ästhetik*, München, Wien 1988.
–, *Die Kritik der Romantik. Der Verdacht der Philosophie gegen die literarische Moderne*, Frankfurt/M. 1989.
–, »Das Romantisch-Phantastische als dezentriertes Bewußtsein. Zum Problem seiner Repräsentanz«, in: ders., *Die Grenzen des Ästhetischen*, München, Wien 1998, S. 9-36.
Boltanski, Luc, und Ève Chiapello, *Der neue Geist des Kapitalismus*, Konstanz 2003.
Bonacker, Thorsten, *Die normative Kraft der Kontingenz. Nichtessentialistische Gesellschaftskritik nach Weber und Adorno*, Frankfurt/M. 2000.
Bransen, Jan, »Identification and the Idea of an Alternative of Oneself«, in: *European Journal of Philosophy* 4/1 (1996), S. 1-16.
Brecht, Bertolt, »Literarisierung des Theaters. Anmerkungen zur Dreigroschenoper«, in: ders., *Schriften zum Theater. Über eine nicht-aristotelische Dramatik*, Frankfurt/M. 1957, S. 29-36.
–, »Kleines Organon für das Theater«, in: ders., *Schriften zum Theater. Über eine nicht-aristotelische Dramatik*, Frankfurt/M. 1957, S. 128-173.
Bubner, Rüdiger, »Ästhetisierung der Lebenswelt«, in: ders., *Ästhetische Erfahrung*, Frankfurt/M. 1989, S. 143-156.

Bürger, Peter, »Zwischenbetrachtung: Zur Dialektik der Selbstverwirklichung«, in: ders., *Prosa der Moderne*, Frankfurt/M. 1988, S. 258-272.
Butler, Judith, *Das Unbehagen der Geschlechter*, Frankfurt/M. 1991.

Cavell, Stanley, »Ending the Waiting Game: A Reading of Beckett's *Endgame*«, in: ders., *Must We Mean What We Say? A Book of Essays*, Cambridge 1969, S. 115-162.
–, »Knowing and Acknowledging«, in: ders., *Must We Mean What We Say? A Book of Essays*, Cambridge 1969, S. 238-266.
–, »The Avoidance of Love: A Reading of King Lear«, in: ders., *Must We Mean What We Say? A Book of Essays*, Cambridge 1969, S. 267-353.
–, *The World Viewed: Reflections on the Ontology of Film*, Cambridge, London 1979.
–, *Pursuits of Happiness. The Hollywood Comedy of Remarriage*, Cambridge, London 1981.
–, *Conditions Handsome and Unhandsome. The Constitution of Emersonian Perfectionism*, Chicago, London 1990.
Cicero, Marcus Tullius, *De Oratore / Über den Redner*, Düsseldorf 2007.
Cohen, Hermann, *Ethik des reinen Willens*, Berlin 1907.
Critchley, Simon, *Der Katechismus des Bürgers. Politik, Recht und Religion in, nach, mit und gegen Rousseau*, Berlin 2008.
Crouch, Colin, *Postdemokratie*, Frankfurt/M. 2008.

Davidson, Donald, »Die Methode der Wahrheit in der Metaphysik«, in: ders., *Wahrheit und Interpretation*, Frankfurt/M. 1986, S. 283-304.
–, »Paradoxien der Irrationalität«, in: ders., *Probleme der Rationalität*, Frankfurt/M. 2006, S. 285-315.
–, »Täuschung und Teilung«, in: ders., *Probleme der Rationalität*, Frankfurt/M. 2006, S. 332-353.
Deleuze, Gilles, »Sacher-Masoch und der Masochismus«, in: Leopold von Sacher-Masoch, *Venus im Pelz. Mit einer Studie über den Masochismus von Gilles Deleuze*, Frankfurt/M. 1968, S. 163-281.
Derrida, Jacques, *Grammatologie*, Frankfurt/M. 1974.
–, *Gesetzeskraft. Der »mystische Grund der Autorität«*, Frankfurt/M. 1991.
–, *Politik der Freundschaft*, Frankfurt/M. 2002.
–, »Unabhängigkeitserklärungen«, in: Uwe Wirth (Hg.), *Performanz. Zwischen Sprachphilosophie und Kulturwissenschaften*, Frankfurt/M. 2002, S. 121-128.
–, *Schurken. Zwei Essays über die Vernunft*, Frankfurt/M. 2003.
–, »Autoimmunisierungen, wirkliche und symbolische Selbstmorde. Ein Gespräch mit Jacques Derrida«, in: Giovanna Borradori (Hg.), *Philosophie in Zeiten des Terrors*, Berlin 2004, S. 117-178.

–, *Glas*, München 2006.
Diderot, Denis, »Das Paradox des Schauspielers«, in: ders., *Ästhetische Schriften*, Bd. I, Berlin, Weimar 1967, S. 481-538.
Diederichsen, Diedrich, *Eigenblutdoping. Selbstverwertung, Künstlerromantik, Partizipation*, Köln 2008.
Duncan, Elmer H., »Kierkegaards teleologische Suspension des Ethischen. Eine Studie über Ausnahmefälle«, in: Michael Theunissen, Wilfried Greve (Hg.), *Materialien zur Philosophie Søren Kierkegaards*, Frankfurt/M. 1979, S. 262-279.

Eagleton, Terry, *The Ideology of the Aesthetic*, Oxford, Cambridge 1990.
Ehrenberg, Alain, *Das erschöpfte Selbst. Depression und Gesellschaft in der Gegenwart*, Frankfurt/M. 2004.
–, »Depression: Unbehagen in der Kultur oder neue Formen der Sozialität«, in: Christoph Menke, Juliane Rebentisch (Hg.), *Kreation und Depression. Freiheit im gegenwärtigen Kapitalismus*, Berlin 2010, S. 52-62.

Fenves, Peter, *Chatter. Language and History in Kierkegaard*, Stanford 1993.
Ferry, Luc, *Der Mensch als Ästhet. Die Erfindung des Geschmacks im Zeitalter der Demokratie*, Stuttgart 1992.
Foucault, Michel, *Was ist Kritik?*, Berlin 1992.
–, »Was ist Aufklärung?«, in: ders., *Ästhetik der Existenz. Schriften zur Lebenskunst*, Frankfurt/M. 2007, S. 171-190.
Frankfurt, Harry, »Freedom of the Will and the Concept of a Person«, in: ders., *The Importance of What We Care About*, Cambridge 1988, S. 11-25.
–, »The Importance of What We Care About«, in: ders., *The Importance of What We Care About*, Cambridge 1988, S. 80-94.
–, »Identification and Wholeheartedness«, in: ders., *The Importance of What We Care About*, Cambridge 1988, S. 159-176.
Früchtl, Josef, *Mimesis. Konstellationen eines Zentralbegriffs bei Adorno*, Würzburg 1986.

Gamm, Gerhard, »Die Unausdeutbarkeit des Selbst«, in: ders., *Nicht nichts. Studien zu einer Semantik des Unbestimmten*, Frankfurt/M. 2000, S. 207-227.
Garbe, Christine, *Die »weibliche« List im »männlichen« Text. Jean-Jacques Rousseau in der feministischen Kritik*, Stuttgart, Weimar 1992.
García Düttmann, Alexander, *So ist es. Ein philosophischer Kommentar zu Adornos »Minima Moralia«*, Frankfurt/M. 2004.
Grasskamp, Walter, *Die unästhetische Demokratie. Kunst in der Marktgesellschaft*, München 1992.
Greve, Wilfried, *Kierkegaards maieutische Ethik. Von »Entweder/Oder II« zu den »Stadien«*, Frankfurt/M. 1990.

Habermas, Jürgen, »Individuierung durch Vergesellschaftung. Zu G.H. Meads Theorie der Subjektivität«, in: ders., *Nachmetaphysisches Denken. Philosophische Aufsätze*, Frankfurt/M. 1988, S.187-241.

–, »Treffen Hegels Einwände gegen Kant auch auf die Diskursethik zu?«, in: ders., *Erläuterungen zur Diskursethik*, Frankfurt/M. 1991, S. 9-30.

–, *Theorie des kommunikativen Handelns*, Bd. 1, Frankfurt/M. [4]1987.

Haverkamp, Anselm, »Fest/Schrift – Festschreibung unbeschreiblicher Feste: Klopstocks *Ode von der Fahrt auf der Zürchersee*«, in: *Poetik und Hermeneutik* XIV (1989), S. 276-298.

–, und Bettine Menke, »Allegorie«, in: *Ästhetische Grundbegriffe*, Bd. I, Stuttgart 2000, S. 49-104.

Hegel, Georg Wilhelm Friedrich, *Jenaer Schriften 1801-1807*, in: ders., *Werke in zwanzig Bänden*, Bd. II, Frankfurt/M. 1970.

–, *Phänomenologie des Geistes*, in: ders., *Werke in zwanzig Bänden*, Bd. III, Frankfurt/M. 1970.

–, *Grundlinien der Philosophie des Rechts*, in: ders., *Werke in zwanzig Bänden*, Bd. VII, Frankfurt/M. 1970.

–, *Vorlesungen über die Ästhetik I*, in: ders., *Werke in zwanzig Bänden*, Bd. XIII, Frankfurt/M. 1970.

–, *Vorlesungen über die Geschichte der Philosophie I*, in: ders., *Werke in zwanzig Bänden*, Bd. XVIII, Frankfurt/M. 1971.

–, *Vorlesungen über die Geschichte der Philosophie II*, in: ders., *Werke in zwanzig Bänden*, Bd. XIX, Frankfurt/M. 1971.

–, *Vorlesungen über die Geschichte der Philosophie III*, in: ders., *Werke in zwanzig Bänden*, Bd. XX, Frankfurt/M. 1971.

Heyde, Ludwig, »Politik und Ironie«, in: Andreas Arndt, Karol Bal, Henning Ottmann (Hg.), *Hegels Ästhetik. Die Kunst der Politik – die Politik der Kunst*, Berlin 2000, S. 30-35.

Honneth, Axel, *Der Kampf um Anerkennung. Zur Grammatik sozialer Konflikte*, Frankfurt/M. 1994.

–, »Diagnose der Postmoderne«, in: ders., *Desintegration. Bruchstücke einer soziologischen Zeitdiagnose*, Frankfurt/M. 1994, S. 11-19.

–, »Ästhetisierung der Lebenswelt«, in: ders., *Desintegration. Bruchstücke einer soziologischen Zeitdiagnose*, Frankfurt/M. 1994, S. 29-38.

–, *Leiden an Unbestimmtheit. Eine Reaktualisierung der Hegelschen Rechtsphilosophie*, Stuttgart 2001.

–, »Organisierte Selbstverwirklichung. Paradoxien der Individualisierung«, in: ders. (Hg.), *Befreiung aus der Mündigkeit. Paradoxien des gegenwärtigen Kapitalismus*, Frankfurt/M. 2002, S. 141-158.

–, »Plessner und Schmitt. Ein Kommentar zur Entdeckung ihrer Affinität«, in: Wolfgang Eßbach, Joachim Fischer, Helmut Lethen (Hg.), *Plessners »Grenzen der Gemeinschaft«. Eine Debatte*, Frankfurt/M. 2002, S. 21-28.

–, *Gerechtigkeit und Gesellschaft. Potsdamer Seminar*, Berlin 2008.

Horstmann, Rolf-Peter, »Subjektiver Geist und Moralität. Zur systematischen Stellung der Philosophie des subjektiven Geistes«, in: Dieter Henrich (Hg.), *Hegels philosophische Psychologie*, in: *Hegel-Studien*, Beiheft 19 (1979), S. 191-199.

Hügli, Anton, »Willensschwäche«, in: Joachim Ritter, Karlfried Gründer, Gottfried Gabriel (Hg.), *Historisches Wörterbuch der Philosophie*, Bd. XII, Basel 2004, Sp. 800-809.

Hühn, Lore, »Ironie und Dialektik. Zur Kritik der Romantik bei Kierkegaard und Hegel«, in: Niels Jørgen Cappelørn, Herrmann K. Deuser, K. Brian Söderquist (Hg.), *Kierkegaard Studies Yearbook 2009: Kierkegaard's Concept of Irony*, Berlin 2009, S. 7-40.

Jaeggi, Rahel, *Entfremdung. Zur Aktualität eines sozialphilosophischen Problems*, Frankfurt/M. 2005.

Jameson, Fredric, »Postmoderne – zur Logik der Kultur im Spätkapitalismus«, in: Andreas Huyssen, Klaus R. Scherpe (Hg.), *Postmoderne. Zeichen eines kulturellen Wandels*, Hamburg 1986, S. 45-102.

Kant, Immanuel, *Kritik der praktischen Vernunft*, in: ders., *Werkausgabe*, Bd. VII, Frankfurt/M. 1974.

–, *Die Metaphysik der Sitten*, in: ders., *Werkausgabe*, Bd. VIII, Frankfurt/M. 1977.

Kantorowicz, Ernst H., *Die zwei Körper des Königs. Eine Studie zur politischen Theologie des Mittelalters*, München 1990.

Kersting, Wolfgang, und Claus Langbehn (Hg.), *Kritik der Lebenskunst*, Frankfurt/M. 2007.

Kervégan, Jean-François, »Politik und Vernünftigkeit. Anmerkungen zum Verhältnis zwischen Carl Schmitt und Hegel«, in: *Der Staat* 27 (1988), S. 371-391.

–, *Hegel, Carl Schmitt. Le politique entre spéculation et positivité*, Paris 1992.

Kierkegaard, Sören, *Entweder – Oder. Erster Teil*, in: ders., *Gesammelte Werke*, 1. Abt., Düsseldorf, Köln 1956.

–, *Entweder – Oder. Zweiter Teil*, in: ders., *Gesammelte Werke*, 2. u. 3. Abt., Düsseldorf, Köln 1957.

–, *Furcht und Zittern*, in: ders., *Gesammelte Werke*, 4. Abt., Düsseldorf, Köln 1950.

–, *Die Wiederholung*, in: ders., *Gesammelte Werke*, 5. Abt., Düsseldorf, Köln 1955, S. 1-97.

–, *Philosophische Brocken*, in: ders., *Gesammelte Werke*, 10. Abt., Düsseldorf, Köln 1952, S. 1-107.

–, *Der Begriff Angst*, in: ders., *Gesammelte Werke*, 11. und 12. Abt., Düsseldorf, Köln 1952, S. 1-169.

–, *Stadien auf des Lebens Weg*, in: ders., *Gesammelte Werke*, 15. Abt., Düsseldorf, Köln 1958.

–, *Abschließende unwissenschaftliche Nachschrift zu den Philosophischen Brocken II*, in: ders., *Gesammelte Werke*, 16. Abt., Düsseldorf, Köln 1958.

–, *Die Krankheit zum Tode*, in: ders., *Gesammelte Werke*, 24. u. 25. Abt., Düsseldorf, Köln 1957, S. 1-134.

–, *Über den Begriff der Ironie mit ständiger Rücksicht auf Sokrates*, in: ders., *Gesammelte Werke*, 31. Abt., Düsseldorf, Köln 1961.

Koch, Gertrud, »Unterhaltung und Autorität. Konstellationen der Massenmedien«, in: Hauke Brunkhorst (Hg.), *Demokratischer Experimentalismus. Politik in der komplexen Gesellschaft*, Frankfurt/M. 1998, S. 92-105.

–, »Man liebt sich, man liebt sich nicht, man liebt sich. Stanley Cavells Lob der Wiederverheiratung«, in: *Texte zur Kunst* 52 (2003), S. 110-118.

Koschorke, Albrecht, und Susanne Lüdemann, Thomas Frank, Ethel Matala de Mazza, *Der fiktive Staat. Konstruktionen des politischen Körpers in der Geschichte Europas*, Frankfurt/M. 2007.

Kramme, Rüdiger, *Helmuth Plessner und Carl Schmitt. Eine historische Fallstudie zum Verhältnis von Anthropologie und Politik in der deutschen Philosophie der zwanziger Jahre*, Berlin 1989.

Kroner, Richard, »Kierkegaards Hegelverständnis«, in: Michael Theunissen, Wilfried Greve (Hg.), *Materialien zur Philosophie Søren Kierkegaards*, Frankfurt/M. 1979, S. 425-436.

Krüger, Hans-Peter, *Zwischen Lachen und Weinen*, Bd. I, Berlin 1999.

Kusser, Anna, *Dimensionen der Kritik von Wünschen*, Frankfurt/M. 1989.

Lacoue-Labarthe, Philippe, »Diderot: Paradox and Mimesis«, in: ders., *Typography. Mimesis, Philosophy, Politics*, Stanford 1998, S. 248-266.

Le Bon, Gustave, *Psychologie der Massen*, Stuttgart 1982.

Lefort, Claude, »Die Frage der Demokratie«, in: Ulrich Rödel (Hg.), *Autonome Gesellschaft und libertäre Demokratie*, Frankfurt/M. 1990, S. 281-297.

–, und Marcel Gauchet, »Über die Demokratie: Das Politische und die Instituierung des Gesellschaftlichen«, in: Ulrich Rödel (Hg.), *Autonome Gesellschaft und libertäre Demokratie*, Frankfurt/M. 1990, S. 89-122.

Lehmann, Hans-Thies, *Postdramatisches Theater*, Frankfurt/M. 1999.

Lenin, Wladimir Iljitsch, *Staat und Revolution. Die Lehre des Marxismus vom Staat und die Aufgaben des Proletariats in der Revolution*, München 2001.

Léon, Céline, »(A) Woman's Place Within the Ethical«, in: Céline Léon, Sylvia Walsh (Hg.), *Feminist Interpretations of Søren Kierkegaard*, University Park/PA 1997, S. 103-130.

Lethen, Helmut, *Verhaltenslehren der Kälte. Lebensversuche zwischen den Kriegen*, Frankfurt/M. 1994.

Liessmann, Konrad Paul, *Ästhetik der Verführung. Kierkegaards Konstruktion der Erotik aus dem Geiste der Kunst*, Frankfurt/M. 1991.
Löw-Beer, Martin, »Sind wir einzigartig? Zum Verhältnis von Selbstbewusstsein und Individualität«, in: *Deutsche Zeitschrift für Philosophie* 42/1 (1994), S. 121-139.
Löwith, Karl, »Der okkasionelle Dezisionismus von Carl Schmitt«, in: ders., *Sämtliche Schriften*, Bd. VIII, Stuttgart 1984, S. 32-71.
Luhmann, Niklas, *Die Politik der Gesellschaft*, Frankfurt/M. 2000.

Man, Paul de, *Allegories of Reading. Figural Language in Rousseau, Nietzsche, Rilke, and Proust*, New Haven, London 1979.
–, »Die Rhetorik der Zeitlichkeit«, in: ders., *Die Ideologie des Ästhetischen*, Frankfurt/M. 1993, S. 83-130.
–, »Autobiographie als Maskenspiel«, in: ders., *Die Ideologie des Ästhetischen*, Frankfurt/M. 1993, S. 131-146.
Marquard, Odo, *Aesthetica und Anaesthetica. Philosophische Überlegungen*, München 2003.
Maus, Ingeborg, *Zur Aufklärung der Demokratietheorie. Rechts- und demokratietheoretische Überlegungen im Anschluß an Kant*, Frankfurt/M. 1992.
Mead, George Herbert, *Mind, Self, and Society. From the Standpoint of a Social Behaviorist*, Chicago 1934.
Menke, Bettine, »Verstellt – Der Ort der Frau«, in: Barbara Vinken (Hg.), *Dekonstruktiver Feminismus. Literaturwissenschaft in Amerika*, Frankfurt/M. 1992, S. 436-476.
–, *Prosopopoiia. Stimme und Text bei Brentano, Hoffmann, Kleist und Kafka*, München 2000.
Menke, Christoph, *Tragödie im Sittlichen. Gerechtigkeit und Freiheit nach Hegel*, Frankfurt/M. 1996.
–, »Von der Ironie der Politik – zur Politik der Ironie«, in: Thorsten Bonacker, André Brodocz, Thomas Noetzel (Hg.), *Die Ironie der Politik. Über die Konstruktion politischer Wirklichkeiten*, Frankfurt/M. 2003, S. 19-33.
–, »Gnade und Recht. Carl Schmitts Begriff der Souveränität«, in: ders., *Spiegelungen der Gleichheit. Politische Philosophie nach Adorno und Derrida*, Frankfurt/M. 2004, S. 300-323.
–, »Innere Natur und soziale Normativität. Die Idee der Selbstverwirklichung«, in: Hans Joas, Klaus Wiegandt (Hg.), *Die kulturellen Werte Europas*, Frankfurt/M. 2005, S. 304-352.
–, *Die Gegenwart der Tragödie. Versuch über Urteil und Spiel*, Frankfurt/M. 2005.
–, »Die Depotenzierung des Souveräns im Gesang. Claudio Monteverdis *Die Krönung der Poppea* und die Demokratie«, in: Eva Horn, Bettine Menke, Christoph Menke (Hg.), *Literatur als Philosophie – Philosophie als Literatur*, München 2006, S. 281-296.

–, *Kraft. Zu einem Grundbegriff ästhetischer Anthropologie*, Frankfurt/M. 2008.
Mouffe, Chantal, *Über das Politische. Wider die kosmopolitische Illusion*, Frankfurt/M. 2007.

Nehamas, Alexander, *The Art of Living. Socratic Reflections from Plato to Foucault*, Berkeley, Los Angeles u. a. 1998.
Neuhouser, Frederick, *Rousseau's Theodicy of Self-Love. Evil, Rationality, and the Drive for Recognition*, Oxford 2008.
Norris, Andrew, »Wollen und Entscheiden. Hegel über Ironie, das Böse und die souveräne Ausnahme«, in: Juliane Rebentisch, Dirk Setton (Hg.), *Willkür. Freiheit und Gesetz II*, Berlin 2011, S. 101-138.

Pinkard, Terry, *German Philosophy 1760-1860: The Legacy of Idealism*, Cambridge 2002.
–, »Tugend, Moral und Sittlichkeit. Von Maximen zu Praktiken«, in: *Deutsche Zeitschrift für Philosophie* 49/1 (2001), S. 65-87.
Pippin, Robert, »Über Selbstgesetzgebung«, in: *Deutsche Zeitschrift für Philosophie* 51/6 (2003), S. 905-926.
Platon, *Protagoras*, in: ders., *Sämtliche Werke in zehn Bänden*, Bd. I, Frankfurt/M., Leipzig 1991, S. 61-195.
–, *Gorgias*, in: ders., *Sämtliche Werke in zehn Bänden*, Bd. II, Frankfurt/M., Leipzig 1991, S. 175-417.
–, *Symposion*, in: ders., *Sämtliche Werke in zehn Bänden*, Bd. IV, Frankfurt/M., Leipzig 1991, S. 53-183.
–, *Politeia*, in: ders., *Sämtliche Werke in zehn Bänden*, Bd. V, Frankfurt/M., Leipzig 1991.
–, *Nomoi*, in: ders., *Sämtliche Werke in zehn Bänden*, Bd. IX, Frankfurt/M., Leipzig 1991.
Plessner, Helmuth, *Die Stufen des Organischen und der Mensch*, Berlin, New York 1975.
–, »Soziale Rolle und menschliche Natur«, in: ders., *Gesammelte Schriften*, Bd. X, Frankfurt/M. 1985, S. 227-240.
–, *Grenzen der Gemeinschaft. Eine Kritik des sozialen Radikalismus*, Frankfurt/M. 2002.
Pöggeler, Otto, *Hegels Kritik der Romantik*, München 1998.

Quintilianus, Marcus Fabius, *Ausbildung des Redners, Zwölf Bücher* (*Institutionis oratoriae, Libri XII*), Darmstadt 1995.

Raimondi, Francesca, *Die Zeit der Demokratie. Entscheiden und Handeln nach Carl Schmitt und Hannah Arendt*, Diss., Goethe-Univ. Frankfurt/M. 2011.

Rancière, Jacques, *Das Unvernehmen. Politik und Philosophie*, Frankfurt/M. 2002.
–, *Zehn Thesen zur Politik*, Berlin 2008.
Rebentisch, Juliane, *Ästhetik der Installation*, Frankfurt/M. 2003.
–, »Realismus heute. Kunst, Politik und die Kritik der Repräsentation«, in: *WestEnd* (2/2010), S. 15-29.
Rorty, Amélie, »Die gesellschaftlichen Quellen des akratischen Konflikts«, in: Thomas Spitzley (Hg.), *Willensschwäche*, Paderborn 2005, S. 191-216.
Rorty, Richard, *Kontingenz, Ironie und Solidarität*, Frankfurt/M. 1989.
Rosa, Hartmut, *Beschleunigung. Die Veränderung der Zeitstrukturen in der Moderne*, Frankfurt/M. 2005.
–, »Kritik der Zeitverhältnisse. Beschleunigung und Entfremdung als Schlüsselbegriffe der Sozialkritik«, in: Rahel Jaeggi, Tilo Wesche (Hg.), *Was ist Kritik?*, Frankfurt/M. 2009, S. 23-54.
Rousseau, Jean-Jacques, *Emil oder Über die Erziehung*, Paderborn 1983.
–, *Julie oder Die neue Héloïse. Briefe zweier Liebenden aus einer kleinen Stadt am Fuße der Alpen*, München 1988.
–, »Abhandlung über die Frage, ob die Wiederherstellung der Wissenschaften und Künste zur Läuterung der Sitten beigetragen hat«, in: ders., *Schriften*, Bd. I, Frankfurt/M. 1988, S. 27-60.
–, »Abhandlung über den Ursprung und die Grundlagen der Ungleichheit unter den Menschen«, in: ders., *Schriften*, Bd. I, Frankfurt/M. 1988, S. 165-302.
–, »Brief an Herrn d'Alembert über seinen Artikel ›Genf‹ im VII. Band der Enzyklopädie und insbesondere über den Plan, ein Schauspielhaus in dieser Stadt zu errichten«, in: ders., *Schriften*, Bd. I, Frankfurt/M. 1988, S. 333-474.
–, *Vom Gesellschaftsvertrag oder Grundsätze des Staatsrechts*, Stuttgart 2003.

Schepp, Heinz-Hermann, *Die Krise der Erziehung und der Prozeß der Demokratisierung. Zum Verhältnis von Politik und Pädagogik bei J.J. Rousseau*, Kronberg/Ts. 1978.
Schlegel, Friedrich, *Kritische Ausgabe*, Bd. XVIII, München, Paderborn u. a. 1963.
–, »Kritische Fragmente [aus dem Lyceum]«, in: ders., *Studienausgabe in sechs Bänden*, Bd. I, München, Paderborn u. a. 1988, S. 239-250.
–, »Über die Unverständlichkeit«, in: ders., *Studienausgabe in sechs Bänden*, Bd. II, München, Paderborn u. a. 1988, S. 235-242.
Schmitt, Arbogast, *Der Einzelne und die Gemeinschaft in der Dichtung Homers und in der Staatstheorie bei Platon. Zur Ableitung der Staatstheorie aus der Psychologie*, Stuttgart 2000.
Schmitt, Carl, *Der Begriff des Politischen*, Hamburg ³1933.

–, *Die Diktatur. Von den Anfängen des modernen Souveränitätsbegriffs bis zum proletarischen Klassenkampf*, Neusatz auf der Basis der 1928 erschienenen 2. Auflage, Berlin ^{6}1994.
–, *Die geistesgeschichtliche Lage des heutigen Parlamentarismus*, Nachdruck der 1926 erschienenen 2. Auflage, Berlin ^{8}1996.
–, *Politische Romantik*, Neusatz auf Basis der 1925 erschienenen 2. Auflage, Berlin ^{6}1998.
–, »Der Begriff des Politischen«, in: ders., *Der Begriff des Politischen*, 5. Nachdruck der Ausgabe von 1963 mit dem Text von 1932, einem Vorwort und drei Corollarien, Berlin ^{7}2002, S. 3-78,
–, »Das Zeitalter der Neutralisierungen und Entpolitisierungen«, in: ders., *Der Begriff des Politischen*, 5. Nachdruck der Ausgabe von 1963 mit dem Text von 1932, einem Vorwort und drei Corollarien, Berlin ^{7}2002, S. 79-95.
–, *Verfassungslehre*, Neusatz auf Basis der 1928 erschienenen 1. Auflage, Berlin ^{9}2003.
–, *Politische Theologie. Vier Kapitel zur Lehre von der Souveränität*, Neusatz auf Basis der 1934 erschienenen 2. Auflage, Berlin ^{8}2004.
–, *Legalität und Legitimität*, Text von 1932, Berlin ^{7}2005.
Schulze, Gerhard, *Die Erlebnisgesellschaft. Kultursoziologie der Gegenwart*, Frankfurt/M., New York 1992.
Schwab, Philipp, »Zwischen Sokrates und Hegel. Der Einzelne, die Weltgeschichte und die Form der Mitteilung in Kierkegaards *Über den Begriff der Ironie*«, in: Niels Jørgen Cappelørn, Herrmann K. Deuser, K. Brian Söderquist (Hg.), *Kierkegaard Studies Yearbook 2009: Kierkegaard's Concept of Irony*, Berlin 2009, S. 127-151.
Schwarte, Ludger, *Philosophie der Architektur*, München 2009.
Seel, Martin, »Ein Lob der Willensschwäche«, in: ders., *Sich bestimmen lassen. Studien zur theoretischen und zur praktischen Philosophie*, Frankfurt/M. 2002, S. 227-245.
–, »Über das Böse in der Moral«, in: ders., *Sich bestimmen lassen. Studien zur theoretischen und zur praktischen Philosophie*, Frankfurt/M. 2002, S. 246-257.
–, »Sich bestimmen lassen. Ein revidierter Begriff der Selbstbestimmung«, in: ders., *Sich bestimmen lassen. Studien zur theoretischen und zur praktischen Philosophie*, Frankfurt/M. 2002, S. 279-298.
–, »Von Ereignissen«, in: ders., *Paradoxien der Erfüllung. Philosophische Essays*, Frankfurt/M. 2006, S. 11-26.
Sennett, Richard, *Verfall und Ende des öffentlichen Lebens. Die Tyrannei der Intimität*, Frankfurt/M. 1986.
Setton, Dirk, *Unvermögen. Irrationalität und der Begriff der rationalen Fähigkeit*, Berlin 2011.

Shakespeare, William, *King Lear*, Stuttgart 1973.
Siep, Ludwig, *Hegels Fichtekritik und die Wissenschaftslehre von 1804*, Freiburg, München 1970.
Solomon, J.H.M., »Exousia in Plato«, in: *Platon* 37/38 (1967), S. 189-197.
Stäheli, Urs, »Übersteigerte Nachahmung – Tardes Massentheorie«, in: Christian Borch, Urs Stäheli (Hg.), *Soziologie der Nachahmung und des Begehrens. Materialien zu Gabriel Tarde*, Frankfurt/M. 2009, S. 397-416.
Starobinski, Jean, »Ironie und Melancholie. Gozzi – E.Th.A. Hoffmann – Kierkegaard«, in: *Der Monat* 218 (1966), S. 22-35.
–, *Rousseaus Anklage der Gesellschaft*, Konstanz 1977.
–, *Rousseau. Eine Welt von Widerständen*, Frankfurt/M. 2003
Stern, Fritz, *Kulturpessimismus als politische Gefahr*, Stuttgart 2005.
Strauss, Leo, *Naturrecht und Geschichte*, Frankfurt/M. 1977.
–, »Anmerkungen zu Carl Schmitt, Der Begriff des Politischen« (1932), in: Heinrich Meier, *Carl Schmitt, Leo Strauss und »Der Begriff des Politischen«. Zu einem Dialog unter Abwesenden*, Stuttgart 1998, S. 97-125.

Tarde, Gabriel, *La philosophie pénale*, Paris 1972.
–, »Le public et la foule«, in: ders., *L'opinion et la foule*, Paris 1989, S. 31-71.
–, *Die Gesetze der Nachahmung*, Frankfurt/M. 2003.
–, *Die sozialen Gesetze. Skizze zu einer Soziologie*, Marburg 2009.
Taylor, Charles, *Hegel*, Frankfurt/M. 1978.
Theunissen, Michael, *Der Begriff Ernst bei Søren Kierkegaard*, Freiburg, München 1958.
–, »Das Menschenbild in der ›Krankheit zum Tode‹«, in: Michael Theunissen, Wilfried Greve (Hg.), *Materialien zur Philosophie Søren Kierkegaards*, Frankfurt/M. 1979, S. 496-510.
–, *Selbstverwirklichung und Allgemeinheit. Zur Kritik des gegenwärtigen Bewußtseins*, Berlin, New York 1982.
–, »Die verdrängte Intersubjektivität in Hegels Philosophie des Rechts«, in: Dieter Henrich, Rolf-Peter Horstmann (Hg.), *Hegels Philosophie des Rechts. Die Theorie der Rechtsformen und ihre Logik*, Stuttgart 1982, S. 317-381.
Thomä, Dieter, *Erzähle dich selbst. Lebensgeschichte als philosophisches Problem*, Frankfurt/M. 2007.
Thukydides, *Die Geschichte des Peloponnesischen Krieges*, Reinbek bei Hamburg 1962.
Tugendhat, Ernst, *Selbstbewußtsein und Selbstbestimmung. Sprachanalytische Interpretationen*, Frankfurt/M. 1979.

Urbinati, Nadia, *Representative Democracy. Principles and Genealogy*, Chicago, London 2006.

Valéry, Paul, *Cahiers-Hefte*, Bd. 1, Frankfurt/M. 1987.
Vinken, Barbara, »Republic, Rhetoric, and Sexual Difference«, in: Anselm Haverkamp (Hg.) *Deconstruction is/in America. A New Sense of the Political*, New York, London 1995, S. 181-199.
Vlastos, Gregory, »Socratic Irony«, in: ders., *Socrates. Ironist and Moral Philosopher*, Ithaca, New York 1991, S. 21-44.

Weber, Max, *Wirtschaft und Gesellschaft*, Tübingen 1980.
Weber, Samuel, »Im Namen des Gesetzes«, in: Anselm Haverkamp (Hg.), *Gewalt und Gerechtigkeit. Derrida – Benjamin*, Frankfurt/M. 1994, S. 97-128.
Wellmer, Albrecht, *Ethik und Dialog. Elemente des moralischen Urteils bei Kant und in der Diskursethik*, Frankfurt/M. 1986.
–, »Menschenrechte und Demokratie«, in: ders., *Revolution und Interpretation. Demokratie ohne Letztbegründung*, Assen 1999, S. 17-42.
–, *Sprachphilosophie. Eine Vorlesung*, Frankfurt/M. 2004.
Welsch, Wolfgang, »Ästhetik und Anästhetik«, in: ders., *Ästhetisches Denken*, Stuttgart 1990, S. 9-40.
–, »Ästhetisierungsprozesse – Phänomene, Unterscheidungen, Perspektiven«, in: ders., *Grenzgänge der Ästhetik*, Stuttgart 1996, S. 9-61.
Willke, Helmut, *Ironie des Staates*, Frankfurt/M. 1992.
Wittgenstein, Ludwig, *Über Gewißheit*, in: ders., *Werkausgabe*, Bd. XIII, Frankfurt/M. 1984.

Zupančič, Alenka, *Das Reale einer Illusion. Kant und Lacan*, Frankfurt/M. 2001.

Namenregister